까망고니의
블렌더
레벨업 아카이브

with AI

김수환(까망고니) 지음

챗GPT로 기획하고
미드저니, 스테이블 디퓨전, ComfyUI 활용하기

까망고니의
블렌더
레벨업 아카이브
with AI

저자 소개

김수환(까망고니)

- 연세대학교 미래캠퍼스 물리학 학사
- 연세대학교 일반대학원 물리학 석사

15년간 물리학(Physics)을 연구하며 체계적 사고 능력을 쌓아왔다. 본업인 물리학 연구 외에도 3D 콘텐츠 제작에 관심을 두고 블렌더(Blender) 프로젝트에 몰두했다. 처음 블렌더를 접한 계기는 이사 갈 집을 3D로 시각화하여 디자인을 전공한 아내에게 자랑하고 싶어서였다. 이후 더 깊은 학습의 필요성을 느껴 퇴근 후 잠을 줄여가며 유튜브(YouTube)의 블렌더 강의 대부분을 섭렵했다.

유튜브에 블렌더 한국어 강의가 부족하다는 것을 깨닫고 직접 강의를 제작하여 배포하기로 결심했다. 무료 강의와 유튜브 쇼츠(Shorts), 인스타그램 릴스(Reels)을 통해 짧은 교육 콘텐츠를 제공하고 있으며 저서 및 유료 강의로 심화 학습을 지원하고 있다. 앞으로는 블렌더와 인공지능(Artificial Intelligence, AI)의 결합을 연구하여 창작의 효율을 높이고 커뮤니티와 함께 성장하는 환경을 만드는 것을 목표로 한다.

	까망고니캠퍼스	gonicampus.com
	이메일	kkamanggoni@gmail.com
	유튜브	youtube.com/kkamanggoniTV
	스레드	@kkamang_goni
	디스코드	bit.ly/까망고니디스코드

저자의 말

에피그래프(epigraph)

블렌더는 물리학 법칙을 가상 세계로 옮겨오는 무대이고
AI는 그 복잡한 작업을 간결하게 만들어 주는 안내자이다.

AI가 3D 작업과 만나면 어떤 놀라운 일이 일어날까요? 저는 이 질문에 대한 답을 찾기 위해 오랫동안 연구해 왔습니다. 본업은 물리학자이지만 3D 블렌더 강의 유튜브 채널을 운영하며 4만 명의 구독자와 소통한 경험을 바탕으로 블렌더와 AI의 결합이 만들어낼 새로운 가능성에 대해 고민했습니다. 그리고 그 결과를 여러분과 나누기 위해 이 책을 집필하게 되었습니다.

이 책은 'AI for Blender'라는 주제로 GPT, 미드저니, 스테이블 디퓨전 같은 최신 AI 도구들을 블렌더 작업에 어떻게 활용할 수 있는지를 다룹니다. AI 기술은 복잡한 작업을 간소화할 수 있는데 그 과정에서 높은 퀄리티를 유지하는 방법 또한 중요합니다. 그래서 빠른 작업 속도를 유지하면서도 퀄리티를 놓치지 않는 방법을 체계적으로 설명합니다. 또한 AI를 처음 접하는 분들도 쉽게 따라 할 수 있도록 각 단계를 친절하게 안내하여 누구나 AI와 블렌더의 결합을 경험할 수 있습니다.

이 책은 블렌더의 기본을 익힌 초급자부터 중급자 이상까지를 대상으로 하며 AI를 활용해 작업 효율을 높이고 창의적 가능성을 확장하는 데 중점을 둡니다. 이 책을 통해 AI와 함께하는 3D 작업의 새로운 세계를 경험하고 그 무한한 가능성을 발견하길 바랍니다. AI와 블렌더의 결합이 창작에 큰 도움이 되었으면 좋겠습니다.

일러두기

 AI에게 입력할 명령 또는 질문, 즉 프롬프트를 나타냅니다.

 AI로부터 출력된 응답을 나타냅니다.
`챗GPT`, `미드저니`, `스테이블 디퓨전`의 인터페이스가 모두 다르기에 한 가지 양식으로 통일했습니다.

Note
내용을 이해하는 데 도움이 되는 추가 정보를 제공합니다.

- 용어집 박스코너입니다.
꼭 알아야 하는 관련 용어들을 꼼꼼하게 설명합니다.
특히, 각 도구를 처음 시작할 때 필요한 용어를 위주로 다룹니다.

AI 프로그램은 업데이트가 빠르므로 책에 수록된 스크린샷과 실제 인터페이스(interface)가 다를 수 있습니다. 다음은 이 책을 위해 저자가 직접 운영하는 사이트의 QR 코드입니다. 스캔하여 접속하면 최신 정보를 얻을 수 있습니다.

목차

Chapter 1   어떤 AI가 나에게 맞을까?

1.1   3D 콘텐츠 제작의 새로운 지평  02

1.2   PC 요구 사항  08

1.3   AI 선택하기 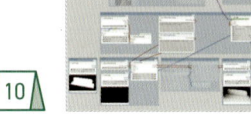 10

Chapter 2   아이디에이션 with 챗GPT

2.1   GPT를 배워야 하는 이유  12

2.2   시작하는 방법  16

2.3   효과적인 소통 방법 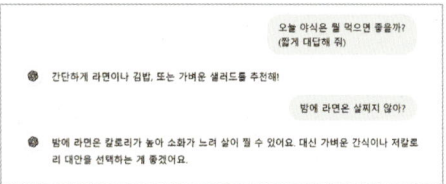 26

2.4   블렌더 활용 방법  41

Chapter 3
생성형 AI 이미지의 활용 with 미드저니

3.1 미드저니를 배워야 하는 이유

3.2 시작하는 방법

64

68

3.3 효과적인 사용 방법

3.4 블렌더 활용 방법

76

97

Chapter 4
블렌더 실습 with GPT, 미드저니

4.1 블렌더 with GPT (초급)

4.2 블렌더 with GPT (중급)

122

133

4.3 블렌더 with 미드저니 (중급)

4.4 블렌더 with 미드저니 (고급)

154

178

목차

Chapter 5 수정이 용이한 모델링 with 스테이블 디퓨전

5.1 스테이블 디퓨전을 배워야 하는 이유  258

5.2 시작하는 방법  262

5.3 효과적인 사용 방법 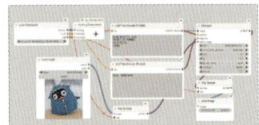 289

5.4 블렌더 활용 방법  351

Chapter 6 블렌더 실습 with ComfyUI

6.1 모던 하우스  384

6.2 실내 인테리어 (코지&유러피안)  396

6.3 실내 인테리어 (블랙&화이트)  411

더 알아보기

1 공식 문서 및 유용한 툴과 리소스　　422
2 블렌더 주요 단축키　　425
3 각종 프롬프트 리스트　　428

Chapter 1

어떤 AI가 나에게 맞을까?

1.1 3D 콘텐츠 제작의 새로운 지평
1.2 PC 요구 사항
1.3 AI 선택하기

1.1 3D 콘텐츠 제작의 새로운 지평

3D 콘텐츠 제작 어디까지 해봤나요? AI와 함께라면 단순한 모델링을 넘어 상상 이상의 결과물을 만들어낼 수 있습니다. 블렌더는 다양한 기능과 자유로운 활용성 덕분에 많은 창작자들에게 사랑받는 도구입니다. 그런데 여기서 한 걸음 더 나아가 AI 기술을 결합하면 작업의 효율성은 물론 창의성까지 폭발적으로 확장됩니다.

이 책에서는 AI 도구들을 단순히 자동화에만 활용하지 않습니다. 상상력을 현실로 바꾸는 데 직접적인 도움을 받습니다. GPT는 텍스트 기반 작업과 창의적인 아이디어 생성에 유리하며 미드저니는 뛰어난 품질의 이미지와 다양한 스타일의 옵션을 제공합니다. 그리고 스테이블 디퓨전은 고화질의 포토리얼리즘 이미지 생성과 사용자 정의가 가능합니다.

이 외에도 해외에서는 다양한 AI 플랫폼이 등장하고 있습니다. 텍스트와 이미지 생성뿐만 아니라 영상을 자동으로 제작하는 AI도 출시되었습니다. 모든 도구를 사용할 필요는 없지만 선택한 도구를 최대한 활용해 작업 효율성을 높이는 것은 중요합니다.

1.1.1 블렌더

블렌더(Blender)는 3D 콘텐츠 분야에서 모델링과 렌더링 그리고 애니메이션 및 게임 제작까지 가능한 중요한 오픈 소스 소프트웨어(open-source software)입니다. 전문가와 초보자 모두에게 강력한 도구로 자리 잡았으며 다양한 기능을 제공하고 있습니다. 커뮤니티의 활발한 지원과 업데이트를 통해 새로운 기능도 꾸준히 추가되고 있습니다. 다양한 플러그인(plug-in)과 애드온(add-on)을 활용해 작업 효율을 높일 수 있으며 사용자들이 공유하는 다양한 튜토리얼과 리소스를 통해 쉽게 배우고 독창적인 작업을 완성할 수 있습니다.

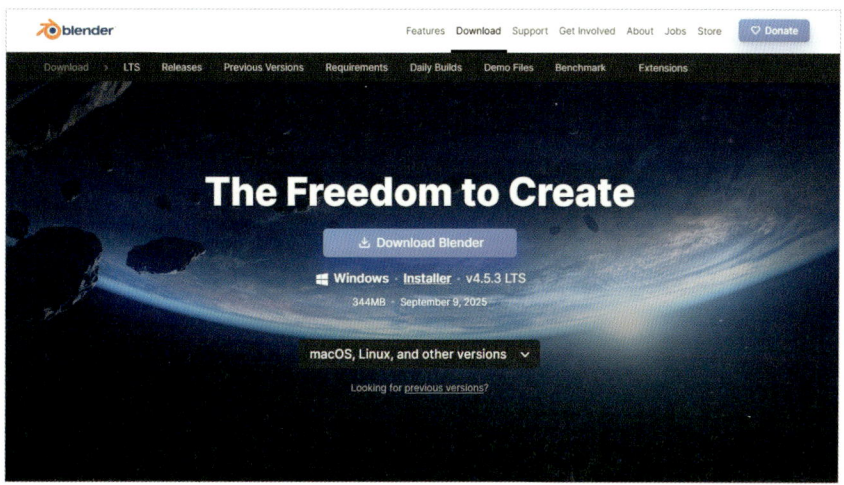

1.1.2 챗GPT

생성적 사전학습 트랜스포머(Generative Pre-trained Transformer, GPT)는 오픈AI(OpenAI)에서 개발한 AI 도구로, 텍스트 기반 작업뿐만 아니라 3D 작업에서도 창의적인 아이디어 발굴과 초안 작성에 큰 도움을 줍니다. 이 도구는 자연어 처리 기술을 통해 텍스트를 이해하고 다양한 제안을 생성합니다. '자연어'란 사람들이 일상적으로 사용하는 언어를 의미하는데 GPT는 이를 이해하고 처리하는 능력을 갖추고 있습니다.

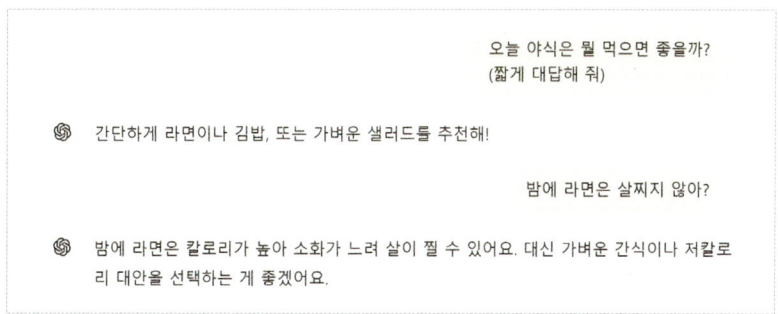

GPT는 특히 브레인스토밍(brainstorming) 단계에서 유용합니다. 복잡한 아이디어를 구조화하고 정리하며 이미지 생성 기능을 통해 자료를 시각적으로 제공하여 콘셉트 결정에 도움을 줍니다. 예를 들어 블렌더 프로젝트를 시작할 때 GPT를 활용해 초기 아이디어를 잡고 시각화까지 해 놓으면 시간을 절약하여 효율성을 높일 수 있습니다.

궁전 레퍼런스 이미지를 생성해 줘.
- 레고 스타일
- 아기자기함
- 영화 같은 카메라 뷰

GPT는 이미지 생성 모듈인 달리3(DALL·E 3)가 GPT-4 업데이트에 통합되면서 이미지 생성 기능을 갖추게 되었습니다. 달리3는 독립적으로 이미지 생성 기능만을 제공하는 프로그램이었으나 GPT와의 통합을 통해 대화의 맥락을 유지하면서 작동할 수 있게 되었습니다. GPT는 이제 대화 중에도 원하는 이미지를 생성할 수 있으며 자연어 명령만으로 초보자도 쉽게 사용 가능합니다. 다음 이미지는 오픈AI 유튜브 채널에서 달리3를 소개하는 영상[1]입니다. 고슴도치 캐릭터를 만든 후에 스티커 스타일로 변형한 결과입니다.

---

1. 오픈AI 유튜브 채널 영상 중 「Introducing DALL·E 3」, youtu.be/sqQrN0iZBs0?si=al3Ixkz8K1x9aIYl

1.1.3 미드저니

미드저니(Midjourney)는 AI를 활용해 독창적이고 예술적인 이미지를 생성하는 도구입니다. 미드저니는 간단한 조작만으로도 고품질 이미지를 생성할 수 있습니다. 또 텍스트 입력만으로 이미지를 생성하고 기존 이미지를 참고해 변형할 수도 있습니다. 반복 패턴 텍스처도 생성할 수 있어 디자인 작업에 유용합니다. 블렌더 작업 중 텍스처, 배경 이미지, 디자인 레퍼런스 제작에 크게 도움을 받을 수 있습니다.

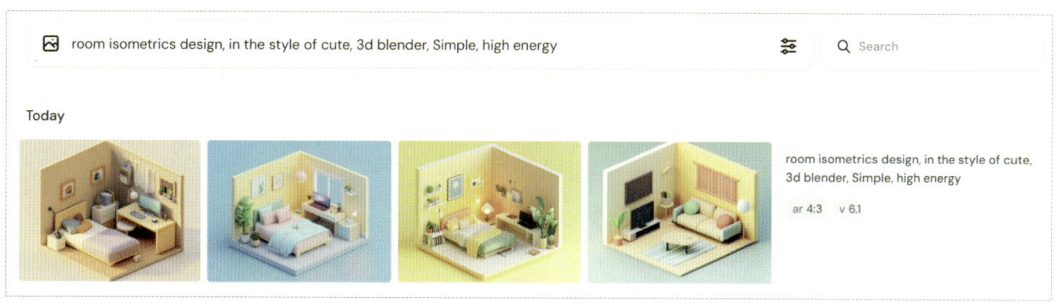

1.1.4 스테이블 디퓨전

스테이블 디퓨전(Stable Diffusion)은 고품질의 이미지를 빠르게 생성하는 AI 도구입니다. 복잡한 패턴이나 세밀한 디테일이 필요한 텍스처 작업에 효과적입니다. 예를 들어 캐릭터의 피부 질감이나 자연 배경 텍스처 제작에 활용할 수 있습니다. 스테이블 디퓨전은 블렌더에서 필요한 고해상도의 시각적 요소를 빠르게 생성하며 대규모 프로젝트나 촉박한 마감 일정에서도 효율적인 작업을 가능하게 합니다.

초기에 스테이블 디퓨전은 주로 WebUI라는 웹 기반 인터페이스를 통해 사용되었습니다. WebUI는 접근성이 뛰어나지만 사용자 정의 기능이 제한적입니다. 복잡한 작업 흐름을 설정하는 데 어려움이 있어 인터페이스의 제한성과 작업의 유연성 부족이 단점으로 지적되었습니다. 이에 따라 ComfyUI라는 새로운 노드(node) 기반 인터페이스가 등장했습니다. ComfyUI는 블렌더의 노드 시스템과 유사해 블렌더 사용자들에게 직관적인 도구로 평가받습니다. 시각적인 노드 연결을 통해 복잡한 생성 과정을 쉽게 관리할 수 있습니다. 또 다양한 플러그인과 사용자 정의 설정을 지원해 작업의 유연성을 극대화합니다.

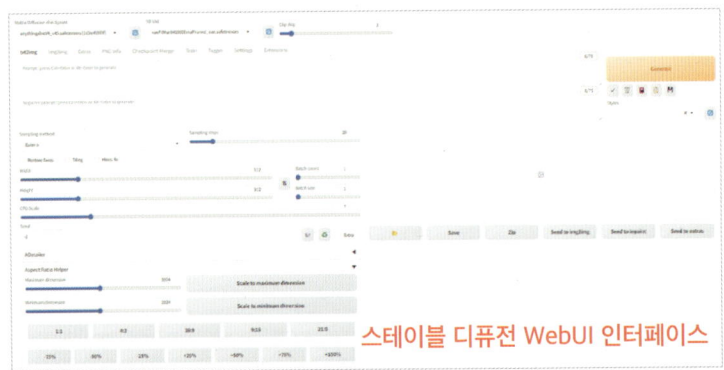

스테이블 디퓨전 WebUI 인터페이스

ComfyUI는 복잡한 작업을 시각적으로 구성하고 관리하기에 적합합니다. 그리고 노드 간 연결을 자유롭게 변경할 수 있습니다. 각 노드의 파라미터(parameter)를 조정해 원하는 결과를 얻을 수도 있습니다. 또 복잡한 작업 흐름을 템플릿(template)으로 저장해 반복 작업의 효율성을 높일 수 있습니다.

설치와 사용도 간단해 초보자도 쉽게 접근 가능합니다. ComfyUI는 공식 웹사이트에서 다운로드한 후 실행하면 설치가 진행됩니다. 기본으로 제공되는 노드 템플릿으로 초기 설정을 빠르게 마칠 수 있으며 드래그 앤 드롭 인터페이스로 복잡한 작업도 쉽게 구성할 수 있습니다. ComfyUI 중심으로 블렌더에서 텍스처링과 모델링을 효율적으로 활용하는 방법을 설명하도록 하겠습니다.

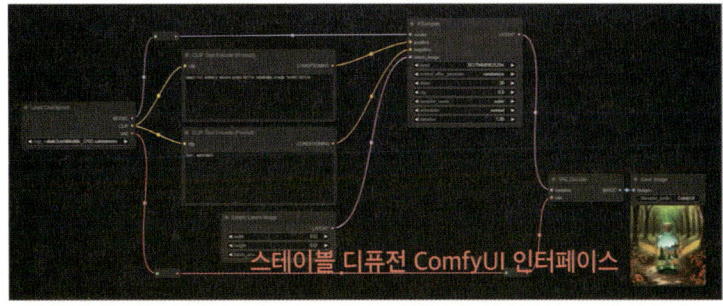

스테이블 디퓨전 ComfyUI 인터페이스

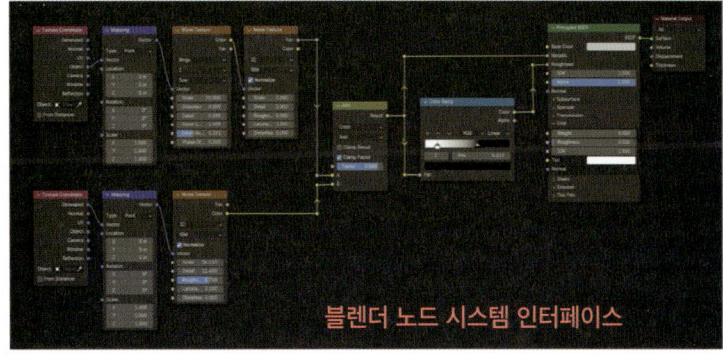

블렌더 노드 시스템 인터페이스

1.2 PC 요구 사항

블렌더, GPT, 미드저니, 그리고 스테이블 디퓨전이라는 네 가지 프로그램 중 GPT와 미드저니는 클라우드 기반으로 동작하기에 사용자의 PC 사양에 크게 영향을 받지 않습니다. 인터넷을 통해 외부 서버에서 작업을 처리하므로 원활한 웹서핑 환경과 안정적인 인터넷 연결만 있으면 충분합니다. 하지만 스테이블 디퓨전은 AI 생성 작업을 사용자의 컴퓨터에서 직접 처리하므로 그래픽 처리 장치(Graphics Processing Unit, GPU) 성능이 중요합니다. 고해상도의 이미지 생성이나 복잡한 연산을 위해서는 엔비디아(NVIDIA)의 RTX 3060 이상의 GPU와 8GB 이상의 VRAM이 권장됩니다.

블렌더 역시 간단한 모델링은 내장 GPU로 가능하지만 모디파이(modify)와 지오메트리 노드(geometry node) 같은 기능을 활용하려면 높은 성능의 GPU가 필요합니다. 특히 복잡한 연산이 많을수록 스테이블 디퓨전과 블렌더 모두 그래픽 카드의 사양이 좋을수록 작업 효율이 크게 높아집니다.

모디파이는 오브젝트의 형태를 비파괴적으로 수정할 수 있는 기능으로 복잡한 모델링 작업에서 유용합니다. 지오메트리 노드는 절차적인 모델링을 가능하게 하는 시스템으로 다양한 노드를 조합해 복잡한 형태를 효율적으로 생성할 수 있습니다. 최소 사양 이하에서도 프로그램의 실행은 가능합니다. 하지만 속도와 안정성이 떨어질 수 있으니 더 쾌적한 환경에서 작업할 수 있도록 권장 사양 이상의 컴퓨터를 사용하기를 추천합니다.

01 최소 요구 사항

프로그램	CPU	GPU	RAM	저장용량	인터넷 연결
블렌더	4 cores with SSE4.2 support	2GB VRAM with OpenGL 4.3	8GB	약 1GB(설치 후 용량) + 500MB 이상	불필요
GPT	웹서핑 정도 사양	영향 없음	8GB	사용 안 함	필수
미드저니	웹서핑 정도 사양	영향 없음	8GB	사용 안 함	필수
스테이블 디퓨전	Intel Core i5-8400 or AMD Ryzen 5 2600	GTX 1060 6GB or AMD Radeon RX 580 8GB	16GB	50GB	불필요

02 권장 사양

프로그램	CPU	GPU	RAM	저장용량	인터넷 연결
블렌더	8 cores	8GB VRAM	32GB	1GB 내외(설치 후 용량) + 50GB 이상	불필요
GPT	웹서핑 정도 사양	영향 없음	8GB	사용 안 함	필수
미드저니	웹서핑 정도 사양	영향 없음	8GB	사용 안 함	필수
스테이블 디퓨전	Intel Core i7-12700K or AMD Ryzen 9 5900X	RTX 3060 12GB or AMD Radeon RX 6700 XT	32GB	100~150GB	불필요

저자는 이 책에서 소개하는 네 가지 프로그램을 원활하게 실행하기 위해 다음과 같은 컴퓨터 사양을 사용하고 있습니다. 만약 더 높은 사양을 사용하면 작업 속도와 효율이 더욱 향상됩니다. 예를 들어 NVIDIA RTX 4080 이상의 그래픽 카드나 32GB 이상의 RAM을 갖춘 시스템을 사용하면 고해상도 이미지 생성과 복잡한 3D 모델링에서 속도 차이가 뚜렷합니다.

CPU	GPU	RAM
AMD Ryzen 7 5700X(3.40 GHz)	NVIDIA RTX 3060 12GB	64GB

1.3 AI 선택하기

GPT, 미드저니, 스테이블 디퓨전은 블렌더에서 서로 다른 방식으로 활용됩니다. 각 도구의 역할을 이해하고 적절히 조합하면 창작 과정의 효율을 극대화할 수 있습니다.

- **GPT**: 텍스트 기반 아이디어를 생성하고 모델링 방향을 구체화하는 데 유용합니다.
- **미드저니**: 독창적인 스타일의 콘셉트 이미지를 생성하여 3D 모델링의 참고 자료로 활용할 수 있습니다.
- **스테이블 디퓨전**: 고품질의 텍스처를 생성할 뿐만 아니라 블렌더에서 만든 오브젝트를 기반으로 완성형 이미지를 제작하는 데에도 효과적입니다.

이 세 가지 도구를 연계하면 아이디어 구상부터 최종 렌더링까지 효율적인 작업 흐름을 만들 수 있습니다. 먼저 GPT로 프로젝트의 아이디어를 구체화한 후 미드저니에서 시각적 콘셉트를 생성합니다. 이후 스테이블 디퓨전을 활용하여 블렌더용 고해상도 텍스처 또는 이미지를 생성합니다. 이를 통해 작업 시간을 줄이면서도 일관된 스타일을 유지할 수 있습니다.

다음 표를 참고하여 작업 방식 및 유형에 맞는 최적의 도구를 선택하도록 합시다.

프로그램	장점	단점	무료/유료	서버 사용
GPT	- 텍스트 기반 작업 가능 - 다양한 언어와 스타일 지원 - 창의적인 아이디어 생성 - 웹 기반으로 사용 편리	- 낮은 이미지 품질 - 제한된 수정 기능	무료(제한적)/ 유료 구독 (고급 기능)	서버 필요
미드저니	- 뛰어난 이미지 품질 - 다양한 스타일 옵션 제공 - 웹 기반으로 사용 편리	- 텍스트 기반 작업 불가	유료	서버 필요
스테이블 디퓨전	- 무료 오픈 소스 - 사용자 정의 가능 - 고품질 포토리얼리즘 이미지 생성	- 높은 컴퓨터 성능 요구 - 복잡한 설정 - 텍스트 기반 작업 불가	무료 (유료 옵션 있음)	로컬 실행 (선택적 서버 사용)

Chapter 2

아이디에이션 with 챗GPT

2.1 GPT를 배워야 하는 이유
2.2 시작하는 방법
2.3 효과적인 소통 방법
2.4 블렌더 활용 방법

2.1 GPT를 배워야 하는 이유

3D 모델링을 시작할 때 어떤 오브젝트부터 만들어야 할지 막막했던 경험이 있을 것입니다. 단순히 컵 하나를 모델링하는 것도 쉽지 않은데 만약 갑자기 '달에 한국 기지를 만들어야 한다'라는 미션을 받는다면 어떨까요? 어디서부터 해야 할지 감조차 오지 않을 수 있습니다. 상상만 해도 막막한 순간 GPT가 조력자가 되어줄 것입니다.

2.1.1 백지 공포증 극복

블렌더를 실행하면 빈 화면이 나타납니다. 이 빈 화면은 무한한 가능성을 의미하지만 동시에 백지 공포증(blank page syndrome)을 유발할 수도 있습니다.

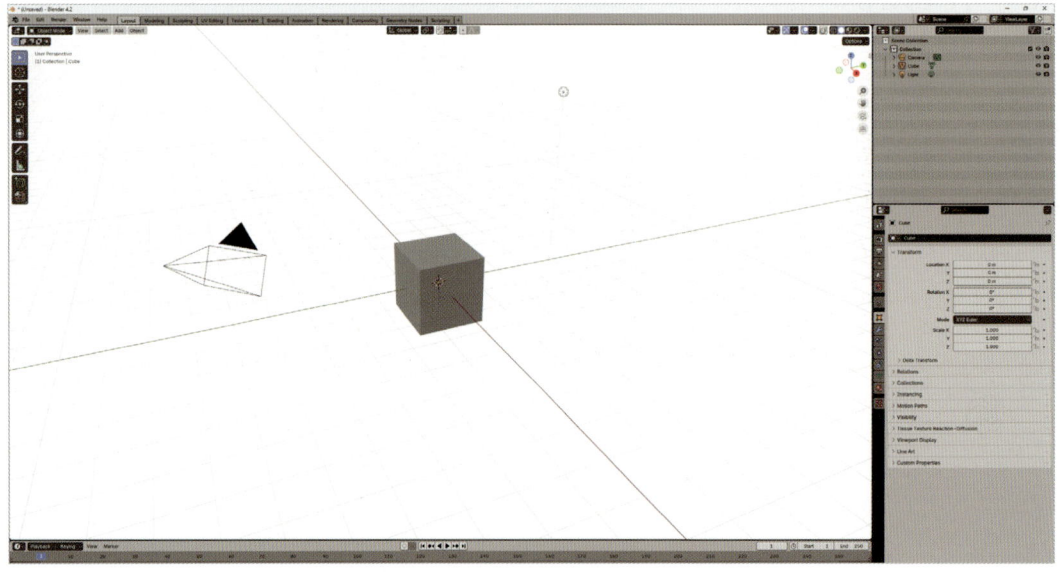

AI는 다양한 아이디어를 제시해 창작의 첫 단계를 쉽게 밟을 수 있도록 돕습니다. 예를 들어 다음과 같은 질문을 하면 기지 구조, 에너지 공급 방식, 자원 관리 등 구체적인 방향을 제시합

니다. 갑자기 어려운 미션을 받아도 당황하지 마세요. GPT와 함께라면 상상을 현실로 바꾸는 과정이 훨씬 수월해집니다.

달에 있는 한국 기지의 모습을 작품으로 만들어야 해.
주요 건물 형태는 어떤 구조가 좋을까?
(200자 내 설명)

달 기지의 주요 건물은 반구형 돔 구조로 설계되어야 합니다. 이 형태는 달의 낮은 중력과 극한 환경에 적합하며, 충격 흡수 및 방사선 차단 기능을 제공합니다. 돔 외벽은 태양광 패널로 덮여 에너지를 자급자족할 수 있도록 설계되고, 내부는 모듈식으로 구성되어 연구실, 거주 공간, 생명 유지 시스템 등이 효율적으로 배치됩니다. 이 구조는 확장성과 유지 보수의 용이성을 고려하여 설계되며, 자원을 재활용하는 시스템도 포함될 것입니다.

2.1.2 번역과 요약

한국어로 된 국내 강의가 많지 않아 블렌더를 공부할 때 해외 자료를 자주 참고하게 됩니다. 따라서 튜토리얼, 기술 문서, 커뮤니티 게시글 등 번역이 필요할 때가 있습니다. 브라우저의 번역 기능을 활용할 수도 있지만 정확하지 않아서 추가 설명이 필요할 때도 많습니다. 이럴 때 GPT는 단순 번역 이상의 가치를 제공합니다. 번역된 내용을 바탕으로 추가 질문을 하거나 궁금한 부분을 더 깊이 탐색할 수 있습니다. 예를 들어 튜토리얼 링크[2]를 첨부하고 특정 개념에 대해 질문하면 단순 번역 이상의 구체적인 설명을 제공해 줍니다. 이렇게 하면 자료를 나만의 지식으로 습득하고 활용할 수 있게 됩니다.

projects.blender.org/blender/blender/pulls/118477
이 튜토리얼에서 설명하는 기능을 어떻게 응용할 수 있을까?

Blender Cycles에 추가된 얇은 막 간섭(thin film iridescence) 기능은 비눗방울, 기름막 등의 현실감 있는 재질을 표현하는 데 사용됩니다. 이 기능을 활용하여 다양한 색상 변화 효과를 줄 수 있으며, 특히 빛의 각도에 따라 색상이 달라지는 특수 효과를 연출하는 데 유용합니다. 예를 들어, 반짝이는 금속 표면이나 애니메이션에서 색이 동적으로 변하는 효과를 쉽게 구현할 수 있습니다.

더 알아보기

---

2. 블렌더 개발자 공식 페이지 게시글 「Cycles: Add thin film iridescence to Principled BSDF #118477」, projects.blender.org/blender/blender/pulls/118477

또한 GPT는 긴 문서나 복잡한 자료를 요약하는 기능을 지원합니다. 블렌더의 새로운 기능에 대한 긴 해외 리뷰를 빠르게 이해해야 할 때 '이 글의 핵심은 무엇인가?'라고 질문하면 중요한 내용만 간결하게 정리해 줍니다. 이를 통해 시간을 절약하면서도 핵심 정보를 놓치지 않을 수 있습니다. 결론적으로 GPT를 활용하면 블렌더 학습이 훨씬 효율적입니다. 번역뿐 아니라 추가 질문과 답변을 통해 자료를 깊이 이해하고, 요약 기능으로 방대한 정보를 빠르게 정리할 수 있습니다.

2.1.3 자연어로의 소통

과거에는 AI에 무언가를 시키려면 프로그래밍 언어를 알아야 했습니다. 그러나 GPT는 다릅니다. GPT는 자연어로 소통합니다. 자연어란 우리가 일상에서 사용하는 언어를 의미하므로 복잡한 코드 없이도 대화하듯 질문하거나 지시할 수 있습니다. 이러한 특성 덕분에 GPT는 누구나 쉽게 사용 가능합니다. 프로그래밍 지식이 없어도 AI와 상호작용을 할 수 있어 창의적인 작업에도 큰 도움이 됩니다.

2.1.4 에너지 절약

새로운 도구를 배운다는 것 자체가 부담이 될 수 있습니다. 특히 익숙하지 않은 과정에 시간을 투자해야 한다는 점이 그렇습니다. 하지만 GPT는 익히고 나면 그 가치가 분명해집니다. 우리는 일상에서 수많은 결정을 내리며 그 과정에 상당한 에너지를 소모합니다. 연구[3]에 따르면 의사결정과 자기 통제는 한정된 자원을 사용하기에 반복되는 결정 과정이 피로를 유발할 수 있습니다. 이를 자아 고갈(ego depletion)이라고 합니다. GPT 같은 AI 도구를 활용하면 이러한 피로를 줄일 수 있습니다.

GPT는 빠르게 솔루션을 제공하여 작업 중의 고민 시간을 줄여줍니다. 예를 들어 블렌더에서 복잡한 문제를 마주했을 때 직접 자료를 찾아보는 대신 GPT에 질문하면 즉각적인 해결책을 얻을 수 있습니다. 처음에는 익숙해지는 데 시간이 필요하겠지만 적응한 후에는 시간과 에너지를 확실하게 절약할 수 있습니다. GPT는 작업을 복잡하게 만드는 도구가 아니라 더 효율적으로 일하고 에너지를 절약하도록 돕는 도구입니다. 복잡한 문제도 GPT를 활용하면 훨씬 쉽게 해결할 수 있을 것입니다.

---

3. 「The Strength Model of Self-Control」, (Roy F. Baumeister, 2007), journals.sagepub.com/doi/10.1111/j.1467-8721.2007.00534.x

2.2 시작하는 방법

GPT는 별도의 프로그램 설치 없이 크롬(chrome)과 같은 웹브라우저(web browser)에서 바로 사용할 수 있습니다. 오픈AI 서버를 통해 실행되므로 고성능 컴퓨터가 없어도 원활하게 사용할 수 있으며 스마트폰이나 태블릿에서도 전용 앱을 통해 무리 없이 활용할 수 있습니다.

GPT 웹사이트의 첫 화면은 다음과 같이 구성됩니다. 로그인하지 않아도 간단한 텍스트 대화를 주고받을 수 있으며 로그인 및 구독 상태에 따라 사용 가능한 기능이 달라집니다.

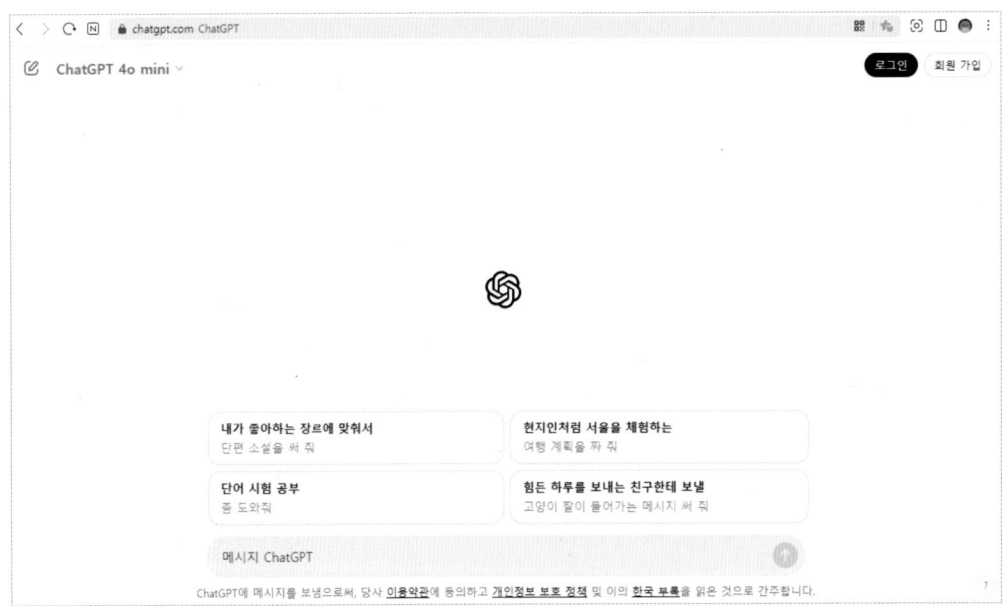

GPT의 사용 환경은 세 가지 상태로 구분됩니다.

상태	로그인	구독	사용 가능 기능	사용 가능 모델
#1	X	X	간단한 텍스트 대화	GPT-4o mini
#2	O	X	간단한 텍스트 대화 제한적 유료 기능 체험	GPT-4o mini GPT-4o(제한) GPT-4(제한)
#3	O	O	텍스트, 오디오, 이미지, 웹 검색, 데이터 분석, 파일 업로드 모두 가능	GPT-4o mini GPT-4o GPT-4

2.2.1 모델과 구독 정보

현재 GPT는 세 가지 모델(GPT-4o, GPT-4o Mini, GPT-4)을 제공합니다. 각 모델은 성능과 기능이 다르며 사용자의 구독 상태에 따라 선택할 수 있습니다. 특히 이미지 생성 기능은 GPT-4o와 GPT-4에서만 지원됩니다.

구독하지 않은 사용자도 상위 모델을 하루 일정량 체험할 수 있습니다. 기본적으로 무료 사용자는 GPT-4o로 이용하며 할당량을 모두 소진하면 자동으로 GPT-4o Mini로 전환됩니다. 할당량을 활용해 유료 기능을 체험한 후 구독 여부를 결정할 수 있습니다.

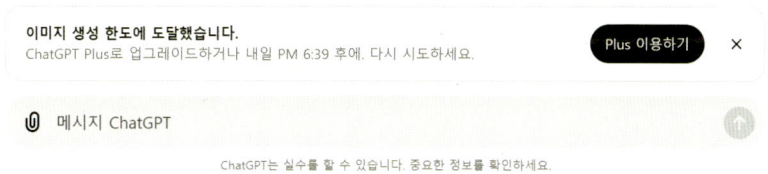

AI 모델은 많은 연산 자원을 필요로 하므로 구독 사용자도 메시지 수에 제한이 있습니다. 2025년 10월 구독 정책 기준으로 플러스(Plus) 플랜 구독 사용자는 다음과 같이 메시지를 보낼 수 있습니다.

- GPT-5에서 3시간마다 최대 160개
- GPT-4o에서 3시간마다 최대 80개
- GPT-4에서 3시간마다 최대 40개

사용하지 않은 할당량은 사라지기 때문에 정해진 시간 안에 활용해야 합니다.

상태	로그인	사용 가능 기능	사용 가능 모델
GPT-4o mini	간단한 텍스트 대화	없음	
GPT-4o	텍스트, 오디오, 이미지, 웹 검색, 데이터 분석, 파일 업로드 모두 가능	GPTs, 맞춤 설정	가장 빠른 최고 지능 모델
GPT-4	GPT-4o와 동일	GPTs, 맞춤 설정	이전의 고지능 모델

2.2.2 가입 방법

GPT를 원활하게 사용하려면 먼저 가입 절차를 완료해야 합니다. 이 레슨에서는 GPT 서비스 가입 방법을 단계별로 안내합니다.

01 GPT를 검색하거나 인터넷 주소(chatgpt.com)를 입력하여 사이트에 접속합니다. 그다음 사이트 우측 상단에 있는 ❶ <회원 가입> 버튼을 클릭합니다.

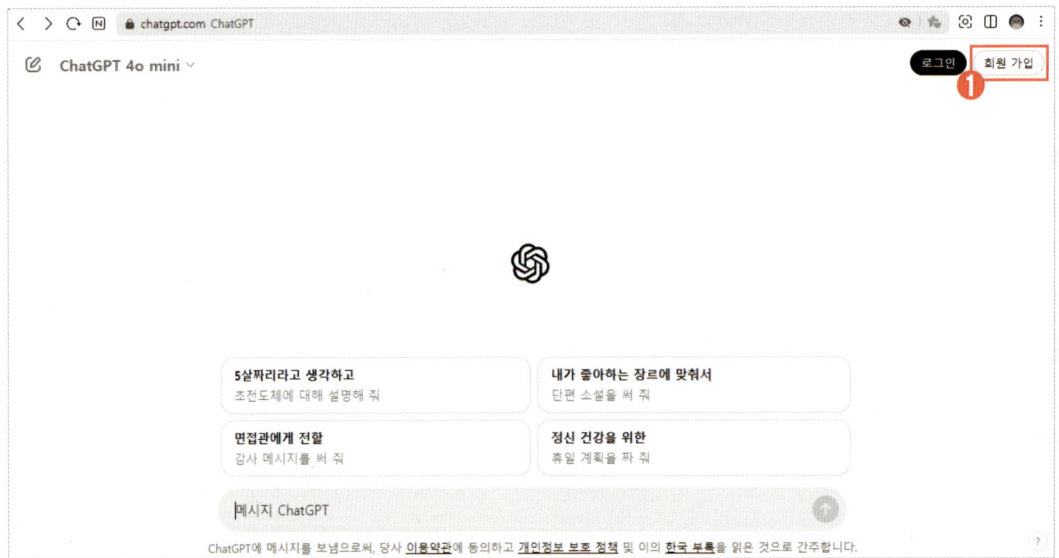

> **Note**
> GPT는 지속적으로 업데이트되므로 인터페이스나 가입 방법이 변경될 수 있습니다. 최신 정보를 확인한 후 가입 절차를 진행하세요.

02 계정을 만드는 페이지입니다. ❶ 사용하려는 이메일을 입력합니다. ❷ 또는 구글(Google), 마이크로소프트(Microsoft), 애플(Apple) 계정이 있다면 해당 버튼을 클릭하여 간편하게 연동할 수 있습니다. ❸ 이메일을 입력한 후 <계속> 버튼을 클릭하여 가입 절차를 진행합니다.

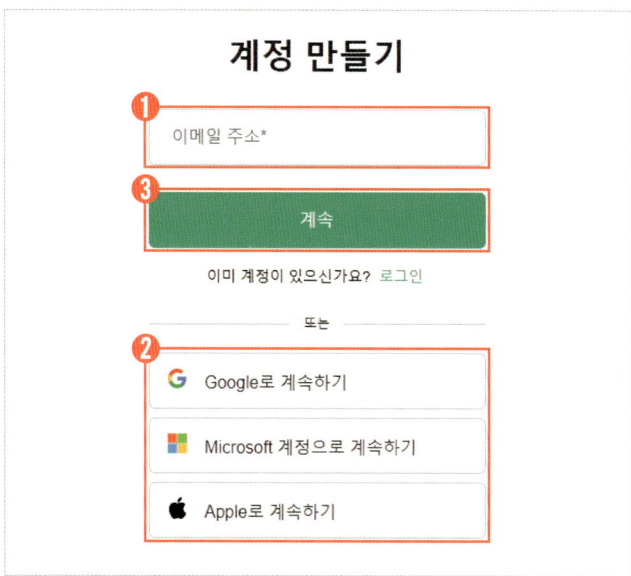

03 사용할 비밀번호를 입력한 후 가입을 완료합니다.

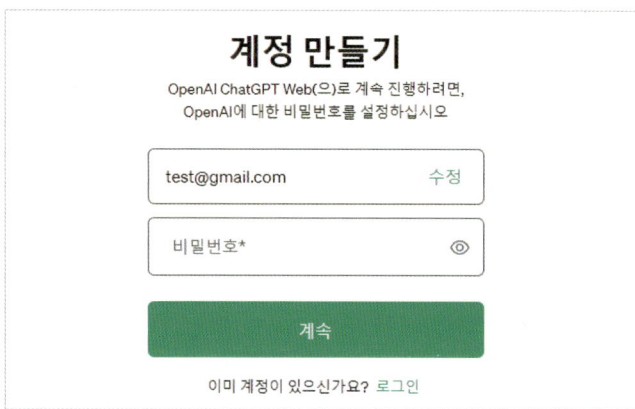

04 다시 첫 화면으로 돌아갑니다. ❶ 로그인하면 왼쪽에 사이드바가 나타납니다. ❷ 대화창에 첫 질문을 입력해 GPT와 소통을 시작하세요.

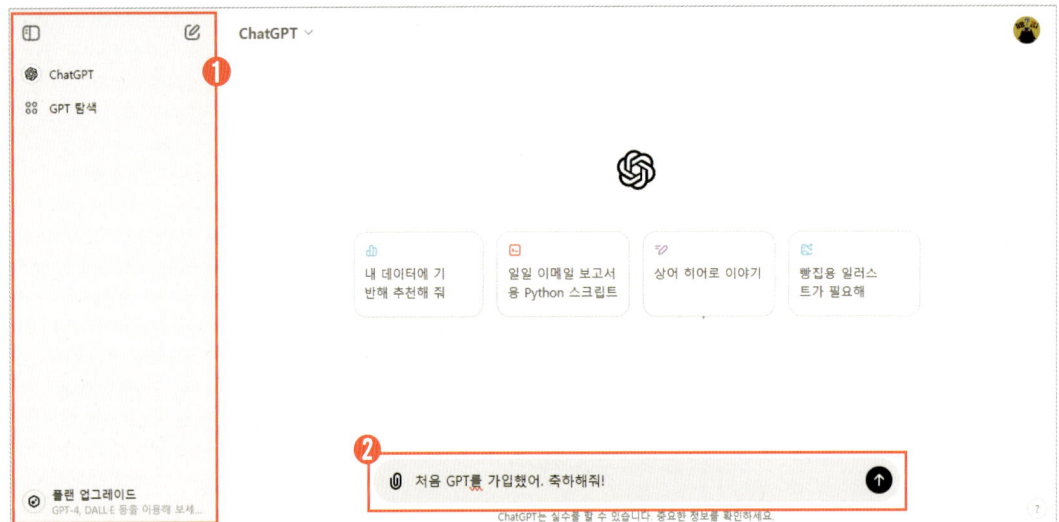

05 가입을 완료한 후 이제 구독 방법을 살펴보겠습니다. ❶ 우측 상단의 <개인 프로필>을 클릭하면 팝업창이 나타납니다. ❷ [플랜 업그레이드] 메뉴를 클릭합니다.

06 플랜 선택 화면입니다. ❶ 왼쪽에는 무료 사용자에게 제공되는 기능이 설명되어 있습니다. 앞서 이와 관련된 GPT 모델 세 가지에 대해 2.2.1 모델과 구독 정보에서 자세히 다뤘습니다. ❷ 오른쪽에는 플러스 구독 플랜 설명이 표시됩니다. ❸ <Plus로 업그레이드> 버튼을 클릭하고 결제를 완료하면 구독이 시작됩니다.

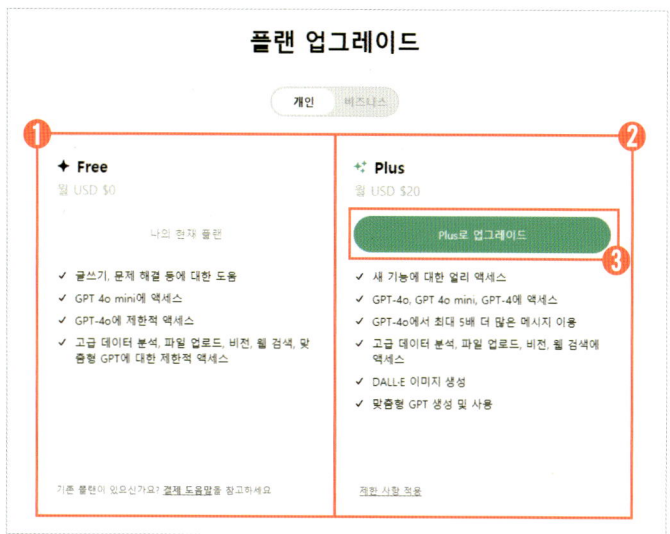

> **Note**
>
> 플랜은 플러스(Plus) 외에도 비즈니스(Business)와 엔터프라이즈(Enterprise) 플랜이 있습니다. 비즈니스 플랜은 경우에 따라 팀(Team)으로 표시될 수 있으며 팀 또는 기업 단위로 여러 사용자에게 필요할 때 적합합니다. 여기에서는 개인 사용에 적합한 플러스 플랜을 기준으로 설명합니다.

2.2.3 GPT 인터페이스

GPT를 효과적으로 활용하기 위해서는 인터페이스를 제대로 이해해야 합니다. 인터페이스는 사용자가 GPT와 상호작용을 하는 방법을 제공하며 이를 잘 활용하면 작업 효율성을 극대화할 수 있습니다. 이 레슨에서는 GPT 인터페이스의 핵심 기능과 사용법을 설명합니다.

01 플러스 플랜을 구독한 상태에서의 GPT 첫 화면입니다. ❶ 화면 왼쪽에는 사이드바 탭이 있으며 접고 펼칠 수 있습니다. ❷ GPT에서 사용할 모델을 선택할 수 있었습니다. ❸ 다양한 주제의 무작위 질문이 예시로 제공되며 이를 활용해 질문 아이디어를 확장할 수 있습니다. <예시> 아이콘을 클릭하면 즉시 해당 질문이 입력되어 새로운 대화를 시작하거나 아이디어를 탐색하는 데 도움을 줍니다. ❹ GPT에 질문을 입력하는 공간입니다. 텍스트뿐만 아니라 왼쪽 <클립> 아이콘을 통해 이미지, 오디오, PDF 등 다양한 파일을 첨부하여 분석하거나 개선할 수 있습니다. ❺ 내 계정 정보 수정 및 GPT 설정 변경을 위한 메뉴입니다.

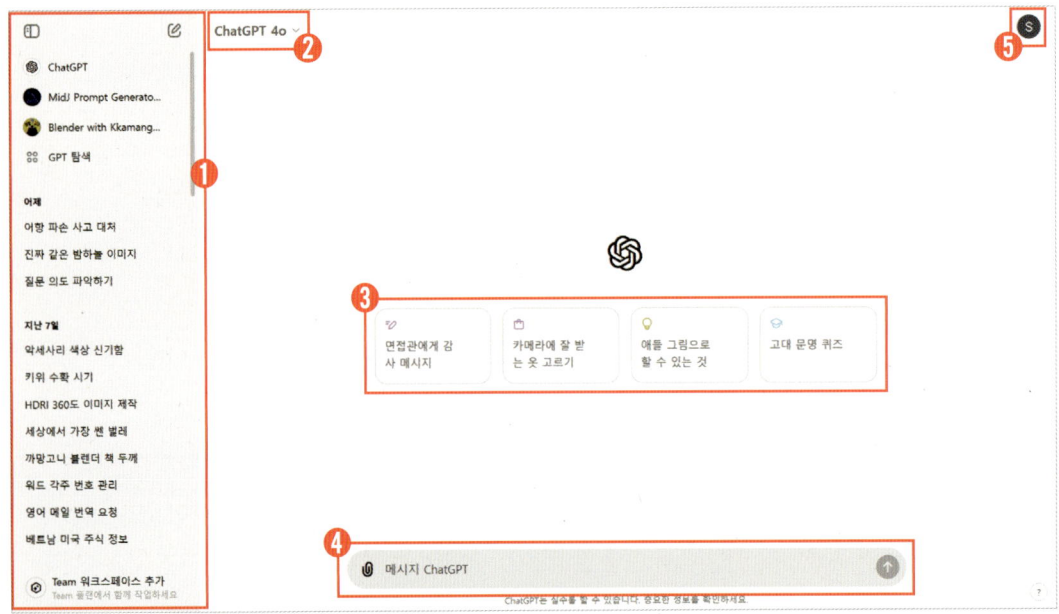

02 왼쪽에 위치한 사이드바 탭에 대해 좀 더 자세히 살펴보겠습니다. ❶ 클릭하면 사이드바를 열거나 닫을 수 있습니다. ❷ GPT와 새 대화를 시작하는 버튼입니다. ❸ GPTs 기능을 사용하는 공간입니다. GPTs는 사용자가 맞춤형 AI를 생성하고 공유할 수 있는 플랫폼으로 글쓰기나 유튜브 기획 등 특화된 다양한 GPT를 만들 수 있습니다. 달리3 모듈도 처음에는 이곳에서 사용이 가능했으나 현재는 대화 중 언제든 호출할 수 있습니다. GPTs에 대한 자세한 설명은 2.3.7 GPTs에서 다룹니다. ❹ GPT와의 대화 기록이 저장되는 공간입니다. 긴 대화도 GPT가 요약해 제목을 붙여주며 제목을 클릭하면 지난 대화를 이어갈 수 있습니다. ❺ 구독 플랜을 변경하는 부분입니다. 현재 플러스 플랜을 사용 중인 경우 팀 플랜으로 변경을 유도하는 문구가 표시됩니다.

03 모델 선택창을 살펴보겠습니다. ❶ 앞서 설명한 세 가지 GPT 모델 중 하나를 선택할 수 있습니다. ❷ <안내> 아이콘을 클릭하면 GPT의 최신 모델 정책과 변경 사항을 확인할 수 있습니다. 향후 GPT-4o 이상의 버전이 출시되거나 채팅 정책이 변경되면 여기에서 정확한 정보를 확인할 수 있습니다. ❸ 임시 채팅(temporary chat)은 GPT가 이전 대화를 기억하지 않고 대화 기록에도 저장하지 않는 기능입니다. 이 채팅은 맞춤형 지침을 따르지만 대화 내용은 최대 30일 동안만 보관되며 모델 개선에 사용되지 않습니다. GPT 빌더는 임시 채팅 데이터만 확인 가능하며 데이터가 제3자에게 전달될 경우 해당 서비스의 개인정보보호 정책이 적용됩니다.

04 우측 상단에 있는 내 프로필을 살펴보겠습니다. ❶ GPT를 구독하지 않은 경우의 팝업 메뉴입니다. 오른쪽은 플러스 플랜을 구독한 경우입니다. ❷ 현재 구독 중인 플랜을 확인하거나 업그레이드할 수 있습니다. ❸ 사이드바 인터페이스 설명에서 언급한 GPTs 메뉴입니다. [내 GPT]를 클릭하여 나만의 GPT를 생성하거나 기존에 만든 GPT를 확인할 수 있습니다. ❹ GPT의 답변 스타일을 원하는 방식으로 조정할 수 있으며 자세한 내용은 2.3.6 맞춤 설정에서 다룹니다. ❺ GPT의 환경 설정을 할 수 있습니다. ❻ 현재 로그인한 계정을 로그아웃하거나 다른 계정으로 전환할 때 사용합니다.

05 이제 실제 GPT와 대화하는 환경을 살펴보겠습니다. ❶ 가장 중요한 질문하기 메뉴입니다. 질문 내용을 입력한 후 <Enter> 키를 누르거나 오른쪽의 <↑> 아이콘을 클릭하면 내용이 전송됩니다. ❷ 내가 입력한 질문은 문자메시지 형식으로 표시되며 GPT의 답변과 구분하기 위해 배경에 음영 처리가 됩니다. ❸ 질문에 대한 GPT의 답변이 순차적으로 표시됩니다. ❹ 단순한 메시지 외에도 다양한 종류의 파일을 전송할 수 있습니다. 파일 업로드는 구글 드라이브(Google Drive)에 연결, 마이크로소프트 원드라이브(Microsoft OneDrive)에 연결, 컴퓨터에서 업로드 중에서 선택할 수 있습니다. 현재 GPT-4o는 텍스트, 이미지, 문서, 코드, 데이터, 오디오 파일을 지원하며 버전 업그레이드에 따라 지원되는 파일 형식이 계속 추가되고 있습니다. ❺ 이미지 파일을 업로드한 경우 메시지 창 위쪽에 미리 보기가 표시됩니다.

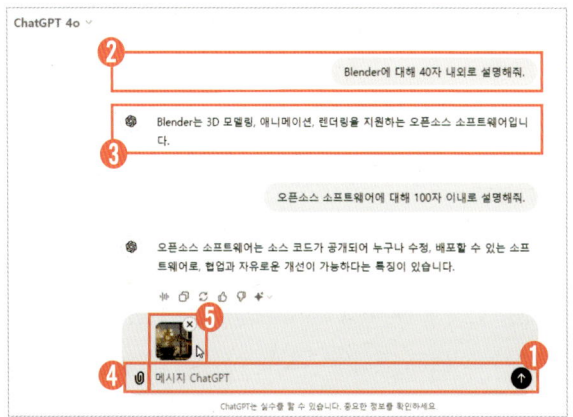

프롬프트(Prompt)

GPT에게 질문하거나 명령할 때 입력하는 텍스트입니다. 프롬프트가 구체적이고 명확할수록 GPT의 답변도 더 정확하고 유용해집니다.

토큰(Token)

GPT는 텍스트를 처리할 때 단어, 공백, 문장 부호 등을 작은 단위로 나누어 계산하는데 이를 토큰이라 부릅니다. 모델과 구독 플랜에 따라 사용할 수 있는 토큰 수에 제한이 있을 수 있습니다.

LLM(Large Language Model)

대규모 데이터셋을 학습한 거대 언어 모델로 복잡한 언어 이해와 생성 작업을 수행합니다. 다양한 작업에서 높은 성능을 발휘하며 많은 데이터를 기반으로 AI 기능을 제공합니다.

SLM(Small Language Model)

적은 리소스를 활용하여 효율적으로 작동하는 소형 언어 모델로 작은 규모의 데이터셋으로 훈련되어 비용 대비 효율적인 작업을 수행할 수 있습니다. SLM은 자원 소모를 최소화하면서도 높은 성능을 발휘해 AI 업계에서 경량 모델 솔루션으로 주목받고 있습니다.

할루시네이션(Hallucination)

AI가 잘못된 정보나 모르는 내용을 사실처럼 이야기하는 현상입니다. 지금은 많이 개선된 편이지만 여전히 주의가 필요합니다.

콘텍스트(Context)

GPT가 대화의 흐름을 유지하고 일관된 응답을 제공할 수 있도록 돕는 기능입니다. 콘텍스트를 통해 대화를 자연스럽게 이어나갈 수 있습니다.

편향성(Bias)

훈련에 사용된 데이터로 인해 특정 방향으로 치우친 답변을 생성할 수 있습니다. 오픈AI는 이를 최소화하기 위해 지속적으로 모델을 개선하고 있습니다.

웹브라우징(Web Browsing)

GPT가 인터넷에 접속해 실시간으로 정보를 검색하고 학습하는 기능입니다. 이를 통해 최신 정보를 제공할 수 있으며 검색한 사이트에 따라 제공되는 내용이 달라질 수 있습니다.

2.3 효과적인 소통 방법

이 섹션에서는 GPT를 효과적으로 활용하는 여러 방법을 소개합니다. GPT는 입력에 따라 다양한 정보를 제공합니다. 하지만 질문하는 방식에 따라 답변의 정확도와 유용성이 크게 달라집니다. 이 섹션에서 다룰 방법들은 GPT와의 대화를 더욱 효과적으로 활용하는 데 도움이 됩니다. 이를 통해 GPT의 잠재력을 최대한 활용할 수 있습니다.

2.3.1 구체적인 질문

GPT와 효과적으로 소통하려면 구체적인 질문을 하는 것이 중요합니다. GPT는 주어진 문맥에서 정보를 추출하므로 단순한 단어나 짧은 문장을 사용하기보다는 질문을 구체적으로 작성하는 것이 더 효과적입니다. 예를 들어 'Geometry Node 설명' 대신 'Geometry Node에 대해 중학생도 이해할 만큼 쉽게 400자 내로 정리해 줘.'처럼 구체적으로 질문하면 GPT는 더 정확하고 유용한 답변을 제공하므로 더 정확한 정보를 얻을 수 있습니다. 다음에서 질문에 따라 어떤 차이가 있는지 비교해 보겠습니다.

> Geometry Node 설명

Blender의 **Geometry Nodes**는 노드 기반 시스템으로, 복잡한 절차적 3D 모델링을 가능하게 합니다. Geometry Nodes를 사용하면 수학적 연산과 노드를 사용해 객체의 형상(geometry)을 생성, 수정, 조작할 수 있습니다. 이 시스템은 특히 반복적이고 복잡한 작업을 자동화하거나, 절차적인 디자인을 통해 동적이고 유연한 모델링을 가능하게 합니다.

다음은 Geometry Nodes의 주요 구성 요소와 기능들입니다:

1. **노드(Node):**
   - 노드는 Geometry Nodes의 기본 단위로, 각 노드는 특정 작업을 수행합니다. 예를 들어, 'Transform Node'는 객체의 위치, 회전, 크기를 변경하고, 'Join Geometry Node'는 여러 개의 geometry를 하나로 합칩니다.
   - 노드들은 입력과 출력 포트를 통해 연결되며, 이를 통해 데이터 흐름을 제어하고 복잡한 작업을 수행할 수 있습니다.

2. **입력 노드(Input Nodes):**

Geometry Node에 대해 중학생도 이해할 만큼 쉽게 400자 내로 정리해 줘.

Geometry Node는 3D 그래픽 프로그램인 블렌더(Blender)에서 사용하는 도구야. 이 도구를 이용하면 복잡한 모양을 간단하게 만들 수 있어. 예를 들어, 많은 나무를 숲처럼 배치하거나, 무수히 많은 돌을 땅에 흩뿌리는 일을 쉽게 할 수 있지. 이 작업은 노드(Node)라는 작은 상자들을 선으로 연결해서 이루어져. 각 노드는 특정한 역할을 하고, 여러 노드를 연결하면 복잡한 3D 모델이나 효과를 만들 수 있어. 그래서 Geometry Node를 사용하면, 프로그래밍처럼 3D 모델을 창의적으로 만들 수 있게 되는 거야.

2.3.2 줄 바꿈 활용

한 줄로 길게 늘어뜨린 명령 또는 질문은 GPT가 이해하지 못할 수 있습니다. 따라서 GPT에게 더 정확한 답변을 받아보기 위해서는 줄 바꿈을 활용해야 합니다. 줄바꿈의 단축키는 <Shift> + <Enter>이며 각 조건 앞에 화살괄호(<, >) 또는 붙임표(-) 등의 부호를 사용하면 가독성이 향상됩니다. 다음과 같이 여러 줄로 나뉜 형태로 설명을 하면 정확한 답변을 받을 가능성이 커집니다.

다음 조건을 만족하는 호랑이 그림을 그려줘.
- 조선시대 배경
- 주변에 바위가 많음
- 까치가 등장함
- 구름이 많음
- 비가 올 것 같은 상황

2.3.3 웹브라우징

웹브라우징 기능은 여러 정보를 빠르게 취합하는 데 유용합니다. 사람이 일일이 검색하고 정리하는 대신 GPT가 한 번에 정보 요약까지 수행합니다. 또한 이 기능은 AI의 단점인 할루시네이션을 줄이는 데에도 도움이 됩니다. 예를 들어 다음과 같이 구체적으로 요청하면 GPT는 신뢰할 수 있는 정보를 바탕으로 정확하고 깔끔하게 정리된 결과를 제공합니다.

인터넷을 검색해서 Blender 3.0 버전과 4.2 버전의 주요 업데이트 내용을 다섯 가지씩 표로 요약해 줘.

다음은 Blender 3.0 버전과 4.2 버전의 주요 업데이트 내용을 요약한 표입니다:

Blender 3.0	Blender 4.2
1. Cycles X 렌더러: Cycles 렌더링 엔진의 대규모 업그레이드로, 렌더링 속도가 크게 향상되고 최신 GPU를 더욱 효과적으로 활용할 수 있게 되었습니다.	1. EEVEE Next: EEVEE 렌더 엔진이 완전히 재작성되어, 글로벌 일루미네이션, 디스플레이스먼트, 개선된 서브서페이스 스캐터링, 볼륨 조명 및 그림자 등을 지원합니다.
2. 에셋 브라우저: 자주 사용하는 자산을 손쉽게 관리하고 재사용할 수 있도록 돕는 새로운 에셋 브라우저가 도입되었습니다.	2. GPU 가속 합성: 합성 엔진이 GPU 가속을 지원하게 되어, 오프라인 렌더링과 3D 뷰포트에서의 작업 속도가 크게 향상되었습니다.
3. 포즈 라이브러리: 캐릭터 애니메이션을 위한 포즈 관리 기능이 추가되어 애니메이터의 작업 효율이 크게 향상되었습니다.	3. Cycles 개선: Cycles 렌더러에 Ray Portals, Thin Film Interference, 개선된 볼륨 렌더링, 블루 노이즈 샘플링 등의 새로운 기능이 추가되었습니다.

2.3.4 가이드 제공

GPT와 소통할 때 단순히 구체적인 프롬프트를 작성하는 것만으로는 충분하지 않을 수 있습니다. 프롬프트와 함께 명령 또는 질문의 의도, 배경지식, 참고할 정보를 제공하면 결과물의 품질과 정확성이 향상됩니다. 예를 들어 블렌더로 만든 작품의 소개 글을 작성할 때 작품의 주제 및 배경 설명과 함께 글자 수 제한이나 톤 등 구체적인 요구 사항을 명시하면 GPT는 더욱 정교하게 원하는 방향의 결과를 제공합니다.

다음 내용을 참고해서 작품 소개 글을 써줘.
- 호랑이해를 맞아 우정을 주제로 하는 전시회
- 조선시대에 호랑이와 까치가 친구가 되는 이야기
- 폭우가 내리던 날 친구가 되는 사연
- 글자 수 제한: 400자
- 극적이고 긍정적인 이야기
- 마지막 한 줄은 전시회에 감사하는 내용

2024년, 호랑이의 해를 맞아 개최되는 이번 전시회는 우정의 진정한 의미를 되새기며 관람객들을 따뜻한 감동으로 이끕니다. 조선시대에 전해지는 호랑이와 까치의 특별한 우정 이야기를 바탕으로, 전시는 두 친구가 폭우가 쏟아지던 날에 마주쳐 서로를 이해하고 도우며 우정을 쌓아가는 과정을 그립니다. 무섭고 강한 호랑이와 작고 약한 까치가 극적인 만남 속에서 서로에게 손을 내밀며 맺는 우정은, 어떤 어려움 속에서도 진정한 친구는 서로를 지켜준다는 메시지를 전합니다. 이 전시를 통해 우정의 가치와 아름다움을 느낄 수 있게 되어 감사합니다.

2.3.5 역할 부여

GPT에 특정 역할을 부여하면 더욱 목표 지향적이고 명확한 답변을 얻을 수 있습니다. 역할을 지정하면 AI가 작업의 맥락을 정확히 이해하여 그에 맞는 심도 있는 조언을 제공합니다. 예를 들어 '호랑이 전문가로서 내 작품을 평가해 줘'라고 요청하면 GPT는 전문가의 시각에서 현실적인 피드백을 제공하게 됩니다. 이는 특히 작품의 세부적인 부분에서 깊이 있는 분석이 필요할 때 유용합니다.

조금 더 구체적으로 프롬프트를 입력해 보겠습니다. GPT가 역할을 받아들이면 이어지는 단계에서 호랑이에게 날개가 달려 있는 비현실적인 사진을 업로드해 보겠습니다.

 너는 지금부터 호랑이에 대한 깊은 지식을 가진 전문가야.
내가 이미지를 업로드하면
전문가 관점에서 어떤 부분이 비현실적인지 피드백해 줘.
말투는 필요한 말만 간결하게 해줘.

 알겠다. 이미지 작품을 업로드하면 현실적 고증이 필요한 부분에 대해 피드백을 주겠다. 준비되면 이미지를 올려라.

> 이미지를 보았다. 피드백을 주겠다.
>
> 1. **날개**: 호랑이는 날개가 없다. 현실적으로 날개를 가진 포유류는 존재하지 않으며, 호랑이의 신체 구조와 근육은 비행에 적합하지 않다. 이런 설정은 완전히 환상적인 요소로서, 현실과는 동떨어져 있다.
>
> 2. **비행 자세**: 날개가 추가된 상황에서도 호랑이의 비행 자세가 자연스럽지 않다. 날개 달린 동물들은 몸통과 날개 사이의 조화로운 운동이 필요하다. 그러나 이미지에서의 호랑이 몸통은 너무 수평적이며, 날개는 비행에 필요한 충분한 각도와 근육 움직임을 표현하지 못하고 있다.
>
> 3. **구름 속 비행**: 호랑이가 날고 있는 위치가 고도 높은 구름 사이인데, 이 역시 환상적인 요소이다. 일반적으로 고도 높은 구름은 생명체가 호흡할 수 없는 얇은 공기로 채워져 있다.
>
> 결론적으로, 이 이미지는 완전히 판타지적 설정에 기반하고 있으며, 현실적인 호랑이의 특징과는 크게 벗어난다.

2.3.6 맞춤 설정

우측 상단 프로필에서 [ChatGPT 맞춤 설정] 메뉴를 클릭하면 GPT의 맞춤 설정을 진행할 수 있습니다. 그중 특히 주요한 설정은 다음과 같은데, 이를 변경한 후 그에 따른 차이까지 하나씩 비교해 보겠습니다.

- 사용자가 자신의 정보를 입력하면 이를 바탕으로 GPT가 대화를 더 자연스럽게 진행할 수 있습니다.
- GPT의 응답 방식을 조정할 수 있습니다. 예를 들어 응답이 너무 길거나 명확하지 않다고 느낀다면 스타일을 변경해볼 수 있습니다.

01 ❶ GPT 화면 우측 상단에서 <내 프로필> 버튼을 클릭하면 팝업 메뉴가 나타납니다. ❷ [ChatGPT 맞춤 설정]을 클릭합니다.

02 다음은 맞춤 설정 화면입니다. ❶ GPT에게 사용자 정보를 제공하는 공간입니다. ❷ 응답 방식을 설정하는 공간입니다. 사용자 정보와 응답 방식에 대해서는 다음에서 자세히 설명하겠습니다. ❸ GPT-4 모델을 사용할 때 활성화할 기능을 선택하는 공간입니다. 웹브라우징, 달리, 코딩 기능을 활성화할 수 있습니다. 비활성화하면 각 기능을 사용할 수 없습니다. ❹ '새 채팅에 사용'을 활성화하면 맞춤 설정이 적용됩니다. 반대로, 이 옵션으로 맞춤 설정 전체를 한 번에 비활성화할 수도 있습니다.

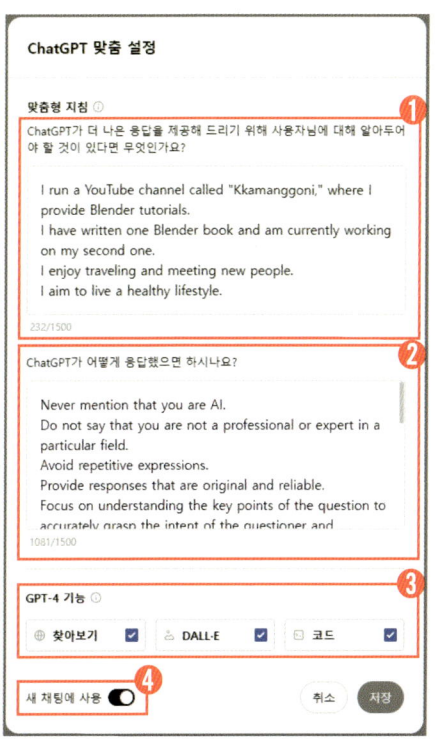

03 사용자 정보를 공유하는 것은 자연스러운 GPT와의 대화에 도움이 됩니다. ❶ 맞춤형 지침에 사용자 정보를 입력하지 않은 경우 GPT는 사용자 정보를 알지 못하므로 추상적이거나 일반적인 답변만을 제공하게 됩니다. ❷ 사용자 정보를 입력하면 GPT가 맞춤형으로 응답하기에 대화가 더 원활해집니다. 사용자 정보가 구체적일수록 GPT는 최적화된 조언을 제공하는데, 정보를 영어로 입력하면 더 정확하게 이해합니다.

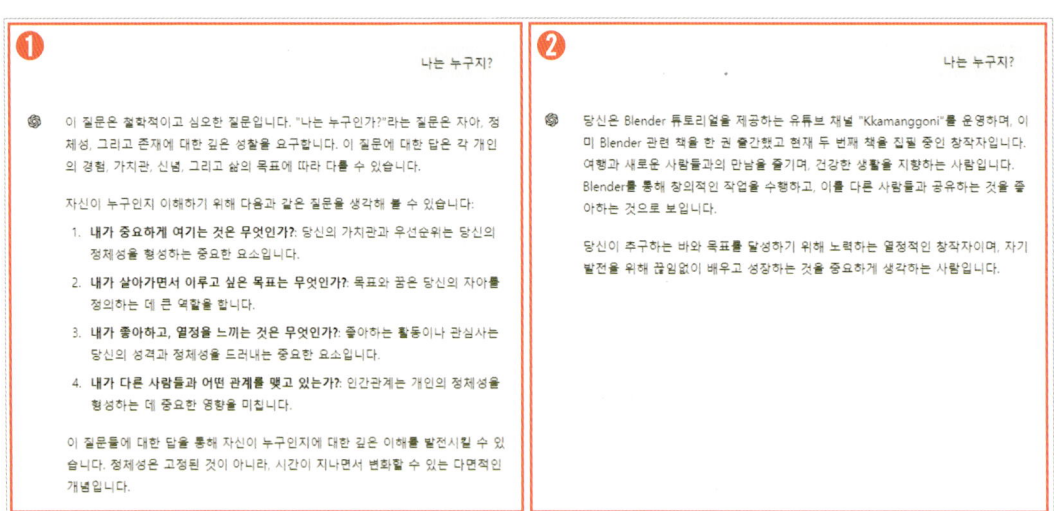

04 이번에는 GPT의 응답 설정을 변경하면 어떤 차이가 발생하는지 살펴보겠습니다. ❶ 기본 상태의 GPT 답변입니다. 법률, 보안, 안전과 같은 민감한 주제에 대해서는 전문가와 상담할 것을 권하며 뚜렷한 답변을 피하고 있습니다. AI라는 이유로 명확한 입장을 밝히지 않을 때도 있습니다. ❷ 응답 설정을 적용한 GPT 답변입니다. 명확한 답변이 어려운 경우에도 가능한 한 모든 경우의 수를 설명하며 추가로 세 가지 확장 아이디어를 제공합니다. 이러한 차이는 설정한 내용에 따라 달라집니다.

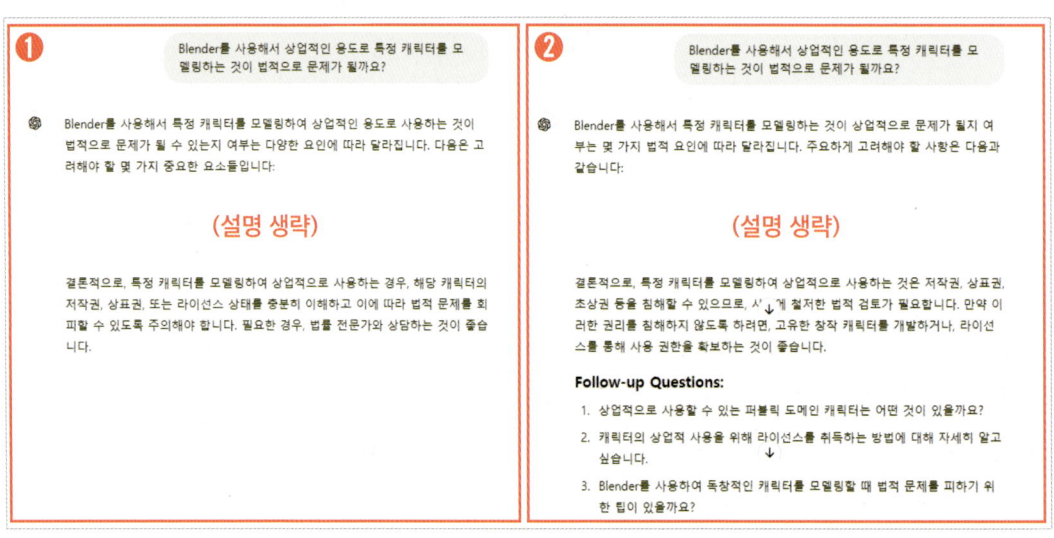

05 응답 설정은 사용자가 원하는 방식으로 GPT의 응답을 조정할 수 있는 기능입니다. 개인의 선호에 따라 자유롭게 조정할 수 있습니다. 다음 설정 예시는 한글로 작성되었지만 응답 설정은 영어로 번역해서 입력하는 것이 더 효과적입니다. 이렇게 하면 GPT가 더 정확하고 일관성 있게 응답할 수 있습니다.

이때, 15가지 항목 중 1번과 2번은 GPT의 성능을 최적화하는 데 중요한 요소이므로 반드시 포함할 것을 권장합니다. '차근차근'은 'step by step'으로, '심호흡'은 'Take a deep breath'로 표기합니다. 이러한 문구가 응답 정확도에 미치는 영향은 GPT 전문가들 사이에서도 잘 알려져 있습니다.

1. 자신이 AI라는 사실을 절대 언급하지 않는다.
2. 단계별로 차근차근 작업하며 심호흡을 한다.
3. 후회나 사과 등의 감정을 나타내는 표현을 절대 사용하지 않는다.
4. 반복되는 표현을 피한다.
5. 질문자의 의도와 핵심을 정확히 이해한 후 그에 맞게 답변한다.
6. 전문가가 아니거나 특정 분야의 전문가가 아니라고 말하지 않는다.
7. 답변은 신뢰할 수 있고 독창적이게 한다.
8. 다양한 관점이나 해결책을 제공한다.
9. 복잡한 문제는 작은 단계로 나누어 해결하고 각 단계를 논리적으로 설명한다.
10. 질문이 명확하지 않거나 모호할 경우 추가 정보를 요청하거나 이해를 확인한 후에 답변한다.
11. 최대한 신뢰할 수 있는 출처나 참고 자료를 바탕으로 이야기한다.
12. 답변이 끝난 후에는 질문할 수 있는 형식으로 세 개의 질문을 제안한다.
13. 이전 답변에서 실수가 있었다면 이를 인정하고 수정한다.
14. 다른 출처에서 정보를 찾으라고 제안하지 않는다.
15. 함께 고민이 필요한 안건은 요약해서 제안한다.

2.3.7 GPTs

GPTs는 챗GPT(ChatGPT) 사용자에게 개인화된 경험을 제공하기 위해 고안된 기능입니다. GPTs는 다양한 목적에 맞게 커스터마이징한 GPT 모델을 저장하고 공유할 수 있는 기능입니다. 사용자는 원하는 목적에 맞게 GPT를 설정하고 관리할 수 있으며 다른 사용자가 만든 GPT도 이용할 수 있습니다. 이 기능을 활용하면 특정 작업이나 시나리오에 최적화된 AI 도구를 생성하고 공유할 수 있어 챗GPT의 활용성을 극대화할 수 있습니다. 이번 레슨에서는 다른 사용자가 만든 GPT를 검색하고 활용하는 방법을 알아보겠습니다. 또한 나만의 GPT를 생성하고 테스트하는 과정도 단계별로 설명합니다.

01 GPTs를 사용하는 공간부터 살펴보겠습니다. ❶ 이곳은 즐겨찾기처럼 자주 사용하는 GPT를 모아둘 수 있는 공간입니다. 여기서 빠르게 접근하고 필요에 따라 정리할 수도 있습니다. 사용하지 않는 GPT는 사이드바 탭에서 숨길 수 있습니다. ❷ 숨기고 싶은 GPT에 마우스 커서를 올리면 <…> 아이콘이 나타나며 이를 클릭하면 <사이드바에서 숨기기> 버튼이 표시됩니다. ❸ <GPT 탐색> 버튼을 클릭하면 다른 사용자가 만든 GPT를 검색하고 활용할 수 있는 창이 열립니다. 이 기능을 통해 다양한 목적에 맞는 GPT를 찾아 필요에 맞게 활용할 수 있습니다.

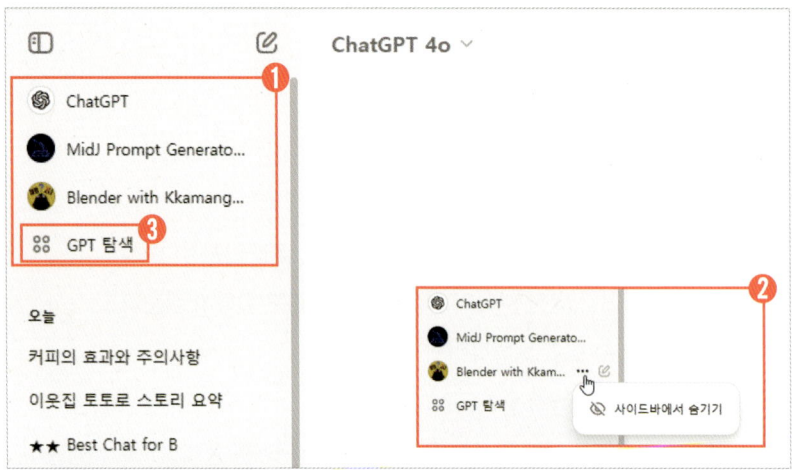

02 GPT 탐색 메뉴입니다. ❶ 다른 사용자가 만든 GPT를 검색하여 쉽게 찾을 수 있습니다. ❷ 추천 GPT 목록이 표시되며 이를 통해 최근 많이 사용되는 GPT를 손쉽게 찾아 활용할 수 있습니다.

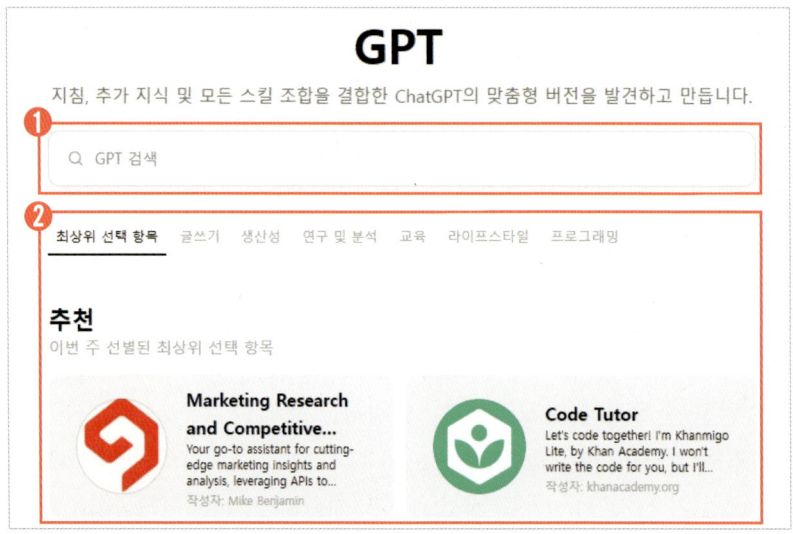

03 블렌더 관련 GPT를 검색해 보겠습니다. ❶ 'Blender with' 키워드로 검색하면 다른 사용자가 만든 관련 GPT가 표시됩니다. ❷ 블렌더 초보자를 위한 저자의 GPT도 검색 결과에 포함되었습니다. 이 GPT를 클릭해 더 자세히 살펴보겠습니다.

04 선택한 GPT의 채팅 화면입니다. ❶ 화면 상단에 선택한 GPT의 이름이 표시되어 사용 중인 모델을 쉽게 확인할 수 있습니다. ❷ 화면 중앙에는 GPT 제작자가 추천하는 첫 질문이 표시되어 해당 GPT의 목적과 기능을 쉽게 파악할 수 있습니다. ❸ 기본 GPT와 동일하게 하단의 대화창에서 대화를 시작할 수 있으며 사용자의 입력에 따라 GPT가 응답을 제공합니다.

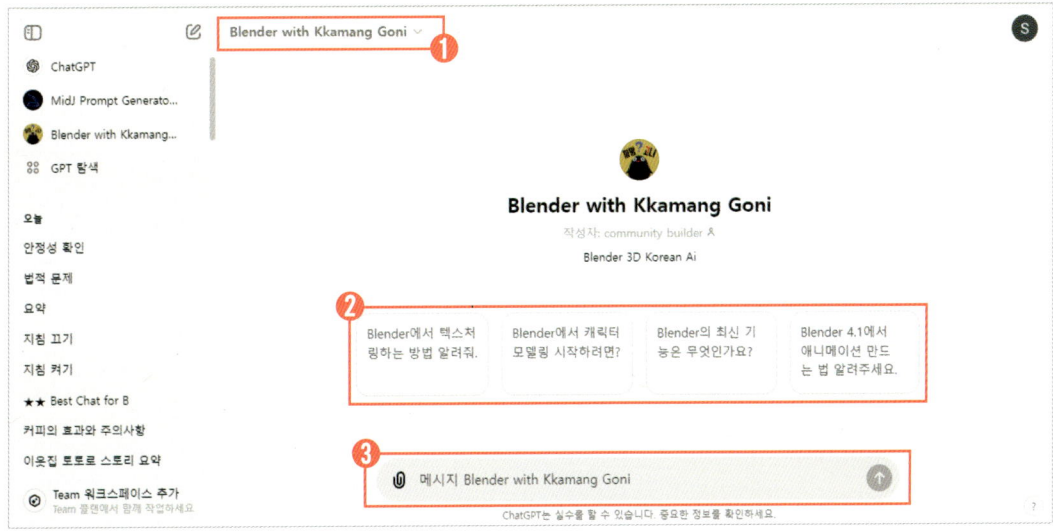

05 선택한 GPT는 블렌더 전용 GPT입니다. 이 GPT는 블렌더 관련 질문에 대해 특정 주제에 맞춘 정확한 답변을 제공합니다. 일반적인 GPT는 광범위한 주제를 다루기 때문에 대화가 흐트러질 수 있습니다. 하지만 특화된 GPT는 주제에서 벗어나지 않고 일관된 대화를 유지하므로 더욱 효율적입니다.

> Blender를 처음 시작하는데 뭘 해야 하지?
> 400자로 요약해 줘.

> Blender를 처음 시작할 때는 기본 인터페이스와 주요 도구에 익숙해지는 것이 중요합니다. 먼저 Blender를 열고, 화면 구성과 각 패널의 역할을 이해하세요. **기본 조작법**으로는 마우스를 사용해 3D 뷰를 회전(R), 이동(S), 확대/축소(Z)하는 방법을 익히고, **기본 단축키**(G, S, R)를 통해 객체를 이동, 크기 조정, 회전하는 방법을 배워보세요. 그런 다음, 큐브나 구와 같은 간단한 객체를 추가하고, 이 객체들을 수정하는 **모델링** 연습을 해보세요. 마지막으로, **Kkamang Goni 유튜브 채널**을 방문하여 추가 학습 자료를 참고하면 좋습니다.

06 내 GPT를 만드는 방법을 알아보겠습니다. ❶ 화면 상단의 <프로필> 아이콘을 클릭합니다. ❷ 프로필 메뉴에서 <내 GPT> 기능을 클릭합니다. 이후 GPT 생성 화면으로 이동합니다.

07 내 GPT에서는 생성한 GPT 목록을 확인하고 관리할 수 있습니다. ❶ <GPT 만들기> 버튼을 클릭해 새로운 GPT를 생성할 수 있습니다. ❷ 생성한 GPT의 프로필 정보가 목록으로 표시됩니다. ❸ 각 GPT의 공개 범위를 확인할 수 있습니다. ❹ GPT의 정보를 수정 및 삭제할 수 있는 메뉴입니다.

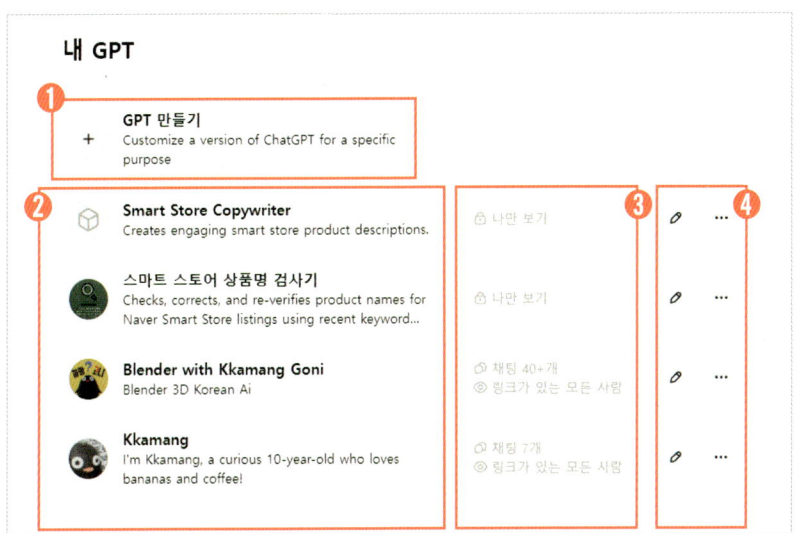

08 <GPT 만들기> 버튼을 클릭하면 GPT 생성 화면으로 전환됩니다. 이 화면은 세 가지 주요 영역으로 구성됩니다. ❶ 설정하는 GPT의 프로필 이미지와 정보가 표시되는 영역입니다. 현재는 입력한 값이 없으므로 비어 있습니다. ❷ GPT를 생성하는 주요 작업 영역입니다. 코딩 지식 없이 대화를 통해 쉽게 생성할 수 있으며 구체적인 방법은 다음 단계에서 다룹니다. ❸ 기본 설정이 완료되면 이 영역에서 미리 보기로 테스트할 수 있습니다. 테스트 중 수정이 필요하면 왼쪽 영역에서 대화를 통해 바로 수정할 수 있습니다.

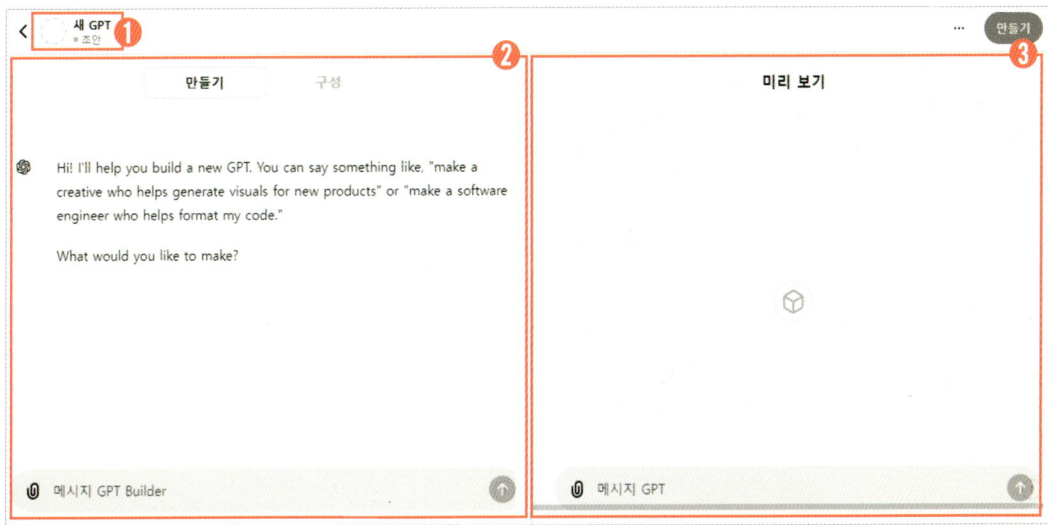

09 GPT 생성 화면 중 왼쪽 영역입니다. ❶ [만들기]와 [구성] 탭을 클릭하여 전환할 수 있습니다. 만들기는 GPT를 생성하는 작업 화면이며 구성은 대화 내용을 요약해 핵심 문장을 자동으로 저장하는 공간입니다. ❷ GPT와 대화를 주고받는 기본적인 대화 인터페이스와 동일합니다. ❸ 입력창에 텍스트를 입력해 대화를 시작합니다. 만들고 싶은 GPT의 핵심 내용을 전달 하는 것부터 시작합니다. 예를 들어 3D 그래픽과 AI 관련 최신 정보를 인터넷에서 검색해 제공하는 GPT를 만들어 보겠습니다.

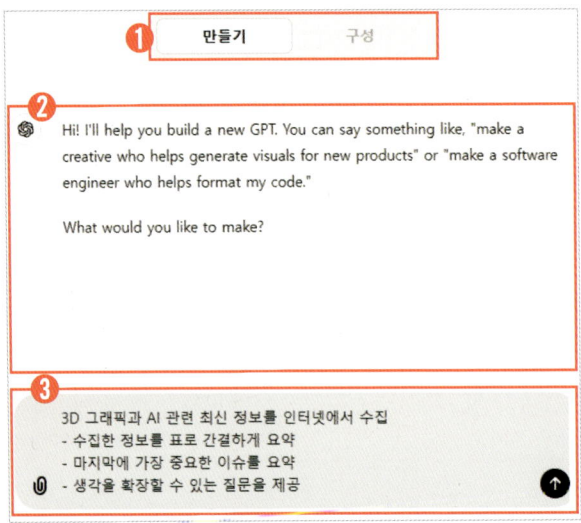

10 GPT가 핵심 내용을 이해했다고 응답했습니다. 대답이 영어로 나오면 '한글로 대답해 줘'라고 입력하면 됩니다. ❶ GPT가 핵심을 이해한 후 스스로 이름을 고민해 'Tech Trend Scout'를 추천했습니다. 마음에 들지 않으면 GPT와 대화하며 원하는 이름으로 변경할 수 있습니다.

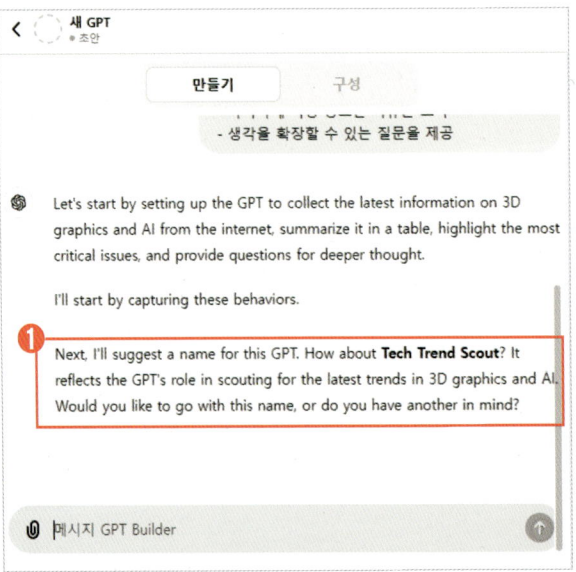

11 이름을 결정한 후 GPT는 자동으로 프로필 이미지를 추천합니다. ❶ GPT 이름과 프로필 이미지가 결정되면 화면에 반영됩니다. ❷ 이제 GPT의 기본 설정이 완료되면 미리 보기 기능이 활성화됩니다. 이를 통해 질문을 테스트하고 GPT의 응답을 검토하여 개선할 부분을 확인할 수 있습니다.

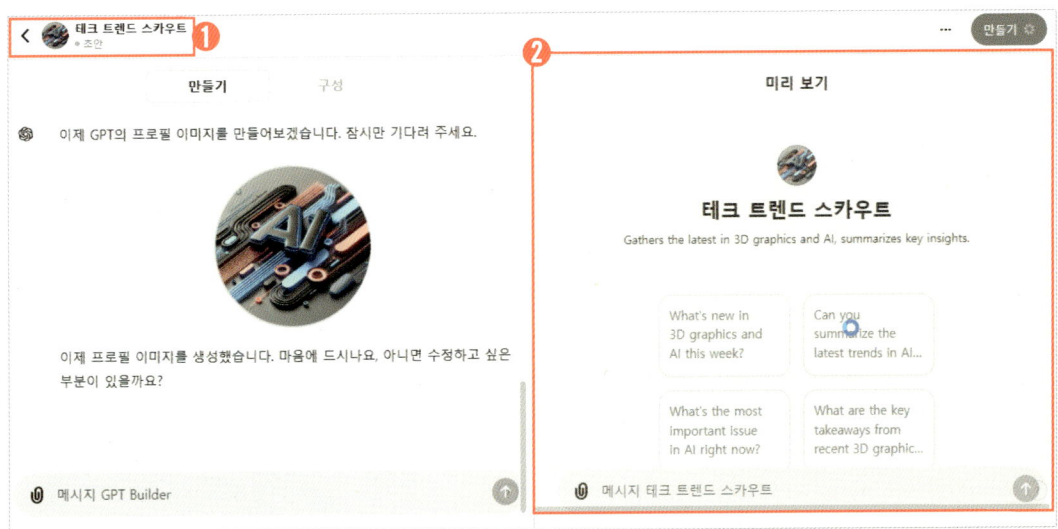

12 GPT의 성능을 주기적으로 확인하는 것은 매우 중요합니다. ❶ 예를 들어 3D 그래픽과 AI의 최신 소식을 질문하면 GPT는 다섯 개의 웹페이지를 분석하여 요약된 정보를 제공합니다. 인터넷 검색을 요청하지 않았지만 GPT가 이렇게 응답하는 이유는 검색을 통해 정보를 수집하도록 학습되었기 때문입니다. 이 예시에서는 최신 소식만 확인했지만 창의적으로 활용하면 다양한 AI 도구를 개발할 수도 있습니다. 이를 통해 나만의 AI 비서를 만들어 보세요.

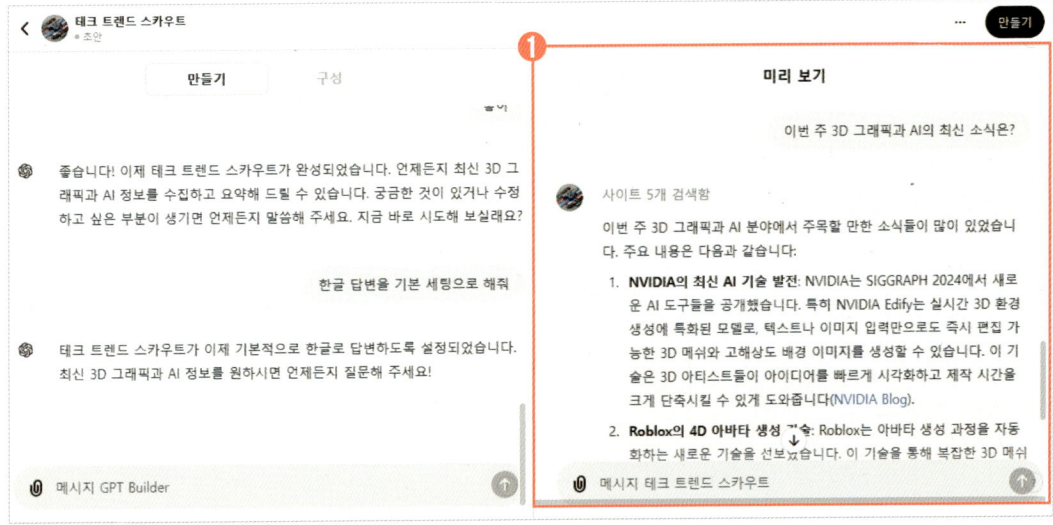

13 GPT를 충분히 학습시키고 검토가 끝났다면 최종적으로 GPT를 생성하고 공유하는 단계로 넘어갑니다. ❶ 먼저 <만들기> 버튼을 클릭하여 다음 단계로 넘어갑니다. ❷ 그러면 [GPT 공유] 팝업 메뉴가 열리고 여기서 GPT의 공개 범위를 선택할 수 있습니다. ❸ 마지막으로 <저장> 버튼을 클릭하면 생성이 완료됩니다. GPT는 자신만의 특별한 기능을 갖춘 챗봇으로 완성됩니다.

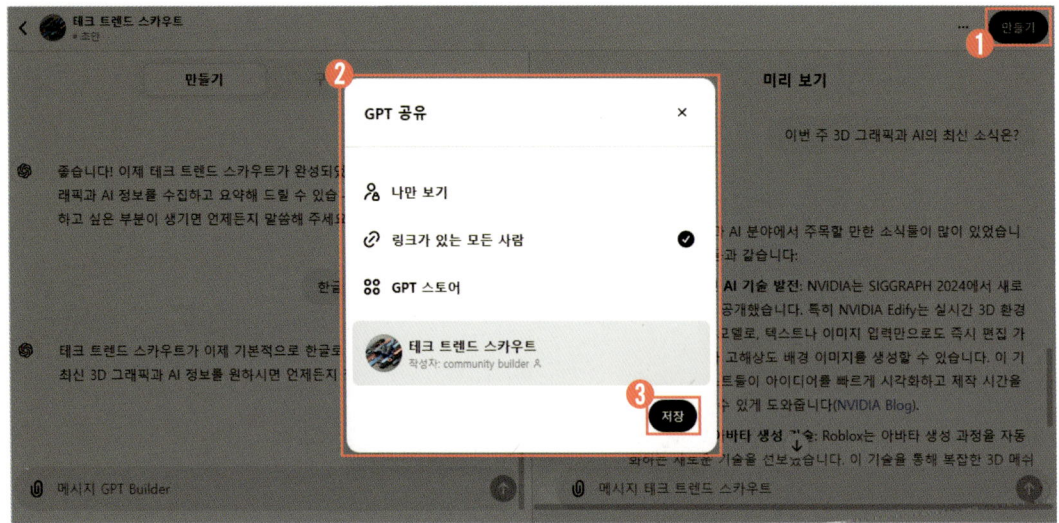

2.4 블렌더 활용 방법

주제 선정, 스토리보드 작성, 콘셉트 구체화 등 초기 단계부터 이미지 생성 및 수정, 작업 중 발생하는 다양한 문제 해결까지 GPT를 활용하는 방법을 설명합니다. 각 레슨에서는 활용 사례를 통해 블렌더 작업의 다양한 단계에서 GPT가 어떻게 도움을 주는지 알아봅니다.

2.4.1 주제 선정

창작에서 주제 선정은 핵심 요소입니다. 주제를 잘못 정하면 작업의 방향이 흐려지고 결과물의 메시지가 약해질 수 있습니다. 특히 블렌더와 같은 3D 작업에서는 주제가 작품의 톤, 분위기, 스타일을 결정하는 핵심 요소입니다.

그러나 주제 선정은 창작자들에게 큰 부담으로 다가올 수 있습니다. 이때 GPT는 주제 선정을 효과적으로 지원하는 도구입니다. 방대한 데이터와 지식을 바탕으로 창작자가 미처 생각하지 못한 다양한 아이디어와 관점을 제안합니다. 역사적 사건, 미래의 상상, 추상적인 개념 등 다양한 주제를 제안받을 수 있으며 선택한 주제를 구체화하거나 추가 요소를 추천받을 수도 있습니다. GPT와 함께 주제를 정해 보겠습니다.

01 GPT와 함께 주제를 선정해 보겠습니다. 무작위로 주제를 선택할 수도 있지만 실습을 명확하게 진행하기 위해 '미래 자동차'를 키워드로 시작하겠습니다. 블렌더로 제작할 프로젝트임을 명확히 전달하고 GPT에 미래 자동차에 대한 주제를 정해달라고 요청합니다. 이때 명확한 방향을 제시하는 것이 중요합니다. GPT는 입력한 키워드를 기반으로 다섯 가지 주제를 제안했습니다. 각 주제는 선정 이유가 함께 제시되므로 선택이 훨씬 수월해집니다. 이번 실습에서는 제안한 주제 중 5번 '모듈형 자동차'를 선정해 작업을 진행하겠습니다.

> 블렌더로 미래 자동차를 제작할 예정이야.
> 먼저, 주제를 함께 정해보자.

> 미래 자동차를 주제로 삼을 때, 다양한 방향에서 접근할 수 있습니다. 주제 선정에 있어 중요한 것은 어떤 문제를 해결하거나 새로운 가치를 창출하는지에 대한 명확한 목표를 설정하는 것입니다. 아래 몇 가지 주제를 제안합니다:
>
> 1. **자율 주행 전기차**: 전기 모터와 자율 주행 기술을 결합한 미래 자동차를 디자인합니다. 이 주제는 환경 친화적이며, 사람의 개입 없이도 안전하게 운행할 수 있는 차량을 상상할 수 있게 해줍니다.
>
> 2. **변형 가능한 자동차**: 도시 환경과 야외 환경 모두에서 사용될 수 있는 다목적 차량입니다. 이 자동차는 예를 들어, 도시에서는 콤팩트한 크기로, 야외에서는 오프로드 모드로 변형될 수 있습니다.
>
> 3. **공중 부양 자동차**: 물리적 도로가 필요 없는 공중 부양 기술을 사용하는 자동차입니다. 공중에서 부드럽게 떠다니며 이동할 수 있는 미래의 운송 수단을 상상할 수 있습니다.
>
> 4. **지속 가능한 소재로 만든 자동차**: 재생 가능하거나 환경 친화적인 소재를 사용하여 제작된 자동차입니다. 이 주제는 환경 보호와 지속 가능성을 강조할 수 있습니다.
>
> 5. **모듈형 자동차**: 사용자의 필요에 따라 쉽게 모듈을 교체할 수 있는 차량입니다. 예를 들어, 승객 수에 따라 좌석 수를 조절하거나, 적재 공간을 변경할 수 있습니다.

Note

GPT에 책에서 사용한 프롬프트를 동일하게 입력해도 결과는 달라질 수 있습니다. 이는 방대한 데이터를 기반으로 창의적인 답변을 생성하기 때문입니다. 이 점을 참고하여 실습하세요.

2.4.2 스토리보드 생성

스토리보드는 작품을 구체화하고 이야기를 효과적으로 전달하는 핵심 단계입니다. 스토리보드를 작성하면 작품의 흐름을 시각적으로 검토하고 방향을 명확히 할 수 있습니다.

GPT는 스토리보드 작성을 효율적으로 지원합니다. 주제와 아이디어를 입력하면 스토리 흐름과 장면 구성에 대한 제안을 받을 수 있습니다. 장면의 분위기, 구성 요소, 전환 효과까지 제안받아 완성도를 높일 수 있습니다. GPT로 스토리보드를 작성하는 과정을 확인해 보겠습니다.

01 앞에서 선택한 '모듈형 자동차'를 주제로 스토리보드를 작성해 보겠습니다. GPT는 여러 개의 프레임(frame)으로 스토리를 구성할 수 있습니다. 마음에 드는 프레임을 선택해 세부 내용을 구체화할 수 있습니다. '좋다', '훌륭하다', '멋지다'와 같은 긍정적인 표현을 사용하면 GPT가 더 긍정적으로 반응할 수 있습니다. GPT는 먼저 스토리의 개요를 설명해 전체 흐름을 이해하기 쉽게 만듭니다. 시간 순서에 따라 여섯 개의 스토리보드를 생성했습니다. 각 컷에는 필요한 정보가 포함되어 있어 선택이 쉽습니다.

> 모듈형 자동차 주제가 좋다.
> 스토리보드를 구성해 보자.

모듈형 자동차의 스토리보드를 짜는 것은 프로젝트의 방향성과 디자인 요소를 명확히 하는 중요한 단계입니다. 스토리보드는 자동차가 어떻게 사용되고 변형되는지를 시각적으로 표현하여 디자인의 컨셉을 명확하게 전달할 수 있습니다. 아래는 모듈형 자동차의 스토리보드를 구성하는 방법입니다.

스토리보드 구성 단계

1. **시작 장면: 사용자와 차량의 첫 만남**
   - **장면 설명**: 사용자가 아침에 집에서 나오는 장면을 시작으로, 모듈형 자동차가 스마트폰 앱을 통해 호출되는 모습을 보여줍니다. 자동차가 집 앞에 자동으로 도착하는 장면을 묘사합니다.
   - **주요 요소**: 사용자 인터페이스(UI) 디자인, 사용자와 자동차의 상호작용, 초기 자동차 상태(기본 모듈 상태).

02 GPT가 생성한 스토리보드를 자세히 살펴보면 매우 구체적이고 짜임새 있는 구성에 놀라게 됩니다. 이번 결과에서는 스토리의 각 요소를 장면 설명과 주요 요소로 나누어 정리했지만 이는 GPT의 창의적인 판단에 따라 달라질 수 있습니다. 여섯 개의 스토리보드 중 1번 '시작 장면'을 선택해 다음 레슨에서 이어 진행하겠습니다.

스토리보드 구성 단계

1. **시작 장면: 사용자와 차량의 첫 만남**
   - **장면 설명**: 사용자가 아침에 집에서 나오는 장면을 시작으로, 모듈형 자동차가 스마트폰 앱을 통해 호출되는 모습을 보여줍니다. 자동차가 집 앞에 자동으로 도착하는 장면을 묘사합니다.
   - **주요 요소**: 사용자 인터페이스(UI) 디자인, 사용자와 자동차의 상호작용, 초기 자동차 상태(기본 모듈 상태).

2. **모듈 변경: 사용자의 필요에 맞는 모듈 선택**
   - **장면 설명**: 사용자가 직장으로 가기 전에 모듈을 선택합니다. 예를 들어, 출근 시에는 컴팩트한 모듈을 선택하고, 오후에 친구와 캠핑을 가기 위해 오프로드 모듈로 변경하는 장면을 보여줍니다. 모듈이 쉽게 교체되는 과정을 시각화합니다.
   - **주요 요소**: 모듈 선택 과정, 모듈 교체 애니메이션, 자동차의 변형 모습.

3. **출근 장면: 도심 주행**
   - **장면 설명**: 컴팩트 모듈을 장착한 자동차가 도심 속에서 효율적으로 주행하는 장면을 묘사합니다. 자율 주행 기능을 활용하여 도심의 복잡한 교통을 유연하게 이동하는 모습을 강조합니다.
   - **주요 요소**: 도심 배경, 자율 주행 UI, 도로 상의 다른 차량과의 상호작용.

4. **모듈 변경: 새로운 환경에 맞춘 변형**
   - **장면 설명**: 직장에서 일을 마치고, 캠핑 모듈로 교체하여 야외로 이동하는 장면을 묘사합니다. 차고나 도심의 특정 장소에서 모듈을 변경하는 모습을 시각화합니다.
   - **주요 요소**: 모듈 변경 장소, 모듈 변경 소프트웨어 인터페이스, 모듈의 자동 교체 과정.

5. **캠핑 장면: 야외 활동**
   - **장면 설명**: 오프로드 모듈을 장착한 자동차가 산속이나 들판을 달리며 캠핑 장소에 도착하는 장면을 보여줍니다. 자동차가 캠핑 도구나 쉘터(텐트 등)로 변형되는 모습도 추가할 수 있습니다.
   - **주요 요소**: 자연 환경, 자동차의 오프로드 성능, 모듈이 제공하는 추가 기능(예: 텐트 변형).

6. **귀가 장면: 일상으로의 복귀**
   - **장면 설명**: 캠핑을 마치고 다시 기본 모듈로 변경한 후 집으로 돌아가는 장면을 묘사합니다. 집에 도착하여 모듈형 자동차가 자동으로 충전되거나, 다음 날 사용할 수 있도록 준비되는 모습으로 마무리합니다.
   - **주요 요소**: 귀가 과정, 충전 스테이션, 다음 사용을 위한 준비 과정.

2.4.3 콘셉트 구체화

콘셉트 구체화는 창작 과정에서 작품의 핵심 아이디어를 정리하는 과정입니다. 주제와 스토리보드가 마련되었다면 이제 작품의 콘셉트를 명확하게 설정하는 것이 중요합니다.

콘셉트는 작품의 스타일, 분위기, 색감, 테마를 결정하며 이러한 요소들이 작품의 일관성을 형성합니다. GPT는 이 단계에서도 편리한 도구로 사용될 수 있습니다. 작품의 주제와 초기 아이디어를 제공하면 GPT가 이를 기반으로 콘셉트를 구체화할 다양한 제안을 제공합니다. 예술적 참고 자료나 장면과 캐릭터에 맞는 색상 팔레트, 조명 스타일, 텍스처 등을 추천받을 수 있습니다. 콘셉트 구체화 단계에서는 작품의 핵심 비주얼 요소를 세부적으로 조율해야 합니다. 이제 GPT를 활용해 콘셉트를 구체화하는 과정을 확인해 보겠습니다.

01 GPT가 생성한 여섯 가지 스토리보드 중 1번을 선택해 콘셉트를 구체화해 보겠습니다. 먼저, 선택한 스토리를 지정하고 해당 콘셉트를 구체화해 달라고 요청합니다. ❶ 구체적인 범위를 지정하지 않자 GPT는 매우 세밀한 내용으로 정리했습니다.

1번 시작 장면을 만들어 보자.

콘셉트를 구체화해 줘.

시작 장면의 컨셉을 구체화하는 것은 프로젝트의 분위기와 사용자 경험을 정의하는 중요한 단계입니다. 아래는 시작 장면에 대한 구체적인 컨셉과 이를 시각적으로 표현하는 방법입니다.

시작 장면 컨셉

장면 설정

- **배경**: 현대적이고 스마트한 주거 공간. 조용한 주택가나 도시의 고층 아파트 단지. 주변은 자연과 조화로운, 미래지향적인 건축물로 이루어져 있습니다.
- **시간대**: 이른 아침, 햇살이 부드럽게 비치는 시간. 따뜻한 색조의 자연광이 장면을 감싸고 있습니다.
- **분위기**: 고요하고 차분한 아침 분위기. 사용자에게 하루를 시작하는 활력과 동시에 기술적 편리함을 느끼게 하는 장면입니다.

02 구체화한 콘셉트가 예상보다 상세하게 정리되어 이 내용만으로도 블렌더에서 3D 작업을 시작할 수 있습니다. 하지만 여기서 멈추지 않고 다음 레슨에서 이 정보를 바탕으로 이미지를 생성해 보겠습니다.

> **장면 설정**
> - **배경**: 현대적이고 스마트한 주거 공간. 조용한 주택가나 도시의 고층 아파트 단지. 주변은 자연과 조화로운, 미래지향적인 건축물로 이루어져 있습니다.
> - **시간대**: 이른 아침, 햇살이 부드럽게 비치는 시간. 따뜻한 색조의 자연광이 장면을 감싸고 있습니다.
> - **분위기**: 고요하고 차분한 아침 분위기. 사용자에게 하루를 시작하는 활력과 동시에 기술적 편리함을 느끼게 하는 장면입니다.
>
> **주요 요소**
> 1. **사용자**:
>   - **외모**: 편안한 아침 복장을 한 사람. 스마트워치를 차고 있으며, 스마트폰을 손에 들고 있습니다.
>   - **행동**: 스마트폰 앱을 통해 모듈형 자동차를 호출합니다. 화면에 '모듈 선택'과 '자동차 호출' 버튼이 나타나고, 사용자가 버튼을 터치합니다.
> 2. **자동차**:
>   - **디자인**: 매끄럽고 미래지향적인 디자인, 공기역학적으로 설계된 형태. 주차된 상태에서 기본 모듈 형태로 있습니다.
>   - **도착 애니메이션**: 자동차가 부드럽게 움직이며 사용자 앞으로 자율적으로 이동합니다. 이 과정에서 조명과 같은 시각적 효과를 추가하여 자동차가 활성화되고 있다는 느낌을 줍니다.
> 3. **사용자 인터페이스(UI)**:
>   - **스마트폰 화면**: 깨끗하고 직관적인 디자인의 앱 화면이 클로즈업됩니다. 모듈 선택 및 자동차 호출 과정이 간단하게 표현됩니다.
>   - **자동차의 반응**: 사용자가 명령을 내리자, 자동차의 전면 라이트가 켜지며 부드럽게 깨어나는 듯한 효과를 연출합니다. 자동차의 디스플레이 패널에 환영 메시지가 뜨는 것도 좋은 아이디어입니다.
>
> 4. **환경**:
>   - **주변 경관**: 자연 요소(나무, 잔디 등)와 미래지향적 건축물이 조화를 이루는 풍경. 도로는 자율 주행 차량 전용도로로 깨끗하고 정돈된 느낌입니다.
>   - **소리**: 자동차가 다가올 때 부드러운 전기 모터 소리와 함께 주변의 자연 소리(새소리, 바람소리)가 어우러져 장면을 더욱 실감나게 만듭니다.
>
> **시각적 디테일**
> - **조명과 그림자**: 아침 햇살이 사용자와 자동차에 부드럽게 드리우는 장면. 그림자는 사실적으로 표현하여 현실감을 높입니다.
> - **카메라 앵글**: 처음에는 집 내부에서 사용자가 나오는 장면을 잡고, 이후 자동차가 다가오는 장면으로 전환합니다. 마지막에는 사용자와 자동차의 상호작용을 클로즈업합니다.
> - **컬러 팔레트**: 부드러운 파스텔 톤과 자연의 녹색, 그리고 자동차의 금속적이고 미래적인 색상이 조화를 이루는 색감을 사용합니다.
>
> **작업의 다음 단계**
> 1. **모델링**: 사용자, 자동차, 주거 공간의 3D 모델을 생성합니다. 블렌더의 다양한 모델링 도구를 사용하여 현실감 있게 디자인합니다.
> 2. **애니메이션**: 자동차의 이동, 사용자 인터페이스 조작, 주변 환경의 자연스러운 움직임을 애니메이션으로 표현합니다.
> 3. **렌더링**: 적절한 라이팅과 텍스처를 적용하여 장면을 렌더링합니다. 현실감과 미래지향적인 분위기를 강조하는 것을 목표로 합니다.

2.4.4 이미지 생성(콘셉트)

GPT로 텍스트 생성에 익숙해졌다면 이제 이미지를 만들어 보겠습니다. GPT를 활용하면 구체적인 콘셉트를 시각화할 수 있으며 이를 통해 창작 과정이 더욱 풍부해집니다.

이번에는 달리3 모듈을 사용해 이미지를 생성하겠습니다. 달리3는 텍스트를 기반으로 이미지를 생성하며 필요에 따라 대화형으로 수정할 수도 있어 작업을 유연하게 진행할 수 있습니다. 생성한 이미지는 블렌더에서 참고 자료로 활용됩니다. 캐릭터, 자동차, 건축물 등의 모델링 작업에 적용하면 창의적인 3D 모델을 제작할 수 있습니다.

01 이제 앞에서 정리한 콘셉트를 바탕으로 이미지를 생성할 단계입니다. 세부적인 상황과 연출을 꼼꼼히 설정했기 때문에 이를 토대로 디테일한 이미지를 생성할 수 있습니다. 단순 프롬프트를 사용할 때보다 훨씬 만족스러운 결과를 얻게 될 것입니다. ❶ 이전에 논의한 모든 내용을 반드시 반영하도록 요청합니다. ❷ 지금까지의 대화 내용을 바탕으로 이미지가 생성되었으며 아침 분위기가 잘 표현된 장면을 확인할 수 있습니다. ❸ GPT는 이미지 설명도 추가로 제공합니다.

지금까지 결정한 모든 내용을 담아 이미지를 생성해 줘. ❶

여기 시작 장면의 컨셉을 담은 이미지를 생성했습니다. 이 이미지에서는 미래지향적인 모듈형 자동차가 사용자를 향해 자율적으로 접근하는 모습을 볼 수 있습니다. 부드러운 아침 햇살과 현대적이면서도 자연과 조화를 이루는 주거 환경을 통해 고요하고 차분한 아침 분위기를 강조했습니다. 이 이미지가 프로젝트의 방향성을 잡는 데 도움이 되기를 바랍니다. ❸

02 GPT가 생성한 이미지가 만족스러울 수도 있지만 더 정교한 이미지를 원할 때는 특정 스타일을 반영해 수정할 수 있습니다. 이때 참조 이미지를 첨부해 해당 스타일을 기존 이미지에 반영하는 방법이 있습니다. ❶ 먼저 기존에 생성한 자동차 이미지를 수정하기 위해 한국의 럭셔리 자동차 브랜드인 제네시스 G80 모델의 이미지[4]를 GPT에 첨부합니다. 그리고 GPT가 이미지를 분석한 후 해당 스타일을 기존 이미지에 적

---

4. 제네시스 공식 홈페이지 중 G80 SPORT, genesis.com/kr/ko/models/luxury-sedan-genesis/g80/highlights/.html

용해 다시 생성하도록 요청합니다. ❷ GPT는 제네시스 G80의 전면 그릴 디자인 등 세부적인 특징을 분석하고 이를 반영해 기존 이미지의 고급스럽고 세련된 느낌을 강화할 수 있습니다. 이런 방법을 통해 GPT는 이미지 생성뿐만 아니라 사용자의 스타일에 맞춘 이미지를 생성합니다.

이 자동차 이미지를 분석하고, 분석한 결과를 앞의 이미지에 적용해서, 다시 이미지를 생성해 줘.

이 자동차의 형태를 분석하여 모듈형 미래 자동차 디자인에 반영할 수 있는 부분을 살펴보겠습니다.

형태 분석

1. **전면 그릴 디자인:**
   - **특징**: 이 자동차의 전면부는 대형 육각형 그릴이 중심을 이루며, 세밀한 격자 패턴이 고급스러운 느낌을 줍니다.
   - **활용**: 모듈형 자동차의 전면부 디자인에 적용하여, 세련된 느낌을 더할 수 있습니다. 격자 패턴을 미래지향적으로 재해석해 LED 라이트와 결합할 수 있습니다.

2. **헤드라이트:**
   - **특징**: 슬림한 이중 헤드라이트가 날카롭고 현대적인 이미지를 줍니다.
   - **활용**: 모듈형 자동차의 헤드라이트를 얇고 길게 디자인하여 날렵한 인상을 줄 수 있습니다. 또한, 이중 라이트 구조를 유지하여 미래지향적인 느낌을 강조할 수 있습니다.

3. **차체 라인:**
   - **특징**: 차체 측면은 곡선과 직선이 조화를 이루며, 차체의 하부로 갈수록 부드럽게 이어지는 라인이 인상적입니다.
   - **활용**: 모듈형 자동차의 측면 디자인에서 이러한 곡선 라인을 채택하여 부드러움과 강인함을 동시에 표현할 수 있습니다. 특히, 모듈이 결합되는 부분을 강조할 때 이 라인을 활용할 수 있습니다.

03 참조 이미지를 적용한 새 이미지에서 제네시스의 특징이 잘 구현된 것을 확인할 수 있습니다. 완벽하지는 않지만 첫 번째 시도보다 확연히 완성도가 높아졌습니다. 그러나 아직 어색한 부분이 있습니다. 예를 들어 바닥의 파란색 효과가 부자연스럽고 멀리 있는 차량은 미래적인 느낌이 부족합니다. 이 문제를 해결하기 위해 특정 영역을 지정하고 수정하는 방법을 소개하겠습니다. 이미지를 수정하려면 수정할 이미지를 마우스 왼쪽 클릭합니다.

수정된 디자인을 반영한 이미지를 생성했습니다. 이 이미지에서는 분석한 차량의 디자인 요소를 바탕으로 전면 그릴, 슬림한 이중 헤드라이트, 부드럽고 유려한 차체 라인을 통합하여 미래지향적인 모듈형 자동차의 모습을 구현했습니다. 이 이미지가 프로젝트의 발전에 도움이 되기를 바랍니다.

04 생성된 이미지를 클릭하면 이미지 수정 모드로 변경됩니다. 이미지 오른쪽 상단에는 네 가지 기능의 아이콘이 있습니다. ❶ 첫 번째 아이콘은 수정할 영역을 지정하는 브러시(brush) 기능입니다. ❷ 두 번째 아이콘은 현재 화면의 이미지를 저장하는 기능입니다. ❸ 세 번째 아이콘은 이미지 생성에 사용된 프롬프트를 확인하는 기능입니다. ❹ 마지막 아이콘은 수정을 취소하고 원래 화면으로 복귀시키는 기능입니다.

Note

이미지 수정 기능은 GPT의 최근 업데이트에 포함된 기능이므로 향후 추가 업데이트에 따라 인터페이스가 변경될 수 있습니다.

05 <브러시> 아이콘을 클릭하면 이미지를 마스킹(masking)하여 수정할 준비가 됩니다. ❶ 붓의 사이즈를 조정하거나, 작업 실행을 취소하거나 되돌릴 수 있는 아이콘입니다. ❷ 이미지에서 수정할 부분을 마우스 왼쪽으로 드래그하여 색칠합니다. 그러면 색칠한 부분만 수정되고 나머지 부분은 그대로 유지됩니다. ❸ 수정 명령을 입력합니다. 명령을 입력한 후 <Enter> 키를 누르거나 오른쪽의 <검은색 화살표> 아이콘을 클릭하면 수정 작업이 시작됩니다.

06 수정 사항이 정확히 반영된 이미지를 생성했습니다. 바닥의 파란색 효과와 멀리 있던 자동차가 사라졌습니다. 또한 제네시스의 두 줄 헤드램프가 정확하게 적용된 모습이 확인됩니다. 이번 수정으로 이미지의 완성도가 더욱 높아졌습니다.

2.4.5 이미지 생성(텍스처)

블렌더에서 사용할 텍스처를 만들어 보겠습니다. 텍스처는 모델 표면의 사실적인 질감과 세부 표현을 결정하는 중요한 요소입니다. GPT를 활용하면 쉽게 텍스처를 생성할 수 있습니다. 원하는 패턴의 텍스처를 만들어 블렌더에 적용하는 방법을 알아보겠습니다.

이번 레슨에서는 로우폴리(low-poly) 스타일의 자동차 렌더링 과정에서 돌바닥 텍스처를 적용하는 사례를 다룹니다. 일반적으로는 인터넷에서 무료 텍스처를 찾거나 유료로 구매해야 하는 번거로움이 있지만 GPT를 사용하면 직접 돌바닥 텍스처를 생성할 수 있기에 작업 효율성이 올라갑니다.

01 돌바닥 텍스처 이미지를 생성하도록 GPT에 요청하겠습니다. 바닥에 사용할 텍스처는 반복 패턴으로 제작하는 것이 중요합니다. 이러한 패턴을 심리스 텍스처(Seamless Texture) 또는 타일 텍스처(Tile Texture)라고 부릅니다. 따라서 GPT에 요청할 때는 '무결한 바위 패턴 이미지'처럼 구체적인 표현을 사용해야 합니다. 이렇게 하면 이음매 없이 연결되는 바위 텍스처를 생성할 수 있습니다.

무결한 바위 패턴 이미지 만들어 줘.

02 만약 GPT에 텍스처 생성만 요청할 경우 다음 이미지처럼 원하지 않는 구 형태의 텍스처가 생성될 수 있습니다. 이는 GPT가 텍스처를 학습하는 과정에서 구 형태의 이미지를 반복적으로 학습했기 때문일 수 있습니다. 따라서 원하는 결과를 얻기 위해서는 반드시 심리스 또는 타일 패턴과 같은 반복 가능한 2D 이미지를 구체적으로 요청해야 합니다. 이를 통해 이음매 없이 연결되는 텍스처 이미지를 생성할 수 있습니다.

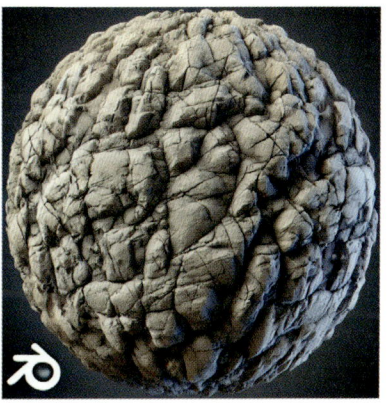

03 블렌더에서 GPT가 생성한 텍스처 이미지를 적용해 보겠습니다. 이 영역은 GPT가 만든 타일 패턴의 한 조각입니다. 패턴이 반복된 모습을 보면 경계가 드러나지 않고 자연스럽게 이어지는 것을 확인할 수 있습니다.

04 생성한 패턴 이미지를 블렌더에 적용하는 일반적인 방법은 Shader Editor 에어리어에서 Image Texture 노드를 사용하는 것입니다. 이 노드를 활용해 원하는 텍스처 이미지를 불러와 3D 모델에 적용할 수 있습니다.

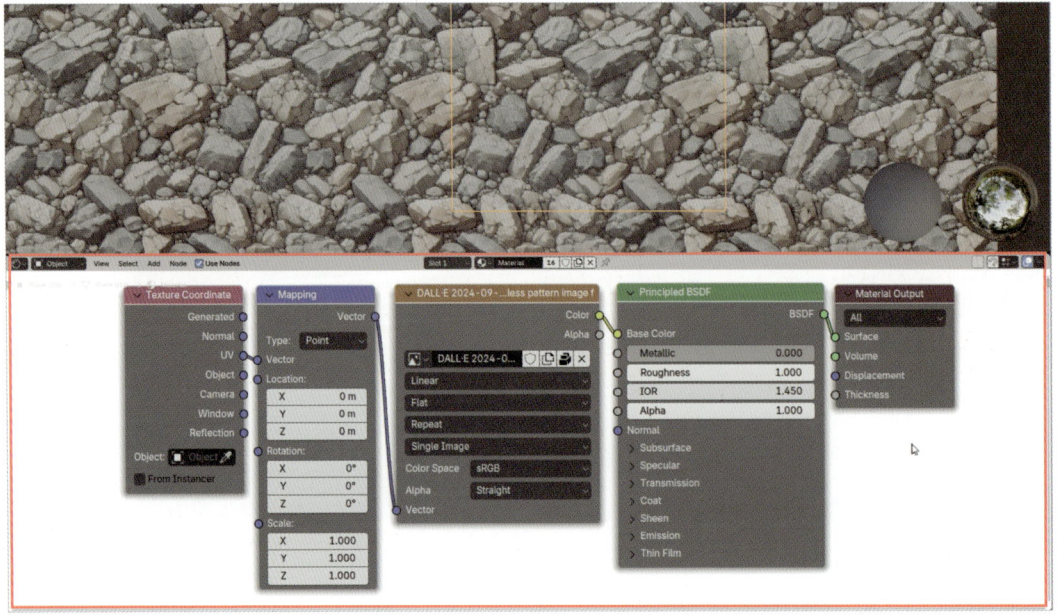

05 GPT가 생성한 텍스처 이미지는 완벽하지 않을 때가 많습니다. 처음에는 자연스러워 보이지만 확대하면 경계가 져 있습니다. 그 이유는 GPT가 이미지를 확률적으로 생성하기 때문입니다. 드물게 경계가 잘 맞는 이미지가 생성될 수도 있지만 대부분은 그렇지 않습니다.

반면 미드저니는 더 정교한 반복 패턴을 만들어 경계선이 눈에 띄지 않는 이미지를 생성합니다. 스테이블 디퓨전은 더욱더 자연스러운 패턴을 생성하여 매끄러운 결과를 제공합니다.

06 GPT가 생성한 이미지를 바닥에 추가한 결과를 살펴보면 미드저니나 스테이블 디퓨전에서 생성한 이미지보다 품질이 낮을 수 있습니다. 이때 블렌더의 'Depth of Field' 기능을 활용하면 경계가 눈에 띄지 않도록 조정할 수 있습니다.

이 기능은 일반적으로 아웃 포커싱(out focusing)이라고 하며 배경을 흐릿하게 처리해 디테일이 덜 드러나도록 만듭니다. 이 방법을 사용하면 GPT가 생성한 이미지의 한계를 보완해 더 자연스럽고 매끄러운 장면을 연출할 수 있습니다.

07 GPT가 만든 이미지는 평평해서 실제 돌바닥처럼 거친 질감을 표현하기 어렵습니다. 이럴 때 블렌더의 Displacement 노드를 활용하면 표면에 입체감을 줄 수 있습니다. 이 노드는 텍스처 이미지의 높낮이 정보를 이용해 실제 메시(mesh)의 형태를 변형합니다.

❶ GPT에서 생성한 텍스처는 여러 가지 색상이 섞여 있는 컬러 이미지입니다. Displacement 노드는 흑백 이미지의 밝기 정보를 높잇값으로 사용하므로 컬러 이미지를 흑백으로 변환하는 노드가 필요합니다. 이 과정에서 Color Ramp 노드를 사용합니다. ❷ 컬러 텍스처를 흑백으로 변환한 후 해당 이미지를 Displacement 노드의 'Height' 인풋 슬롯에 연결합니다. Displacement 노드의 아웃풋 슬롯을 Material Output 노드의 'Displacement' 인풋 슬롯으로 연결하면 정상적으로 작동합니다.

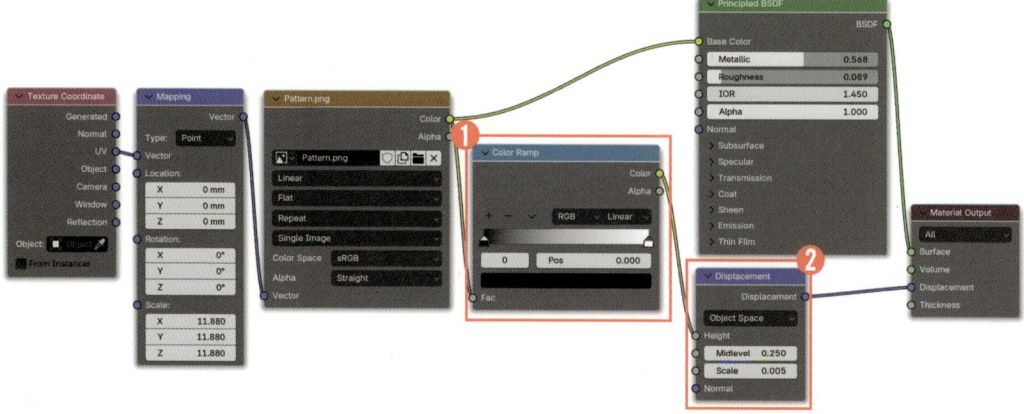

> 🔍 **Note**
>
> Displacement 노드를 효과적으로 사용하려면 메시의 분할이 충분히 세밀해야 합니다. Displacement 노드는 메시의 각 점을 이동시켜 표면의 높낮이를 표현합니다. 메시가 충분히 세분화되지 않으면 디테일한 돌출 효과를 얻기 어려워 평평하게 보일 수 있습니다. 따라서 Subdivision Surface Modifier나 Multiresolution Modifier를 사용해 메시를 세분화한 후 Displacement 노드를 적용하는 것이 좋습니다. **Chapter 3 생성형 AI 이미지의 활용 with 미드저니**에서 일반 이미지로 깊이 정보를 생성하는 AI 도구를 소개하고 이렇게 만든 노말 맵(normal map)을 사용해 더 정교한 작품을 제작하는 방법을 살펴보겠습니다.

2.4.6 이미지 생성(배경)

배경을 직접 모델링하는 대신 하이 다이내믹 레인지 이미징(High Dynamic Range Imaging, HDRI)을 활용하면 작업 효율을 높일 수 있습니다. 3D 오브젝트와 배경 및 조명을 한 번에 설정할 수 있어 작업 시간이 크게 단축됩니다. HDRI의 큰 장점은 배경 역할뿐만 아니라 조명 기능도 수행한다는 점입니다. 주변 환경의 빛이 오브젝트에 반사되어 사실감을 더해줍니다. 예를 들어 주변에 빨간 벽이 있으면 벽에 반사된 빛으로 인해 물체는 빨간빛을 띠게 됩니다. 이 현상을 컬러 블리딩(color bleeding)이라고 합니다.

하지만 HDRI 또한 직접 제작하기에는 어려움이 있을 수 있습니다. 작업 효율을 높이기 위해 HDRI를 사용하는 것인데, HDRI를 제작하는 데에서 시간과 비용을 뺏기면 안 될 것입니다. 이때 GPT를 활용할 수 있습니다. GPT로는 텍스트 입력만으로도 간편하게 HDRI 배경을 생성할 수 있습니다. 생성한 이미지의 품질은 유료 이미지보다 낮을 수 있으나 이는 블렌더의 Depth of Field 기능을 사용해 배경을 흐리게 처리하여 충분히 보완 가능합니다. GPT를 사용하면 예산을 절약하면서도 사실적인 환경을 연출할 수 있습니다. 이제 GPT로 HDRI를 생성하고 블렌더에서 적용하는 방법을 살펴보겠습니다.

01 HDRI는 360도 모든 방향의 환경을 담은 구형 파노라마 이미지이며 저장 시에는 2:1 비율의 직사각형으로 변환됩니다. 변환된 이미지는 왜곡된 것처럼 보이지만 이는 HDRI 이미지의 정상적인 특성입니다. HDRI를 정확하게 제작하려면 그 특징을 면밀하게 전달해야 합니다. ❶ 먼저 HDRI의 이러한 특징을 GPT에 구체적으로 설명하며 요청합니다. <Shift> + <Enter> 단축키를 사용해 줄을 바꾸고 각 특징을 단계적으로 언급하면 더 정확한 결과를 얻을 수 있습니다. ❷ GPT가 생성한 HDRI는 완벽하게 사실적이지 않더라도 배경과 조명으로 사용하기에 충분한 품질을 갖추고 있습니다. 이때, 더 사실적인 결과를 원한다면 미드저니를 활용할 수 있습니다. ❸ 이 영역을 배경으로 블렌더에서 장면을 구성해 보겠습니다.

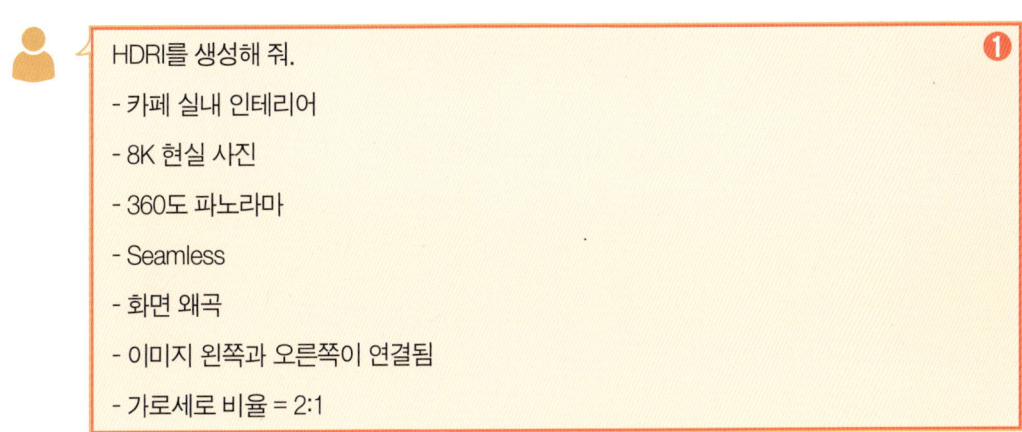

8K 해상도의 360도 파노라마 HDRI 이미지를 생성했습니다. 이 이미지는 카페의 실내 인테리어와 따뜻한 분위기를 정확하게 담아내었으며, seamless 연결을 통해 자연스러운 화면 왜곡과 함께 좌우가 이어집니다.

02 블렌더에 GPT로 생성한 HDRI를 적용한 장면입니다. ❶ 앞에서 선택한 HDRI를 배경으로 적용했습니다. ❷ HDRI 조명이 오브젝트에 미치는 영향을 확인하기 위해 다양한 재질의 오브젝트를 배치했습니다. 왼쪽에 배치한 흰색 오브젝트는 HDRI의 붉은빛을 반사하여 자연스러운 조명 효과를 보여줍니다. 중앙에 위치한 금속 구슬은 HDRI를 반사하여 HDRI 환경을 더욱 사실적으로 재현합니다. 그러나 HDRI의 해상도가 낮고 형태가 불분명하여 바로 활용하기에는 한계가 있습니다. 이를 보완하는 방법을 다음 단계에서 살펴보겠습니다.

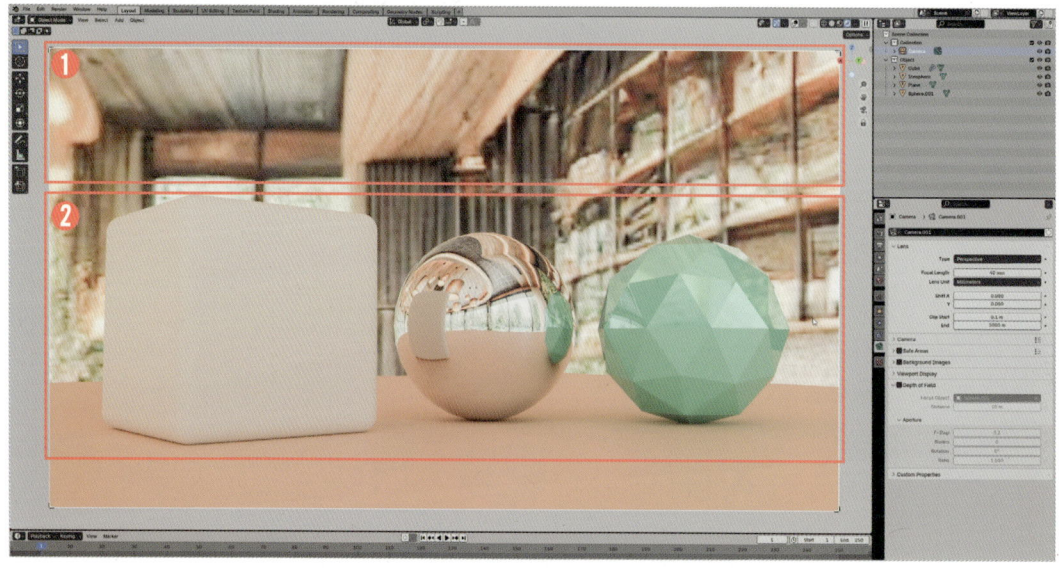

03 해상도가 낮은 HDRI는 블렌더에서 배경을 흐리게 처리하여 충분히 보완할 수 있습니다. 이를 위해 카메라 오브젝트의 Depth of Field 옵션을 적용하면 배경이 자연스럽게 흐려집니다. 이번 레슨에서는 금속 구슬에 초점을 맞추고 배경을 부드럽게 흐리도록 설정했습니다. 이렇게 하면 HDRI의 배경과 조명 효과는 그대로 살리면서 저해상도 이미지의 단점이 최소화되어 배경의 해상도가 완벽하지 않더라도 더욱 자연스러운 장면을 연출할 수 있습니다.

04 프롬프트를 활용하여 HDRI를 생성하는 방법을 익혔습니다. 이번에는 원하는 스타일의 이미지를 첨부하고 GPT를 활용하여 새로운 이미지를 생성해 보겠습니다. ❶ 직접 촬영한 자연 사진을 첨부했습니다. 이번 실습에서는 현실에서 구현하기 어려운 자연 카페라는 주제로 첨부한 사진과 유사한 분위기를 유지하도록 GPT에 요청했습니다. ❷ 기존 카페 인테리어에 계곡이 더해진 새로운 환경으로 조성된 이미지가 생성되었습니다. GPT는 첨부한 이미지의 콘셉트를 반영하여 자연스러운 결과물을 생성했습니다.

HDRI를 생성해 줘.

- 첨부한 이미지와 최대한 비슷하게

- 카페 인테리어

- 8K 현실 사진

- 360도 파노라마

- Seamless

- 화면 왜곡

- 이미지 왼쪽과 오른쪽 연결됨

- 가로세로 비율= 2:1

참고하신 이미지와 유사한 자연을 배경으로 한 카페 인테리어의 8K 해상도 360도 파노라마 HDRI 이미지를 생성했습니다. 이 이미지에서는 실내와 자연이 조화롭게 어우러진 모습을 확인할 수 있습니다.

05 생성한 자연 카페 이미지를 블렌더의 배경으로 설정했습니다. 카페의 분위기가 한층 더 생동감 있고 자연스러운 느낌을 줍니다. 원하는 스타일이 있다면 GPT에 이미지를 첨부하여 해당 스타일을 반영한 배경을 손쉽게 생성할 수 있습니다. 이를 통해 상상하는 분위기를 더욱 정교하게 시각화할 수 있으며 블렌더에서 더욱 다양한 장면을 효율적으로 연출할 수 있습니다.

2.4.7 블렌더 이슈 해결사

블렌더를 사용하다 보면 다양한 문제나 오류를 겪을 수 있으며 이러한 문제를 신속하게 해결하는 데 GPT는 매우 유용한 도구가 될 수 있습니다. 블렌더 오류 메시지나 특정 기능 사용법에서 막혔을 때 검색을 통해 해결책을 찾을 수도 있지만 시간이 많이 들고 여러 정보를 취합해야 하는 경우가 많습니다. 이럴 때 GPT를 사용하면 즉각적인 해결책을 제공받아 작업 효율이 크게 향상됩니다.

물론 GPT가 모든 블렌더 버전 정보를 실시간으로 반영하지는 않기 때문에 제공하는 답변이 현재 버전과 다를 수도 있습니다. 그러나 웹브라우징 기능을 통해 최신 자료를 검색하여 현재 사용 중인 버전에 맞는 해결책을 찾을 수 있다는 점은 큰 장점입니다. GPT는 블로그나 포럼 등에서 찾은 정보를 요약해 제공할 뿐만 아니라 외국어 자료도 자연스럽게 번역해 언어 장벽 없이 원하는 정보를 얻을 수 있습니다. 이러한 기능을 통해 블렌더에서 발생하는 다양한 문제를 빠르게 해결하고 작업 흐름을 유지하면서 문제 해결 시간을 단축할 수 있습니다.

01 GPT에 블렌더와 관련된 질문을 할 수 있습니다. GPT는 번호를 매겨 단계별로 설명하여 복잡해 보이는 과정도 쉽게 따라 할 수 있도록 도와줍니다.

 블렌더 프로그램에서 Render Engine은 어디서 변경하지?

 Blender에서 **Render Engine**을 변경하는 방법은 다음과 같아.

Render Engine 변경 위치

1. **Blender를 실행**하고, 오른쪽의 **Properties Editor**(속성 에디터) 패널로 이동.
2. **Render Properties**(렌더 속성) 탭 클릭 (카메라 아이콘).
3. **Render Engine** 옵션에서 원하는 엔진 선택:
   - **Eevee** (실시간 렌더)
   - **Cycles** (고품질 레이트레이싱)
   - **Workbench** (뷰포트 전용)

02 GPT가 알려준 대로 블렌더에서 Render Engine을 변경하는 과정을 살펴보겠습니다. ❶ 블렌더를 실행하고 오른쪽 패널에서 Properties Editor 에어리어를 찾습니다. ❷ 카메라 아이콘이 있는 [Render Properties] 탭을 클릭합니다. ❸ 'Render Engine' 항목을 확인하고 원하는 값으로 변경할 수 있습니다. GPT의 안내대로 진행하니 Render Engine이 정상적으로 변경되었습니다.

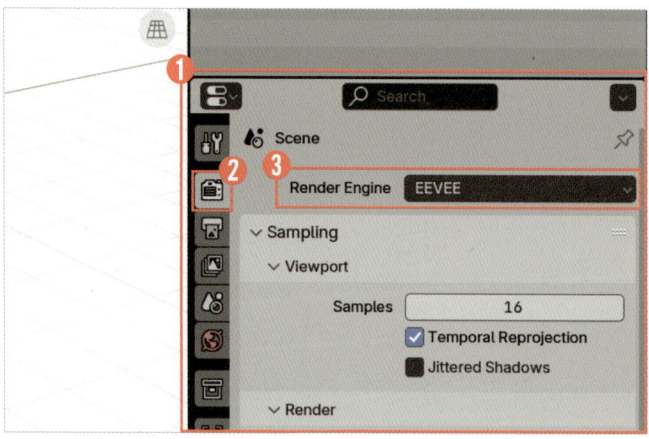

Chapter 3

생성형 AI 이미지의 활용 with 미드저니

3.1 미드저니를 배워야 하는 이유
3.2 시작하는 방법
3.3 효과적인 사용 방법
3.4 블렌더 활용 방법

3.1 미드저니를 배워야 하는 이유

블렌더를 사용하는 3D 아티스트에게 미드저니는 더없이 유용한 도구입니다. 3D 모델링 과정에서는 배경, 텍스처, 콘셉트 아트 같은 시각 자료가 필요할 때가 많습니다. 이때 미드저니를 활용하면 텍스트 입력만으로도 독창적이고 예술적인 이미지를 빠르게 생성할 수 있습니다. 예를 들어 사과에서 영감을 받아 SUV 자동차를 만든다고 상상해 보세요. 이러한 독창적인 콘셉트는 인터넷에서 레퍼런스를 찾기 어렵지만 미드저니를 사용하면 손쉽게 시각화할 수 있습니다. 텍스트로 아이디어를 전달하면 AI가 이를 이미지로 구현해 줍니다.

미드저니는 단순히 이미지 생성 도구가 아닙니다. 3D 그래픽이 능숙하더라도 2D 콘셉트의 아트 제작이 어렵거나 새로운 아이디어를 빠르게 시각화하는 데 한계를 느낄 수 있습니다. 이때, 미드저니는 상상 속 이미지를 고품질 아트워크로 구현하여 창작의 과정을 효율적으로 변화시킵니다.

3.1.1 고품질 이미지 생성

미드저니의 가장 큰 장점은 고품질 이미지를 빠르고 쉽게 생성할 수 있다는 점입니다. 일반적으로 고해상도 이미지를 만들려면 고성능 PC가 필요하지만 미드저니는 서버 기반으로 작동하므로 장비와 관계없이 일관된 품질을 제공합니다.

또한 미드저니는 사실적인 심리스 텍스처와 HDRI를 생성할 수 있어 텍스처 작업이나 배경 이미지 제작에 탁월합니다. 생성한 이미지는 추가 수정 없이도 바로 활용할 수 있어 작업의 완성도를 높여줍니다.

3.1.2 간편한 인터페이스

미드저니의 또 다른 강점은 간편한 인터페이스입니다. 설치 과정 없이 바로 사용할 수 있으며 텍스트 입력만으로도 고품질 이미지를 생성할 수 있어 초보자도 쉽게 적응할 수 있습니다.

누구나 손쉽게 사용할 수 있다는 점이 디자이너나 3D 그래픽 전문가들에게는 부담이 될 수 있습니다. 비전문가들도 멋진 이미지를 만들 수 있기 때문에 창작의 차별성이 줄어든다는 우려가 있는 것입니다. 하지만 전문가들이 미드저니를 적극 활용하면 훨씬 더 효율적이고 완성도 높은 결과물을 만들어낼 수 있습니다.

3.1.3 완성된 학습 모델 사용

미드저니의 큰 장점 중 하나는 완성된 학습 모델을 사용한다는 점입니다. 특히 다른 AI 도구인 스테이블 디퓨전과 비교되는 경우가 많습니다. 스테이블 디퓨전은 사용자가 직접 학습 모델을 다운로드하고 설정해야 합니다. 자유도가 높지만 좋은 결과물을 얻기 위해서는 많은 공부와 경험이 필요합니다.

반면 미드저니는 이런 복잡한 과정을 단순화하여 누구나 쉽게 고품질 이미지를 생성할 수 있도록 설계되었습니다. 건축, 캐릭터, 자동차 등 어떤 디자인을 요청하더라도 적절한 학습 모델을 자동으로 선택해 최적의 결과물을 제공합니다. 이처럼, 모델 설정에 신경 쓰지 않아도 간단한 텍스트 입력만으로 원하는 이미지를 얻을 수 있고 이를 통해 복잡한 작업을 손쉽게 해결할 수 있다는 점이 미드저니의 큰 강점입니다.

3.2 시작하는 방법

미드저니를 사용하는 방법은 크게 두 가지로 나뉩니다. 2024년 이전에는 디스코드(discord)를 통해서만 접근할 수 있었지만 2024년 중반부터 웹 버전이 출시되면서 사용이 훨씬 간편해졌습니다. 또한 디스코드 계정을 그대로 웹 버전에서도 사용할 수 있어 기존 사용자들도 쉽게 전환할 수 있습니다.

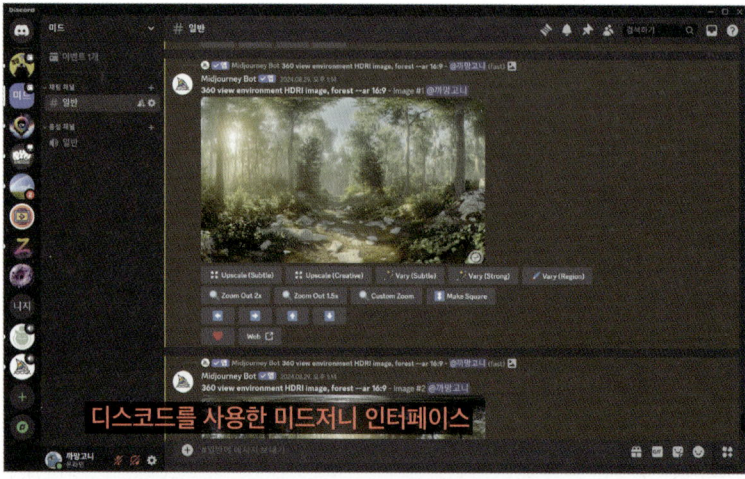

디스코드를 사용한 미드저니 인터페이스

미드저니 공식 웹 버전 인터페이스

현재 집필 시점에서도 웹 버전은 지속적으로 업데이트되고 있으므로 인터페이스에 일부 변경이 있을 수 있습니다. 따라서 웹 버전을 중심으로 설명합니다. 미드저니는 구독이 필요한 서비스이며 경우에 따라 무료 체험 기회를 제공하기도 합니다. 다만 이러한 정책은 운영 상황에 따라 달라질 수 있으므로 주기적으로 변경 사항을 확인하는 것이 좋습니다. 만약 중요한 변경 사항이 발생하면 앞서 안내한 QR 코드 사이트를 통해 최신 정보를 공지할 예정입니다.

3.2.1 가입 방법

이제 미드저니 가입 방법과 구독 절차를 설명하겠습니다. 미드저니는 간단한 절차로 가입할 수 있으며 가입 후 사용 목적에 맞는 구독 옵션을 선택할 수 있습니다. 기본적으로 유료 서비스이므로 적절한 구독 옵션을 선택하는 것이 중요합니다.

01 미드저니에 가입하려면 먼저 웹사이트(midjourney.com)에 접속해야 합니다. 검색을 하거나 인터넷 주소를 직접 입력하여 접속할 수 있습니다. 메인 화면은 일반적인 웹페이지와 다를 수 있어 처음 방문하는 사용자가 혼란을 느낄 수도 있습니다. 하지만 걱정하지 마세요. ❶ 우측 하단에 있는 <Sign Up> 버튼을 클릭하면 회원 가입을 진행할 수 있습니다. ❷ 이미 미드저니 계정이 있다면 오른쪽에 있는 <Log In> 버튼을 클릭하여 로그인할 수 있습니다.

02 로그인(Log in)과 회원가입(Sign up)은 디스코드 또는 구글 계정을 사용하여 진행됩니다. 원하는 플랫폼을 선택해 가입하거나 로그인할 수 있습니다.

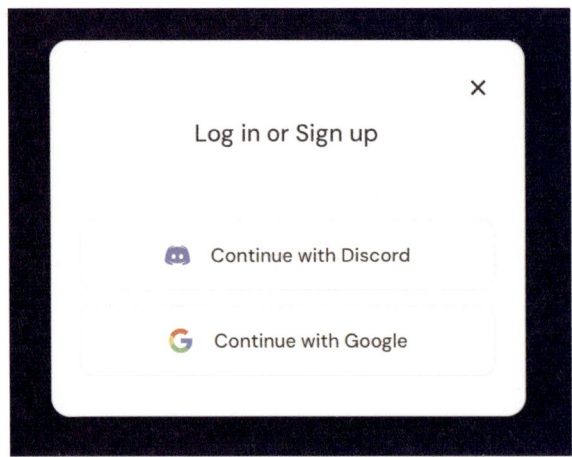

03 로그인하면 미드저니 웹 버전의 홈 화면으로 이동합니다. 미드저니를 사용하려면 구독이 필요합니다. 구독을 진행하려면 다음 단계를 따르세요. ❶ 왼쪽 하단의 [My Account] 메뉴를 클릭합니다. ❷ 팝업 메뉴에서 [Manage Subscription]을 선택합니다.

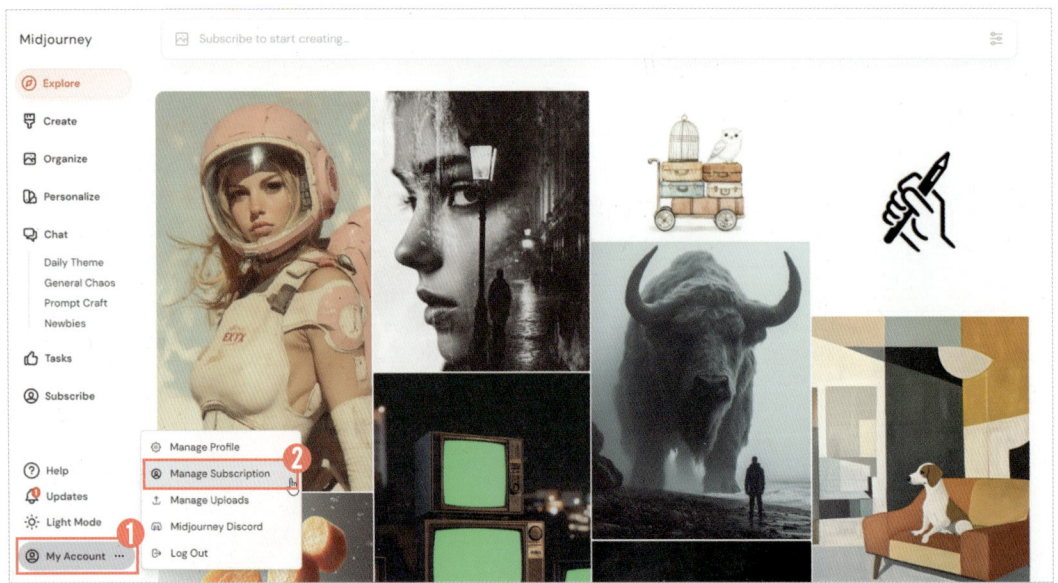

04 이 화면에서는 미드저니의 구독 플랜을 선택할 수 있습니다. 미드저니는 이미지 생성에 소요되는 시간을 기준으로 플랜을 구매하는 방식입니다. ❶ 먼저 결제 방식을 선택합니다. 연간 결제(Yearly Billing)는 월간 결제(Monthly Billing)보다 20% 할인된 가격으로 제공됩니다. ❷ 처음 사용자라면 Basic Plan을 추천합니다. 이 플랜은 한 달에 200분이 제공되며 이미지 생성에서 평균 20~60초가 소요되므로 충분한 시간입니다. ❸ 원하는 플랜의 <Subscribe> 버튼을 클릭하여 구독을 진행합니다.

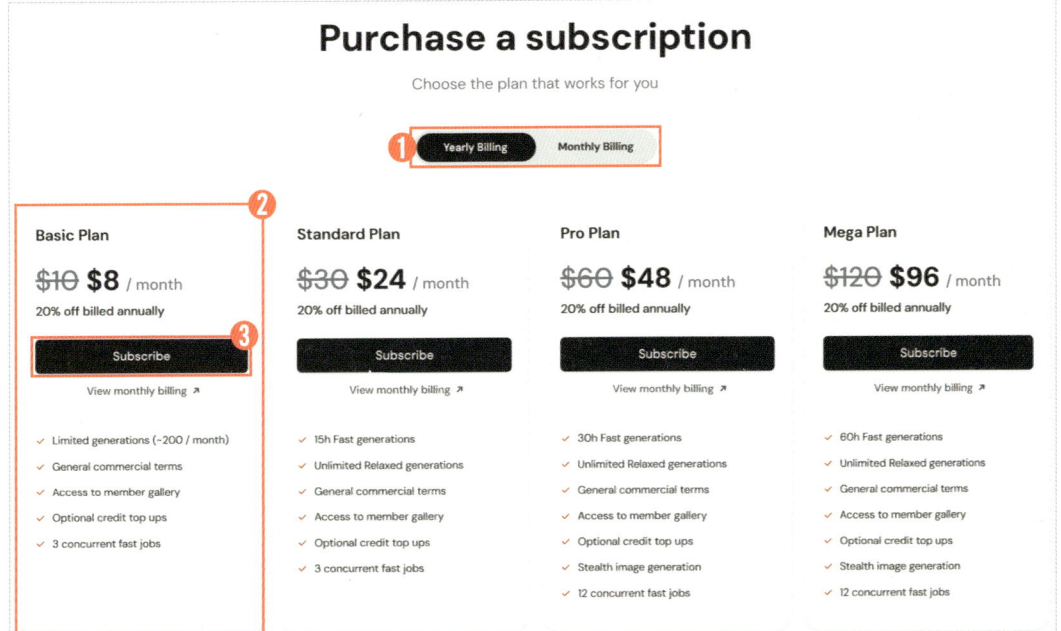

3.2.2 모드 정보

미드저니의 네 가지 구독 플랜 중 하나를 선택할 때는 빠른 생성(fast generation), 릴랙스 생성(relaxed generation), 스텔스 생성(stealth generation) 모드를 고려해야 합니다.

- **빠른 생성**: 빠르게 이미지를 생성할 때 소모되는 시간입니다.
- **릴랙스 생성**: 이미지 생성에 최대 10분이 걸리지만 무제한으로 생성할 수 있습니다. 단 Basic Plan에서는 지원되지 않습니다.
- **스텔스 생성**: 생성한 이미지를 커뮤니티에 공개하지 않도록 설정하는 기능입니다.

각 플랜의 세부 정보는 다음과 같습니다.

플랜	Basic	Standard	Pro	Mega
빠른 생성	매월 200분	매월 15시간	매월 30시간	매월 60시간
릴랙스 생성	불가능	무제한	무제한	무제한
상업적 사용	가능	가능	가능	가능
회원 갤러리 참가	가능	가능	가능	가능
스텔스 모드	불가능	불가능	가능	가능
동시 작업	3개	3개	12개	12개

3.2.3 미드저니 인터페이스

미드저니 웹페이지는 크게 세 가지 영역으로 구성됩니다. 각 인터페이스가 어떻게 작동하는지 자세히 살펴보겠습니다.

- **Explore**: 다른 사용자가 만든 작품을 탐색하고 참고할 수 있습니다.
- **Create**: 직접 이미지를 생성하는 공간입니다.
- **Organize**: 생성한 이미지를 저장하고 관리하는 기능을 제공합니다.

01 미드저니 웹페이지의 첫 화면은 다른 사용자가 만든 작품을 탐색할 수 있는 Explore 영역입니다. ❶ 사이드바 중 첫 번째 메뉴입니다. ❷ 키워드를 검색하여 원하는 콘셉트의 이미지를 찾을 수 있습니다. ❸ 필터 메뉴를 선택해 원하는 조건별로 이미지를 탐색할 수도 있습니다. ❹ 검색하거나 필터링된 이미지들은 화면 중앙에 표시됩니다. ❺ 이미지에 마우스를 올리면 네 개의 작은 아이콘이 나타납니다.

- **Use as Image Prompt**: 해당 이미지를 참고하여 새로운 이미지를 생성할 수 있습니다.
- **Edit Prompt**: 이미지 생성에 사용된 프롬프트를 복사하고 수정할 수 있습니다.
- **Search Image**: 해당 이미지와 유사한 스타일의 다른 이미지를 검색할 수 있습니다.
- **Like Image**: 이미지를 찜하고 나중에 찜 목록에서 별도로 확인할 수 있습니다.

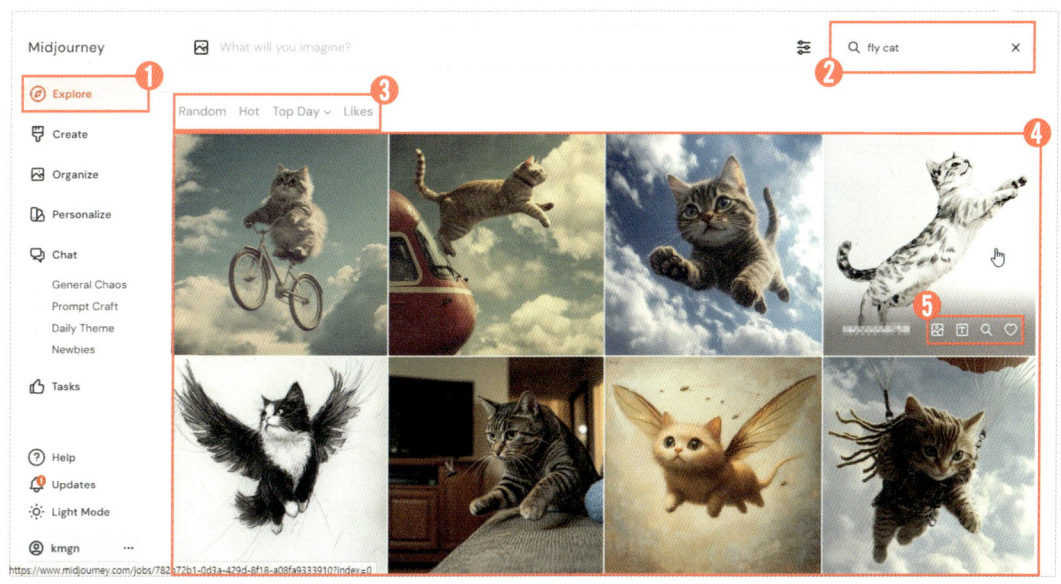

02 다음은 미드저니에서 가장 중요한 Create 영역입니다. ❶ 사이드바 중 두 번째 메뉴입니다. ❷ 프롬프트(prompt)를 입력하는 공간입니다. 프롬프트는 AI에 원하는 이미지를 설명하는 명령어이며 효과적인 사용 방법은 다음 레슨에서 다룹니다. ❸ 이미지 생성 요청 후 실시간 진행 상태를 확인할 수 있으며 왼쪽 상단에 '35% Complete'와 같은 진행률이 표시됩니다. ❹ 이미지 생성에 사용된 프롬프트가 오른쪽에 표시되며 클릭하면 자동으로 입력창에 복사됩니다. ❺ 이전에 생성한 이미지들이 리스트 형식으로 순서대로 표시됩니다.

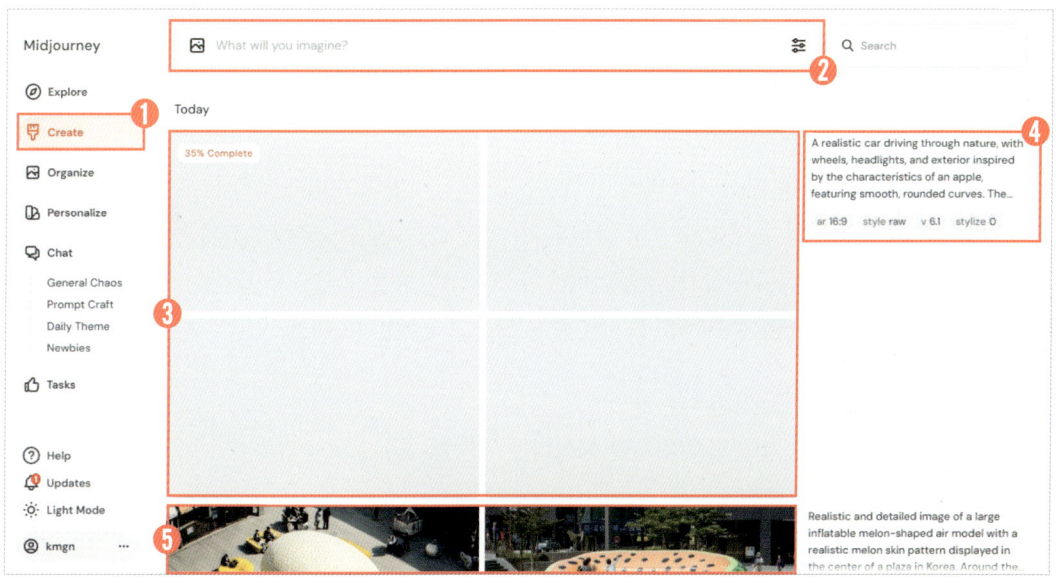

Chapter 3 생성형 AI 이미지의 활용 with 미드저니

03 다음은 생성한 이미지를 저장하고 관리하는 Organize 영역입니다. ❶ 사이드바 중 세 번째 메뉴입니다. ❷ 이전에 생성된 이미지들이 한눈에 표시됩니다. ❸ 마우스로 드래그하여 여러 개의 이미지를 선택할 수 있으며 선택한 이미지에 대해 다운로드, 숨기기, 보이기 등의 기능을 한 번에 적용할 수 있습니다. ❹ 필터 기능을 사용하면 이미지 타입별로 쉽게 분류하여 확인할 수 있습니다.

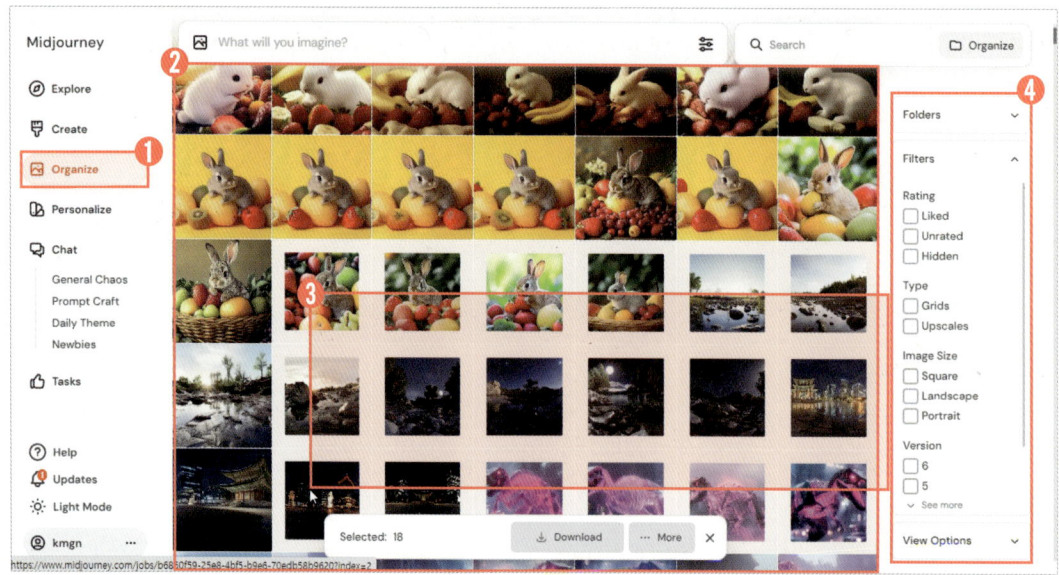

프롬프트(Prompt)

프롬프트는 본래 '자극', '지시어'라는 뜻이지만 미드저니에서는 이미지를 생성하기 위한 텍스트 명령을 뜻합니다. 원하는 이미지를 간결한 문장으로 설명하면 됩니다. 여러 개의 프롬프트는 쉼표(,)로 구분합니다.

예: Cute cat, white color.

업스케일(Upscale)

이미지를 더 높은 해상도로 확대하여 품질을 향상하는 기능입니다.

리런(Rerun)

같은 프롬프트로 새로운 버전의 이미지를 생성하는 기능입니다.

베리에이션(Variation)
기존 이미지의 일부 요소를 변경하여 새로운 버전을 생성하는 기능입니다.

모델 버전(Model Version)
미드저니에서 사용하는 AI 모델의 버전입니다. 주기적으로 새로운 버전이 출시됩니다.

애스펙트 비율(Aspect Ratio)
이미지의 가로세로 비율을 의미합니다. 일반적으로 1:1과 16:9를 많이 사용합니다.

파라미터(Parameter)
특정한 성질을 부여하는 변수입니다. 프롬프트에 추가되어 이미지 생성 방식을 조정합니다.
예: --ar 16:9(이미지 비율을 16:9로 설정), --q 2(이미지 품질을 높임)

이미지 프롬프트(Image Prompt)
텍스트 대신 스타일 및 구성에 참고할 이미지를 업로드하여 새로운 이미지를 생성합니다. 기존 이미지의 색감 및 구성에 변형을 줄 수 있습니다.

시드(Seed)
시스템적으로 임의로 만들어 적용하는 난수와 기준을 뜻합니다. AI는 이미지를 생성할 때 이 시드 번호를 사용합니다. 같은 프롬프트에 동일한 시드 번호를 사용하면 일관된 스타일의 이미지를 반복해서 생성할 수 있습니다.

타일(Tile)
무한히 반복되는 패턴을 만들 수 있는 기능입니다. 벽지나 패턴 디자인에 유용하며 타일 모드를 활성화하면 이미지가 끊김 없이 반복됩니다.

스톱(Stop)
이미지 생성 과정을 중간에 멈출 수 있는 기능입니다. 100% 완성되지 않은 상태의 특정 단계에서 결과물을 저장할 수 있어 빠르게 아이디어를 시각화하기에 유용합니다.

3.3 효과적인 사용 방법

미드저니 메인 화면에서 원하는 이미지를 선택하면 해당 이미지 생성에 사용된 프롬프트를 확인할 수 있습니다. 프롬프트는 이미지의 요소를 설명하는 텍스트로서 창작 과정에서 매우 중요한 역할을 합니다. 초보자는 프롬프트 작성이 익숙하지 않으므로 잘 만들어진 이미지의 프롬프트 및 파라미터를 참고하며 배우는 것이 좋습니다.

3.3.1 프롬프트 재창조

프롬프트 재창조는 다른 사람들의 프롬프트를 활용해 새로운 이미지를 만드는 방법입니다. 이를 통해 효과적인 표현을 익히고 점차 자신만의 스타일을 구축할 수 있습니다. 예를 들어 색감, 조명, 스타일 등을 변경해 자신만의 독창적인 이미지를 만들 수 있습니다.

01 미드저니 웹에서 다른 사용자가 생성한 이미지를 참고하는 방법을 소개합니다. ❶ 우측 상단의 검색창에 원하는 콘셉트를 입력합니다. 예를 들어 초록색 드레스를 입은 캐릭터를 검색하려면 'dress green character'를 입력합니다. ❷ 해당 프롬프트가 사용된 이미지들이 검색 결과로 표시됩니다. 이 이미지를 참고하여 다양한 스타일과 아이디어를 얻을 수 있습니다. ❸ 귀여운 여자 캐릭터 이미지를 참고하겠습니다. 이미지를 클릭합니다.

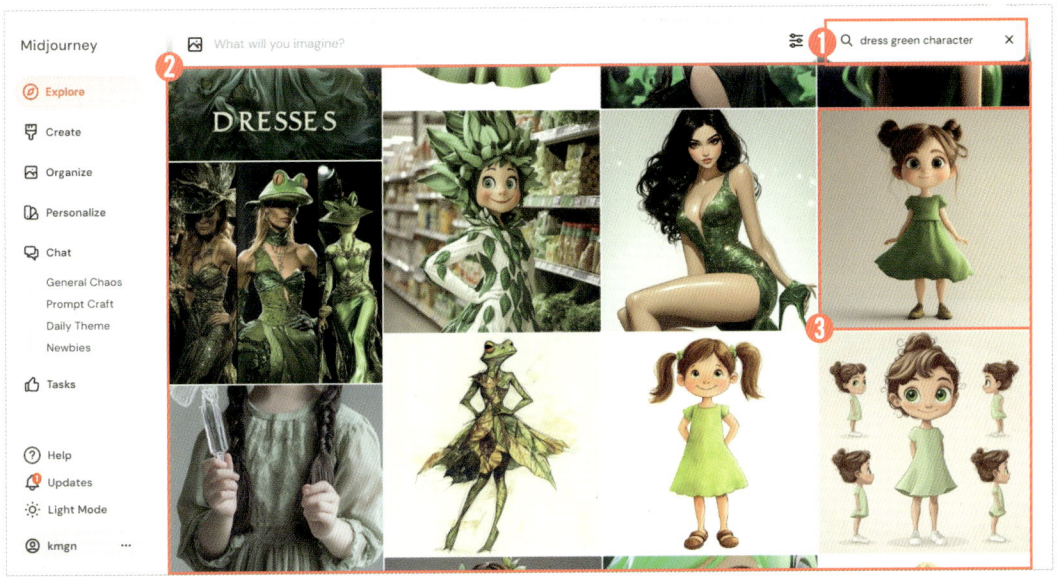

02 클릭한 이미지의 세부 정보가 표시됩니다. ❶ 이미지 우측에는 제작자의 아이디와 함께 생성에 사용된 프롬프트가 표시됩니다. ❷ 'Use' 항목은 현재 세 가지 옵션을 제공합니다.

- **Image**: 이미지의 전체적인 느낌을 참고하여 새로운 이미지를 생성합니다.
- **Style**: 이미지의 스타일만 반영하여 새로운 이미지를 생성합니다.
- **Prompt**: 이미지 생성에 사용된 프롬프트를 바로 복사할 수 있습니다.

❸ 'Use'에 있는 <Prompt> 버튼을 클릭하면 해당 프롬프트가 자동으로 이매진 바(Imagine Bar)에 입력되며 이를 기반으로 새로운 이미지를 생성할 수 있습니다.

03 복사한 프롬프트에서 두 가지를 수정해 보겠습니다. 드레스 색상을 빨간색(red)으로 변경하고 고양이(cat)를 추가했습니다. 내용 수정이 완료되면 <Enter> 키를 눌러 이미지 생성을 시작합니다.

> cute little girl in red dress character concept, cat --v 6.1

> **Note**
> 프롬프트 마지막에 입력한 '--v 6.1' 파라미터는 미드저니 6.1 버전으로 이미지를 생성하라는 명령입니다. 미드저니는 AI 모델을 주기적으로 업데이트하며, 각 버전은 이미지 생성 방식과 결과물에 차이를 줍니다. 버전 파라미터를 사용하면 원하는 알고리즘을 선택할 수 있으며 이를 통해 더 정교하고 최신 스타일인 이미지를 생성할 수 있습니다.

04 이매진 바에서 이미지 생성을 요청하면 진행 상황을 나타내는 아이콘이 표시됩니다. ❶ '0/1' 형식으로 표시되며 분모는 요청한 이미지의 개수를 나타냅니다. 요청 수가 많아지면 분모의 숫자가 증가합니다. 분자는 현재까지 완료된 이미지 개수를 의미합니다. ❷ 이미지 생성 진행 상황은 실시간으로 업데이트되며 완료된 이미지는 Create 영역에서 확인할 수 있습니다. 이 방식으로 이미지 생성 과정과 진행 상태를 직관적으로 파악할 수 있습니다.

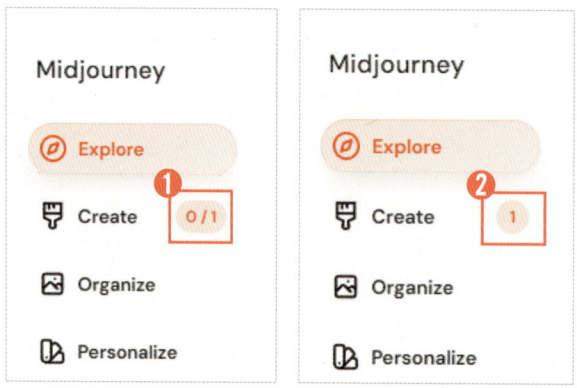

05 Create 영역에 요청한 이미지가 생성됩니다. 미드저니는 한 번의 요청당 네 장의 이미지를 생성합니다. 이 중 원하는 이미지를 선택하여 사용할 수 있으며 추가 수정도 가능합니다. 세부적인 수정 방법은 다음 레슨에서 다룹니다. 생성된 이미지의 우측에는 사용한 프롬프트와 파라미터가 표시됩니다.

3.3.2 파라미터 세팅

미드저니에서는 이매진 바에 프롬프트를 입력하여 원하는 콘셉트의 이미지를 생성할 수 있습니다. 하지만 기본적으로 이미지는 1:1의 정사각형 비율로 생성되므로 크기나 비율을 조정하려면 추가적인 파라미터 설정이 필요합니다. 이를 위해 세팅(setting) 메뉴에서 이미지 크기뿐만 아니라 다양한 옵션을 조정할 수 있습니다.

01 ❶ 이매진 바 오른쪽에 있는 <세팅> 아이콘을 클릭합니다. ❷ 메뉴가 아래로 펼쳐지며 Image Size, Aesthetics, Model, More Options 네 가지 항목으로 구성됩니다. 이제 각각의 파라미터를 자세히 살펴보겠습니다.

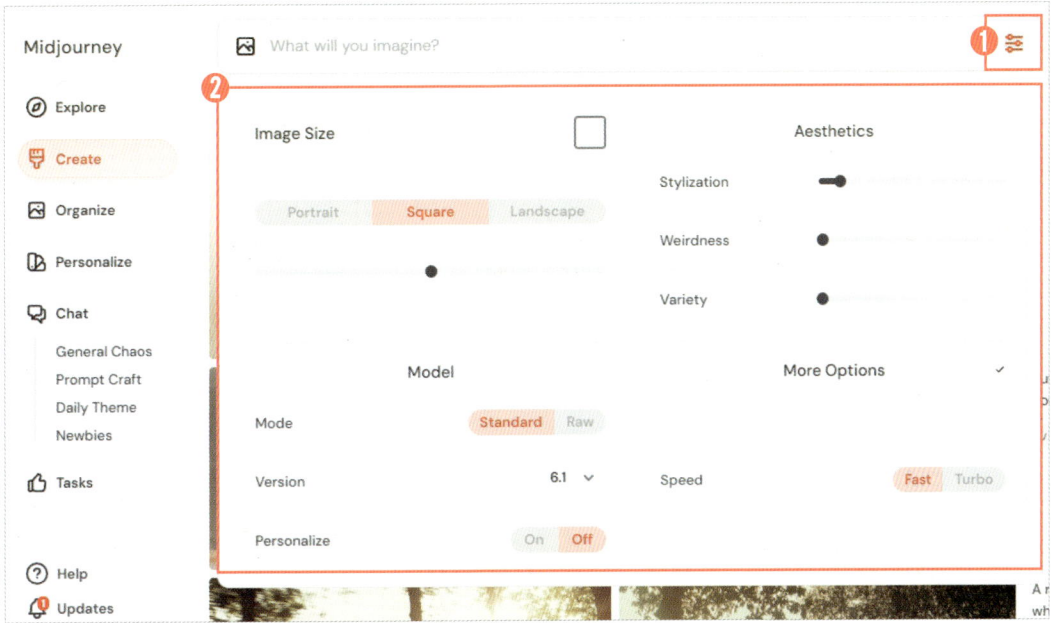

02 Image Size 메뉴에서는 생성할 이미지의 크기와 비율을 조절할 수 있습니다. ❶ 자주 사용되는 비율 세 가지를 버튼으로 쉽게 변경할 수 있습니다. Portrait는 3:4 비율이며, Square는 1:1 비율로서 기본 설정입니다. 또한 Landscape는 4:3 비율로 설정됩니다. ❷ 슬라이더로 비율을 더 세밀하게 조정할 수 있습니다. 1:2부터 2:1 비율까지 자유롭게 변경이 가능합니다. ❸ 현재 선택한 비율이 실시간으로 아이콘 형태로 표시됩니다. ❹ <Reset> 버튼을 클릭하면 설정이 초기화되어 기본값인 1:1 비율로 돌아갑니다.

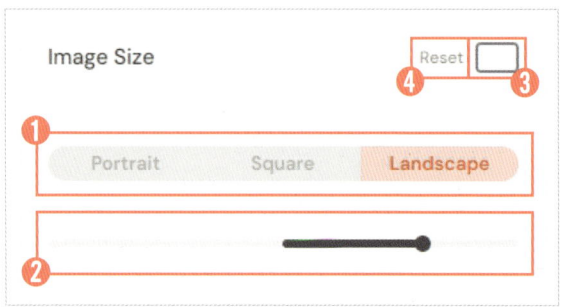

다음 이미지[5]로 다양한 비율 설정을 한눈에 확인할 수 있습니다.

---

5. 미드저니 공식 매뉴얼, aspect ratios, docs.midjourney.com/v1/docs/aspect-ratios

03 Aesthetics 메뉴에서는 세 가지 파라미터를 조절하여 요청한 프롬프트의 이미지 결과를 얼마나 다르게 나타낼지를 설정할 수 있습니다. 첫 번째 파라미터인 Stylization은 프롬프트를 얼마나 충실하게 반영할지를 결정합니다. 0으로 설정하면 입력한 내용을 매우 정확하게 반영하여 이미지를 생성합니다. 값이 커질수록 미드저니가 학습한 예술적인 스타일이 더 강하게 적용되며 창의적인 결과가 나올 가능성이 높아집니다. 기본값은 100이며 이는 프롬프트와 스타일 간의 균형을 유지하는 설정입니다. 값이 높아질수록 이미지 스타일이 더욱 풍부해지고 예술적 해석이 강해집니다. 다음 예시는 Stylization 값을 각각 0, 100, 500, 1000으로 설정한 결과입니다.

두 번째 파라미터인 Weirdness는 이미지에 기괴함과 엉뚱함을 추가하는 기능입니다. 평범한 이미지를 벗어나 독창적이고 창의적인 작품을 만들 때 유용하며 값이 높을수록 예상하기 어려운 독특한 이미지가 생성됩니다. 0에서 3000까지 설정할 수 있으며 3000에 가까울수록 기괴함이 극대화됩니다. 더 구체적이고 정교한 이미지를 원하면 낮은 값을 사용하고 실험적인 비주얼을 원하면 높은 값을 사용하는 것이 좋습니다. 이를 활용하면 새로운 시각적 아이디어를 실험할 기회를 얻을 수 있으며 같은 프롬프트에서도 완전히 다른 분위기의 결과물을 만들어낼 수 있습니다. 다음 예시는 Weirdness 값을 0, 300, 1500, 3000으로 설정한 결과입니다.

Happy cat

마지막 Variety는 이미지 생성 시 다양성을 조절하는 파라미터입니다. 미드저니는 기본적으로 한 번의 요청에 네 개의 이미지를 생성하는데 Variety 값이 낮을수록 이 이미지들은 비슷한 출발점에서 생성되어 유사한 느낌을 갖게 됩니다. 반대로 Variety 값이 높아질수록 각기 다른 출발점에서 생성되며 최종적으로 서로 다른 스타일과 구성을 가진 결과물이 만들어집니다. 이를 활용하면 다양한 스타일과 아이디어를 실험할 수 있어 독창적인 이미지를 얻는 데 유용합니다. 0에서 100까지 범위를 설정할 수 있으며 값에 따라 이미지의 다양성이 어떻게 달라지는지 다음 예시를 통해 확인할 수 있습니다.

 Low Poly Cars Running Through the City

04 Model 메뉴에서는 세 가지 항목을 선택할 수 있으며 먼저 Mode에 대해 살펴보겠습니다. Standard 와 Raw 두 가지 선택지가 있습니다.

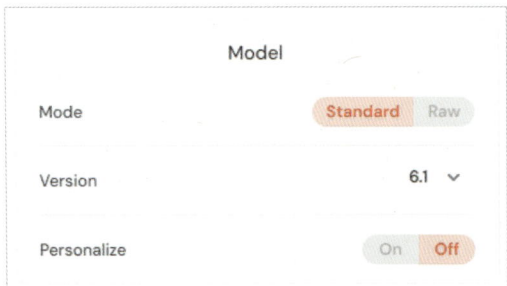

Standard 옵션은 미드저니의 버전별 스타일을 적용하여 이미지를 생성하며 Raw 옵션은 스타일 적용 없이 원본 그대로의 이미지를 출력합니다. Standard는 미드저니 특유의 예술적 터치가 가미된 결과물을 제공하는 반면 Raw는 스타일 영향을 최소화하므로 아이콘처럼 심플하고 간결한 이미지를 만들 때 유용합니다. Standard는 감성적인 스타일을 반영하는 데 적합하며 Raw는 프롬프트에 충실한 깔끔한 이미지를 생성하는 특징이 있습니다.

Version에서는 미드저니에서 사용할 모델 버전을 선택할 수 있습니다. 각 버전은 이미지 생성 스타일과 결과물에 차이를 줍니다. 미드저니는 버전 1부터 시작해 1, 2, 3, 4, 5, 5.0, 5.1, 5.2, 6, 6.1 순서로 발전해 왔으며 최신 버전일수록 더 정교하고 현실감 있는 이미지를 제공합니다. 또한 일반 버전과는 별도로 애니메이션 스타일에 특화된 Niji 시리즈도 있습니다. Niji4, Niji5, Niji6는 애니메이션과 만화 스타일의 이미지 생성에 최적화되어 있으며 각 버전마다 세부 스타일이 다소 다릅니다.

이미지를 통해 미드저니 버전 1, 3, 5, 6.1의 스타일 차이를 비교할 수 있습니다.

다음은 Niji 모델 버전 4, 5, 6의 스타일입니다.

Personalize는 사용자가 선호하는 스타일을 반영할 수 있는 기능입니다. 이 기능을 활성화하려면 미드저니에서 제공하는 티치(Teach) 테스트를 완료해야 합니다. 이 테스트는 사용자의 취향을 파악하여 이미지 생성에 반영하는 역할을 합니다. 테스트는 복잡하지 않고 시간도 오래 걸리지 않으므로 쉽게 완료할 수 있습니다. Personalize 기능을 활성화하려면 다음 단계를 따릅니다. ❶ 사이드바에서 [Personalize] 메뉴를 선택합니다. ❷ 화면 중앙에 있는 <Start Teaching> 버튼을 클릭하면 테스트가 시작됩니다.

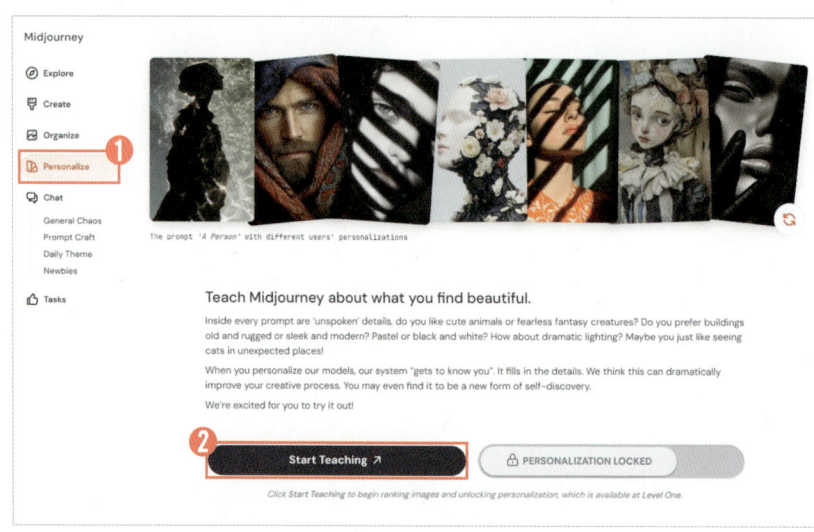

❸ 화면에 두 개의 이미지가 나타나면 자신의 스타일에 더 맞는 이미지를 선택합니다. ❹ 이 과정은 총 200번 반복되며 선택한 데이터를 기반으로 미드저니는 사용자의 선호도를 학습하게 됩니다.

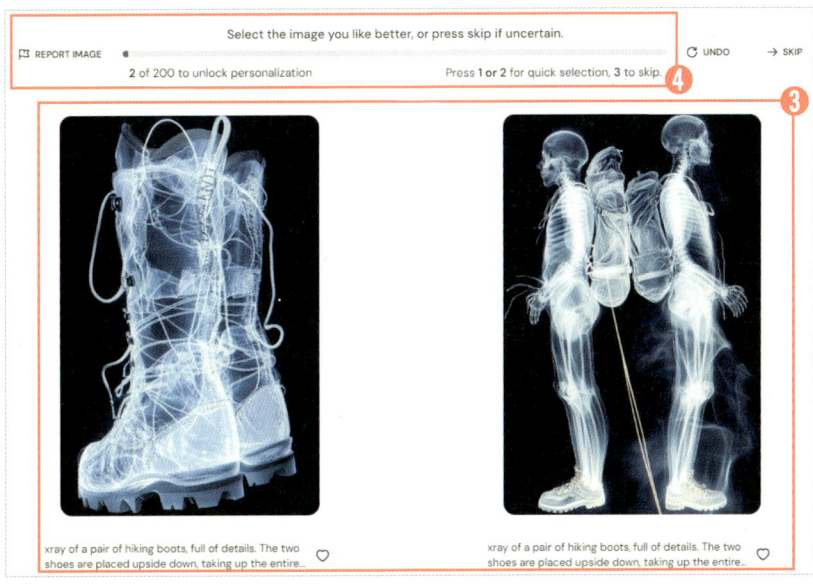

테스트가 완료되면 화면에 팝업창이 나타납니다. 팝업창 중앙에는 <PERSONALIZATION OFF> 버튼이 표시되며 이를 ON으로 변경하면 Personalize 기능이 활성화됩니다.

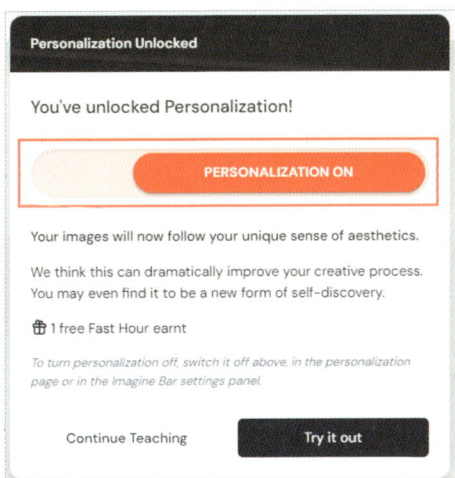

우측에 'personalize lwvwzhp'가 표시되어 있으면 Personalize 기능이 사용된 결과입니다. Personalize 기능을 사용하지 않은 경우(위)와 비교하면 선호도가 적용된 이미지(아래)는 확실히 사용자의 스타일에 더 가까운 결과를 보여줍니다. 이를 활용하면 원하는 이미지를 더 빠르고 정확하게 얻을 수 있습니다.

05 마지막으로 More Options 메뉴를 살펴보겠습니다. 'Speed'와 'Stealth' 항목을 설정할 수 있습니다. 'Speed' 항목은 이미지 생성 속도를 결정합니다. 기본적으로 Fast 모드에서 작업이 진행되며 Turbo 모드를 사용하면 GPU 사용 시간을 2배 많이 소모하는 대신 4배 빠르게 이미지를 생성합니다.

가장 왼쪽에 있는 Relax 모드는 GPU 사용 시간이 들지 않지만 이미지 생성 시간이 0~10분으로 더 오래 걸립니다. 단 이 기능은 Basic Plan 구독자에게는 제공되지 않습니다. 'Stealth' 항목은 생성한 이미지를 다른 사람에게 보이지 않게 하는 것입니다. 미드저니는 기본적으로 개방형 커뮤니티를 지향하지만 이 기능을 사용하면 나만의 비공개 작업을 진행할 수 있습니다. Pro Plan 또는 Mega Plan 구독자만 사용할 수 있는 기능입니다.

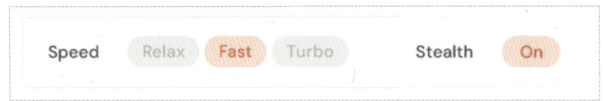

3.3.3 Creation Action

이미지를 한 번에 완성하기는 어렵습니다. 미드저니는 생성한 이미지를 원하는 방향으로 다듬거나 확장할 수 있도록 Creation Actions 메뉴를 제공합니다.

01 ❶ 본인이 생성한 이미지를 클릭하면 오른쪽 아래의 Creation Actions 메뉴를 사용할 수 있습니다. 이 기능을 통해 생성한 이미지를 변형하거나 확장할 수 있으며 기본적으로 Vary, Upscale, More, Use 네 가지 옵션이 활성화되어 있습니다. ❷ 'More options' 링크를 클릭하면 추가 옵션을 활성화할 수 있습니다. ❸ 현재 총 일곱 개의 기능이 제공되며 원하는 기능의 이름을 클릭하면 체크 표시와 함께 활성화됩니다.

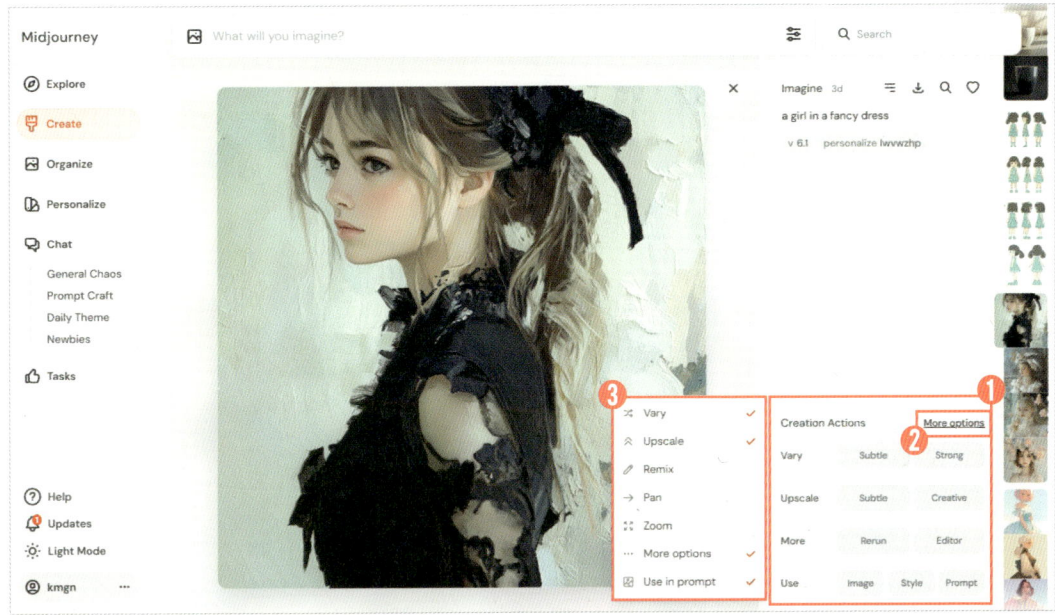

02 첫 번째로 Vary는 선택한 이미지를 변형하는 기능입니다. 이를 사용하면 원본을 기반으로 새로운 방향으로 재구성할 수 있습니다. <Subtle> 옵션 버튼을 클릭하면 원래 이미지에서 약간의 변형이 적용되는데 기본적인 스타일과 구도를 유지하면서 작은 변화가 추가됩니다. Strong 옵션을 선택하면 원본에 더 큰 변화가 가해져 과감한 스타일이나 형태의 이미지가 생성됩니다.

03 두 번째 Upscale은 이미지의 해상도를 높이는 기능입니다. 미드저니는 기본적으로 1024×1024 픽셀의 이미지를 생성하지만 Upscale을 사용하면 픽셀 크기가 두 배로 증가하여 이미지 해상도가 크게 향상됩니다. 이 과정에서 GPU 사용 시간도 두 배 소모됩니다. Subtle 옵션은 원본 이미지를 크게 변화시키지 않고 해상도만 높여줍니다. Creative 옵션은 해상도를 높이는 동시에 새로운 세부 정보와 디테일을 추가하여 더 풍부한 이미지를 제공합니다.

04 Remix는 원본 이미지에 다른 프롬프트 스타일을 섞는 기능입니다. 이 기능을 사용하면 원본 이미지에 새로운 스타일이나 요소를 반영하여 더욱 독창적인 결과물을 만들 수 있습니다. Remix에는 Subtle과 Strong 옵션이 있으며 Subtle은 원본에 약간의 변화를 주고 Strong은 과감한 변형을 적용합니다. Remix 기능을 사용하면 프롬프트 창 아래에 'Remix'라고 표시된 이미지가 삽입되며 이후 새로운 프롬프트를 입력하면 원본 이미지와 새로운 요소가 혼합됩니다. 예를 들어 고양이 이미지를 사용하여 사자로 바꾸는 프롬프트를 입력하면 고양이와 사자의 특징이 조합된 새로운 이미지가 생성됩니다.

05 Pan은 원본 이미지에 변형을 가하지 않고 원하는 방향으로 이미지를 확장하는 기능입니다. 확장할 수 있는 방향은 네 가지로 각 아이콘은 화살표 모양(↑, ↓, ←, →)으로 표시됩니다. 버튼 클릭만으로 이미지를 상하좌우로 확장하여 배경이나 공간을 더 넓게 만들 수 있습니다.

06 Zoom은 원본 이미지를 변형하지 않고 이미지 바깥 영역으로 확장하여 'Zoom Out' 효과를 내는 기능입니다. 이미지를 넓게 확장한 것처럼 보이지만 생성된 이미지의 해상도는 1024×1024를 초과하지 않습니다. 이 기능을 활용하면 이미지의 전체적인 구도를 유지하면서도 더 넓은 환경을 시각적으로 표현할 수 있습니다.

- **1.5x**: 이미지를 1.5배 축소하여 넓은 배경을 제공합니다.
- **2x**: 이미지를 2배 축소하여 공간을 더 확장합니다.

07 More에는 Rerun과 Editor 두 가지 기능이 있습니다. Rerun 기능은 이미 생성한 이미지를 동일한 설정으로 다시 생성하는 기능입니다. 모든 세팅과 프롬프트를 그대로 유지한 상태에서 이미지를 재생성할 수 있어 처음 결과물이 마음에 들지 않거나 반복적으로 같은 이미지가 필요할 때 유용합니다.

Editor 기능은 생성된 이미지를 세부적으로 수정할 수 있는 도구입니다. 이를 통해 이미지를 다시 생성하지 않고도 필요한 변경을 빠르게 적용할 수 있습니다. 제공되는 조작 버튼이 많으므로 각각의 기능을 자세히 살펴볼 필요가 있습니다. ❶ Erase 툴을 사용하면 원하는 영역을 칠해 삭제하고 그 부분을 새롭게 생성할 수 있습니다. 잘못 지운 경우 Restore 기능을 활용해 복구할 수 있습니다. ❷ 실행 취소, 되돌리기, 리셋 버튼으로 작업 과정을 쉽게 조정할 수 있습니다. ❸ Erase 툴의 브러시 크기를 조절하여 원하는 크기로 수정할 수 있습니다. ❹ 이미지 크기는 조절할 수 있습니다. 네 모퉁이에 있는 조절점을 드래그하여 크기를 직접 변경할 수 있습니다.

❺ 이미지 이동 기능으로서 화면 내에서 이미지를 자유롭게 배치할 수 있습니다. ❻ 이미지 비율을 조정하여 원하는 크기와 형식에 맞출 수 있습니다. ❼ 수정하려는 새로운 이미지 콘셉트를 입력할 수 있습니다. 예시에서는 'a school desk'라는 프롬프트를 추가하였습니다. ❽ 모든 수정이 완료되면 <Submit> 버튼을 클릭하여 이미지를 업데이트할 수 있습니다.

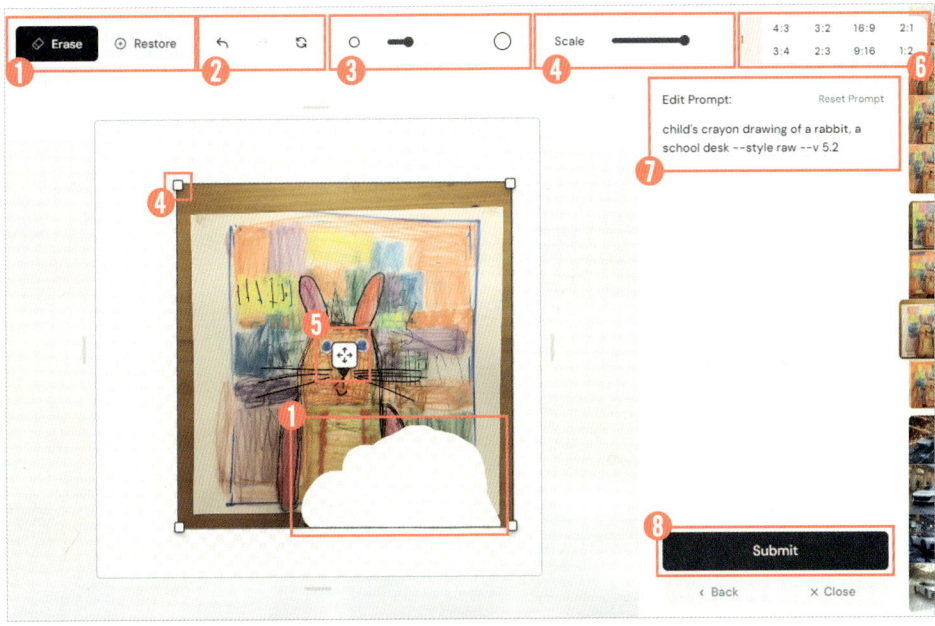

수정사항을 적용한 이미지

08 Use는 기존 이미지를 참조하여 일관성 있는 새로운 이미지를 생성하는 기능입니다. 생성형 AI는 반복적인 이미지 생성 시 일관성을 유지하는 데 어려움이 있었지만 미드저니는 이를 해결하기 위해 Image, Style, Prompt 세 가지 옵션을 제공합니다. 이 기능은 이미지의 일관성을 유지하는 데 매우 유용하며 다음 레슨에서 자세히 다룹니다.

3.3.4 레퍼런스 이미지 참조

미드저니는 프롬프트를 입력해 이미지를 생성하지만 특정 이미지를 참조하여 생성할 수도 있습니다. 이를 위한 방법은 크게 네 가지로 나뉩니다.

01 첫 번째 방법은 'Use' 항목에서 Image 옵션을 활용하는 것입니다. 이 기능은 미드저니가 해당 스타일과 유사한 이미지를 생성할 수 있도록 자동으로 프롬프트를 선별합니다. 이후 새로 입력하는 프롬프트에 이를 적용하여 비슷한 분위기의 이미지를 만들 수 있습니다.

❶ Explore 영역 또는 본인이 생성한 이미지에서 참조할 이미지를 선택한 후 <Image> 버튼을 클릭하면 해당 기능을 사용할 수 있습니다. ❷ <Image> 버튼을 클릭하면 선택한 이미지는 프롬프트 입력창 아래 작은 이미지로 삽입되며 이미지의 오른쪽 아래에는 작은 아이콘이 표시됩니다. 이를 통해 선택한 이미지가 참조 이미지로 사용되고 있음을 쉽게 확인할 수 있습니다. ❸ 삽입한 이미지를 삭제하려면 <휴지통> 아이콘을 클릭하면 됩니다.

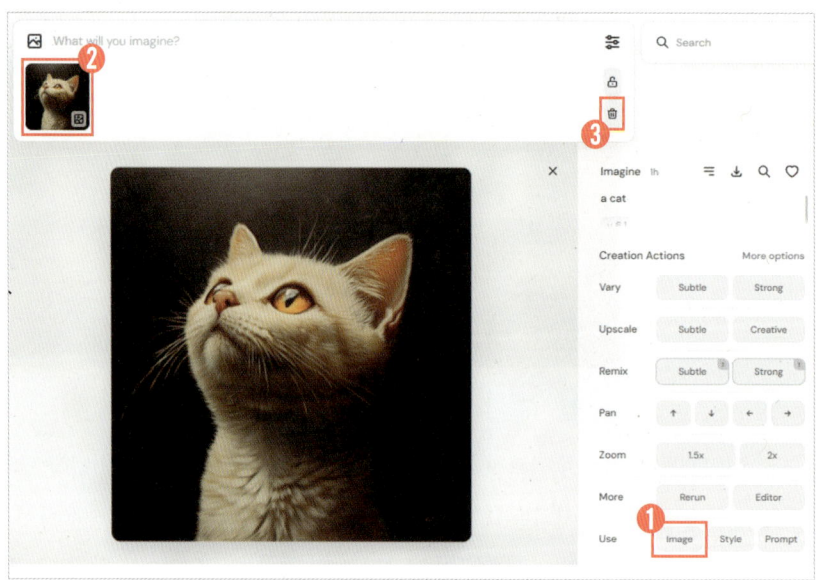

이 상태에서 'a cute little girl' 프롬프트로 이미지를 생성하면 참조 이미지의 스타일, 색감, 구도가 반영된 결과물이 만들어집니다. 그러나 캐릭터의 세부 특성이나 스타일이 완전히 동일하게 적용되지 않을 수 있습니다. Image 옵션은 이미지의 전반적인 느낌이나 분위기를 참조할 때 유용합니다.

참조 이미지는 본인의 PC에서 직접 업로드할 수도 있습니다. ❶ 프롬프트 입력창 왼쪽의 <사진> 아이콘을 클릭하면 새로운 팝업창이 나타납니다. ❷ 이미지 파일을 이 영역에 드래그하여 놓거나 클릭하여 업로드 할 수 있습니다. ❸ 업로드한 이미지 중 하나를 선택하면 해당 이미지가 참조 이미지로 사용됩니다. ❹ 선택한 이미지는 프롬프트 창에 삽입되며 이미지 위에 마우스를 올리면 아래쪽에 세 개의 작은 아이콘이 표시됩니다. 가장 오른쪽 아이콘이 Image 옵션이며 왼쪽의 두 아이콘도 각각 다른 기능을 제공합니다. 이를 하나씩 살펴보겠습니다.

02 두 번째 방법은 참조 이미지의 스타일을 반영하는 Style 기능입니다. ❶ 'Use' 항목에서 <Style> 버튼을 클릭하면 선택한 이미지의 스타일이 적용됩니다. ❷ 선택한 스타일은 프롬프트 입력창 아래에 삽입되며 이미지 오른쪽 아래에 작은 클립 아이콘이 표시됩니다. 이를 통해 스타일 참조 기능이 활성화되었음을 확인할 수 있습니다.

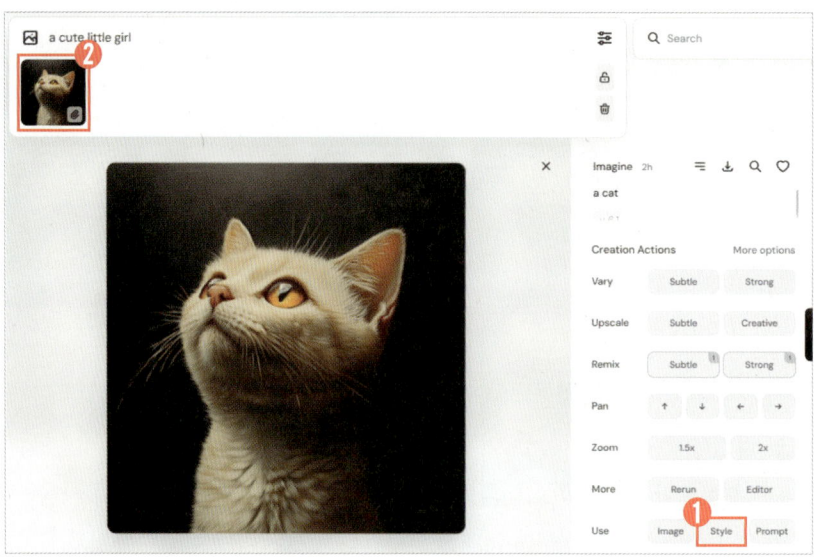

이번에도 동일한 프롬프트 'a cute little girl'로 이미지를 생성했습니다. 이번에는 참조 이미지의 스타일만 참고했기 때문에 이미지의 구성이나 구도는 참조 이미지와 전혀 다를 수 있습니다. 그러나 생성한 이미지는 참조 이미지의 스타일을 잘 반영하고 있으며 색감이나 질감, 전반적인 분위기 등에서 유사한 느낌을 전달합니다.

Style 기능으로 원본 참조

원본 이미지

프롬프트 입력창에 삽입된 이미지에서 스타일 참조를 쉽게 선택할 수 있습니다. 이미지를 선택한 후 마우스를 올리면 아래쪽에 여러 아이콘이 표시되며 가운데 <클립> 아이콘을 클릭하면 해당 이미지의 스타일이 참조됩니다. 이후 새로운 이미지를 생성할 때 선택한 스타일이 적용됩니다.

03 세 번째 방법은 Character 옵션입니다. 이 기능을 사용하면 원본 이미지의 캐릭터 특성을 그대로 유지하면서 포즈와 외형을 보존할 수 있습니다. 동일한 캐릭터를 새로운 환경이나 스타일에 일관되게 표현해야 할 때 유용합니다. 사용 방법은 간단합니다. 프롬프트 입력창에 삽입된 이미지에서 가장 왼쪽에 있는 <Character> 아이콘을 클릭하면 됩니다. 이 기능으로 캐릭터의 일관성을 유지하면서도 새로운 이미지를 만들어낼 수 있습니다.

이번에도 앞의 예제와 동일한 프롬프트 'a cute little girl'로 이미지를 생성했습니다. Character 기능을 사용하여 캐릭터의 구도, 특성, 그리고 형태가 그대로 유지되었습니다. 고양이의 외형을 살리면서도 귀여운 소녀를 자연스럽게 표현한 결과를 얻을 수 있었습니다. 이 기능을 통해 한번 생성한 캐릭터의 일관성을 유지하면서 다양한 스타일과 배경에서 동일한 캐릭터를 활용할 수 있습니다.

Character 기능으로 원본 참조

원본 이미지

04 ❶ 마지막 방법은 'Use' 항목에 있는 Prompt 옵션입니다. 이 기능을 사용하면 참조하고자 하는 이미지가 생성될 때 사용한 프롬프트들을 프롬프트 입력창에 한 번에 입력됩니다. ❷ 사용한 프롬프트는 참조하고자 하는 이미지 오른쪽에 표시되는 텍스트, 파라미터, 그리고 이미지입니다. ❸ 프롬프트 입력창에 한 번에 입력된 모습입니다. 이를 통해 원본 이미지의 설정을 그대로 활용하여 유사한 이미지를 빠르게 생성할 수 있습니다.

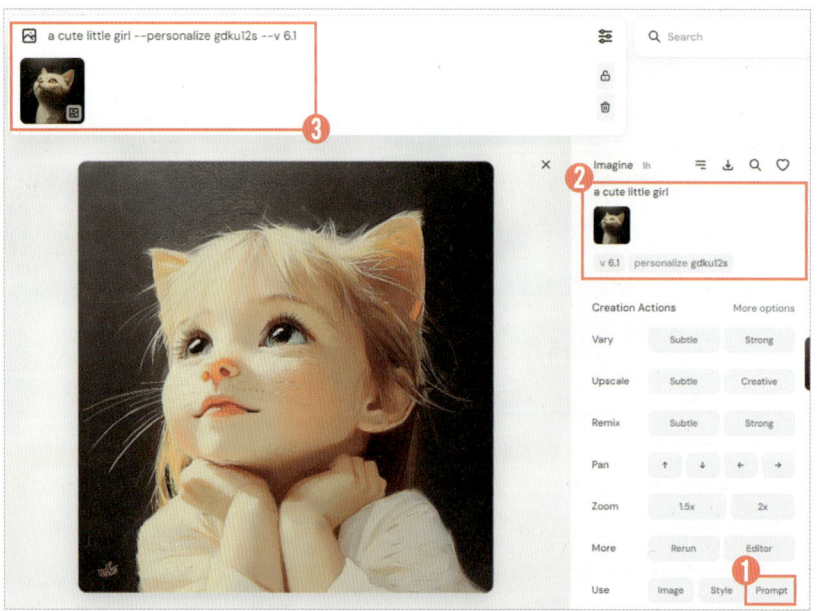

3.4 블렌더 활용 방법

미드저니를 활용하여 콘셉트 이미지, 텍스처 이미지, 배경 이미지를 생성해 보겠습니다. 원하는 테마나 스타일을 프롬프트로 입력하면 미드저니가 이미지를 제작합니다. 그리고 블렌더와의 결합 방식에 대해 살펴보도록 하겠습니다. 이를 통해 다양한 디자인의 가능성을 탐구할 수 있습니다.

3.4.1 이미지 생성(콘셉트)

우선, 세 가지 콘셉트 이미지를 제작하겠습니다. 각각 다른 스타일과 테마로 시도해 보겠습니다. 이 과정을 통해 다양한 시각적 자료를 얻고 콘셉트 이미지 생성의 경험을 쌓을 수 있습니다.

01 첫 번째로는 블렌더에서 활용하기 쉬운 목업(mockup) 콘셉트를 생성해 보겠습니다. 미드저니를 활용하면 제작하려는 제품의 스타일과 구도를 시각적으로 참조할 수 있으며 이를 기반으로 모델링을 진행할 수 있습니다. 이렇게 생성된 콘셉트 이미지는 블렌더에서 모델링할 때 유용한 참고 자료가 됩니다.

이번에는 디스플레이가 탑재된 텀블러 목업 이미지를 생성해 보겠습니다. 프롬프트를 작성할 때 원하는 콘셉트와 형상을 명확하게 지정하고 주변 환경과 분위기를 함께 묘사하면 더욱 정확한 결과를 얻을 수 있습니다. 처음에는 간단한 프롬프트로 시작하고 점차 세부 사항을 추가하는 방식으로 연습하면 좋습니다.

프롬프트는 번역기나 GPT를 활용하여 영어로 작성합니다. 특히 GPT를 사용하면 미드저니에 적합한 프롬프트를 자동으로 생성해 주므로 고민을 줄일 수 있습니다.

> A sleek tumbler with a mix of metal and plastic material sits on a modern cafe table. An OLED wide big display on the tumbler's surface shows the coffee temperature and a custom user message. The scene is set in a minimalist, modern cafe with a clean and simple background. The lighting is soft and natural, creating a realistic 3D rendering effect. The overall atmosphere is sleek and contemporary, with a focus on the tumbler. --no complex background --stylize 0 --v 6.1

> **Note**
>
> 프롬프트 마지막에 '--설정'을 입력하면 다양한 파라미터를 추가할 수 있습니다. 이를 활용하면 이미지 생성 시 특정 조건을 적용하거나 불필요한 요소를 제외하는 등 세부 설정이 가능합니다. **3.3.2 파라미터 세팅**에서 소개한 인터페이스를 사용해도 동일한 효과를 얻을 수 있으며 '--' 형식은 웹 버전 출시 전 디스코드에서 명령어로 파라미터를 입력할 때 사용되던 방식입니다. 현재 웹 버전에서도 그대로 적용 가능하며 특히 '--no'와 같은 특수 파라미터는 인터페이스에서 제공되지 않는 기능입니다. 예를 들어 특정 요소를 제외하거나 추가적인 조건을 적용하고 싶을 때 사용할 수 있습니다.

02 두 번째로는 건축 분야에서 유용한 콘셉트 이미지를 생성해 보겠습니다. 건축물에는 크고 작은 오브젝트 요소가 많아 간단한 콘셉트 이미지를 만들 때도 많은 작업 시간이 소요될 수 있습니다. 하지만 미드저니를 활용하면 초기 방향성을 빠르게 잡을 수 있으며 레퍼런스 자료로도 충분히 활용할 수 있습니다. 최종 결과물은 블렌더에서 완성되겠지만 미드저니를 통해 효율적인 시각 자료를 얻을 수 있습니다.

다음 프롬프트를 사용해 이미지를 생성해 보겠습니다. 이번에는 1층에 주차장이 있는 3층 주택을 설계하고 재생에너지를 활용하는 콘셉트를 적용해 보겠습니다.

> Modern three-story house with solar panels on the roof and large glass windows, located beside a calm river. The ground floor has an open parking area with an electric car parked. The balcony features a hydroelectric generator, and wind turbines are placed in the yard, all generating renewable energy. An energy gauge is visibly placed on the exterior wall. The house is illustrated as a precise architectural diagram, similar to those in professional architecture publications.

03 마지막으로는 캐릭터 디자인을 다뤄보겠습니다. 블렌더에서 가장 많이 활용되는 분야 중 하나가 캐릭터 제작입니다. 캐릭터 디자인은 콘셉트, 재질, 아이템, 비율 등 다양한 요소를 고려해야 하기 때문에 미드저니를 활용하면 상상하는 콘셉트를 빠르게 시각화하고 결과를 확인할 수 있습니다. 이후 선택한 이미지를 블렌더로 가져와 더욱 디테일한 결과물로 완성할 수 있습니다.

이번에는 게임이나 영화 속에서 등장할 법한 캐릭터를 만들어 보겠습니다. 광선검을 사용하는 도마뱀이 토르의 갑옷을 입고 몽환적인 숲속에 있는 모습을 생성해 보겠습니다.

> In a Star Wars-inspired forest, a green lizard wearing Thor's armor and cape wields a glowing lightsaber. The lizard stands heroically in a cinematic scene, surrounded by towering trees and futuristic vegetation, with mist and faint light beams filtering through the dense canopy. --no humans

3.4.2 이미지 생성(텍스처)

미드저니는 반복되는 텍스처를 자연스럽고 완벽하게 생성할 수 있는 도구입니다. 이전에 GPT로 심리스 텍스처(Seamless Texture)를 제작했지만 이음새가 완벽하지 않아 아쉬운 점이 있었습니다. 그러나 미드저니의 '--tile' 파라미터를 사용하면 이러한 문제를 쉽게 해결할 수 있습니다. 이 파라미터는 직물, 벽지, 텍스처와 같은 반복 패턴을 만들 때 이음새 없이 자연스럽게 이어지는 이미지를 생성해 줍니다. 특히 '--tile' 기능은 무한 반복 패턴을 제작하는 데 적합하며 이를 활용해 다양한 디자인 작업에 적용할 수 있습니다.

이렇게 생성된 고품질 텍스처는 블렌더와 같은 3D 툴에서도 활용하기 매우 유리합니다. 이번 레슨에서는 미드저니를 활용해 반복 텍스처뿐만 아니라 AI로 노말 맵을 쉽게 생성하는 방법도 다룰 예정입니다. 노말 맵은 블렌더에서 텍스처에 깊이감을 부여하는 데 중요한 요소이며 미드저니로 생성한 이미지를 노말 맵으로 변환하고 이를 블렌더에 적용하는 과정까지 설명합니다. 이 과정을 통해 미드저니의 기능을 활용하여 3D 모델링에 필수적인 텍스처와 노말 맵을 손쉽게 제작하고 적용하는 방법을 배워보겠습니다.

01 먼저 텍스처로 많이 사용되는 나무 무늬 바닥재를 만들어 보겠습니다. 프롬프트는 간결하게 작성해도 충분히 활용할 수 있으며 기본적으로 나무 질감과 패턴을 명시하면 적절한 텍스처가 생성됩니다. 특정한 스타일이나 색감을 원한다면 프롬프트에 원하는 요소를 추가하는 것도 좋습니다. 예를 들어, 나뭇결의 패턴, 목재의 색상, 표면의 광택 등을 구체적으로 설명하면 원하는 느낌에 가까운 결과를 얻을 수 있습니다.

중요한 점은 텍스처가 이음새 없이 반복되도록 하기 위해 프롬프트 마지막에 반드시 '--tile' 파라미터를 입력해야 한다는 것입니다. 이 파라미터는 미드저니에서 완벽한 심리스 텍스처를 생성하는 기능을 제공하므로 반복 가능한 텍스처 제작에 필수적입니다.

wood-patterned flooring --tile

02 텍스처는 벽재로도 자주 활용되며 특히 입체적인 패턴이 적용된 벽재는 공간에 깊이감을 더해주는 역할을 합니다. 이번에는 벽에 적용할 수 있는 입체 패턴 텍스처를 생성해 보겠습니다.

small pattern, wood Ash Square Wall Panels, detail, 8k --tile

03 이번에는 텍스처에 깊이감을 추가하는 노말 맵에 대해 설명하겠습니다. 일반적으로 유료 텍스처 팩에는 이미지 파일과 함께 노말 맵이 포함되어 있습니다. 노말 맵은 텍스처에 입체감과 깊이를 부여하기에 3D 모델에서 사실적인 조명을 구현하는 데 중요한 역할을 합니다. 그런데 미드저니로 생성한 텍스처는 기본적으로 색상 정보만 포함된 이미지이므로 노말 맵을 별도로 생성해야 합니다. 이를 위해 AI 기반의 노말 맵 생성기를 활용할 수 있으며 'normal map AI'로 검색하면 다양한 플랫폼을 찾을 수 있습니다. 여기에서는 Smart Page에서 제공하는 스마트노말(SmartNormal)[6]을 사용해 노말 맵을 생성해 보겠습니다. 이 도구는 이미지를 업로드하면 자동으로 노말 맵을 생성해 주며 블렌더 등 3D 툴에서 활용할 수 있습니다.

노말 맵은 빨강, 초록, 파랑(RGB)의 세 가지 색상 채널을 이용해 깊이감을 표현하기 때문에 생성된 맵은 종종 보라색 화면으로 보입니다. 이는 빛의 방향과 표면의 높낮이를 시뮬레이션하는 과정에서 자연스럽게 발생하는 색상입니다. 스마트노말에서 제공하는 주요 기능은 다음과 같습니다. ❶ <Load> 버튼을 클릭하여 이미지를 불러오고 <Save> 버튼을 사용해 생성된 노말 맵을 저장할 수 있습니다. ❷ Bias 슬라이더를 조절하여 노말 맵의 깊이감을 조정할 수 있으며 이를 통해 텍스처의 입체감을 강화하거나 약화할 수 있습니다.

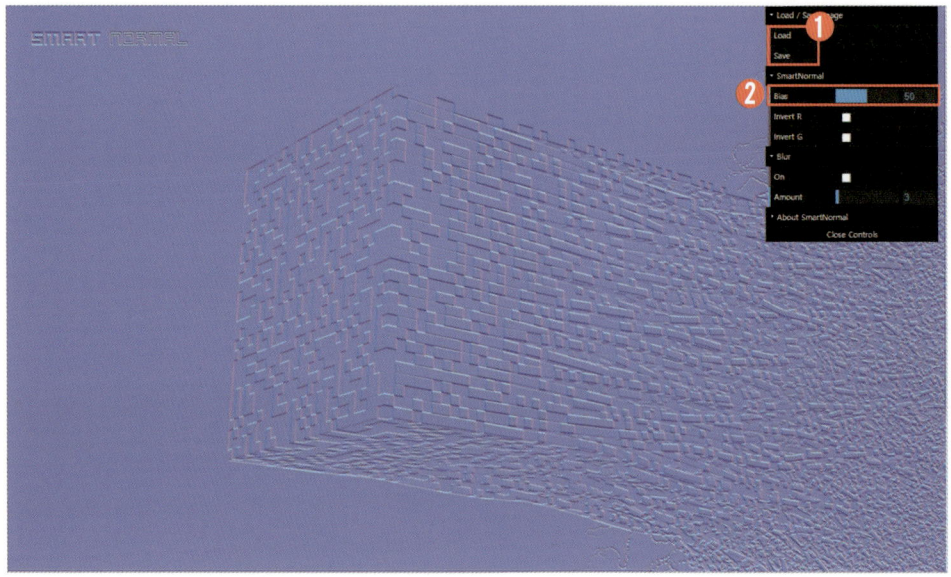

앞에서 생성한 벽재 텍스처를 노말 맵으로 변환하면 입체감이 더해진 이미지를 얻을 수 있습니다. 이렇게 생성된 노말 맵은 텍스처의 깊이와 표면 디테일을 표현하는 데 활용됩니다. 이제 이 노말 맵을 블렌더에서 적용해 보겠습니다.

---

6. 스마트노말 공식 홈페이지, smart-page.net/smartnormal

블렌더에서 노말 맵을 적용하려면 텍스처 노드를 구성해야 합니다. ❶ Image Texture 노드를 생성한 후 원본 텍스처 이미지를 불러옵니다. 그 후 이를 Principled BSDF 노드의 'Base Color' 인풋 슬롯에 연결합니다. Image Texture 이름은 <F2> 키를 눌러서 변경할 수 있으며 예시에서는 '원본'으로 수정했습니다. ❷ Image Texture 노드를 하나 더 생성하여 노말 맵 이미지를 불러옵니다. ❸ 노말 맵이 로드된 Image Texture 노드를 Normal Map 노드의 'Color' 인풋 슬롯에 연결합니다. 이후 Normal Map 노드는 Principled BSDF 노드의 'Normal' 인풋 슬롯에 연결합니다. ❹ 이제 Normal Map 노드의 Strength 값을 조정하여 노말 맵의 깊이를 조절할 수 있습니다. 이 값을 변경하면 텍스처의 입체감이 더욱 강조되거나 줄어들 수 있습니다.

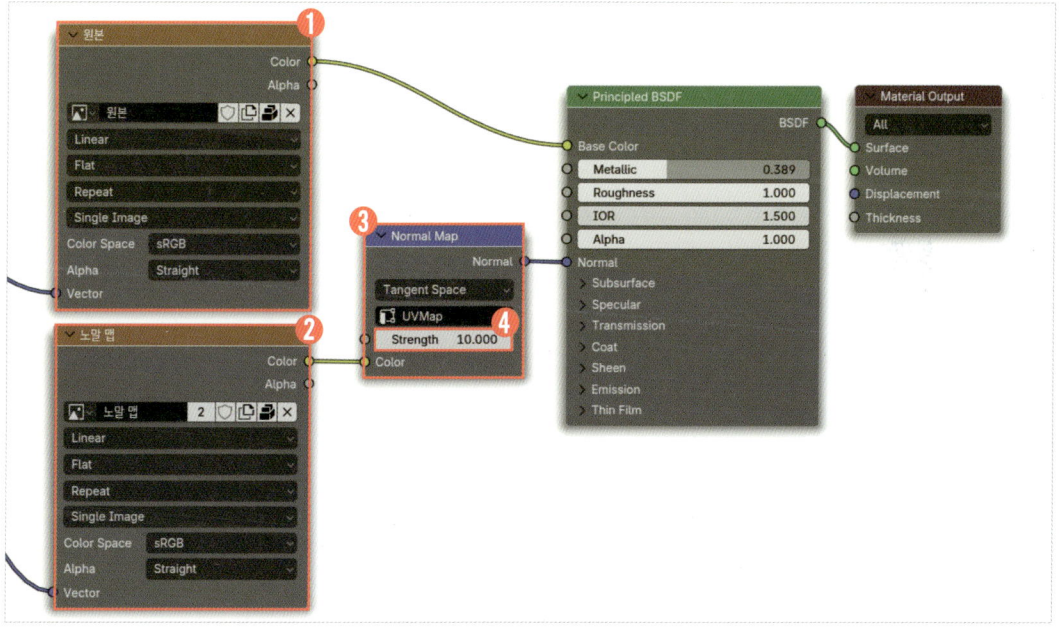

노말 맵을 사용하기 전과 후의 차이를 나란히 비교해 보겠습니다. 이 차이를 통해 노말 맵이 텍스처에 사실적인 입체감을 더해주는 중요한 역할을 한다는 것을 확인할 수 있습니다.

왼쪽 이미지는 노말 맵을 적용하지 않은 상태입니다. 표면에 깊이감이 없기 때문에 빛이 낮은 각도로 반사되더라도 그림자가 생기지 않고 텍스처가 평면처럼 보입니다. 텍스처 자체의 색상 정보만 반영되므로 조명에 따른 입체감이 거의 나타나지 않습니다. 오른쪽 이미지는 노말 맵을 적용한 상태입니다. 노말 맵을 사용하면 표면에 울퉁불퉁한 질감이 추가되어 빛의 각도에 따라 깊이감 있게 표현됩니다. 낮은 조명에서도 표면의 디테일이 더욱 선명하게 드러나며 텍스처가 실제로 입체적으로 보입니다.

3.4.3 이미지 생성(배경)

이번 레슨에서는 미드저니를 활용하여 배경 이미지를 만드는 방법을 다뤄보겠습니다. 미드저니는 HDRI와 같은 고품질의 사실적인 배경을 손쉽게 생성할 수 있습니다. 앞서 GPT를 활용한 배경 이미지 생성 방법을 다뤘지만 이번에는 미드저니를 사용해 더 높은 퀄리티의 결과물을 만드는 과정을 설명하겠습니다.

01 먼저 HDRI를 생성하는 방법을 소개하겠습니다. 앞에서 배운 '--tile'처럼 직접 HDRI를 생성하는 전용 프롬프트는 없지만 특정 프롬프트를 활용하면 HDRI에 가까운 이미지를 만들 수 있습니다.

다음은 HDRI와 유사한 이미지를 생성하는 데 유용한 키워드입니다. 이 프롬프트 키워드 HDRI 스타일의 이미지를 만들기 위한 좋은 출발점이지만 반드시 정답인 것은 아닙니다. 원하는 결과물을 얻기 위해 다양한 방법과 키워드를 시도해 보는 것이 중요합니다.

추천 프롬프트
360 degree HDRI map
a 360 view equirectangular projection
panoramic image
360 view environment HDRI

소개한 네 가지 프롬프트를 활용하여 협곡에서 하늘을 바라보는 HDRI를 생성해 보겠습니다. 이를 통해 협곡의 환경과 자연광을 반영한 사실적인 배경을 만들 수 있습니다.

the canyon, 360 degree HDRI map

the canyon, a 360 view equirectangular projection

the canyon, panoramic image

the canyon, 360 view Environment HDRI

02 이번에는 HDRI를 더욱 효율적으로 생성하는 방법을 알아보겠습니다. 앞에서 소개한 프롬프트를 통해 미드저니에 HDRI를 생성할 의도를 전달했다면 이제는 구체적인 콘셉트를 명확하게 표현하는 것이 중요합니다.

HDRI는 환경 요소와 조명 상태를 얼마나 자세히 명시하느냐에 따라 퀄리티가 크게 달라집니다. HDRI의 핵심은 조명과 환경이 자연스럽게 상호작용을 하는 것입니다. 예를 들어 시간대(아침, 오후, 저녁)나 날씨(맑음, 흐림, 비 등)를 구체적으로 묘사하면 미드저니가 조명과 그림자를 더욱 사실적으로 반영할 수 있습니다. 또한 구도와 원근감을 설정할 때 카메라 위치와 피사체와의 거리를 명시하면 정교한 이미지를 생성하는 데 도움이 됩니다.

A deep canyon at sunrise, with soft golden light illuminating the cliff faces and scattered greenery. Small trees and shrubs are bathed in the morning glow, while the sky transitions from pink to bright orange. The sunlight highlights both the rocky terrain and plants, creating a soft contrast between light and shadow. HDRI lighting adds natural realism, capturing the canyon's greenery and sunrise in a 360-degree HDRI environment.

HDRI로 360도 화면을 표현하기 위해서는 가로세로 비율이 2:1이어야 합니다. 이 비율로 설정해야 HDRI가 환경 전체를 자연스럽게 감쌀 수 있고 균일한 조명과 사실적인 배경이 형성됩니다. Image Size 메뉴에서 슬라이드 바를 가장 오른쪽으로 이동하면 2:1 비율로 설정할 수 있습니다.

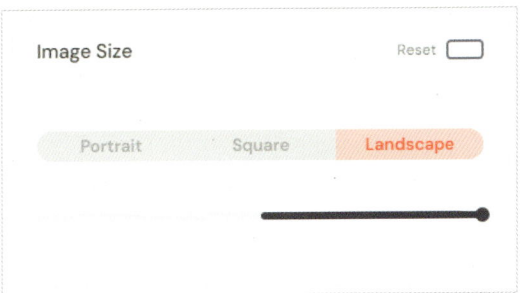

또한 HDRI는 화면의 넓은 영역을 커버해야 하므로 높은 해상도가 필요합니다. 이를 위해 프롬프트에서 해상도를 명시한 후 생성된 이미지는 Upscale 기능을 활용해 더욱 향상하는 것이 좋습니다. 해상도가 높을수록 조명과 배경의 세부 디테일이 더욱 정교하게 표현되며 HDRI로 사용하기에 적합해집니다.

추천 프롬프트
Ultra-realistic
8K resolution
detailed textures
Photorealistic
Hyper-realistic
Dynamic lighting and shadow
High-definition texture
Vibrant colors

추천 프롬프트를 사용하지 않은 경우 결과가 단순하고 깊이감이 부족합니다. 반면, 추천 프롬프트를 적용하면 빛과 공간감이 뚜렷해져 HDRI로 활용하기에 적합한 결과를 얻을 수 있습니다.

3.4.4 Blender to AI

이번 레슨에서는 블렌더 실력이 부족하더라도 미드저니를 활용해 더 멋진 결과를 얻는 방법을 소개합니다. 블렌더에서 간단한 이미지를 만든 후 이를 미드저니에 전달하여 고품질 이미지로 변환하는 방식입니다. 여기에서는 예시로 블렌더로 초급자 수준에서 만들 수 있는 눈사람과 집을 간단히 구성해 봅니다. 미드저니는 기본 모델을 바탕으로 오브젝트 배치와 색상을 정교하게 조정하여 사실적이고 완성도 높은 이미지를 만들어 냅니다. 블렌더의 복잡한 설정 없이도 디테일과 색감이 자연스럽게 적용되어 훨씬 좋은 결과를 얻을 수 있습니다.

01 블렌더에서 만든 이미지를 미드저니에 적용하는 방법을 설명하겠습니다. ❶ 프롬프트 입력창에서 <이미지> 아이콘을 클릭하여 블렌더에서 만든 이미지를 첨부합니다. ❷ 블렌더에서 사용한 오브젝트를 프롬프트에 다시 한번 명시하면 더 정확한 이미지를 얻을 수 있습니다. 예시에서는 간단히 단어만 입력했지만 명확한 콘셉트와 세부 디테일을 추가하면 더욱 좋은 결과를 얻을 수 있습니다. ❸ 첨부한 이미지를 클릭한 후 반드시 Character 파라미터로 설정을 변경합니다. 이 파라미터는 블렌더 이미지의 형태적 특성을 참고하여 오브젝트의 외형을 유지하되 품질은 높여줍니다.

02 이 기능은 초보자뿐만 아니라 블렌더에 능숙한 작업자에게도 유용합니다. 블렌더에서 제작한 캐릭터에 다른 캐릭터의 스타일을 적용할 수 있기 때문입니다.

자신의 캐릭터는 Character 파라미터를 사용해 외형을 유지하고 참고할 이미지는 Style 아이콘을 선택하여 스타일만 반영할 수 있습니다. 예를 들어 까망고니 채널의 마스코트인 까망이 캐릭터를 가져와 다른 스타일로 변형할 수도 있습니다. 이 방법을 활용하면 캐릭터의 형태를 유지하면서도 완전히 새로운 느낌의 결과물을 얻을 수 있습니다.

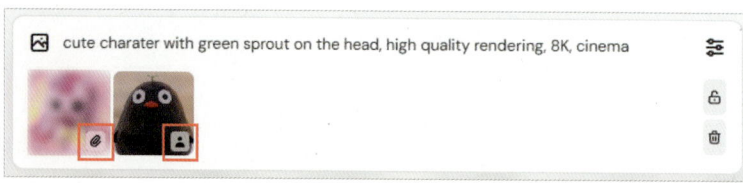

원본 이미지

참고한 이미지

3.4.5 AI to Blender

이번 레슨에서는 미드저니에서 생성한 이미지를 블렌더로 가져와 쉽게 고품질 모델링을 하는 방법을 소개하겠습니다. 처음부터 블렌더에서 모델링하는 것보다 다소 퀄리티가 낮을 수 있지만 작업 시간 대비 좋은 결과를 얻을 수 있고 디테일한 텍스처와 콘셉트 디자인을 쉽게 적용할 수 있습니다.

사실 이 방법은 AI 이미지가 발전하기 전에도 일부 사용자들이 2D 이미지를 참고해 블렌더 작업에 활용하던 방식입니다. 그러나 미드저니의 창의적이고 독창적인 이미지를 사용하면 저작권 문제 없이 더욱 효율적인 모델링이 가능합니다.

01 먼저 미드저니에서 텍스처로 사용할 이미지를 생성합니다. 예시로 햄버거 세트를 만들어 보겠습니다. 햄버거와 콜라 이미지를 각각 생성합니다. 이번 이미지 생성의 핵심은 정면에서 바라보는 구도를 만드는 것입니다. 미드저니에서 이미지를 생성할 때 정면 구도로 텍스처를 얻으면 블렌더에서 모델링할 때 훨씬 자연스럽게 활용할 수 있습니다.

The image of the front of the hamburger

 The image of the front of the cola

02 생성한 이미지를 블렌더에 드래그 앤드 드롭으로 불러옵니다. 그다음 이미지가 정면을 바라보도록 설정해야 합니다. 이미지를 선택한 후 <Alt> + <R> 단축키를 사용하면 회전 상태가 초기화됩니다. 그런 다음 X축으로 90도 회전하면 이미지가 정면을 향하게 됩니다.

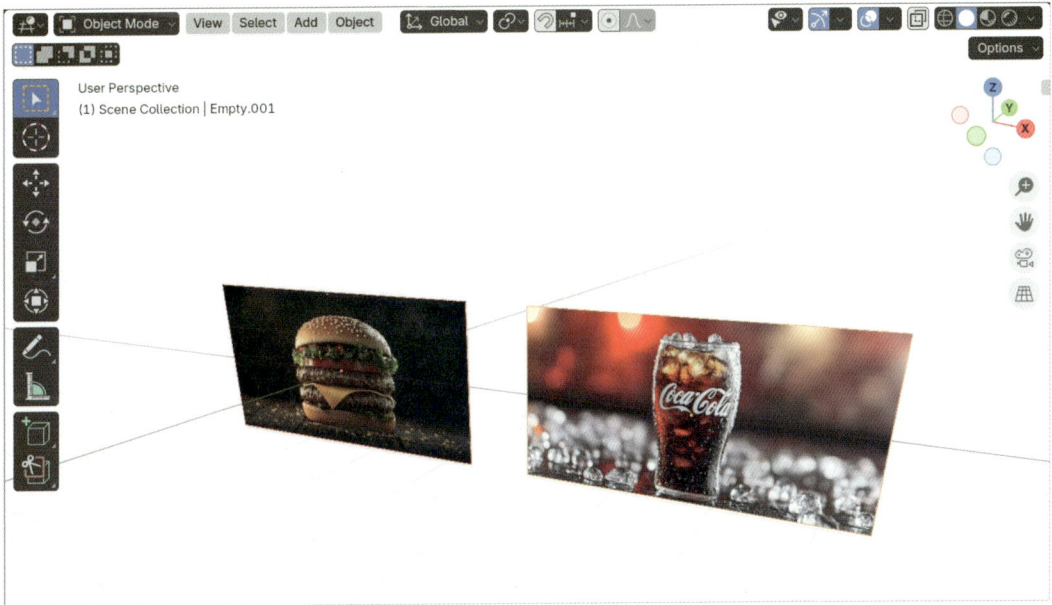

03 이미지를 배경으로 설정하고 모델링을 진행하기 위해 몇 가지 설정이 필요합니다. ❶ 먼저 이미지를 선택한 후 화면 오른쪽 Properties 에어리어에서 [Object Data Properties] 아이콘을 클릭합니다. ❷ 'Depth' 항목에서 <Front> 옵션을 선택하면 이미지가 다른 오브젝트에 가려지지 않고 항상 앞에 보이도록 설정됩니다. ❸ 'Opacity' 항목에서 체크박스를 선택하여 불투명도 옵션을 활성화합니다. 불투명도를 '0.7' 정도로 설정하면 이미지가 살짝 투명해지며, 0이면 완전히 투명해지고, 1이면 완전 불투명 상태가 됩니다. ❹ 이 설정을 적용하면 Cube 오브젝트가 콜라 이미지 앞에 위치해도 콜라 이미지는 투명하게 앞쪽에 보이도록 유지됩니다.

04 정면을 바라보는 상태에서 실린더(cylinder) 메시를 생성한 후 배경 이미지를 참고해 실린더의 형태를 이미지와 일치시키는 작업을 진행합니다. 이 방법을 사용하면 모델의 기본 형태를 쉽게 잡을 수 있으며 크기와 비율을 정확하게 조정할 수 있습니다.

05 모델링한 오브젝트에 이미지를 적용하기 위해 머티리얼(material)을 설정하는 과정입니다. ❶ [Material Properties] 탭에서 'Surface' 메뉴의 'Base Color' 항목을 찾고 옆에 있는 노란색 점 아이콘을 클릭합니다. ❷ 팝업 메뉴에서 [Image Texture]를 선택합니다.

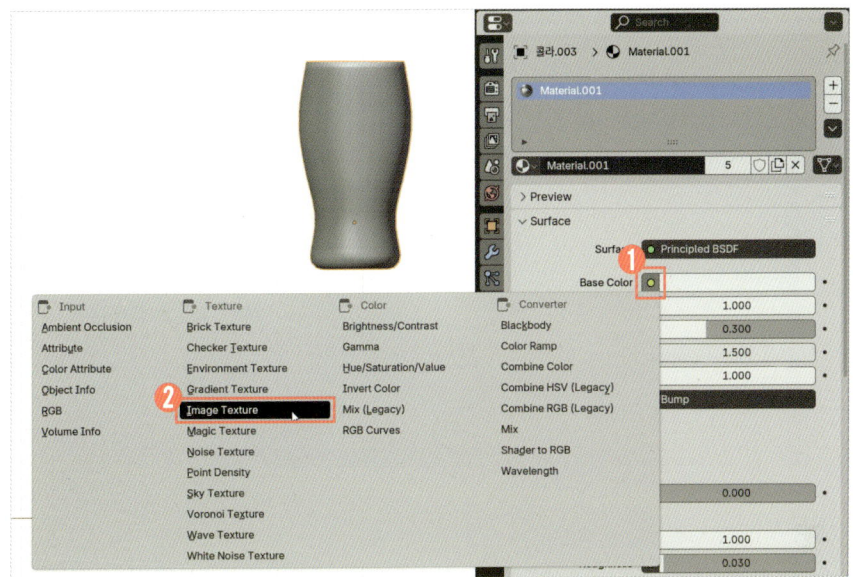

❸ Image Texture를 적용한 후 콜라 텍스처 이미지를 불러오기 위해 <이미지> 아이콘을 클릭합니다. ❹ 배경으로 사용했던 콜라 이미지를 찾아 선택하면 모델링한 오브젝트에 이미지 텍스처가 적용됩니다.

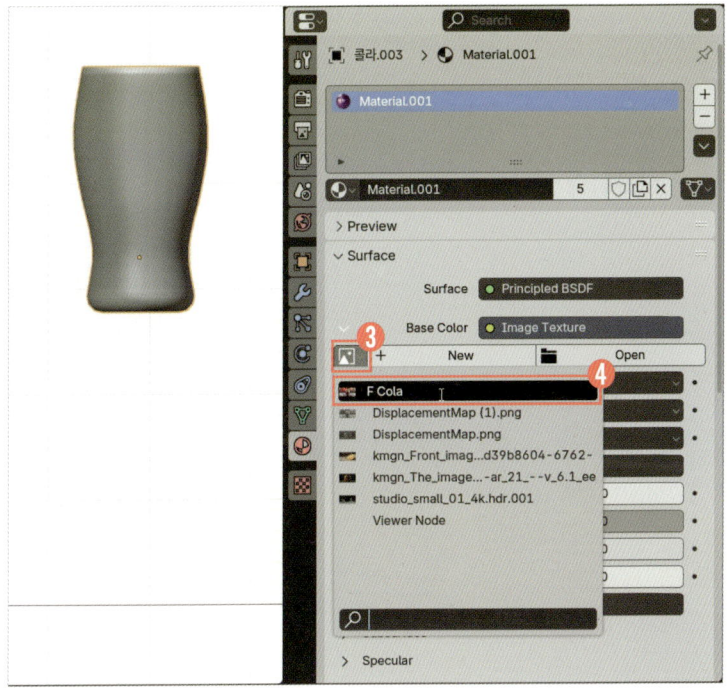

06 Edit Mode 상태에서 정면을 바라보고 <U> 단축키를 눌러 [UV Mapping] 팝업 메뉴를 엽니다. 그다음 [Project from View] 기능을 선택합니다. 이 방법은 현재 화면에 보이는 뷰를 기준으로 UV 맵을 투영하는 방식이므로 정면에서 이미지를 보고 있는 상태에서 정확한 UV 매핑(mapping)이 가능합니다. 이를 통해 배경 이미지에 맞춰 모델링한 실린더에 정밀하게 매핑할 수 있습니다.

07 오브젝트에 이미지를 적용했지만 위치가 맞지 않는 상태입니다. ❶ 상단의 [UV Editing] 워크스페이스(workspace) 탭을 클릭합니다. 이곳에서 이미지 위치를 조정할 수 있습니다. ❷ 만약 콜라 이미지가 화면에 보이지 않는다면 <이미지> 아이콘을 클릭하여 콜라 이미지를 선택합니다. ❸ 오른쪽에서 오브젝트를 Edit Mode 상태로 전환하고 <A> 키를 눌러 모든 메시를 선택합니다. 그러면 왼쪽 UV Editor 에어리어에 선택한 메시가 표시됩니다. ❹ <G> 단축키를 사용해 선택한 메시를 이동시키고 배경 이미지와 메시가 일치하도록 조정합니다.

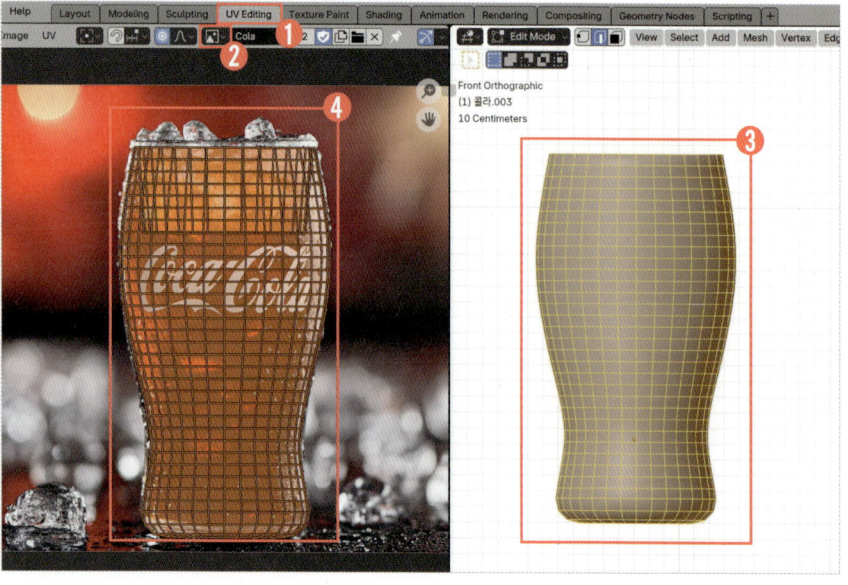

08 화면 상단의 [Layout] 워크스페이스 탭을 클릭하여 되돌아가 보면 모델링에 미드저니 이미지가 완벽하게 적용된 것을 확인할 수 있습니다. 햄버거 역시 콜라와 동일한 방법으로 작업할 수 있으며 미드저니에서 생성한 어떤 이미지라도 블렌더의 Project from View 기능을 사용하면 정밀하게 텍스처를 입힐 수 있습니다.

이미지가 모델링에 정확하게 적용되면 3D 환경에서 자유롭게 활용할 수 있습니다. 다만 정면에서 텍스처를 투영하는 방식이므로 옆면이나 윗면에는 완벽하게 적용되지 않을 수 있으며 일부 영역이 불완전하게 남을 수 있습니다. 따라서 텍스처가 필요한 부분에 적절히 적용하는 것이 중요합니다.

3.4.6 투명도 활용

블렌더에서 투명도를 조절하는 알파 채널(alpha channel) 파라미터를 활용하면 미드저니에서 생성한 이미지를 더욱 멋지게 사용할 수 있습니다. 알파 채널은 이미지의 투명도를 결정하는 값으로 이미지의 일부를 투명하게 처리하거나 불투명도를 조절해 세밀한 표현을 가능하게 합니다. 이를 통해 오브젝트에 이미지가 자연스럽게 융합되며 시각적으로 더 뛰어난 결과를 얻을 수 있습니다. 이제 고대 문양 이미지를 예시로 미드저니에서 이미지를 생성한 후 알파 채널을 활용하여 블렌더에서 투명도를 적용하는 방법을 소개합니다.

01 먼저 미드저니에서 고대 문양 이미지를 생성합니다. 이때 중요한 점은 문양과 배경이 확실히 구분되도록 만드는 것입니다. 배경을 검은색으로 설정하면 나중에 블렌더에서 알파 채널을 활용해 문양만 깔끔하게 추출할 수 있습니다. 이를 위해 프롬프트에 'solid black background'라고 입력하여 검은 배경으로 지정합니다.

> Ancient symbol emblem with intricate patterns, set against a solid black background. The emblem should have a detailed, ornate design, resembling ancient cultural motifs, with bold lines and symmetrical shapes.

02 블렌더에서 Plane 메시를 생성한 후 Edit Mode로 전환합니다. 그다음 모든 메시를 선택하고 <U> 키를 눌러 [UV Mapping] 팝업 메뉴를 엽니다. 이후 팝업 메뉴에서 [Cube Projection] 기능을 선택합니다. Cube Projection은 텍스처 이미지를 메시 표면에 균일하게 분포시키는 기능입니다. 기본적으로 정육면체 형태로 텍스처를 매핑하는 방식이므로 평평한 오브젝트뿐만 아니라 입체적인 물체에도 자연스럽게 텍스처를 적용할 수 있습니다.

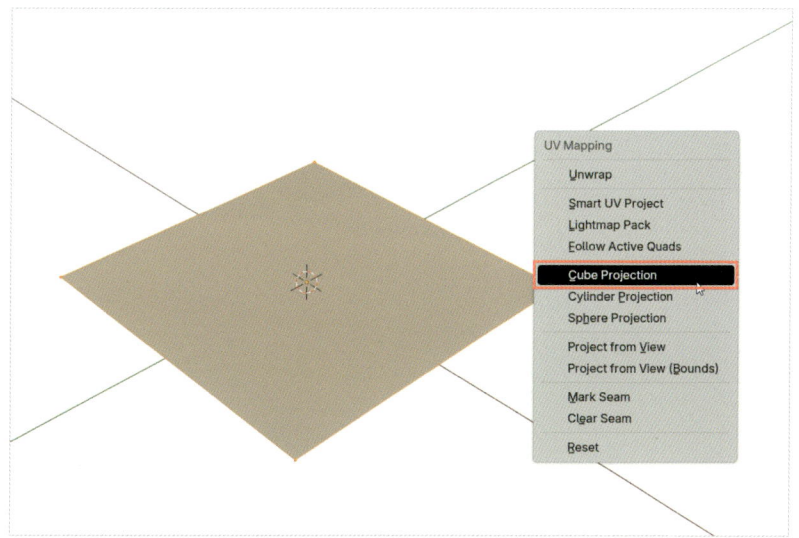

03 블렌더에서 머티리얼을 생성한 후 [Shading] 워크스페이스 탭에서 노드를 설정합니다. ❶ 먼저 미드저니에서 생성한 이미지를 드래그 앤 드롭하여 블렌더로 불러옵니다. 이 과정에서 자동으로 Image Texture 노드가 생성됩니다. ❷ 그런 다음 Principled BSDF 노드의 'Emission' 항목에 있는 'Color' 인풋 슬롯에 연결합니다. ❸ Strength 값을 높이면 메시 위에 적용된 고대 문양이 빛을 발하는 효과를 볼 수 있습니다. 다만 아직 검은 배경 부분이 남아 있는 상태입니다.

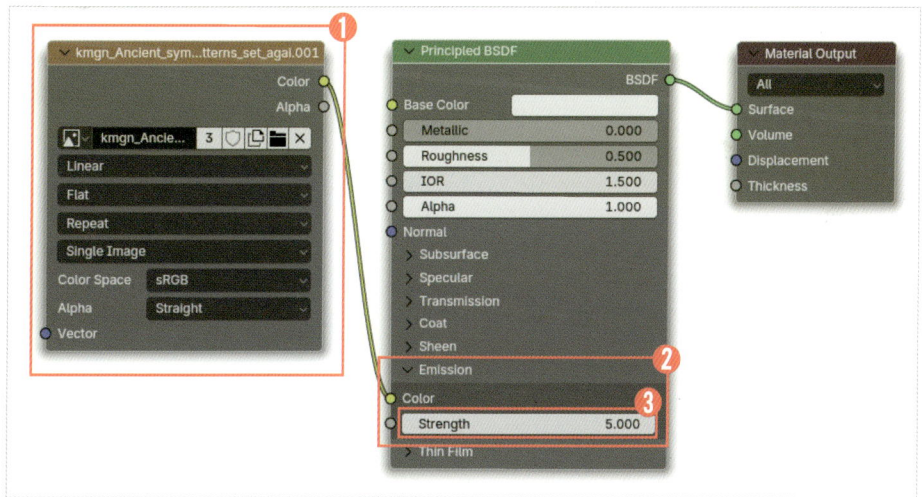

04 이제 알파 채널에 검은색을 적용하면 배경이 투명해집니다. ❶ 먼저 Color Ramp 노드를 추가하고 이를 Image Texture 노드의 'Color' 아웃풋 슬롯과 연결합니다. ❷ Color Ramp 노드의 출력을 Principled BSDF 노드의 'Alpha' 인풋 슬롯에 연결합니다. 미드저니에서 생성한 이미지의 배경이 완전히 검은색이라면 별도의 설정 없이 자동으로 투명해집니다. ❸ 만약 배경이 검은색이 아닌 다른 색상이라면 Color Ramp의 색상 바를 조정하여 배경을 검은색으로 변환해야 합니다.

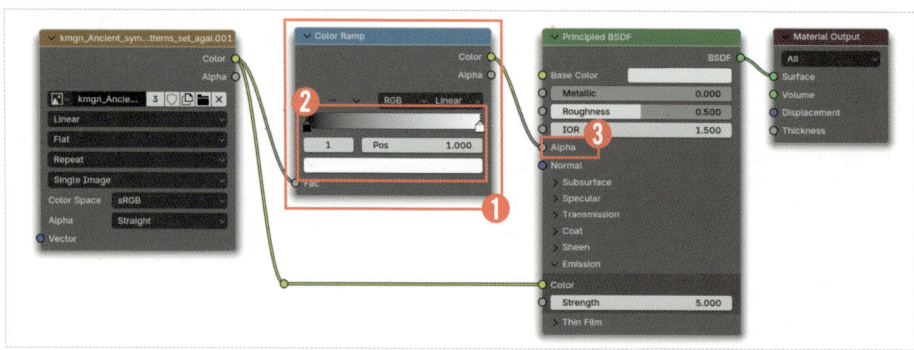

❹ 이로써 Plane 메시는 배경이 투명해지고 고대 문양만 빛나는 세팅이 완성됩니다.

05 이제 모든 세팅이 완료되었으므로 자유롭게 3D 모델링 작업에 활용할 수 있습니다. 예를 들어 마법진 형태로 사용하거나 발광 효과를 추가해 신비로운 분위기를 연출할 수 있습니다. 또한 천장에 매달린 드림캐처처럼 배경을 제거한 채 오브젝트만 남겨 독특한 디자인 요소로 활용할 수도 있습니다. 이 방법은 다양한 방식으로 응용할 수 있어 블렌더 작업에서 더욱 창의적인 연출이 가능합니다.

알파 채널(Alpha Channel)

이미지의 투명도 정보가 담겨 있는 채널입니다. 보통은 RGB 세 채널로 색이 표현되는데 알파 채널이 더해지면 RGBA 형식이 됩니다. 값이 0이면 완전히 투명하고 1이면 완전히 불투명합니다. 블렌더에서는 머티리얼의 'Alpha' 인풋 슬롯에 연결하여 투명 효과를 적용할 수 있습니다. PNG와 EXR 포맷에서 기본적으로 알파 채널을 지원합니다.

알파 채널의 역사

1977년경 앨비 레이 스미스(Alvy Ray Smith)와 에드 캣멀(Ed Catmull)에 의해 제안된 개념입니다. 픽셀에 투명도 정보를 포함하는 방식인 RGBA를 통해 디지털 합성의 효율을 높여 보려는 아이디어였습니다. 이후 1984년 토머스 포터(Thomas Porter)와 톰 더프(Tom Duff)가 사전곱셈 알파(Premultiplied Alpha) 방식을 정립하면서 합성 수식이 명확해졌습니다. 이 발명들은 1996년 아카데미 과학기술상을 받았으며, 이후 디지털 합성의 기반이 되었습니다.

사전곱셈 알파(Premultiplied Alpha)

이미지의 색상 값을 알파 값과 곱하여 저장하는 방식입니다. 합성 과정에서 경계가 부드럽게 표현됩니다. 블렌더의 Compositor에서도 이 방식을 선택할 수 있습니다.

스트레이트 알파(Straight Alpha)

알파 값과 색상 값을 분리한 방식입니다. 투명 부분이 검게 보이는 경우가 있는데 원본 색상이 그대로 보존된 상태입니다. 프로그램마다 처리 방식이 다르므로 차이를 이해하는 것이 중요합니다.

알파 채널의 활용 예시

불꽃, 연기, 마법진 같은 특수효과를 장면에 자연스럽게 합성할 수 있고 게임에서 투명 배경의 UI 아이콘을 제작할 때에도 사용됩니다. 영상 후반 작업에서 스크린으로 촬영한 장면의 배경을 교체하는 과정 역시 알파 채널이 담당합니다. 이처럼 웹, 게임, 영화, 3D 그래픽까지 거의 모든 시각 콘텐츠 제작에 활용되고 있습니다.

Chapter 4

블렌더 실습 with GPT, 미드저니

4.1 블렌더 with GPT (초급)
스토리라인 기획, 페르소나 설계, 콘셉트 이미지, 패턴 이미지

4.2 블렌더 with GPT (중급)
시계, 요리, 행성, 3D 공간

4.3 블렌더 with 미드저니 (중급)
광물, 세탁기, 풍경 이미지

4.4 블렌더 with 미드저니 (고급)
식물, 고양이 캐릭터, 자동차

4.1 블렌더 with GPT (초급)

실습 챕터에서는 앞서 배운 GPT와 미드저니를 활용한 실습을 진행합니다. 실습은 초급, 중급, 고급 단계로 구성되었습니다. GPT 실습은 AI를 블렌더에 적용하는 친숙함을 높이는 데 중점을 둡니다. 반면 미드저니 실습은 고품질의 작품을 제작하는 데 초점을 맞추었습니다.

각 실습에서는 AI를 블렌더에 활용하는 여러 가지 방법을 겹치는 내용 없이 적용해 보았습니다. 제시된 실습 과정을 따라 하는 것뿐만 아니라 이를 바탕으로 자신만의 창의적인 방법을 개발하는 것이 중요합니다. AI 활용법은 무궁무진하므로 실습에서 다룬 방법 외에도 각자만의 방식으로 AI와 블렌더를 연결해 나가는 것을 목표로 삼아보세요. 각 방법을 체계적으로 익히면서 여러분의 프로젝트에 적합한 방식을 찾는 것이 이번 실습의 핵심입니다.

4.1.1 스토리라인 기획

3D 작품에서 스토리라인은 멋진 비주얼만큼 중요한 요소입니다. 무엇을 표현할지, 캐릭터가 어떤 역할을 맡을지, 어떤 세계관이 펼쳐질지를 결정하는 핵심이죠. 특히 시각적 요소와 이야기가 유기적으로 연결될 때 작품의 완성도가 더욱 높아집니다. 이번 실습에서는 제품 상세페이지의 스토리라인을 기획해 보겠습니다. 단순히 제품 이미지를 만드는 것이 아니라 어떤 메시지를 전달할지 고민하는 과정입니다. 이야기가 담긴 이미지는 더 매력적이며 개연성도 높아집니다. 이때, GPT를 활용하면 스토리를 구체화하는 과정이 훨씬 쉬워집니다.

1. 장면 구성

배경 - 주방 테이블

- **테이블 디자인:** 따뜻하고 자연스러운 나무 재질의 테이블로 설정합니다. 나무의 결이 잘 보이도록 텍스처를 적용하여 현실감을 높입니다.
- **주방 배경:** 테이블 뒤쪽으로 약간 흐릿하게 보이는 주방 벽과 창문을 배치합니다. 창문 밖으로는 햇살이 들어오는 느낌을 연출하며, 배경은 너무 복잡하지 않게 단순화합니다.

01 커피를 주제로 한 제품 상세페이지를 기획해 봅시다. GPT에 블렌더로 3D 이미지를 만들 것이라고 알려주고 원하는 내용을 요청합니다.

 3D 블렌더로 커피 제품 상세페이지를 만들 거야.
콘텐츠 스토리라인을 기획해 줘.

1. 인트로 - 커피의 시작

- **비주얼 아이디어**: 따뜻한 아침 햇살이 비치는 주방 테이블 위에 커피 콩이 흩어져 있는 장면을 연출. 카메라는 부드럽게 커피 원두를 클로즈업하면서 시작.
- **3D 요소**: 커피 원두 모델링 및 텍스처링, 자연스러운 조명 및 카메라 애니메이션을 사용해 분위기 연출.
- **텍스트**: "최고급 원두, 그 깊은 풍미를 느껴보세요."

2. 제품 소개 - 커피 원두에서 컵까지

- **비주얼 아이디어**: 커피 원두가 그라인더를 통해 갈리고, 에스프레소 머신을 거쳐 커피가 추출되는 모습을 3D로 보여주기. 에스프레소 샷이 흘러내리는 순간을 세밀하게 묘사.
- **3D 요소**: 그라인더와 에스프레소 머신의 메커니즘을 상세히 표현. 커피 추출 과정을 리얼하게 표현하는 애니메이션. 리얼한 커피 액체 효과 구현.
- **텍스트**: "정성스럽게 갈아낸 원두, 신선함을 그대로 담다."

3. 제품의 특장점 - 맛과 향의 설명

- **비주얼 아이디어**: 커피 컵에서 스팀이 피어오르며 다양한 향과 맛을 시각적으로 표현. 예를 들어, 스팀이 올라가면서 베리, 초콜릿, 견과류 등의 이미지가 등장.
- **3D 요소**: 컵에서 자연스럽게 올라오는 스팀 표현. 시각적인 감각을 강조하기 위한 질감과 색채 활용.

02 스토리라인을 7단계로 구성했습니다. 이번 실습에서는 그중 인트로 부분에 집중하겠습니다. 인트로는 스토리의 첫인상을 결정하는 중요한 요소입니다. 이를 시각적으로 강렬하게 전달할 대표 이미지를 3D로 제작할 예정입니다. 다음과 같이 GPT에 프롬프트를 입력해 구체적인 이미지를 구성해 보세요. 챗GPT

> [1번 인트로]의 대표 이미지 한 장을 3D로 만들 거야.
> 앞에서 기획한 스토리라인을 참고해 구체적인 이미지를 생성해 줘.

1. 장면 구성

배경 - 주방 테이블

- **테이블 디자인:** 따뜻하고 자연스러운 나무 재질의 테이블로 설정합니다. 나무의 결이 잘 보이도록 텍스처를 적용하여 현실감을 높입니다.
- **주방 배경:** 테이블 뒤쪽으로 약간 흐릿하게 보이는 주방 벽과 창문을 배치합니다. 창문 밖으로는 햇살이 들어오는 느낌을 연출하며, 배경은 너무 복잡하지 않게 단순화합니다.

조명 - 아침 햇살

- **햇빛 방향:** 창문 쪽에서 들어오는 부드러운 아침 햇살을 표현합니다. 햇빛이 테이블에 자연스럽게 떨어지도록 조명을 세팅하고, 약간의 따뜻한 색감을 추가하여 편안한 아침 분위기를 강조합니다.
- **빛과 그림자:** 커피 원두와 테이블의 그림자가 부드럽게 드리워지도록 설정해 따뜻한 느낌을 더합니다. HDRI 조명을 사용해 자연스러운 환경 조명 효과를 내는 것도 좋습니다.

2. 주요 오브젝트 - 커피 원두

- **커피 원두의 배치:** 커피 원두를 테이블 위에 자연스럽게 흩어지도록 배치합니다. 원두가 일부는 모여 있고, 일부는 떨어져 있는 형태로 자연스럽게 놓이도록 배열합니다.
- **모델링 및 텍스처링:** 커피 원두는 표면의 질감이 살아있게끔 모델링하고, 색상은 짙은 갈색으로 설정합니다. 섬세한 텍스처를 적용해 원두 표면의 거친 느낌을 살립니다.
- **광택과 반사:** 커피 원두에 약간의 광택을 줘서 빛을 받을 때 자연스럽게 반사되는 효과를 만듭니다. 이를 통해 원두가 신선하고 생동감 있게 보일 수 있도록 합니다.

4.1.2 페르소나 설계

3D 작품을 만들 때 타깃 사용자를 명확히 이해하는 것은 매우 중요합니다. 페르소나는 목표 사용자의 성향, 필요, 목표 등을 구체화한 가상의 인물로 프로젝트의 방향성과 메시지를 설정하는 데 핵심적인 역할을 합니다. 페르소나가 명확할수록 작품이 목표 사용자에게 어떤 경험과 감정을 전달할지 더욱 정확하게 예측할 수 있습니다. 이번 실습에서는 블렌더로 제작할 3D 작품의 페르소나를 설계해 보겠습니다. 이를 통해 작품이 목표하는 사용자에게 어떤 감정적, 시각적 경험을 제공할지 구체화해 봅시다.

> **페르소나 이름**: 지우
> **나이**: 29세
> **직업**: 도심에서 근무하는 마케팅 전문가
> **라이프스타일**: 아침마다 출근 전 카페에서 커피를 사서 마시며 하루를 시작함.

01 스토리보드 기획 실습에 이어 이번에는 커피 브랜드의 페르소나를 설계해 보겠습니다. 3D 제품 이미지를 제작하기에 전에 먼저 GPT를 활용해 커피를 즐기는 타깃층을 정의합니다. 그들의 라이프스타일과 소비 패턴을 분석하여 페르소나를 구체화하는 과정입니다. 다음 프롬프트를 참고하여 자신의 아이디어를 요청해 보세요. 🅖 챗GPT

> 3D 블렌더로 커피 브랜드의 상세페이지 이미지를 만들고 있어.
> 페르소나를 기획해 줘.

> 커피 브랜드를 위한 페르소나를 기획할 때는 브랜드가 타깃으로 하는 고객의 성격, 라이프스타일, 관심사 등을 고려하는 것이 중요합니다. 여기에 맞춰 페르소나를 제안해 보겠습니다.
>
> **페르소나 이름**: 지우
> **나이**: 29세
> **직업**: 도심에서 근무하는 마케팅 전문가
> **거주지**: 서울 강남구(도심 지역, 세련된 분위기)
> **소득 수준**: 중상(월급을 꾸준히 받으며, 여유롭게 취미 생활을 즐길 수 있는 수준)
> **라이프스타일**:
> - 아침마다 출근 전 카페에서 커피를 사서 마시며 하루를 시작함.
> - 운동과 균형 잡힌 식단에 관심이 많고, 몸을 관리하는 편.

- 업무 시간에는 빠른 에너지원으로 커피를 찾으며, 오후에도 종종 한 잔 더 마시고 싶어 함.
- 여가 시간에는 SNS에서 최신 트렌드를 살펴보고, 감각적인 디자인과 브랜드 이미지에 민감하게 반응함.

관심사:
- 패션과 뷰티, 라이프스타일 관련 콘텐츠를 자주 접함.
- 친환경적이고 건강을 고려한 소비를 선호하며, 제품의 재료와 지속 가능성에 대해 관심이 많음.
- 고급스러운 느낌을 주는 브랜드를 선호하지만 너무 비싸거나 과장된 느낌은 싫어함. 가성비가 좋고 세련된 디자인에 끌림.

행동 패턴:
- 온라인 쇼핑을 자주 이용하며 커피와 같은 소모품은 구독 서비스를 이용해 편리하게 소비.
- 상세페이지에서 제품의 비주얼과 디자인을 중요하게 생각하고 리뷰와 사용자 경험을 꼼꼼히 살펴봄.
- 새로운 브랜드에는 관심을 갖고 시도해 보지만 일단 만족하면 충성도 높게 유지.

구매 동기:
- 감각적인 디자인과 고급스러운 브랜드 이미지.
- 제품의 품질과 커피의 맛에 대한 강한 신뢰.
- 건강에 좋은 성분과 친환경적 생산 과정이 돋보이는 브랜드.

02 페르소나를 생성하면 해당 페르소나가 이미지를 소비하는 패턴을 예측할 수 있습니다. 이번에는 생성한 페르소나를 바탕으로 상세페이지의 어떤 요소를 강조해야 할지 GPT에 질문해 보세요. 관련된 사전 지식이 없어도 다음과 같은 방법으로 페르소나를 설정하고 디자인 콘셉트를 도출할 수 있습니다.

상세페이지를 만들 때 어떤 포인트를 강조하면 좋을까?
생성한 페르소나를 바탕으로 간결하게 대답해 줘.

1. 고급스러운 비주얼
   이미지: 커피잔, 원두, 에스프레소 표면을 디테일하게 표현해 고급스러운 느낌을 강조.
   컬러: 딥 브라운, 골드 등 우아한 색상 사용.

2. 제품 품질 강조
클로즈업 샷: 원두의 신선함과 자연스러운 성분을 강조하는 이미지.

친환경: 지속 가능성과 친환경적 포장재를 시각화.

3. 간결한 정보 제공
정보 배치: 주요 특징을 아이콘과 짧은 설명으로 간결하게 전달.

미니멀 레이아웃: 깔끔한 구성으로 이미지에 집중.

4. 감각적 자극
커피의 향과 맛: 김이 나는 컵, 부드러운 에스프레소 등으로 감각적 요소 강조.

사용 상황: 바쁜 일상 속 커피 한 잔의 여유를 표현.

5. 리뷰와 신뢰성
후기: 고객 리뷰, 별점, 친환경 인증 마크로 신뢰성 강화.

6. 소셜 미디어 연계
SNS: 인스타그램 계정 연동 및 해시태그 이벤트 소개.

4.1.3 콘셉트 이미지

이번 실습에서는 게임 분야에서 자주 사용되는 캐릭터 기획을 해 보겠습니다. 캐릭터 제작은 항상 특정한 주제나 환경이 주어지기 때문에 이에 맞는 참조 이미지를 수집하는 것이 매우 중요합니다. 하지만 각 주제에 맞는 아이템이나 배경을 일일이 찾아 분석하는 작업은 쉽지 않습니다. 이때 GPT를 활용하면 캐릭터의 콘셉트를 의논하고 어울리는 아이템이나 외형을 빠르게 결정할 수 있습니다. GPT의 제안을 참고하면 블렌더에서 캐릭터를 3D로 제작하는 과정이 한결 수월해질 것입니다.

01 공룡 시대를 배경으로 한 생존 게임의 캐릭터 콘셉트 이미지를 생성해 보겠습니다. 다음 프롬프트를 참고하여 자신의 아이디어로 질문을 작성해 보세요.

 3D 블렌더로 게임 캐릭터를 만들 거야.

게임 콘셉트는 공룡이 등장하는 시대에서 생존하는 것이고 캐릭터의 구체적인 콘셉트를 정해줘.

게임 캐릭터의 콘셉트로, 당신의 생존 게임 배경인 공룡 시대에 어울리는 디자인을 제안할게요. 다음의 요소들을 고려한 캐릭터 콘셉트는 어떨까요?

캐릭터 콘셉트: 고대 사냥꾼

성별: 남성 또는 여성(캐릭터 선택 가능)

외형:
- **몸매**: 근육질이지만 날렵한 체형. 공룡을 피해 빠르게 움직이거나 사냥하는 생존자.
- **옷차림**: 나무껍질, 동물 가죽, 잎사귀로 만든 원시적인 복장. 생존과 사냥에 특화된 도구와 허리띠, 뼈 장신구가 포인트.
- **특징**: 얼굴과 몸에 전투 경험을 보여주는 상처 자국이 있고, 카리스마 있는 눈빛.

배경 이야기:
- 어린 시절 가족을 잃고 홀로 살아남은 사냥꾼. 공룡과 싸우며 생존하는 법을 터득하고, 자연과 깊이 연결된 존재.
- 게임에서 중요한 기술로는 공룡과의 전투, 덫을 놓는 기술, 그리고 자원을 효율적으로 관리하는 생존 스킬을 가지고 있음.

장비:
- **무기**: 나무와 돌로 만든 창, 작살, 혹은 공룡 이빨로 만든 단검.
- **도구**: 생존을 위한 가벼운 무기 외에도 자작한 덫, 로프, 그리고 단순하지만 튼튼한 방어구.

동반자: 작은 공룡과 공생하며 그 공룡을 길들여 전투 시 공룡이 도와주거나 위험을 경고할 수 있음.

이 캐릭터는 게임의 공룡 시대 생존이라는 테마에 맞춰 강인하면서도 날렵한 느낌을 주며, 공룡 세계에서 어떻게 살아남아 가는지에 중점을 둡니다. Blender로 작업할 때, 피부 텍스처에 공룡 비늘을 참고해 거친 느낌을 살리거나, 옷과 무기를 자연적인 요소로 표현하면 더욱 독창적일 거예요.

02 이번에는 생성한 캐릭터 콘셉트를 참고하여 이미지를 만들어 보겠습니다. 캐릭터의 외형, 장비, 배경 환경 등을 구체적으로 설정할수록 원하는 콘셉트 이미지에 가까운 결과를 얻을 수 있습니다. 챗GPT

생성한 캐릭터 콘셉트를 바탕으로 이미지를 생성해 줘.
- 남성 캐릭터
- 캐릭터 특징을 구체적으로 묘사
- 캐릭터가 사용하는 아이템 나열
- 이미지 비율 2:1
- 저해상도 게임

4.1.4 패턴 이미지

앞에서 배운 패턴 이미지를 직접 적용해 보겠습니다. 대리석과 벽돌 벽 이미지를 만들고 이를 조절해 보면서 패턴 제작의 기본 원리를 익힙니다. 이 과정을 통해 UV 매핑 기능에도 자연스럽게 익숙해지기를 바랍니다. 이 실습은 이후 진행될 더 복잡한 작업에 들어가기 전 가볍게 몸을 푸는 단계라고 생각하면 좋습니다.

텍스처 생성

01 먼저 바닥에 사용할 대리석 패턴을 만들어 보겠습니다. 원하는 스타일을 구체적으로 명시하여 패턴을 생성합니다. 중요한 점은 패턴이 자연스럽게 반복될 수 있도록 이음새 없는(seamless) 디자인을 만드는 것입니다. 다만 GPT에서 생성한 패턴은 상하좌우가 완벽하게 이어지지 않을 가능성이 높습니다. 따라서 이번 단계에서는 이러한 부분을 어느 정도 감안하고 진행해도 무방합니다.

대리석 패턴 이미지 생성해 줘.
- hyper realistic photo
- Black & White 스타일
- seamless 타일 패턴
- 상하좌우 이미지가 연속적으로 이어지도록

02 이번에는 벽에 어울리는 벽돌 패턴을 생성해 보겠습니다. 벽돌의 크기, 색상, 질감 등을 구체적으로 설정하면 원하는 결과에 더 가까운 패턴을 얻을 수 있습니다.

패턴 이미지 생성해 줘.
- 하얀색 벽돌 콘셉트
- seamless 타일 패턴
- 상하좌우 이미지가 연속적으로 이어지도록
- hyper-realistic 스타일
- 정면에서 바라보는 화면

블렌더 적용

01 이제 생성한 대리석 패턴과 벽돌 패턴 이미지를 블렌더에 적용해 보겠습니다. 먼저 바닥과 벽 메시를 간단히 만들고 각각의 패턴을 입혀봅시다. <U> 키를 눌러 [UV Mapping] 메뉴를 열고 [Unwrap] 기능을 사용하면 메시 전체에 이미지가 적용됩니다. 하지만 아직 스케일을 조절하지 않았기 때문에 패턴이 부자연스럽게 보일 수 있습니다.

02 이제 메시에 적용된 이미지의 크기를 조절하여 패턴을 더욱 자연스럽게 만들어 봅시다. [Shading] 워크스페이스 탭으로 이동한 후 다음과 같이 노드를 구성합니다. 벽돌 패턴이 적용된 Image Texture 노드 왼쪽에 두 개의 노드를 추가합니다. Texture Coordinate 노드의 'UV' 아웃풋 슬롯을 Mapping 노드의 'Vector' 인풋 슬롯에 연결합니다. 이렇게 하면 Mapping 노드를 통해 UV 맵의 위치, 회전, 크기를 조절할 수 있습니다.

벽돌 이미지가 너무 크게 보이므로 Mapping 노드의 Scale 값을 높여 크기를 조정합니다. 같은 방법으로 바닥 메시에서도 Scale 값을 조정하여 타일 패턴이 더욱 현실감 있게 보이도록 수정합니다.

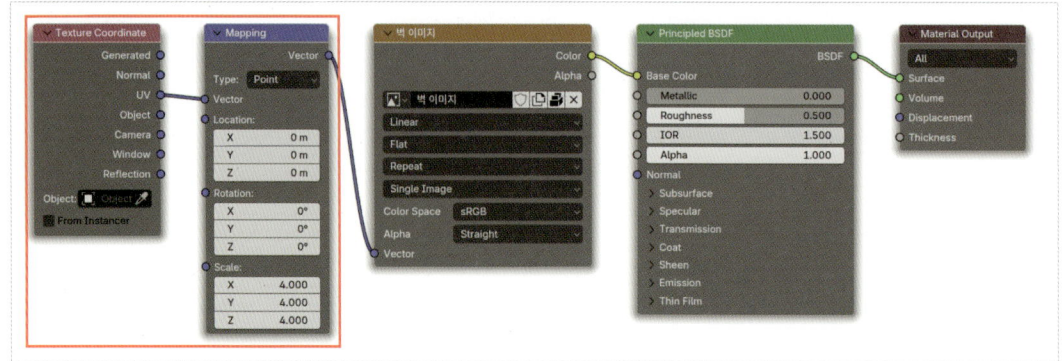

4.2 블렌더 with GPT (중급)

GPT 이미지를 입히는 방식을 활용하면 복잡한 모델링 없이도 원하는 오브젝트를 완성할 수 있습니다. GPT로 디자인을 실험하면서 효율적으로 작업을 진행하도록 합시다.

4.2.1 시계

이번 실습에서는 GPT가 생성한 시계 이미지를 직접 블렌더에 적용하여 작품을 제작하는 과정을 다룹니다. GPT 텍스처를 활용한 3D 시계 제작 과정을 익히고 이를 다른 모델링 작업에도 응용해 봅시다.

텍스처 생성

01 GPT에 시계 다이얼 이미지를 생성하라고 요청합니다. 스타일, 다이얼 디자인, 숫자 폰트, 색상 등을 구체적으로 지정하면 원하는 텍스처를 쉽게 얻을 수 있습니다. 챗GPT

> 시계 안쪽 이미지를 생성해 줘.
> - 심플한 스타일
> - 벽걸이 시계 스타일
> - 정면에서 바라보는 뷰
> - 고해상도 이미지
> - 흰색 배경

- 창의적이지 않게
- no shadow

기초 모델링

01 GPT에서 생성한 이미지를 활용하기 위해 블렌더에서 간단한 모델링을 진행해 봅시다. 모델링은 시계 본체, 시계 판, 앞면 유리 총 세 가지로 구성됩니다.

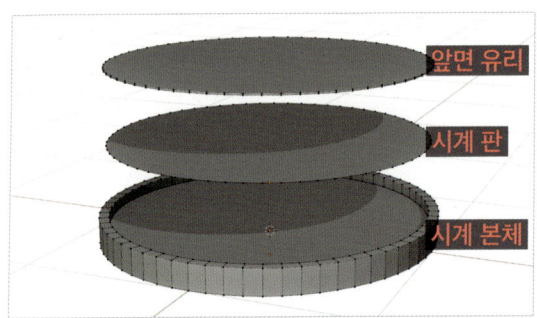

시계 판은 Circle 메시를 그대로 사용합니다. 앞면 유리는 Circle 메시를 <E> 키로 조금만 밀어내서 만들 수 있습니다.

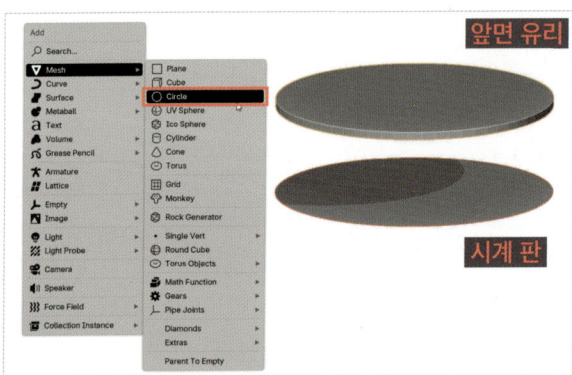

02 시계 본체는 Cylinder 메시를 변형해서 만듭니다. <S> 키와 <Z> 키를 연달아 눌러 높이 방향으로만 크기를 줄입니다. 이어서 윗면을 선택하고 <I> 키로 안쪽에 새로운 메시를 생성합니다. 윗면에 생성한 안쪽 메시를 선택하여 다시 <E> 키로 밀어 넣으면 시계 본체가 완성됩니다.

텍스처 적용

01 시계 판 오브젝트는 UV 매핑 기능을 사용하여 GPT에서 생성한 이미지를 적용합니다. 시계 본체 오브젝트는 단일 머티리얼 색상을 적용하며 앞면 유리 오브젝트는 Glass BSDF를 사용해 유리 재질로 설정합니다.

02 이제 세 가지 오브젝트를 순서대로 조립합니다. 실제 시계를 떠올리며 조립하면 더욱 실감 나는 모델을 만들 수 있습니다. GPT에서 생성한 이미지를 활용하여 빠르고 쉽게 시계를 완성할 수 있었습니다.

4.2.2 요리

GPT로 생성한 이미지는 요리 관련 모델링에도 적용할 수 있습니다. 이번 실습에서는 블렌더에서 냄비를 모델링하고 안쪽에 음식 텍스처를 GPT로 생성하여 적용해 보겠습니다. 블렌더에서 냄비를 모델링한 후 노말 맵을 활용해 텍스처에 입체감을 더하는 과정을 진행합니다.

기초 모델링

01 모델링은 냄비 본체, 음식 텍스처, 냄비 뚜껑으로 구성됩니다.

음식 텍스처는 앞서 살펴본 시계와 동일한 방식으로 만듭니다. 냄비 뚜껑은 세 개의 파트를 하나로 합쳐서 제작합니다. ❶ 손잡이는 Cylinder 메시로 시작합니다. ❷ 높이 비율을 변경하고 아랫면 크기를 줄이면 형태가 완성됩니다. ❸ 각진 부분에 Bevel 기능을 추가하면 더욱 현실감 있는 형태가 됩니다.

뚜껑 테두리도 비슷한 방식으로 만듭니다. ❶ Circle 메시에서 <I> 키로 안쪽에 메시를 추가하고 ❷ 생성한 안쪽 메시는 삭제합니다. ❸ 남아 있는 링 형태의 메시를 <E> 키로 밀어내어 입체감을 줍니다. 테두리에도 Bevel 기능을 추가하여 부드러운 곡선을 만듭니다.

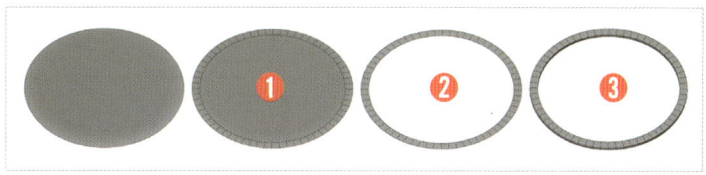

냄비의 유리 부분은 시계 앞면 유리와 같은 방식으로 제작합니다. 모델링한 세 개의 파트를 정렬한 후 <Ctrl> + <J> 키로 Join 기능을 사용하여 하나의 오브젝트로 합칩니다.

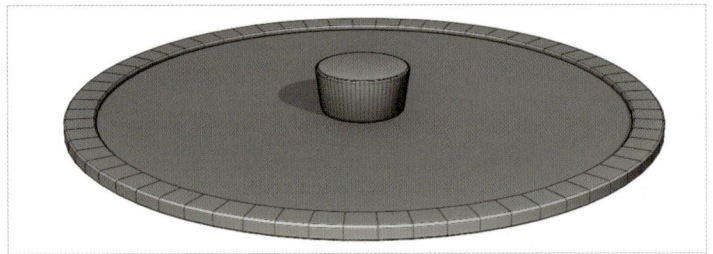

02 이제 냄비 본체를 만듭니다. ❶ Cylinder 메시를 생성하고 높이와 바닥 너비를 조절한 후 윗면을 삭제하여 속이 빈 형태를 만듭니다. ❷ 바닥면에 Bevel 기능을 추가하여 바닥면을 둥글게 만듭니다. ❸ Solidify Modifier를 적용해 두께감을 추가합니다.

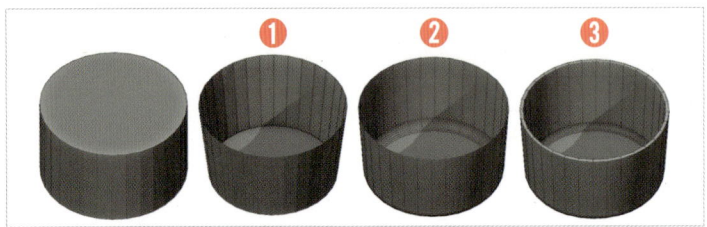

[Modifier Properties] 탭에서 Solidify Modifier를 추가한 모습입니다.

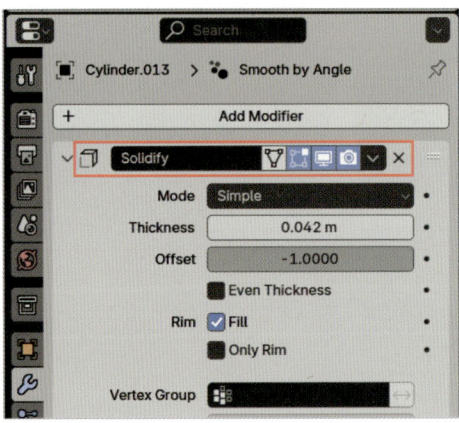

03 냄비 손잡이는 ❶ Plane 메시로 시작합니다. 크기를 조절한 후 사다리꼴 형태로 변형합니다. ❷ <I> 키로 안쪽에 메시를 추가합니다. ❸ 안쪽의 두 개의 메시를 삭제합니다. ❹ 냄비 크기에 맞게 형태와 굵기를 수정합니다. ❺ 꺾이는 부분에 네 점(vertex)을 선택하고 <Ctrl> + <B> 키로 Bevel을 추가합니다. ❻ 마지막으로 Solidify Modifier를 적용하여 두께를 부여합니다.

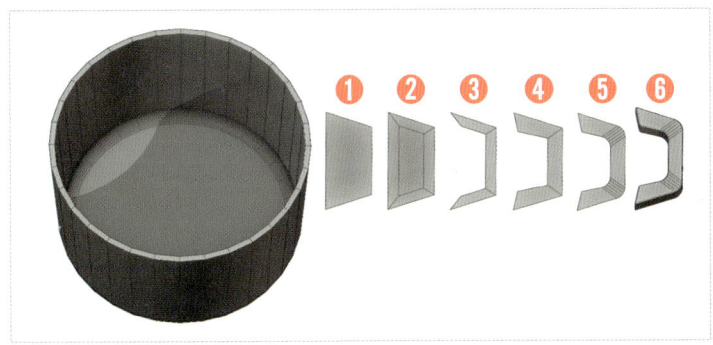

04 손잡이를 냄비에 대칭으로 부착할 때는 Mirror Modifier를 사용합니다. ❶ 먼저 손잡이를 냄비에 알맞게 배치합니다. ❷ 그런 다음 Mirror Modifier를 추가합니다. ❸ 마지막으로 Mirror Object에 냄비 본체 오브젝트를 지정하면 손잡이가 대칭으로 적용됩니다.

텍스처 생성

01 블렌더에서 만든 냄비 모델을 이미지로 캡처한 후 GPT에 보여줍니다. 이렇게 하면 GPT가 냄비의 형태를 인식할 수 있습니다. 그 상태에서 '찌개가 담긴 냄비' 이미지를 생성하도록 요청하면 재미있는 결과물을 얻을 수 있습니다. 챗GPT

이렇게 생긴 냄비에 찌개가 담겨있는 이미지를 생성해줘

02 첨부한 냄비 모델링 이미지를 참고하여 GPT가 음식 이미지를 생성해 주었습니다. 하지만 GPT는 확률적으로 이미지를 생성하기 때문에 원하는 결과와 다른 이미지가 만들어질 수도 있습니다. 이럴 때는 다시 요청하여 원하는 이미지를 얻을 때까지 반복하는 것이 중요합니다. 챗GPT

03 이번에는 시드 번호(seed number)를 활용해 연속적인 이미지 생성을 실습해 보겠습니다. 시드 번호란 이미지 생성의 밑그림 역할을 하는 고유 번호로 동일한 값을 사용하면 비슷한 스타일의 이미지를 지속적으로 생성할 수 있습니다. 다음 프롬프트를 입력하여 냄비에 담긴 음식만 텍스처로 만들어 봅시다. 그리고 생성한 텍스처를 바탕으로 노말 맵 이미지까지 이어서 제작해 봅시다. 챗GPT

> 위에서 만든 냄비 이미지의 시드 번호를 추출해 줘.
>
> 이것을 참고해서 음식 텍스처를 생성해 줘.
>
> - 냄비는 나오지 않게
> - 위에서 아래를 정면으로 바라보는 이미지
> - 극사실적인 이미지
> - 동그란 이미지

시드 번호로 생성한 텍스처

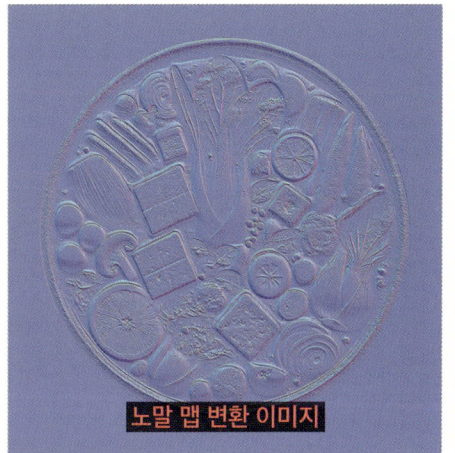
노말 맵 변환 이미지

> **Note**
> 노말 맵으로 변환하는 방법은 **3.4.2 이미지 생성(텍스처)**을 참고해 주세요.

텍스처 적용

01 생성한 음식 텍스처를 냄비 모델링에 적용해 보겠습니다. 앞서 사용한 UV 매핑 방법을 동일하게 적용합니다. 이번에는 노말 맵을 추가하여 텍스처에 더욱 사실적인 입체감을 부여했습니다.

02 찌개처럼 평면적인 음식 텍스처를 사용할 경우 조명 설정을 활용하면 더욱 효과적입니다. 실제로 요리 유튜버들도 맛있어 보이도록 촬영하기 위해 이 방법을 사용합니다.

음식 위쪽에 가로로 긴 면적 조명(area light)을 배치합니다. 조명을 수직 방향으로 비추면 텍스처에 깊이감과 사실감이 더해져 더욱 맛있어 보이는 렌더링이 완성됩니다. 이 조명 설정을 통해 텍스처의 디테일을 강조하고 최종 결과물을 한층 더 완성도 높게 표현할 수 있습니다.

4.2.3 행성

GPT로 생성한 이미지는 입체적으로 생긴 UV Sphere 메시에도 투영시킬 수 있습니다. 이번에는 행성 이미지를 생성한 후 이를 블렌더 모델링에 적용해 보겠습니다. UV 맵을 적용한 후 추가로 입체감을 강조하기 위해 Displacement Map을 사용해 봅시다. 이를 통해 메시를 실제로 돌출시켜 텍스처 적용을 넘어 사실적인 형태를 구현할 수 있습니다.

텍스처 생성

01 생성할 행성은 표면에 운석 충돌 구멍이 많이 보이도록 설정하겠습니다. 크레이터가 뚜렷하게 드러나도록 GPT에 요청합니다. 다음 프롬프트를 입력하여 이미지를 생성해 봅시다. 챗GPT

> 행성 이미지를 생성해 줘.
> - 크레이터가 확실함
> - 매우 고해상도인 이미지
> - 행성 전체가 보임

02 생성한 컬러 이미지를 Displacement Map으로 변환해 보겠습니다. Displacement Map은 흑백 이미지를 이용해 표면의 돌출 정도를 표현하는 맵입니다. 변환을 지원하는 AI 웹사이트는 여러 곳이 있지만 이번에는 노말맵 온라인(cpetry.github.io/NormalMap-Online)을 활용하겠습니다. ❶ 사이트에 접속한 후 생성한 컬러 이미지를 업로드합니다. ❷ [Displacement] 탭을 선택한 후 위쪽과 오른쪽에 있는 설정을 조정해 봅니다. 각 설정의 기능을 하나씩 변경해 보면서 변화를 실시간으로 확인할 수 있습니다. ❸ 모든 설정이 완료되면 <Download> 버튼을 클릭하여 변환된 이미지를 다운로드합니다.

기초 모델링

01 행성을 표현하기 위한 오브젝트를 생성해 보겠습니다. ❶ 블렌더에서 기본 UV Sphere 메시를 생성합니다. ❷ Subdivision Surface Modifier를 추가합니다. ❸ Levels Viewport 값을 '3'으로 설정하여 메시를 더 세분화합니다. ❹ <Specials pop-up> 버튼을 클릭한 후 Apply 옵션을 선택합니다. ❺ Apply를 실행하면 Subdivision Surface Modifier로 나뉜 가상의 메시가 실제 오브젝트에 반영됩니다. 이 과정은 행성 표면을 울퉁불퉁하게 돌출시키기 위해 필수적인 단계입니다. Displacement Map을 적용하려면 메시가 충분히 세분화되어 있어야 합니다. 이 작업을 통해 Displacement Map 적용 준비가 완료되었습니다.

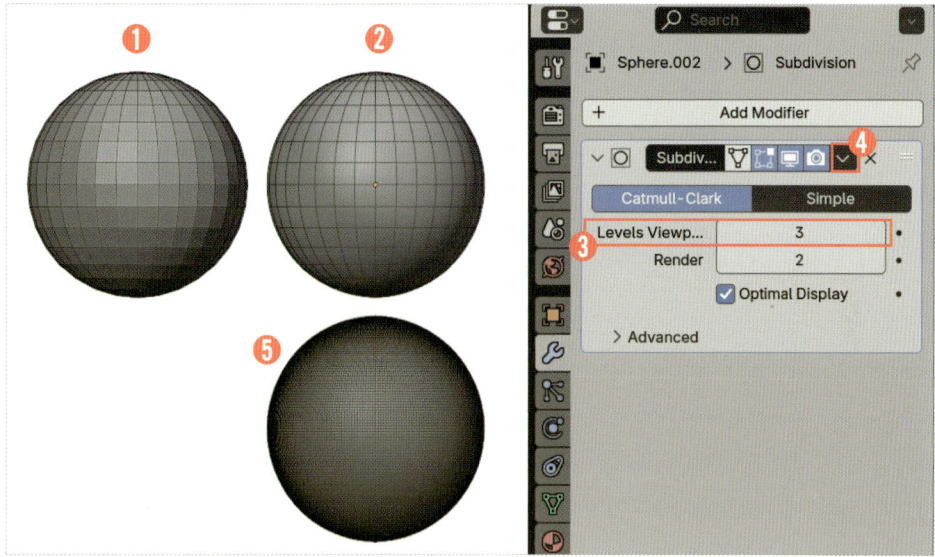

02 UV Sphere 표면에 생성한 행성 이미지를 입히기 위해 UV 매핑을 진행합니다. Edit Mode에서 모든 메시를 선택한 후 반드시 정면을 바라보는 Front View 상태에서 <U> 키를 누릅니다. [UV Mapping] 메뉴에서 [Project from View] 기능을 클릭하면 UV Sphere 메시 표면에 이미지를 정확히 매핑시킬 수 있습니다.

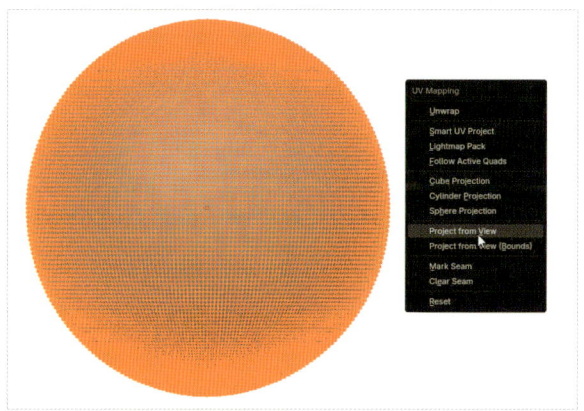

텍스처 적용

01 UV Sphere에 생성한 이미지를 적용해 보겠습니다. [Material Properties] 탭에서 'Base Color' 항목에 Image Texture를 추가합니다. 추가한 Image Texture에 GPT로 생성한 행성 이미지를 업로드합니다. 이를 통해 UV Sphere 표면에 이미지가 적용됩니다.

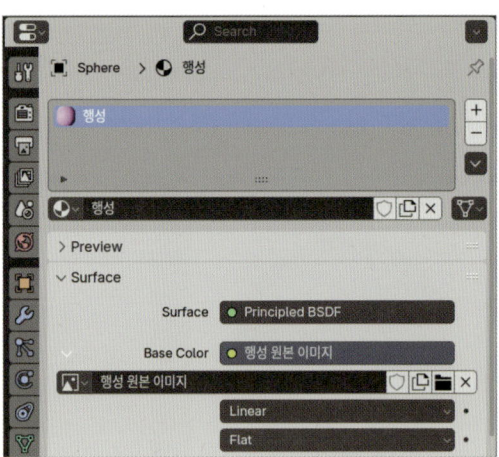

02 UV Sphere에 이미지가 적용되었지만 위치가 올바르지 않습니다. 이를 조정하기 위해 [UV Editing] 워크스페이스 탭으로 전환합니다. ❶ 화면 왼쪽 UV Editor 영역에서 동그랗게 펼쳐진 메시를 행성 이미지에 맞게 조정합니다. ❷ 만약 메시가 보이지 않는다면 화면 오른쪽 3D 뷰포트에서 <A> 키를 눌러 모든 메시를 선택합니다.

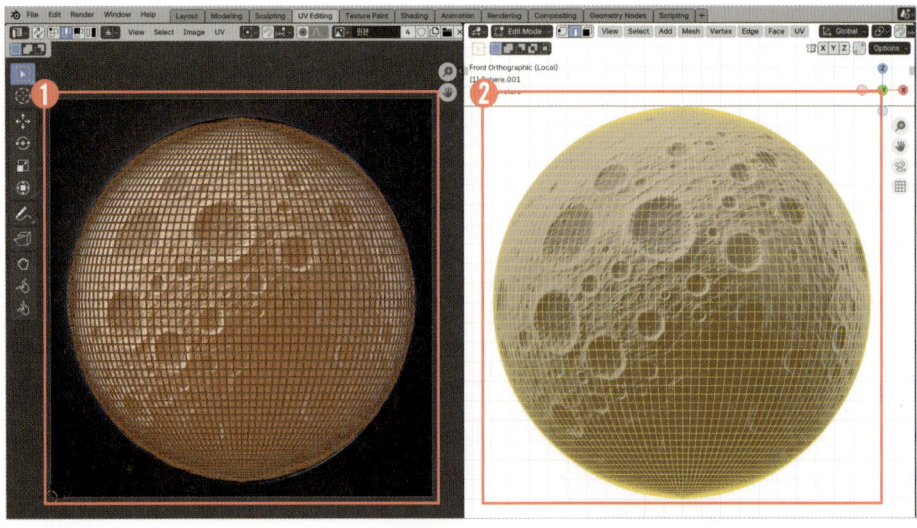

03 이제 GPT로 생성한 행성 이미지가 블렌더의 UV Sphere 표면에 자연스럽게 적용되었습니다. 그러나 정면 투영 방식이기 때문에 3D 뷰포트에서 화면을 회전하면 이미지가 늘어지는 현상이 나타날 수 있습니다. 이 문제는 렌더링을 할 때 카메라 각도를 조정하여 보이지 않게 하거나 이후 미드저니 실습에서 다룰 여러 이미지를 겹쳐 자연스럽게 보이게 하는 방법을 활용해 해결할 수 있습니다.

04 매끄러운 행성 모델링이 완료되었습니다. 이제 표면을 울퉁불퉁하게 만들기 위해 Displacement Map을 설정해 봅시다. [Shading] 워크스페이스 탭에서 다음과 같이 노드 트리를 구성합니다. ❶ 위쪽 Image Texture에는 원본 행성 이미지를 넣습니다. ❷ 아래 Image Texture에는 변환한 Displacement Map 이미지를 넣습니다. ❸ Displacement 노드의 Height 값에 Displacement Map이 입력된 Image Texture 정보를 연결합니다. Displacement 노드에서 'Midlevel'은 돌출 방향을 결정하고 'Scale'은 돌출 강도를 조절하는 값입니다. ❹ 마지막으로 Displacement 노드의 아웃풋 슬롯을 Material Output 노드의 'Displacement' 인풋 슬롯에 연결하면 설정이 완료됩니다.

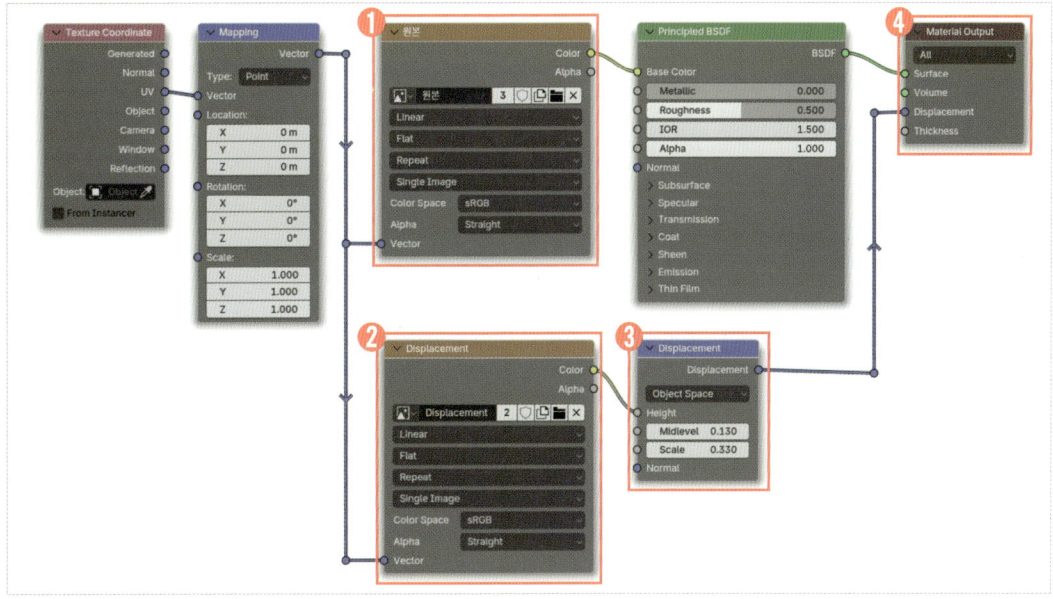

05 Displacement 노드를 설정했다고 해도 바로 돌출 효과가 적용되지는 않습니다. ❶ 돌출을 활성화하려면 UV Sphere을 선택한 후 [Material Properties] 탭을 클릭합니다. ❷ 여기서 아래에 있는 'Settings' 부분을 변경해야 합니다.

Settings → Surface → Displacement 항목의 기본값은 'Bump Only'로 설정되어 있습니다. 이를 'Displacement Only'로 변경하면 실제 돌출 효과가 적용됩니다. 참고로 Displacement는 컴퓨터 사양이 낮을 경우 성능 저하나 프로그램이 튕길 위험이 있어 기본적으로 Bump로 설정되어 있습니다. Bump는 실제 돌출 없이 그림자 효과만으로 입체감을 표현하는 방식입니다.

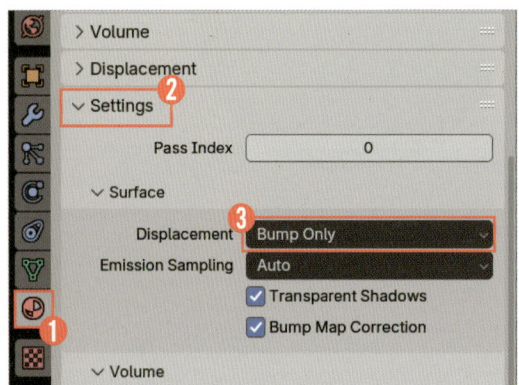 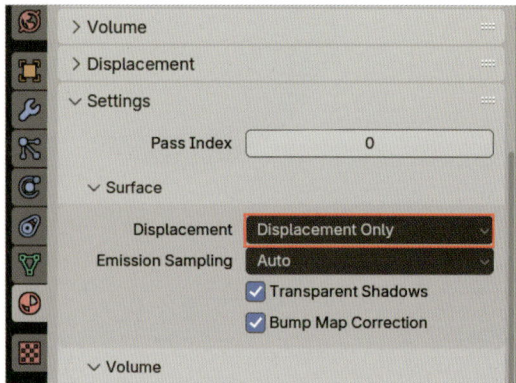

06 이제 모든 준비가 완료되었습니다. 돌출 강도만 조절하면 됩니다. Shader Editor 에어리어로 이동하여 Displacement 노드의 Scale 값을 조절합니다. Scale 값을 조절하면 표면의 돌출이 시작됩니다. 다음 이미지는 Scale 값을 0, 0.5, 1.0으로 적용한 결과입니다. 오브젝트의 크기에 따라 돌출 강도가 달라질 수 있으므로 자신의 모델링에 맞게 Scale 값을 조정하여 최적의 설정을 찾아보세요.

07 추가로 해상도를 높여 더 정밀한 결과를 얻을 수 있습니다. 실제 메시가 돌출되는 방식이기 때문에 메시 크기가 클 경우 이미지가 깨진 것처럼 보일 수 있습니다. 이런 경우 Subdivision Surface Modifier를 적용하여 메시를 세분화하면 더 깔끔한 결과를 얻을 수 있습니다. 다음 이미지는 Subdivision Surface Modifier 적용 전후의 결과입니다. 적용 전에는 이미지가 깨진 부분이 보였지만 적용 후에는 메시가 더욱 세분화되어 정밀한 표현이 가능합니다.

08 모든 세팅이 완료되었으면 조명과 다른 오브젝트를 함께 배치하여 모델링을 완성합니다. 3D 공간에서 구현한 행성 모델링이므로 조명의 각도와 위치에 따라 운석 구멍에 생기는 그림자가 달라집니다. 이처럼 GPT로 손쉽게 2D 이미지를 생성하고 이를 블렌더에서 3D 형태로 변환하여 사실적인 결과를 얻을 수 있습니다. 조명 설정을 활용해 더 입체감 있는 행성 모델을 완성해 보세요.

4.2.4 3D 공간

실습 앞부분에서 GPT와 함께 스토리라인과 페르소나를 설계했습니다. 이제 앞에서 설계한 콘셉트를 바탕으로 블렌더에서 3D 오브젝트를 배치해 보겠습니다. 이번에는 모델링을 직접 하지 않고 온라인에서 무료로 배포하는 오브젝트를 다운로드합니다. 유료로 결제하면 더 고품질의 오브젝트를 사용할 수 있지만 이번 실습에서는 무료 오브젝트를 활용하여 빠르게 3D 공간을 구성해 보겠습니다.

텍스처 생성

01 앞에서 만든 스토리라인과 페르소나를 GPT에 제공합니다. 이어서 이를 참고하여 3D 블렌더 콘셉트로 이미지를 생성하도록 요청합니다. 스토리라인과 페르소나가 준비되지 않았다면 이미지 생성만 요청해도 괜찮습니다. 이번 실습의 목적은 GPT에서 생성한 콘셉트 이미지를 바탕으로 블렌더에서 직접 구현하는 것입니다.

 전달한 스토리라인과 페르소나를 참고하여 3D Blender 콘셉트 이미지를 생성해 줘.

무료 모델링 세팅

01 이제 GPT가 생성한 이미지를 블렌더에서 구현할 차례입니다. 생성된 이미지에는 다양한 오브젝트가 배치되어 있는데 모든 모델을 직접 제작하는 것은 쉽지 않습니다. 따라서 온라인에서 무료로 제공되는 3D 모델을 활용하면 시간과 노력을 절약하면서도 퀄리티 있는 작업을 완성할 수 있습니다.

필요한 모델을 다운로드한 후 블렌더에 적용해 봅시다. 무료 3D 모델을 찾기 위해 구글에 '3D Model free download'를 검색하면 다양한 사이트를 확인할 수 있습니다. 이번 실습에서는 폴리 헤이븐(Poly Haven) 웹 사이트(polyhaven.com)를 활용하는 방법을 예시로 들어 소개하겠습니다.

02 폴리 헤이븐 메인 화면에서 아래로 스크롤을 하면 자산(assets) 타입을 선택하는 항목이 나옵니다. ❶ HDRIs, Textures, Models 중에서 선택할 수 있습니다. ❷ 이번 실습에서는 무료 모델을 다운로드하기 위해 [Models] 탭을 선택합니다. ❸ 화면에는 '100% Free' 및 CC0 라이선스 문구가 표시되어 있으며 공유 자산은 어떤 용도로든 자유롭게 사용할 수 있습니다.

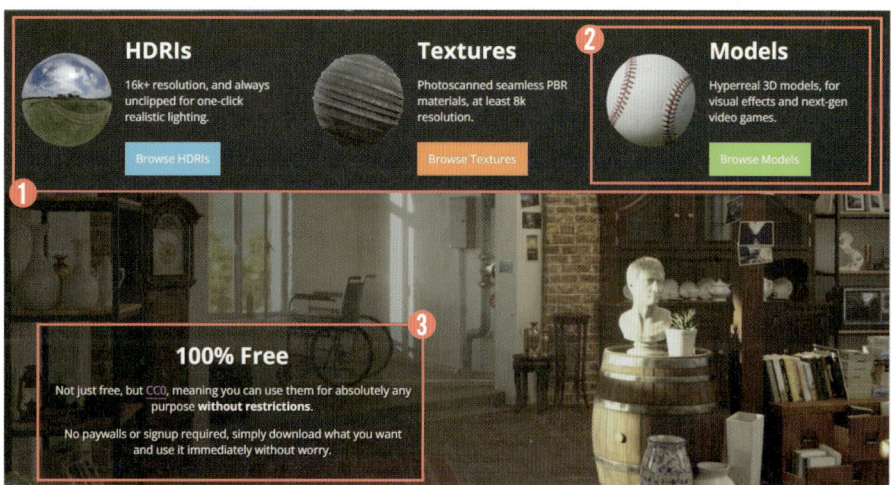

03 Models 탭에 들어가면 다음과 같은 화면이 표시됩니다. ❶ 왼쪽은 카테고리별로 정리되어 있어 원하는 모델링을 쉽게 찾을 수 있습니다. ❷ 같은 카테고리가 화면 상단에 아이콘 형태로도 제공됩니다. ❸ 검색창을 사용해 특정 모델링을 검색할 수 있습니다. ❹ 검색 결과에서 원하는 모델을 클릭하면 세부 정보를 확인할 수 있습니다. 이를 통해 필요한 3D 모델을 효율적으로 찾아 활용할 수 있습니다.

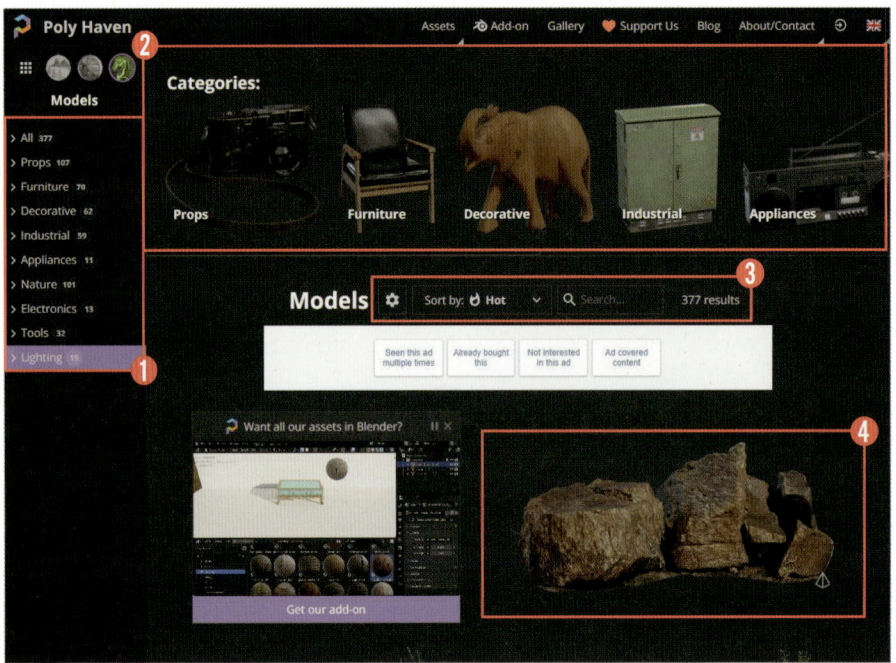

04 이번에는 커피 카트(Coffee Cart) 모델링을 선택해 다운로드 방법을 설명하겠습니다. ❶ 모델링을 다운로드하려면 <Download> 버튼을 클릭합니다. <Download> 버튼 왼쪽에는 해상도와 확장자를 선택할 수 있는 옵션이 제공됩니다. ❷ 선택한 커피 카트는 'CC0' 라이선스로 제공되며 상업적 용도를 포함해 자유롭게 활용할 수 있습니다. ❸ 웹페이지에서는 3D 모델링을 직접 회전시켜 다양한 각도에서 볼 수 있습니다. ❹ 또한 모델링의 참고용 이미지들이 아래에 제공됩니다.

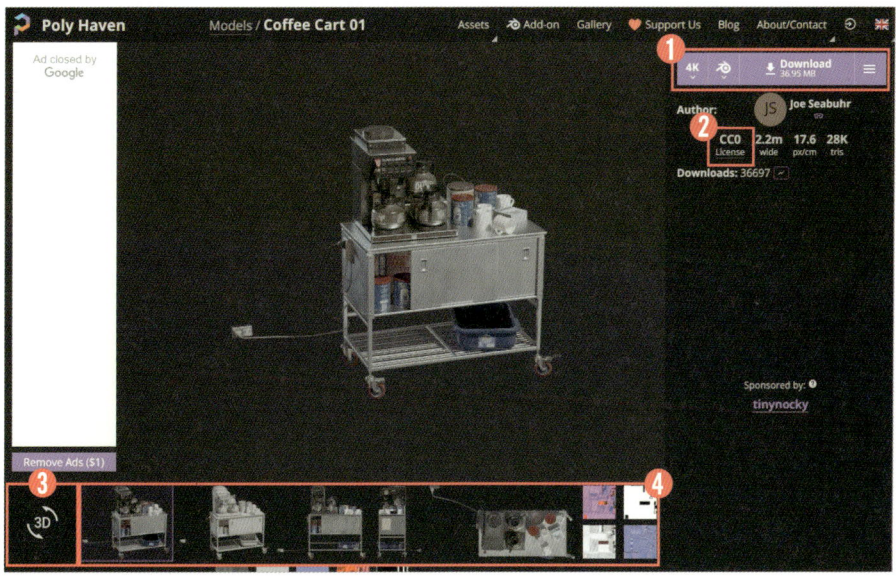

05 이제 다운로드 방법을 모두 소개했으니 GPT가 생성한 콘셉트 이미지와 유사한 모델링을 블렌더에서 구현해 보세요. 원하는 모델링이 폴리 헤이븐에 없을 경우 다른 사이트에서 다운로드한 모델을 활용해도 됩니다. 다운로드한 모델을 블렌더에 불러와 콘셉트 이미지에 맞게 배치하고 조정하여 완성해 봅시다. 오브젝트를 많이 활용할수록 작품이 더욱 풍성해집니다. 다양한 3D 모델을 적절히 배치하여 깊이감 있고 완성도 높은 결과물을 만들어 보세요.

4.3 블렌더 with 미드저니 (중급)

이번에는 미드저니를 활용해 실습 예제를 만들어 보겠습니다. 앞서 GPT로 제작한 결과물보다 더 높은 품질을 기대할 수 있습니다. 실습 목표는 미드저니로 이미지를 생성하고 블렌더에 적용하는 과정을 반복적으로 연습하여 관련된 기술을 자연스럽게 익히는 것입니다. 이러한 과정을 통해 두 도구의 연계를 체득하고 창작의 완성도를 한 단계 끌어올려 봅시다!

4.3.1 광물

첫 번째 실습 주제는 구리 광물입니다. 광물 표면은 다양한 재질이 복잡하게 섞여 있어 블렌더의 Shader Editor만으로 제작하기 어렵습니다. 하지만 미드저니를 활용하면 초보자도 복잡한 광물 텍스처를 손쉽게 만들 수 있습니다. 이번 실습에서는 미드저니로 고유한 구리 광물 이미지를 만들고 이를 블렌더에서 효과적으로 활용하는 방법을 단계별로 알아보겠습니다.

텍스처 생성

01 블렌더에서 사용할 텍스처를 먼저 생성해 보겠습니다. 미드저니에서 '--tile' 파라미터를 활용하면 반복적으로 연결 가능한 구리 광물 표면 이미지를 만들 수 있습니다. 이 기능은 패턴이 자연스럽게 이어지는 텍스처 제작에 특히 유용합니다. 🎨 미드저니

> A seamless copper mineral surface, detailed textures, metallic shine, realistic lighting --tile

기초 모델링

01 미드저니에서 생성한 텍스처를 적용할 오브젝트를 블렌더에서 만들어 봅시다. ❶ UV Sphere 메시를 생성합니다. ❷ 메시를 더 세분화하기 위해 Subdivision Surface Modifier를 추가합니다. ❸ Levels Viewport 값을 '2'로 설정합니다. 이 값은 뷰포트에서 메시의 세분화 정도를 결정합니다. ❹ <Specials pop-up> 버튼을 클릭한 후 Apply 옵션을 선택하여 모디파이어를 적용합니다. ❺ 모디파이어가 적용되면 UV Sphere는 부드럽고 촘촘한 메시로 변환됩니다. 이제 텍스처를 적용할 준비가 완료되었습니다!

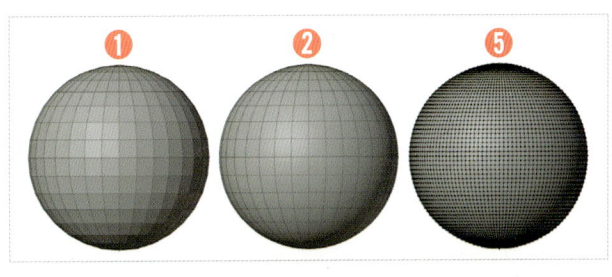

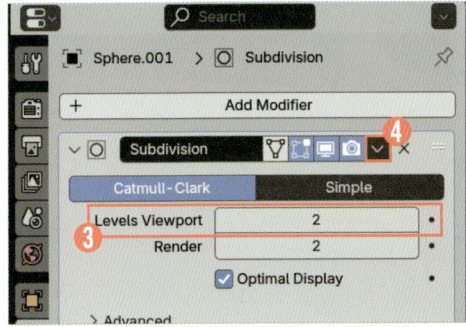

02 ❶ 정교하게 나누어진 UV Sphere 메시를 광물 형태로 변형합니다. Edit Mode에서 Vertex, Edge, Face 선택 모드를 전환하며 메시를 조정합니다. ❷ Proportional Editing 기능을 사용하면 메시를 부드럽고 자연스럽게 변형할 수 있습니다. Edit Mode에서 상단의 <Proportional Editing> 아이콘을 클릭하거나 <O> 키를 눌러 기능을 활성화합니다. ❸ 선택한 점(또는 면)을 <G> 키로 이동할 때 Proportional Editing이 활성화된 상태라면 주변 영역까지 부드럽게 변형됩니다. 이동 중 마우스 휠을 조작하여 영향을 미치는 범위를 조절할 수 있습니다. 이 방법을 활용하면 광물의 울퉁불퉁한 표면을 쉽고 자연스럽게 구현할 수 있습니다!

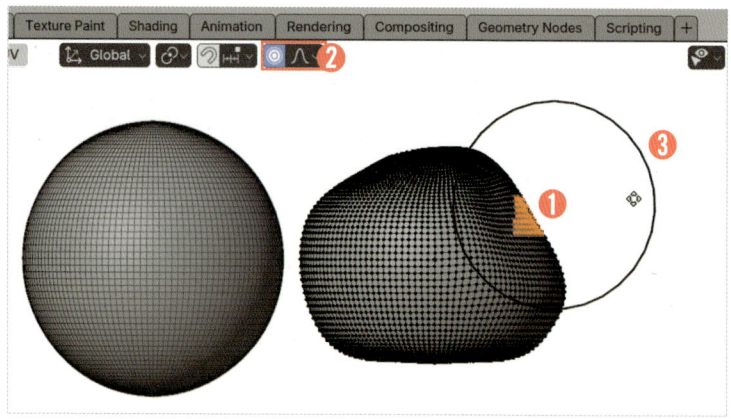

텍스처 적용

01 광물 메시에 텍스처를 입힐 준비를 해봅시다. ❶ [Material Properties] 탭에서 'Base Color' 옆의 노란 점 아이콘을 클릭합니다. ❷ 팝업 메뉴에서 [Image Texture]를 선택합니다. ❸ <Open> 버튼을 클릭하여 미드저니에서 생성한 구리 텍스처 이미지를 불러옵니다. 이 단계까지 끝나면 텍스처 적용을 위한 준비가 완료됩니다.

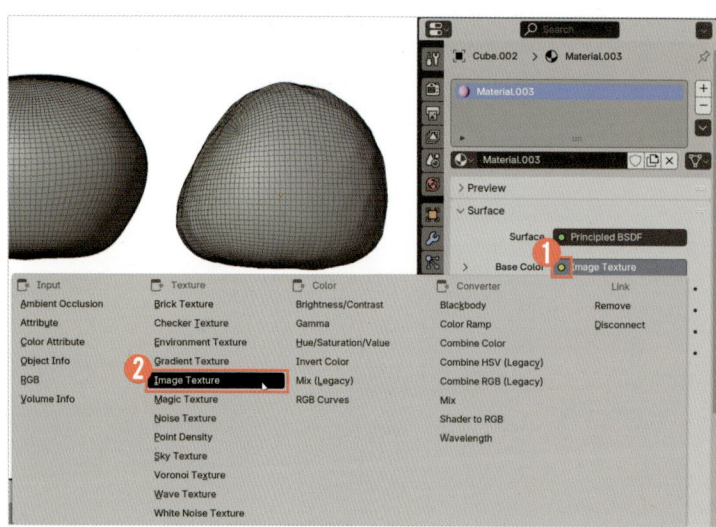
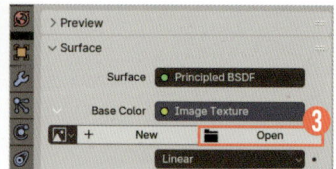

02 광물 메시 표면에 텍스처를 자연스럽게 적용하기 위해 Sphere Projection 방식을 사용합니다. 광물 메시를 선택한 후 <Tab> 키를 눌러 Edit Mode로 전환합니다. 그리고 <A> 키를 눌러 모든 메시를 선택합니다. <U> 키를 눌러 [UV Mapping] 팝업 메뉴를 열고 [Sphere Projection] 기능을 선택합니다. 이 방식은 텍스처를 구 형태로 변환하여 광물 메시를 구 안에 넣고 안쪽으로 투영하는 원리로 작동합니다. 이를 통해 텍스처가 매끄럽고 자연스럽게 광물 표면에 적용됩니다.

03 미드저니로 생성한 구리 광물 텍스처 네 개를 모두 적용했습니다. 이제 각 텍스처가 메시 표면에 자연스럽게 어우러졌는지 확인합니다. 필요한 경우 UV Editor에서 UV 좌표를 조정하거나 Mapping 노드를 활용해 텍스처의 크기와 위치를 세부적으로 조정합니다.

04 광물을 더 자연스럽게 렌더링하기 위해서는 바닥에 흙 텍스처를 추가하는 것이 효과적입니다. 미드저니를 활용하면 끊김 없이 이어지는 흙 타일 텍스처도 손쉽게 제작할 수 있습니다. 미드저니

> dirt floor --tile

05 바닥에 Plane 메시를 생성하고 흙 텍스처를 적용하여 작품을 완성시킵니다. 이렇게 하면 자연스러운 환경 속에 오브젝트가 배치되어 있는 느낌을 연출할 수 있습니다. 작품의 디테일을 더 살리려면 [Material Properties] 탭에서 Roughness, Bump, Displacement 등의 파라미터를 조정해 보는 것도 좋은 방법입니다.

4.3.2 세탁기

앞서 다뤘던 광물 텍스처와 달리 이번에는 세탁기를 주제로 실습합니다. 이번 실습에서는 미드저니로 세탁기 이미지를 생성하고 이를 블렌더에서 활용하는 과정을 연습합니다. 세탁기의 외형을 모델링하고 디테일한 텍스처링을 적용하며 두 도구의 연계를 반복적으로 익히는 것이 목표입니다. 이를 통해 창작의 디테일을 살리고 작품의 완성도를 한층 높여보겠습니다.

텍스처 생성

01 먼저 미드저니에서 세탁기 이미지를 생성합니다. 블렌더의 메시 표면에 텍스처로 활용하려면 원근감을 제외한 상태로 만드는 것이 좋습니다. 이를 위해 프롬프트 마지막에 '--no perspective'를 추가하세요.

 washing machine, front view, realistic photo, high resolution --no perspective

02 생성한 이미지 중 원근감이 없고 형태가 정확한 이미지를 선택합니다. ❶ 텍스처 화질을 높이려면 선택한 이미지에서 Upscale 기능을 사용합니다. 형태를 유지하며 화질을 높이려면 Subtle 옵션을 사용하고 약간의 변형을 허용하려면 Creative 옵션을 선택합니다. ❷ Upscale 기능이 보이지 않으면 상단의 'More options' 링크를 클릭해 활성화합니다. `미드저니`

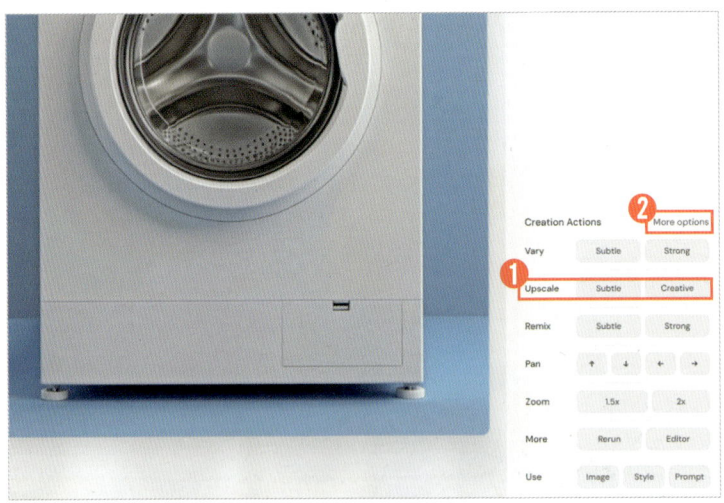

03 ❶ 업스케일한 이미지를 선택한 화면에서 오른쪽 상단의 <Options> 아이콘을 클릭합니다. ❷ 이후 <Download>를 선택해 이미지를 원하는 위치에 저장합니다. `미드저니`

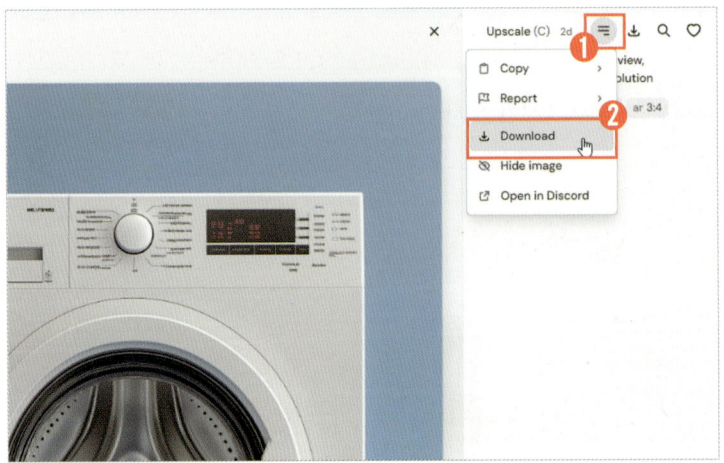

기초 모델링 및 텍스처 적용

01 블렌더에서 작업을 시작합니다. ❶ Cube 메시를 생성합니다. ❷ 이전 광물 텍스처 작업과 동일한 방식으로 세탁기 이미지를 불러옵니다. ❸ Cube 메시에 이미지가 표시되지 않고 회색으로 보인다면 Viewport Shading 메뉴에서 세 번째 옵션인 <Material Preview> 버튼을 클릭하여 활성화한 후 텍스처를 확인합니다.

02 ❶ 블렌더 상단의 [UV Editing] 워크스페이스 탭으로 이동합니다. ❷ <이미지 링크> 아이콘을 클릭하여 세탁기 이미지를 선택합니다. ❸ 화면 왼쪽 UV Editor 에어리어에는 세탁기 이미지가 표시되고 오른쪽 3D 뷰포트 에어리어에는 Cube 메시가 표시됩니다.

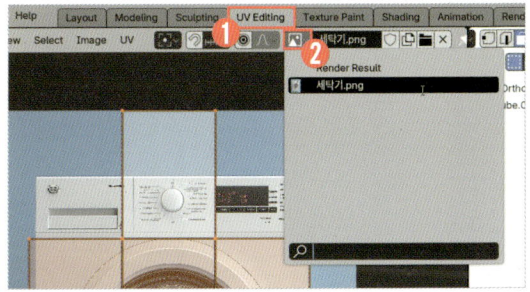 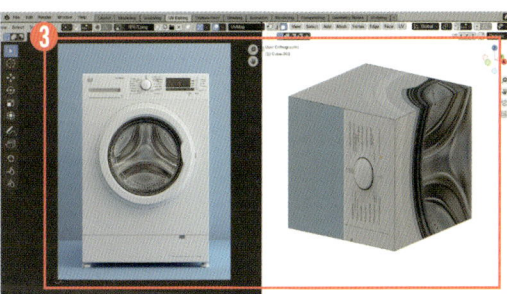

03 세탁기의 형태는 위로 길쭉한 직사각형이므로 Cube 메시를 위쪽으로 늘려야 합니다. 그러나 Edit Mode에서 단순히 위쪽 면을 선택해 늘린다면 세탁기 이미지도 함께 왜곡됩니다.

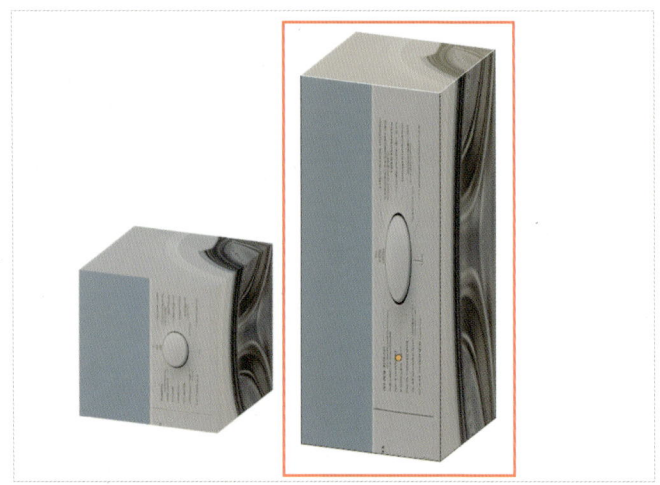

04 ① 이를 방지하기 위해 Edit Mode에서 오른쪽 상단의 <Options> 버튼을 클릭합니다. ② 메뉴에서 [Correct Face Attributes] 체크박스를 활성화합니다. ③ 이후 Cube의 윗면을 선택한 후 <G> 키를 사용해 이동하면 메시는 늘어나지만 세탁기 텍스처는 왜곡되지 않습니다.

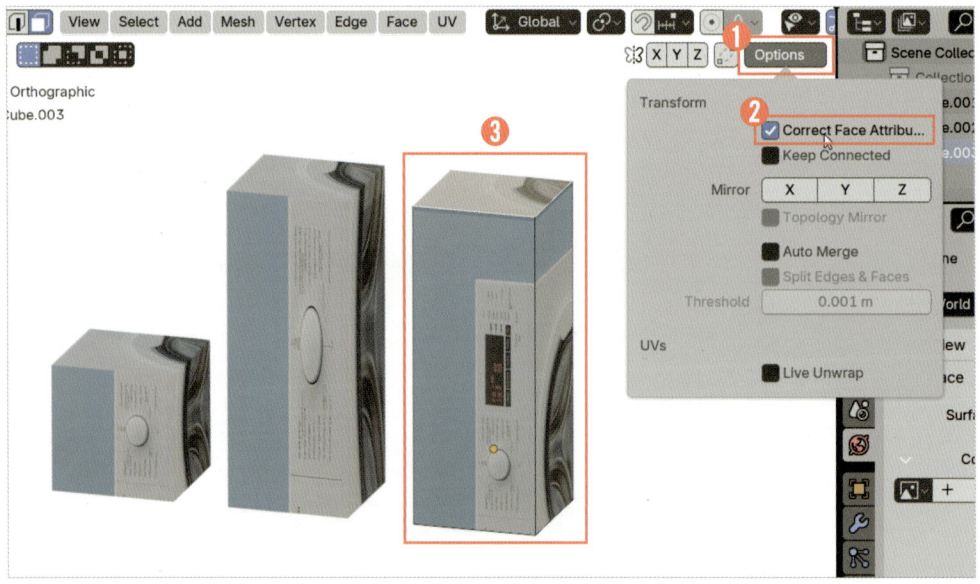

05 ❶ 3D 뷰포트 에어리어에서 Cube 메시의 세탁기 앞면이 될 면을 선택합니다. ❷ 선택한 면은 왼쪽 UV Editor 에어리어에 표시됩니다. 이제 이 면을 <R> 키로 회전, <G> 키로 이동, <S> 키로 크기를 조정하여 Cube 메시의 앞면에 세탁기 이미지가 온전히 보이도록 조정합니다.

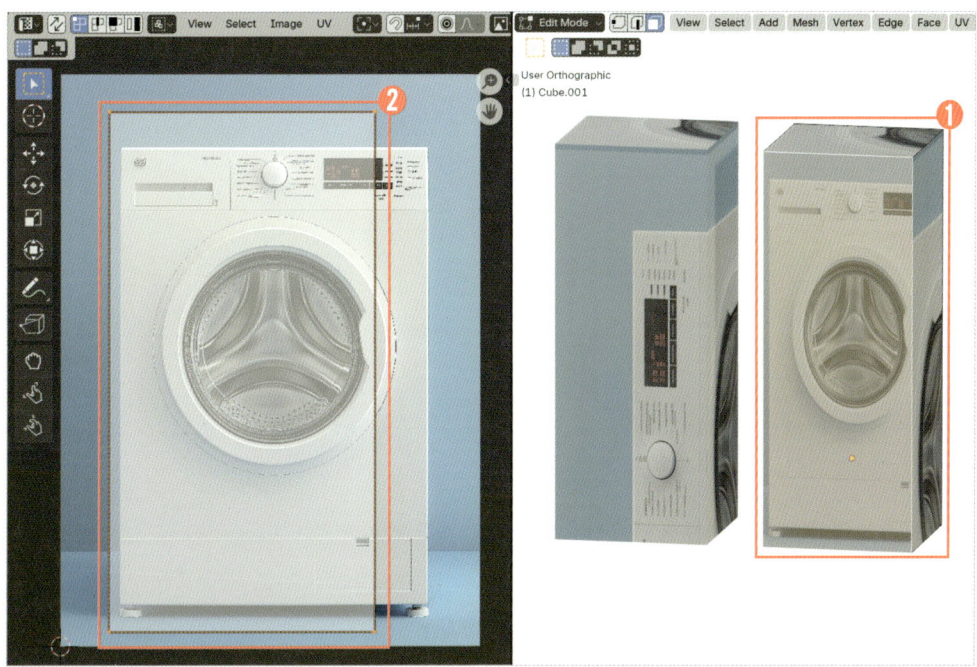

06 ❶ 그러나 현재 Cube 메시에서는 세탁기 이미지가 왜곡되어 보입니다. 이는 텍스처 이미지를 메시에 정확하게 1:1 비율로 적용하는 UV 매핑 작업이 필요하기 때문입니다. ❷ 이를 해결하려면 <A> 키를 눌러 Cube의 모든 면을 선택한 후 <U> 키를 눌러 [UV Mapping] 팝업 메뉴를 엽니다. ❸ [Cube Projection] 기능을 선택하면 육면체의 여섯 방향(위, 아래, 양옆, 앞뒤)에서 이미지를 투영합니다. 쉽게 말해 빔프로젝터로 여섯 방향에서 이미지를 쏘아 메시 표면에 균일하게 붙이는 방식입니다.

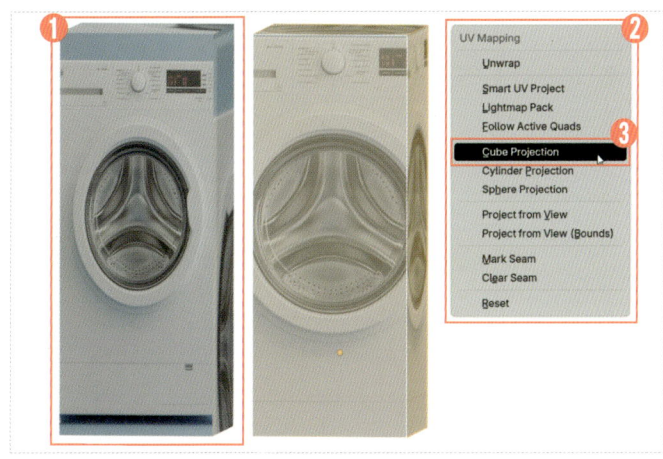

07 이제 3D 뷰포트에서 Cube 메시를 조정하고 UV Editor에서 세탁기 이미지가 메시에 정확히 맞도록 배치합니다. 이 과정을 완료하면 미드저니에서 생성한 세탁기 이미지를 블렌더에서 3D로 정확하게 구현할 수 있습니다.

08 앞면을 제외한 나머지 다섯 면은 간단한 방법으로 처리할 수 있습니다. ❶ 3D 뷰포트 에어리어에서 다섯 면을 선택합니다. ❷ UV Editor 에어리어에서 표시된 다섯 면의 메시를 세탁기 이미지 중 무늬가 없는 단색 영역으로 이동시킵니다. 이렇게 하면 나머지 면들이 세탁기 앞면과 동일한 색상으로 자연스럽게 칠해집니다.

디테일 추가

01 오른쪽처럼 각진 부분을 더 부드럽게 처리하려면 Bevel 기능을 사용하면 됩니다. <Ctrl> + <B> 단축키로 직접 조정하거나 Bevel Modifier를 추가해 손쉽게 작업할 수 있습니다. 이 기능을 사용하면 세탁기 모델이 더욱 실제와 가까운 모습으로 개선됩니다.

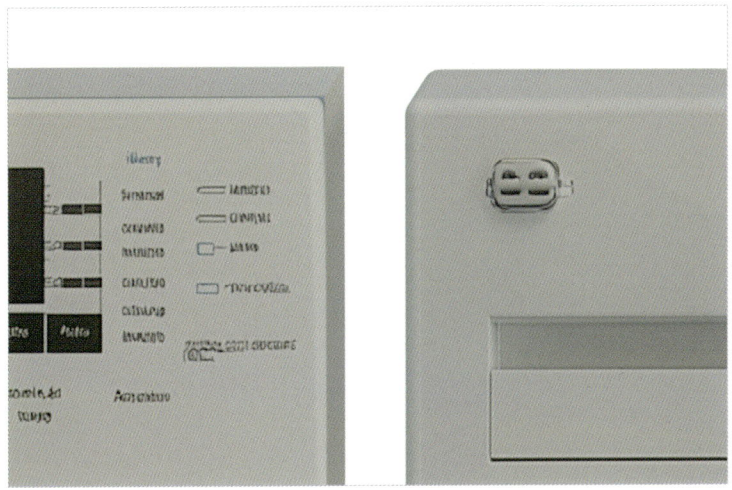

02 작은 디테일을 추가할수록 결과물은 더 완성도가 높아집니다. 이번에는 세탁기 다리 부분을 만들어 보겠습니다. ❶ Cylinder 메시를 생성한 후 세탁기 이미지를 참고해 다리의 형상을 조정합니다. ❷ 다리의 아래쪽 부분은 세탁기 본체에 사용했던 머티리얼을 그대로 적용하고 UV Editor에서 색을 입히는 방식을 활용합니다. ❸ 다리의 위쪽 금속 부분은 새로운 머티리얼을 추가한 후 'Metallic' 속성을 높여 금속 질감을 표현합니다.

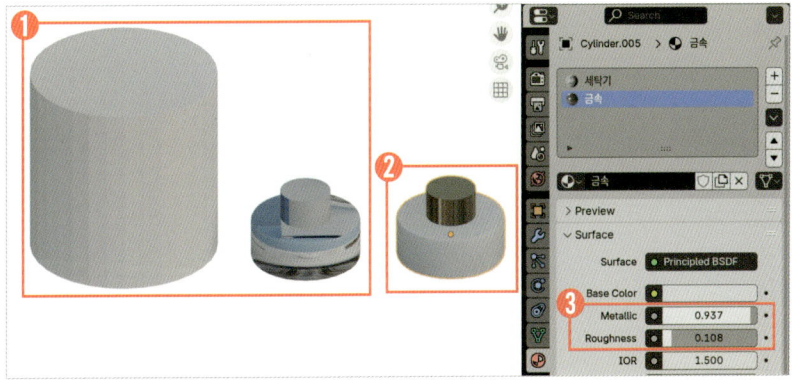

03 세탁기 본체에 다리를 부착하니 훨씬 사실적인 느낌이 살아납니다. 이렇게 작은 디테일도 전체 결과물의 완성도에 큰 영향을 미칩니다. 오른쪽의 결과물은 세탁기 본체에 금속 속성을 추가하고 메시를 안쪽으로 약간 밀어 넣어 세탁기 문까지 모델링해 부착한 모습입니다. 이제 다른 부분들도 직접 모델링하며 도전해 보세요. 디테일을 하나씩 더해갈수록 결과물의 품질이 더욱 높아질 것입니다!

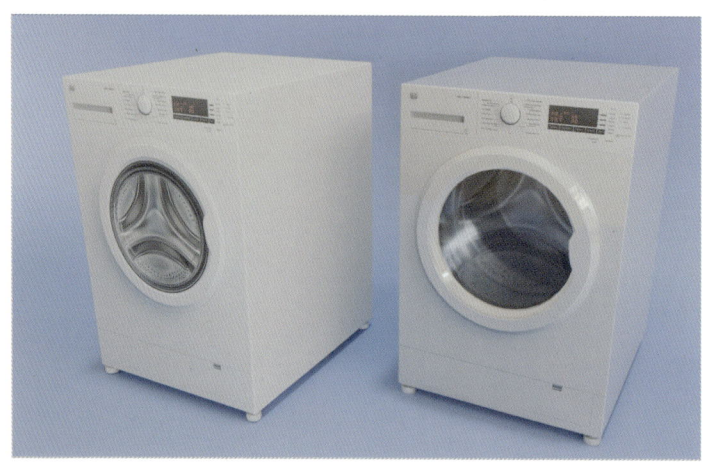

4.3.3 풍경 이미지

3D 작업 중 애니메이션을 제작하다 보면 주변 환경까지 모델링해야 하는 경우가 많습니다. 예를 들어 드론이 날아가고 있는 풍경 모습을 구현하려면 숲이나 산 같은 대규모 환경을 만들어야 합니다. 하지만 이런 작업은 아무리 AI의 도움을 받더라도 쉽지 않은 과정입니다. 이번 실습에서는 이러한 문제를 해결하기 위해 대규모 환경을 한 번에 제작할 수 있는 방법을 알아보겠습니다.

텍스처 생성

01 이미지를 생성할 때 미드저니를 바로 사용하는 것도 좋지만 GPT의 도움을 받으면 원하는 요소를 더 정확하고 세부적으로 설명한 프롬프트를 만들 수 있습니다.

> - 미드저니에서 사용할 프롬프트를 만들어줘.
> - 간단한 프롬프트 구성
> - 멀리 하늘과 산이 보이고 앞쪽으로 넓은 땅이 보이는 상황

> "An expansive grassland transitioning to a towering, weathered mountain with rugged red cliffs, under an empty, bright sky, calm and peaceful environment, National Geographic style."

02 이제 GPT에서 생성한 프롬프트를 사용하여 미드저니에서 이미지를 생성합니다. 이때 이미지 크기를 Landscape로 설정하면 가로로 넓은 비율의 이미지를 얻을 수 있습니다.

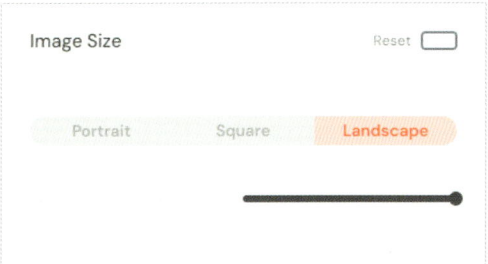

03 원하는 이미지를 선택한 후 Upscale 기능을 사용하여 해상도를 높입니다. 이 과정은 앞의 세탁기 예제에서 사용한 방법과 동일합니다. 🚢 미드저니

원본 이미지 / 업스케일 이미지

카메라 세팅

01 이제부터 블렌더에서 작업을 진행합니다. 이번에 소개할 방법은 Camera 오브젝트를 이용해 풍경 이미지를 메시에 투영하는 방식입니다. 이 기법은 복잡한 모델링 없이도 이미지를 활용해 빠르고 효율적으로 대규모 환경을 연출할 수 있습니다.

먼저 <Shift> + <A> 단축키를 눌러 [Add] 팝업 메뉴를 엽니다. 여기서 [Camera] 오브젝트를 클릭하여 카메라를 생성합니다. 이 카메라는 이미지 투영의 기준점 역할을 하며 이후 작업에서 중요한 요소가 됩니다.

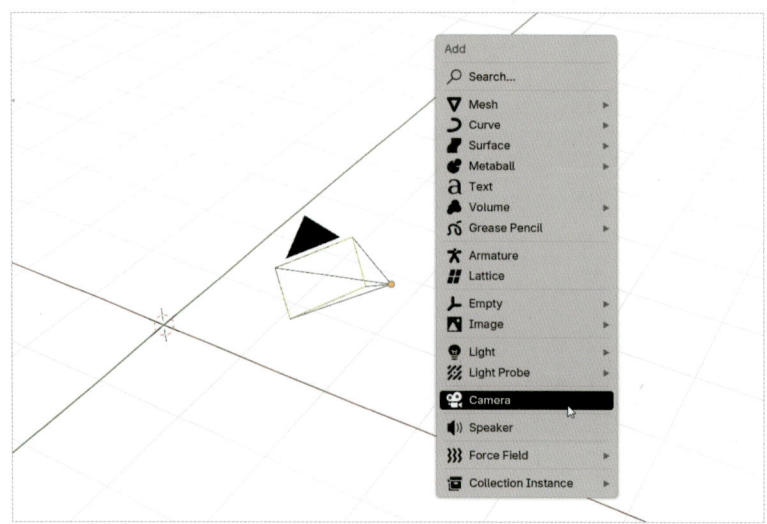

02 ❶ 처음 생성한 Camera 오브젝트는 정면이 아닌 다른 방향을 보고 있습니다. ❷ 이를 Front view 상태로 정렬하려면 블렌더 화면 오른쪽 Properties 에어리어에서 [Object Properties] 탭을 클릭합니다. ❸ 그런 다음 'Transform' 메뉴에서 'Location'의 X, Y, Z 값을 모두 '0'으로 설정하고 Rotation X 값에만 '90'을 입력하면 됩니다. ❹ 이렇게 하면 오브젝트가 정면을 바라보는 상태로 정확히 조정됩니다.

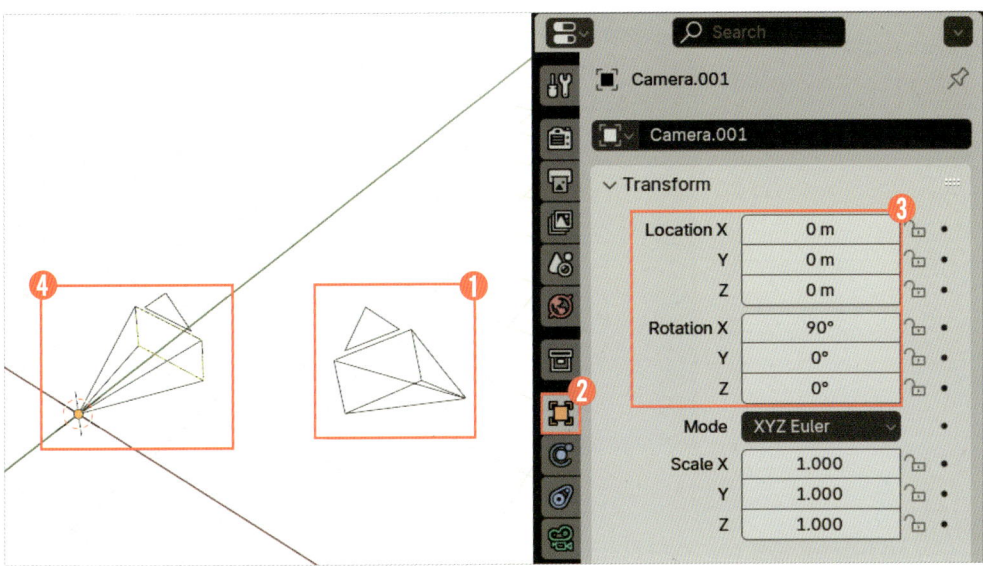

03 Camera 오브젝트가 바라보는 화면 상태로 전환하려면 <`> 키를 눌러 View 파이 메뉴를 엽니다. 이 키는 <ESC> 키 아래에 위치한 <~> 키와 함께 사용됩니다. View 파이 메뉴에서 <View Camera> 버튼을 클릭하면 Camera 오브젝트가 바라보는 화면으로 전환됩니다.

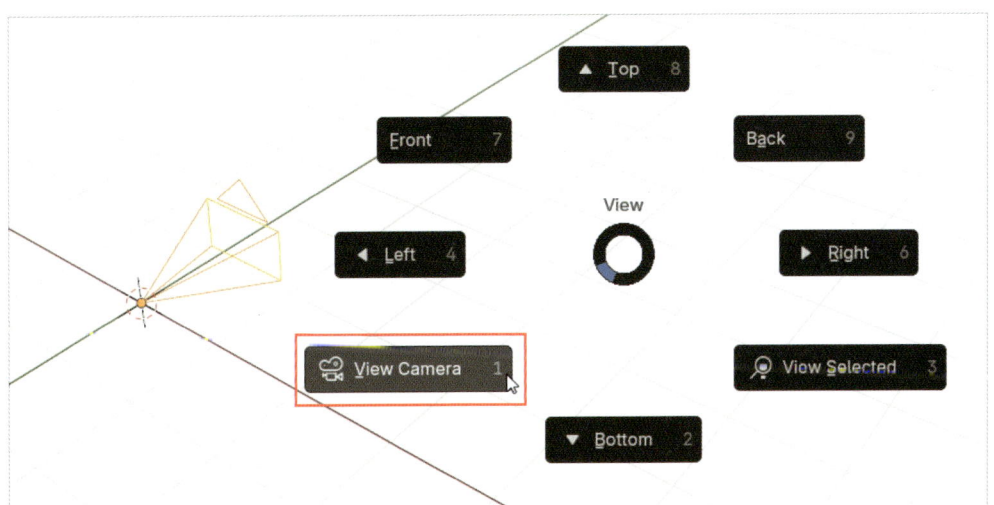

04 현재 보고 있는 View Camera 화면이 돌아가지 않도록 Camera 오브젝트의 위치와 회전값을 잠금 상태로 설정합니다. 모든 작업을 완료한 후 Camera 오브젝트를 이동시키려면 잠금 상태를 해제하면 됩니다.

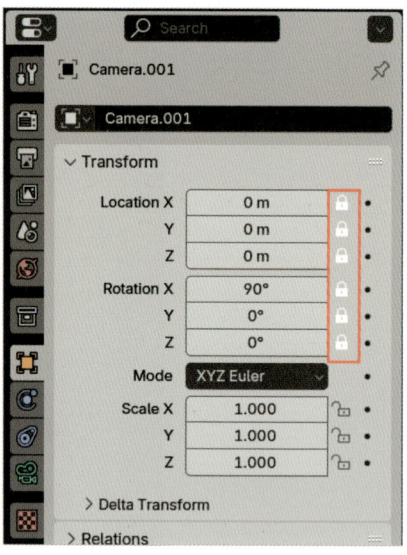

05 미드저니에서 생성한 풍경 이미지가 View Camera 화면에만 보이도록 설정합니다. ❶ [Object Data Properties] 탭으로 이동합니다. ❷ 'Background Images' 항목에서 <Add Image> 버튼을 클릭합니다. ❸ <Open> 버튼을 클릭하여 미드저니에서 생성한 이미지를 불러옵니다.

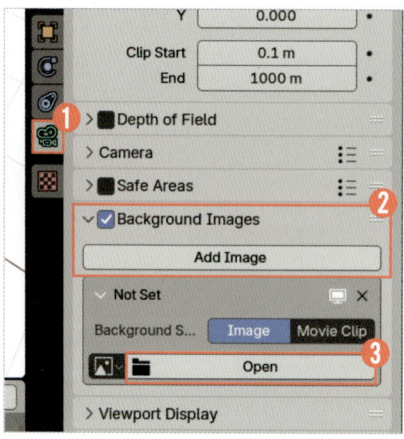

06 ❶ 올바르게 이미지를 불러왔다면 이곳에 이미지의 이름이 표시됩니다. ❷ 이미지가 물체에 가려지더라도 항상 앞에 보이도록 'Depth' 항목에서 <Front> 버튼을 클릭합니다. Opacity 값을 '0.7'로 설정하여 약 30% 투명한 상태로 만듭니다.

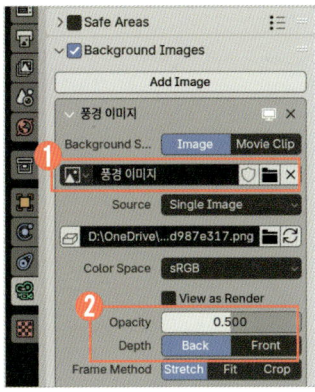 

기초 모델링

01 View Camera 화면에서 나갑니다. 나가는 방법은 들어올 때와 동일합니다. ❶ 풍경 이미지를 메시로 변경하기 위해 Plane 오브젝트를 생성하고 생성한 Plane 메시는 Camera 오브젝트 앞쪽으로 이동시킵니다. ❷ View Camera 화면에서 확인했을 때 화면 밖에서 안으로 들어오기 시작할 정도의 위치로 조정합니다.

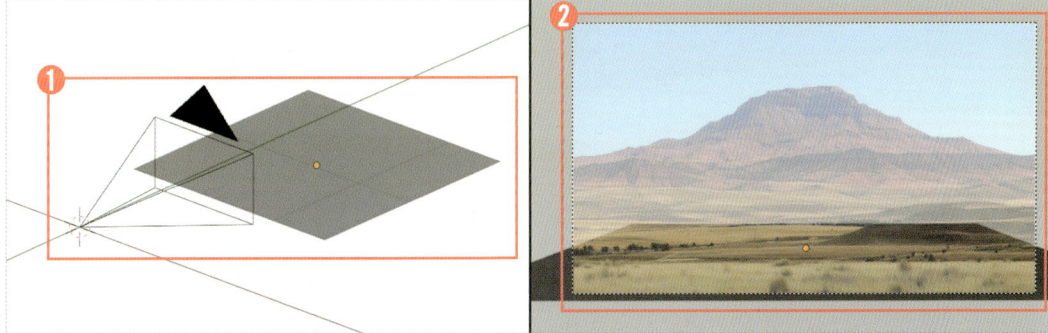

02

❶ Plane 메시에서 먼 쪽에 있는 두 점을 선택합니다. ❷ 배경 이미지에서 고도가 높아지는 언덕 직전까지 <G> 키를 이용해 멀어지도록 이동시킵니다. 이때 <G> 키를 누른 후 <Y> 키를 누르면 <Y> 축으로만 이동이 가능합니다. ❸ <S> 키를 눌러 화면에 가득 차도록 가로로 확장합니다. 이후 Plane 메시에 이미지를 투영할 예정입니다.

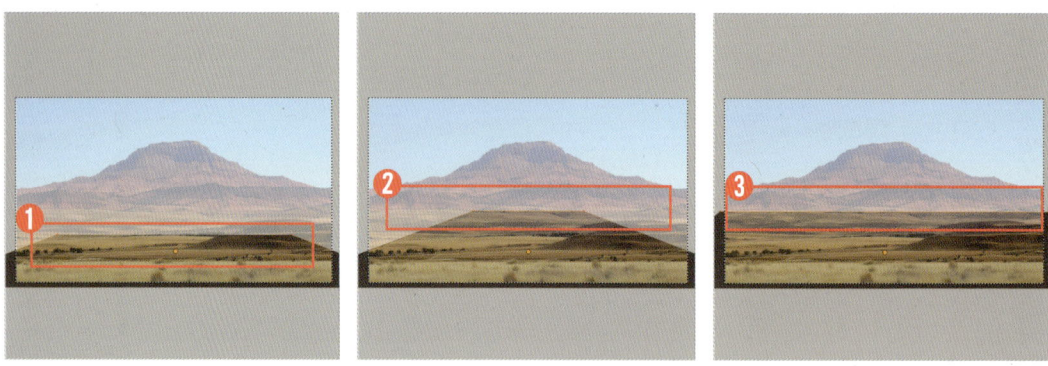

03

언덕을 만들기 위해 <E> 키를 눌러 Plane 메시를 돌출시킵니다. 이때 <Z> 키를 연달아 눌러 수직 방향으로만 돌출되도록 설정합니다. 돌출 높이는 언덕의 높이에 맞춰 조정합니다. 만약 생성한 이미지에 언덕이 없을 경우 산 아래나 산 중턱까지만 올립니다.

04 입체감을 살리기 위해 앞에서 돌출한 에지(edge)를 선택한 후 <G> 키를 누르고 <Y> 키를 눌러 먼 쪽으로 이동시킵니다. 이를 통해 산의 형태가 더욱 자연스럽고 입체적으로 보이도록 조정할 수 있습니다.

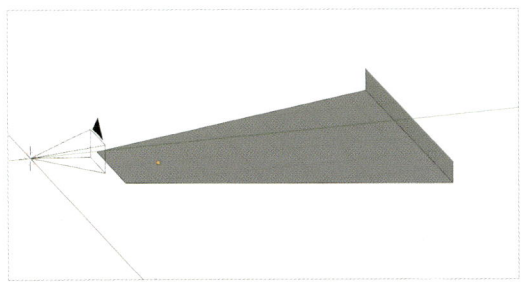 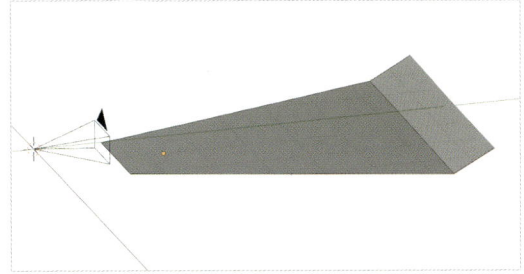

05 View Camera 화면에서는 원근감 때문에 언덕이 멀어지면서 가로로 좁아져 보입니다. 이를 보완하기 위해 <S> 키를 눌러 크기를 다시 늘려 언덕이 화면 밖으로 나가도록 조정합니다.

06 Plane 메시를 Edit Mode에서 세밀하게 나누기 위해 마우스 우클릭을 하면 나타나는 팝업 메뉴에서 [Subdivide] 기능을 선택합니다. 이 기능을 여러 번 반복하면 메시를 더욱 세밀하게 나눌 수 있습니다.

07 이제 Plane 메시를 변형하여 배경 이미지에 맞춰보겠습니다. ❶ Proportional Editing 기능을 사용하면 부드럽게 변형할 수 있습니다. 이 기능은 화면 상단의 버튼으로 활성화하거나 <O> 단축키를 눌러 활성화 및 비활성화할 수 있습니다. ❷ 메시 변형은 변화가 가장 큰 산부터 시작합니다. Proportional Editing 기능이 활성화되면 한 점을 잡고 이동시킬 때 동그란 범위가 나타납니다. 이 원은 변형이 가해지는 범위를 의미하며 마우스 휠 버튼으로 범위를 조절할 수 있습니다. 메시를 변형할 때는 항상 Z축 방향으로만 이동해야 합니다.

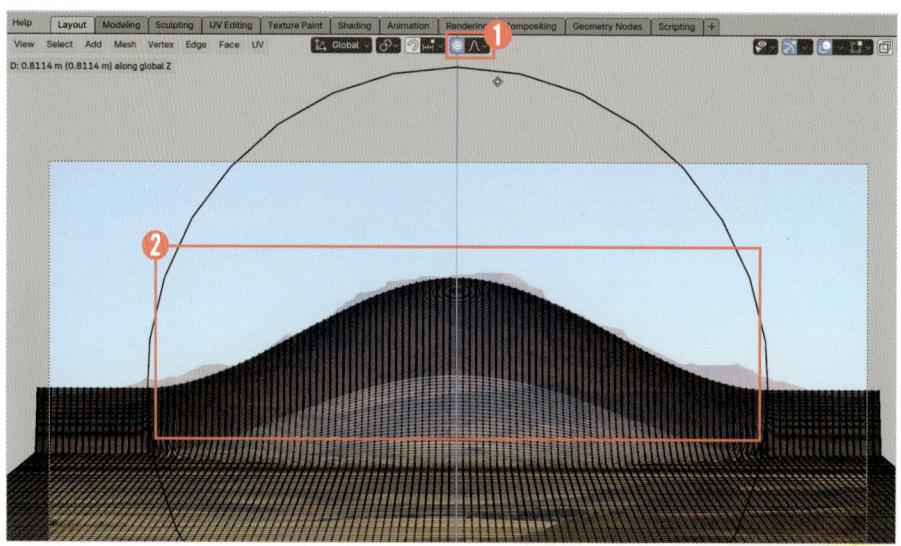

08 같은 방법으로 산의 외곽 형태를 잡아줍니다. 이때 산의 높이뿐만 아니라 주변 지형물의 높낮이를 고려하여 변형하면 더욱 사실감 있는 결과를 얻을 수 있습니다. 산뿐 아니라 언덕이나 낮아지는 지형도 함께 변형해 줍니다. View Camera 화면에서는 원근감이 제대로 느껴지지 않을 수 있으니 일반 화면으로 전환하여 상태를 확인하면서 작업을 진행하는 것이 좋습니다.

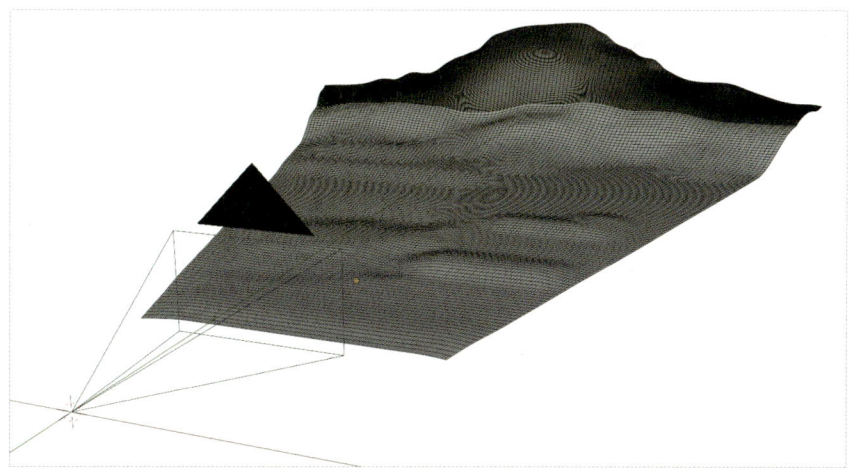

텍스처 적용

01 Plane 메시에 머티리얼을 적용합니다. ❶ 'Surface' 항목을 'Emission' 셰이더로 변경합니다. ❷ Color 항목에는 미드저니에서 생성한 이미지를 불러와 적용합니다.

02 이번 실습의 핵심 기술인 Project from View를 사용할 차례입니다. 이 기능은 현재 바라보고 있는 화면 그대로 UV 매핑을 생성합니다. Plane을 선택한 후 Edit Mode에서 <A> 키를 눌러 모든 메시를 선택합니다. 그런 다음 <U> 키를 눌러 [UV Mapping] 팝업 메뉴를 열고 [Project from View] 기능을 선택합니다.

03 뒤의 하늘 배경도 같은 방법으로 투영합니다. Plane 메시를 산 뒤쪽에 추가로 생성하여 세운 후 View Camera 화면에서 Project from View 기능을 사용합니다.

04 이제 Camera 오브젝트의 Location 잠금 설정을 해지한 후 산 쪽으로 이동시켜 보세요. Location 항목에서 Y 값을 조정하면 됩니다. 이를 통해 마치 드론이 3D 공간을 날아가는 듯한 애니메이션을 만들 수 있습니다. 이 방법은 풍경뿐만 아니라 골목이나 터널처럼 원근감이 강조되는 장면에서도 효과적으로 활용할 수 있습니다.

4.4 블렌더 with 미드저니 (고급)

오브젝트를 사실적으로 구현하려면 여러 디테일이 필요한데, 이 부분이 초보자에게 다소 어려울 수 있습니다. 하지만 미드저니를 활용하여 이미지를 생성하고 블렌더에 적용하는 방법을 익히면 간단하면서도 고품질의 작품을 손쉽게 만들 수 있습니다.

4.4.1 식물

이번 예제에서는 갈대를 만들어 보겠습니다. 미드저니로 다양한 갈대 이미지를 생성한 후 이를 블렌더에서 대량으로 배치하여 갈대숲을 구현해 봅시다.

텍스처 생성

01 갈대 텍스처를 먼저 만듭니다. 갈대와 배경이 명확하게 구분되도록 만드는 것이 중요합니다. 이때 미드저니 프롬프트를 통해 배경을 검은색으로 지정하면 블렌더에서 투명 처리를 쉽게 할 수 있습니다. 프롬프트 작성이 어렵다면 GPT의 도움을 받아 간단하게 생성할 수 있습니다.

reed full shot, realistic photo, front view, solid black background, no shadow

갈대의 형상은 세로로 길기 때문에 이미지도 Portrait 형식으로 생성하는 것이 적합합니다. 미드저니에서 이미지 비율은 생성 결과물의 구도와 디테일에 큰 영향을 미치므로 적절한 비율을 설정하는 것이 중요합니다.

레퍼런스 이미지 설정

01 미드저니에서 생성한 이미지를 블렌더로 가져오는 방법은 매우 간단합니다. 생성한 이미지를 드래그 앤 드롭하여 블렌더의 3D 뷰포트 화면에 끌어다 놓으면 자동으로 업로드됩니다.

02 드래그 앤드 드롭 방식을 사용하면 이미지가 3D 뷰포트에서 바라보는 각도 그대로 삽입됩니다.
❶ 회전 상태가 틀어져 있으면 이미지가 비뚤어진 상태로 들어올 수 있습니다. ❷ 정면을 바라보도록 회전 상태를 조정하려면 <N> 키를 눌러 사이드바 메뉴를 활성화하고 [Item] 탭을 선택합니다. ❸ 'Transform' 항목에서 Rotation 값을 확인한 후 필요에 따라 X, Y, Z 축의 회전값을 직접 수정하여 이미지를 원하는 방향으로 정렬합니다.

03 갈대숲을 만들기 위해서는 갈대 이미지가 Front View에서 바라봤을 때 올바르게 서 있도록 설정해야 합니다. Rotation 파라미터를 조정한 결과 X축 회전값을 90도로 설정하면 이미지를 제대로 세울 수 있습니다.

04 ❶ 현재 상태는 이미지이므로 메시로 사용할 수 없습니다. ❷ 이미지를 선택한 후 우클릭하여 팝업 메뉴에서 [Convert to Mesh Plane] 기능을 클릭합니다.

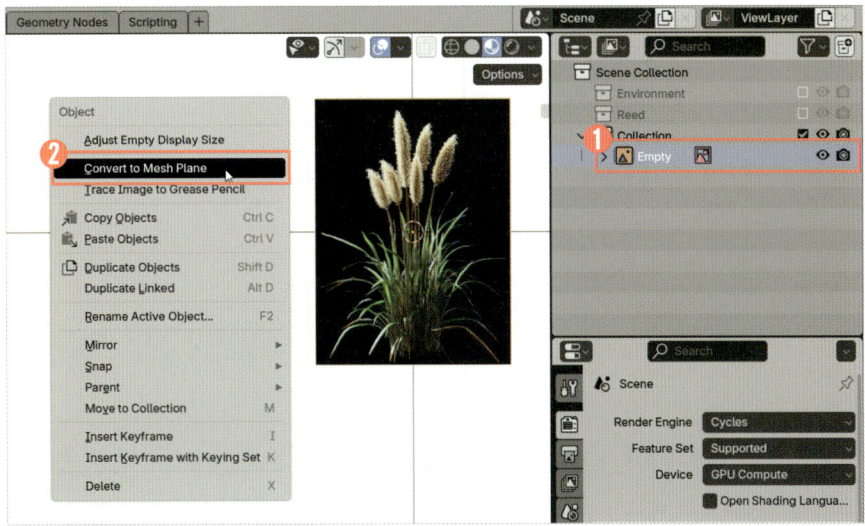

05 팝업된 메뉴에서 다른 옵션은 변경하지 않고 <OK> 버튼을 클릭합니다. 이를 통해 갈대 이미지가 메시 형태로 변환됩니다. 이제 ParticleSystem 기능으로 갈대를 배치하여 갈대숲을 만들 수 있습니다.

오른쪽의 Outliner 에어리어에서 갈대 이미지가 메시 타입으로 변경된 것을 아이콘을 통해 쉽게 확인할 수 있습니다.

06 이제 오브젝트 타입이 메시로 변경되었으므로 현재 회전 상태를 기본값으로 고정할 수 있습니다. ❶ 현재 X축을 기준으로 90도 회전한 상태입니다. ❷ 메시를 선택한 후 <Ctrl> + <A> 키를 눌러 팝업되는 Apply 메뉴에서 [Rotation]을 선택합니다. 이 작업을 실행하면 오른쪽 사이드바의 Rotation 값이 0도로 재설정됩니다. 이제 수직으로 서 있는 상태가 기본값으로 설정되어 이후 작업에서도 기준 상태를 유지할 수 있습니다.

대량으로 갈대 심기

01 본격적으로 갈대를 대량으로 심어보겠습니다. ❶ Plane 메시를 하나 생성합니다. 이 메시는 무수히 많은 갈대를 생성할 기반이 됩니다. ❷ 오른쪽의 Properties 에어리어에서 [Particle Properties] 탭을 선택합니다. ❸ 오른쪽 상단의 <+> 아이콘을 클릭합니다. ❹ 왼쪽에 'ParticleSystem' 슬롯이 생성됩니다. 아래쪽의 옵션들을 변경하여 갈대숲을 효과적으로 생성할 수 있습니다.

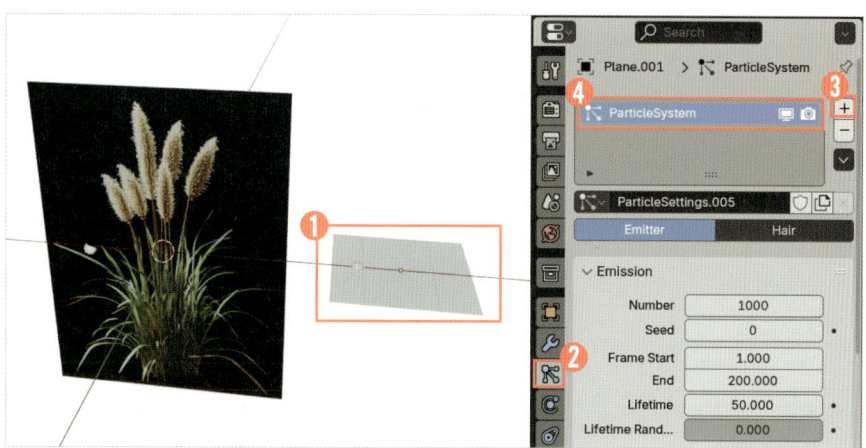

02 ❶ 파티클 타입을 'Hair'로 선택하면 Plane 메시에 무수히 많은 머리카락이 생성됩니다. 이 머리카락을 갈대로 대체하면 자연스러운 갈대숲을 만들 수 있습니다. ❷ 바로 아래에 있는 'Advanced' 옵션을 활성화합니다. ❸ 'Advanced' 옵션을 켜면 아래쪽에 'Rotation' 항목이 활성화됩니다. 이 부분을 선택해야 누워 있는 갈대를 바로 세울 수 있습니다.

03 머리카락을 갈대로 변경해 봅시다. 스크롤을 내려서 'Render' 메뉴를 찾습니다. ❶ 'Render' 메뉴에서 'Render As' 항목이 'Path'로 설정되어 있어 머리카락 형태가 보입니다. ❷ 이 항목을 'Object'로 변경합니다. ❸ 아래쪽에 'Instance Object' 항목이 활성화됩니다. 이 항목을 클릭하여 갈대 메시를 입력하면 머리카락 오브젝트가 갈대 오브젝트로 변경됩니다.

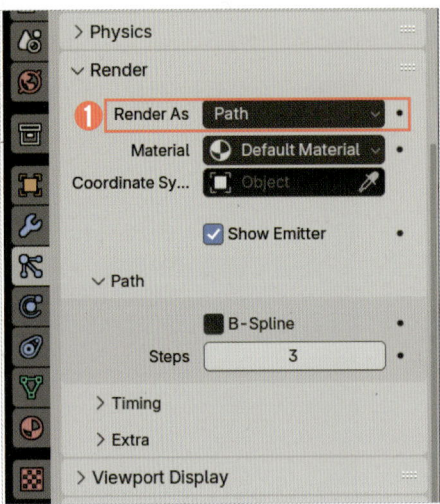 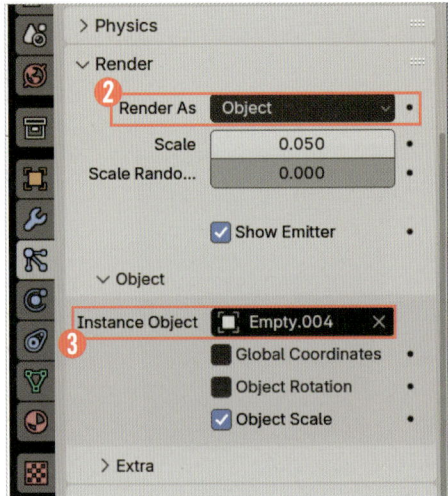

04 이제 Plane 메시 위에 1,000개의 갈대가 생성되었습니다. 그러나 모두 바닥에 붙어 있다는 문제가 있습니다. 또한 갈대의 크기가 너무 커서 자연스럽지 않은 상태입니다. 이를 수정하기 위해 이어서 세 가지 옵션을 조정합니다.

❶ 'Emission' 메뉴에서 Number 값에 원하는 숫자를 입력하여 갈대의 수량을 조절할 수 있습니다. 기본값으로 1000이 입력되어 있습니다. ❷ 'Rotation' 메뉴에서 'Orientation Axis' 항목을 'Global Y'로 변경하여 갈대를 수직으로 세웁니다. 'Global Y'로 선택해도 수직으로 서지 않는 경우에는 'Global X'처럼 다른 축을 선

택합니다. 아래의 Randomize 값을 조절하면 생성한 갈대의 기울기를 조절할 수 있습니다. 값이 1로 갈수록 모든 갈대가 다른 각도를 가지게 됩니다. ❸ 'Render' 메뉴에서 Scale 값을 조절하면 갈대의 크기를 조정할 수 있습니다. 자연스러운 느낌을 위해 Scale Randomness 값 을 함께 조절하면 각 갈대의 크기가 조금씩 달라져 더욱 현실감 있게 구성할 수 있습니다.

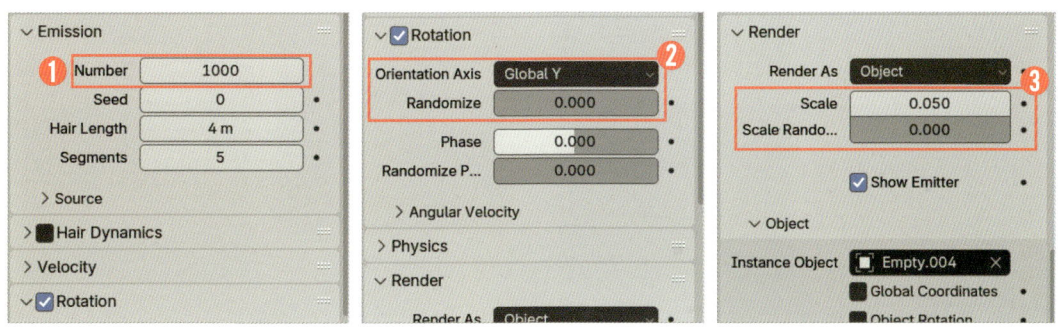

05 수량, 회전, 크기를 모두 조절하여 갈대숲을 만들었습니다. 처음보다 많이 나아졌지만 보완할 점이 세 가지 정도 있습니다. 첫 번째는 갈대 이미지에서 검은색 부분이 남아 있다는 것입니다. 두 번째는 갈대가 Plane 메시 아래로 파묻혀 있습니다. 세 번째는 갈대가 모든 영역에 일정하게 배치되어 있어 현실감이 부족합니다.

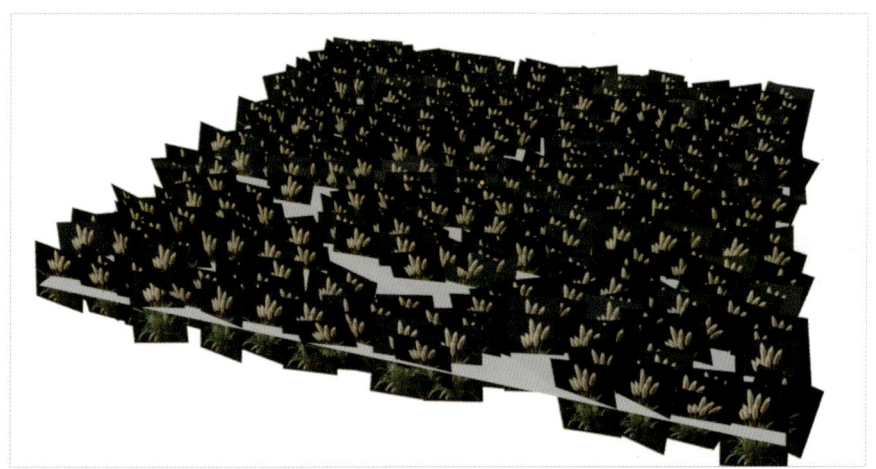

투명한 배경 만들기

01 먼저 검은색 영역을 투명하게 만들어 봅시다. Shader Editor 에어리어에서 텍스처를 수정하여 해결할 수 있습니다. ❶ Principled BSDF 셰이더에서 투명도를 결정하는 파라미터는 알파 채널입니다. 현재 왼쪽에 갈대 이미지가 입력된 Image Texture의 'Alpha' 아웃풋 슬롯을 Principled BSDF의 'Alpha' 인풋 슬롯에 연결했습니다. 하지만 미드저니에서 생성한 갈대 이미지는 색상 정보만 포함하고 있어 Alpha 데이터가 없습

니다. ❷ 이를 해결하려면 갈대 이미지의 Color 데이터를 Alpha로 활용해야 합니다. Image Texture 노드에서 나오는 'Color' 아웃풋 슬롯을 Principled BSDF의 'Alpha' 인풋 슬롯에 연결합니다. 이로 인해 Color 데이터에서 검은색 비율이 높을수록 투명해지는 효과가 나타납니다. 이제 검은색 영역이 투명하게 처리됩니다.

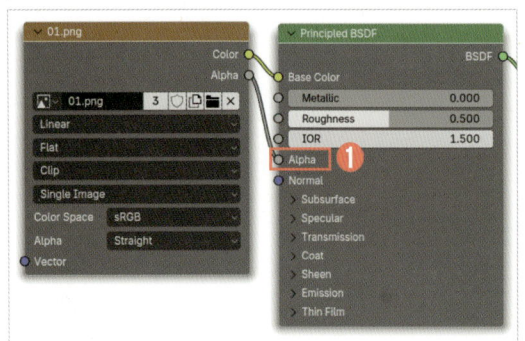
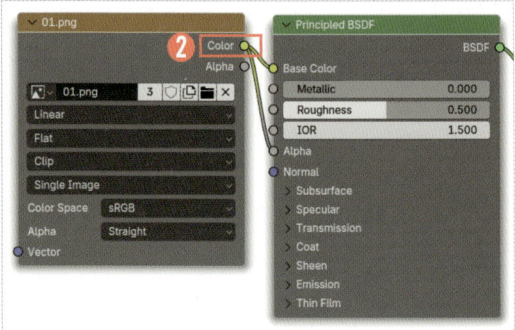

02 오른쪽 갈대는 검은색 배경을 투명하게 만든 상태입니다. 배경이 투명해졌지만 갈대 자체에 포함된 검은 색상도 함께 투명 처리되면서 갈대의 일부가 의도치 않게 사라지는 문제가 발생했습니다.

03 이러한 문제는 갈대에서 검은색을 모두 제거하여 해결할 수 있습니다. ❶ Color Ramp 노드를 Image Texture 노드와 Principled BSDF 노드 사이에 생성합니다. Color Ramp는 Color 데이터를 검은색과 흰색의 비율로 변경하는 역할을 합니다. ❷ 갈대에서 검은색을 완전히 제거하려면 Color Ramp의 색상 스케일바 모드를 'Linear'에서 'Constant'로 변경합니다. 'Constant'로 변경하면 이미지 색상이 검은색과 흰색 두 가지로만 표현되며 중간의 회색도 둘 중 하나로 강제로 변경됩니다. 변경되는 경계의 위치는 Color Ramp의 스케일바를 조절하여 세부적으로 설정할 수 있습니다. 이렇게 하면 검은색 배경은 완전히 투명해지고 갈대의 나머지 부분은 원래 색상을 유지합니다.

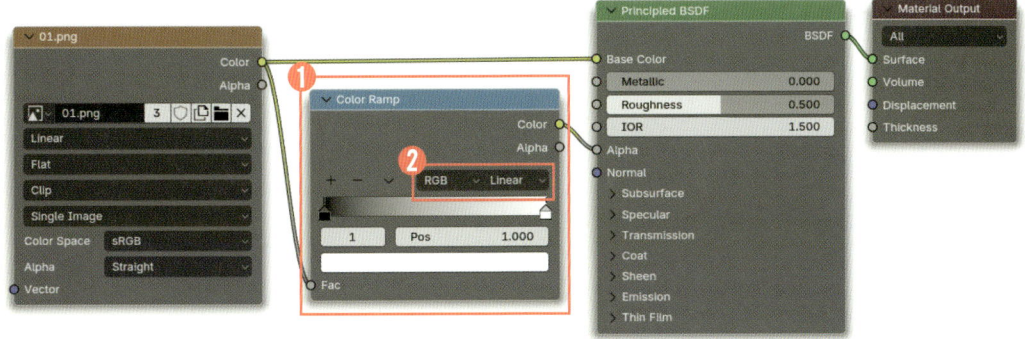

04 스케일바에서 흰색 핸들이 거의 왼쪽까지 이동했을 때 배경과 갈대가 뚜렷하게 구분되었습니다. 흰색 핸들을 클릭하면 스케일바 아래쪽의 핸들 위칫값이 Pos 파라미터로 표시됩니다. 이 숫자를 직접 입력하면 핸들을 정밀하게 이동시킬 수 있어 원하는 경계를 정확하게 설정할 수 있습니다.

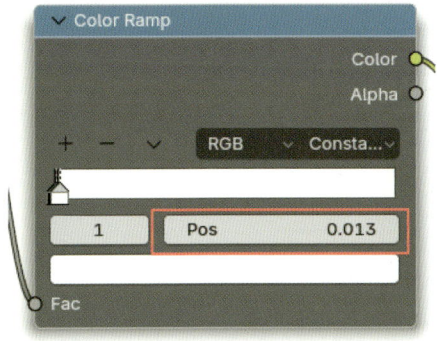

가장 왼쪽이 원본 상태이며 오른쪽으로 갈수록 흰색 핸들의 Pos 파라미터를 낮춘 상태입니다. 이 작업을 통해 갈대와 배경을 점점 더 명확하게 구분할 수 있습니다. 최종적으로는 검은색을 제외한 모든 색상이 흰색으로 표현되도록 조정해야 합니다.

갈대 위치 조정

01 검은색 배경이 투명해지면서 갈대만 남았습니다. 이제 갈대 뿌리가 Plane 메시에 붙도록 설정해 봅시다.

갈대 메시를 선택하면 중간에 주황색 동그라미로 표시되는 오리진(origin)이 보입니다. Plane 메시에 갈대 메시를 파티클로 생성할 때 이 오리진이 Plane 표면에 닿습니다. 따라서 오리진을 갈대 뿌리 쪽으로 내리면 문제를 해결할 수 있습니다.

02 ❶ 3D 뷰포트 오른쪽 상단의 <Options> 버튼을 클릭합니다. 여기서 [Origins]을 활성화합니다. ❷ [Origins]이 활성화되면 오리진 기즈모가 기존의 주황색 점에서 좌표 형태의 기즈모로 변경됩니다. 이 상태에서 <G> 키로 이동하면 메시가 아니라 오리진이 이동합니다. 따라서 오리진을 갈대 뿌리 부분으로 옮긴 후 작업이 끝나면 [Origins]을 비활성화하여 기본 상태로 되돌립니다.

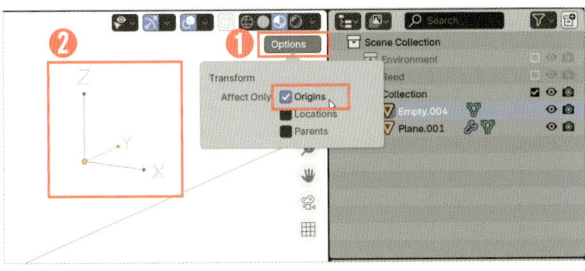 

03 이제 마지막으로 갈대가 생성되는 분포를 설정해 봅시다. 우선 갈대가 생성되는 Plane 메시를 더 잘게 나눠야 합니다. 메시를 세밀하게 나눌수록 갈대의 분포를 더 섬세하게 지정할 수 있습니다.

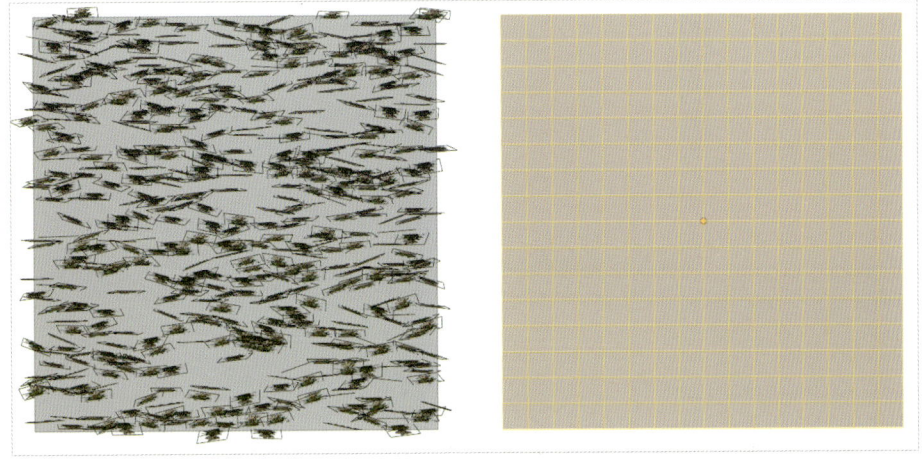

04 갈대를 생성할 영역을 브러시 형태로 색칠하여 설정할 수 있습니다. ❶ 3D 뷰포트 왼쪽 상단에서 Object Mode를 'Weight Paint'로 변경합니다. ❷ 3D 뷰포트 오른쪽 상단에서 <Solid Mode> 아이콘을 클릭하여 Viewport Shading 상태를 변경합니다. 이를 통해 메시의 가중치를 시각적으로 확인하며 작업할 수 있습니다.

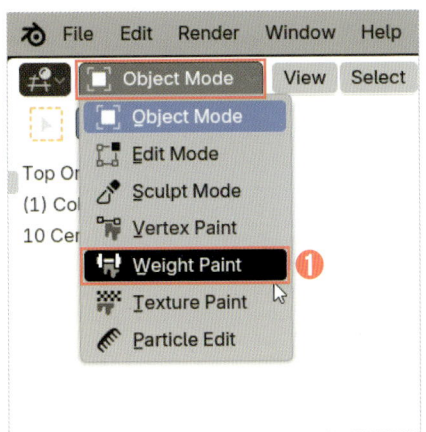 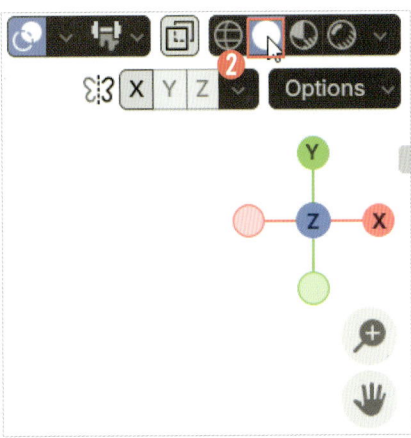

05 ❶ Weight Paint 상태에서는 마우스 커서가 동그라미 모양의 브러시로 바뀌며 브러시 영역 내에서만 색칠이 가능합니다. 브러시 크기는 <F> 키를 눌러 쉽게 조절할 수 있습니다. ❷ 이제 Plane 메시에 갈대를 생성할 영역을 브러시로 색칠합니다. 기본적으로 색칠하면 빨간색으로 표시되며 이 부분이 갈대가 생성되는 영역입니다. <Ctrl> 키를 누른 상태에서 색칠하면 파란색으로 바뀌며 갈대가 생성되지 않는 영역으로 지정됩니다. 실제 연못의 형태를 생각하면서 사실감 있게 색칠합니다.

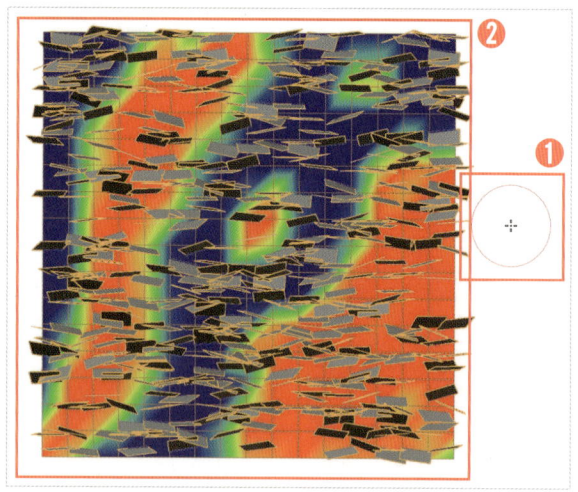

06 색칠한 데이터를 ParticleSystem에 적용해 봅시다. ❶ [Particle Properties] 탭을 클릭합니다. ❷ ParticleSystem에서 'Vertex Groups' 항목을 찾습니다. 그리고 'Density'에 방금 생성한 'Group' 데이터를 연결합니다. Group 데이터는 Weight Paint에서 색칠을 시작하면 자동으로 생성된 데이터입니다. Density가 올바르게 적용되면 3D 뷰포트에서 갈대가 색칠된 영역에서만 생성된 것을 확인할 수 있습니다.

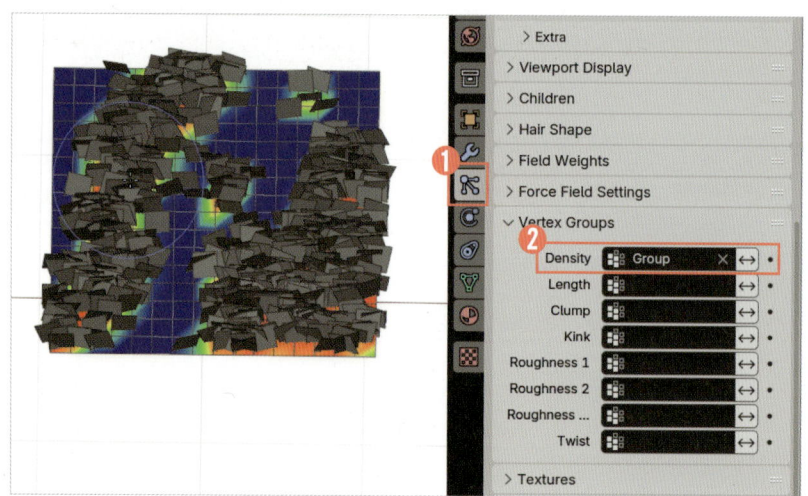

07 이제 HDRI 조명을 설정하고 Plane 메시의 머티리얼을 물처럼 보이도록 설정하면 연못 속 갈대숲을 완성할 수 있습니다. 물 효과는 머티리얼의 Roughness 값을 0 정도까지 낮춰서 쉽게 구현할 수 있습니다.

다양한 종류의 갈대 심기

01 앞의 설명까지만 따라 해도 충분히 멋진 작품을 완성할 수 있습니다. 하지만 갈대가 한 종류만 있어 사실감이 부족할 수 있습니다. 이를 보완하기 위해 여러 종류의 갈대를 ParticleSystem에서 함께 생성해 보겠습니다. 미드저니를 활용해 새로운 갈대 이미지를 두 개 더 생성합니다. 이전과 같은 과정을 따라 각 이미지를 Plane 메시에 적용하고 배경을 투명하게 처리하여 각각의 갈대 메시를 준비합니다.

Outliner 에어리어에서 세 가지 갈대 메시를 하나의 Collection 안에 넣습니다. Collection 이름은 <F2> 키를 눌러 Reed로 변경하였습니다.

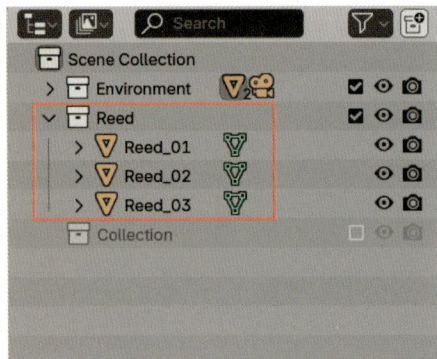

02 ParticleSystem에서 'Render' 메뉴를 찾습니다. ❶ 'Render As' 항목을 이번에는 'Object'에서 'Collection'으로 변경합니다. ❷ 아래 'Instance Collection' 항목에서 세 가지 갈대 메시를 모아놓은 컬렉션을 선택합니다. 이 설정을 완료하면 Plane 위에 다양한 갈대 메시가 무작위로 배치됩니다.

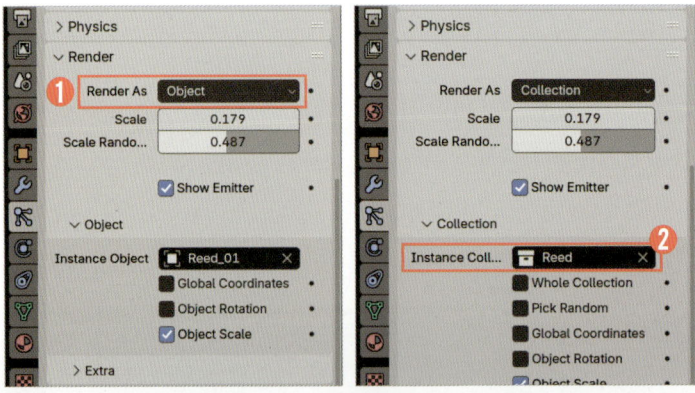

카메라, 조명, 머티리얼을 조정하여 멋진 갈대숲을 완성할 수 있습니다.

4.4.2 고양이 캐릭터

고양이 캐릭터를 만들어 보겠습니다. 캐릭터를 만들 때 참고할 수 있는 레퍼런스 이미지가 있으면 작업이 훨씬 수월해집니다. 레퍼런스 이미지는 캐릭터의 비율, 자세, 디테일 등을 시각적으로 참고할 수 있어 모델링 과정을 단순화하고 정확도를 높이는 데 큰 도움을 줍니다.

텍스처 생성

01 GPT의 도움을 받아 미드저니에서 사용할 프롬프트를 생성합니다. 고양이 캐릭터의 콘셉트와 디테일 요소를 GPT에 전달하면 원하는 스타일과 특징을 반영한 구체적인 프롬프트를 만들 수 있습니다. 챗GPT

- 미드저니에서 사용할 프롬프트를 만들어줘.
- 고양이 일러스트 캐릭터
- 간단한 프롬프트 구성
- 간략화한 오뚝이 모양
- 파란색 모자를 쓰고 웃는 모습
- 몸통 전체가 보임

"Cat illustration character, simplified roly-poly shape, wearing a blue hat, smiling, full body visible, minimalist design, white background"

02 GPT를 사용하여 만든 프롬프트를 미드저니에 입력해 고양이 캐릭터 이미지를 생성합니다. 실습에서는 캐릭터의 형태를 단순화하기 위해 오뚝이 모양으로 몸통을 제작할 예정입니다. 미드저니

레퍼런스 이미지 설정

01 생성한 이미지를 블렌더로 가져올 때는 항상 정면을 바라보는 Front View 상태에서 불러오는 것이 좋습니다. 블렌더에서 <`> 키를 눌러 View 파이 메뉴를 열고 <Front>를 선택합니다.

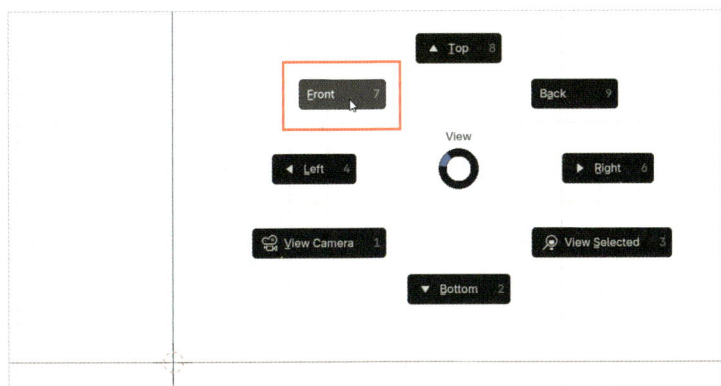

02 ❶ 그다음 생성한 이미지를 드래그 앤드 드롭으로 블렌더로 붙여 넣습니다. 이미지가 추가되면 <Alt> + <G> 단축키를 눌러 캐릭터의 위치를 원점(0, 0, 0)으로 옮깁니다. ❷ 이후 캐릭터의 가장 아랫면이 원점에 맞도록 높이를 조절하여 작업의 기준점을 정확히 설정합니다.

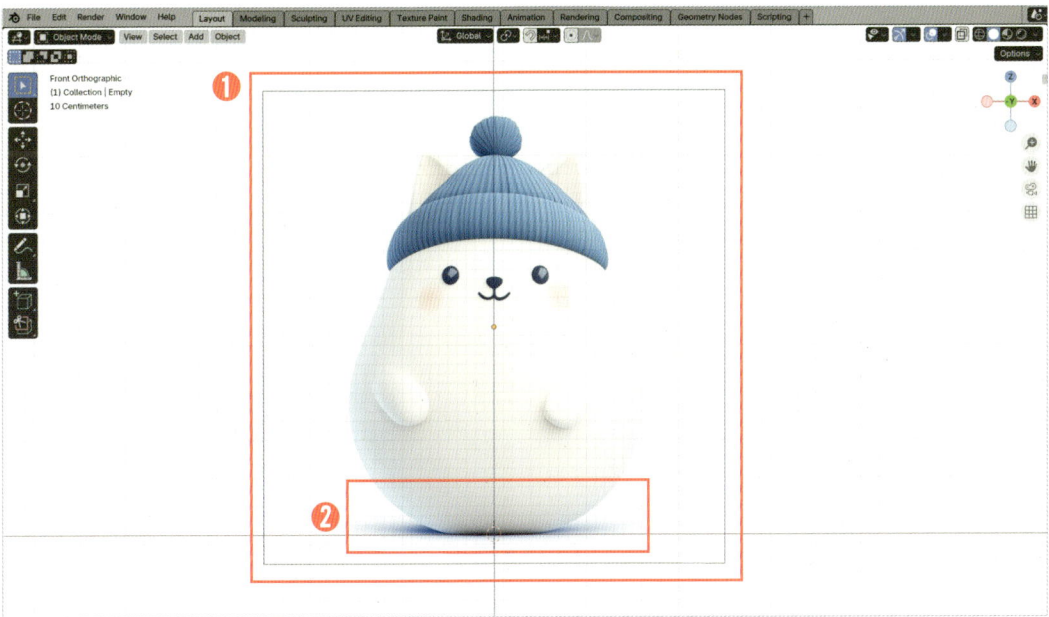

03 불러온 이미지를 배경에 놓고 모델링을 진행하기 위해 이미지가 항상 맨 앞에 보이면서 투명하게 설정합니다. ❶ 이미지를 선택하고 오른쪽의 [Data Object Properties] 탭으로 이동합니다. ❷ 'Depth' 항목을 <Front>로 설정하여 이미지가 항상 다른 오브젝트 위에 표시되도록 합니다. ❸ 'Opacity' 항목을 활성화하고 불투명도를 '0.5'로 설정합니다. 작업 환경에 따라 이미지가 투명하게 보이지 않을 수 있으니 작업 중 필요에 따라 이 값을 조정하여 투명도를 적절히 설정합니다. 이렇게 하면 이미지를 배경으로 활용하며 정확하게 모델링할 수 있습니다.

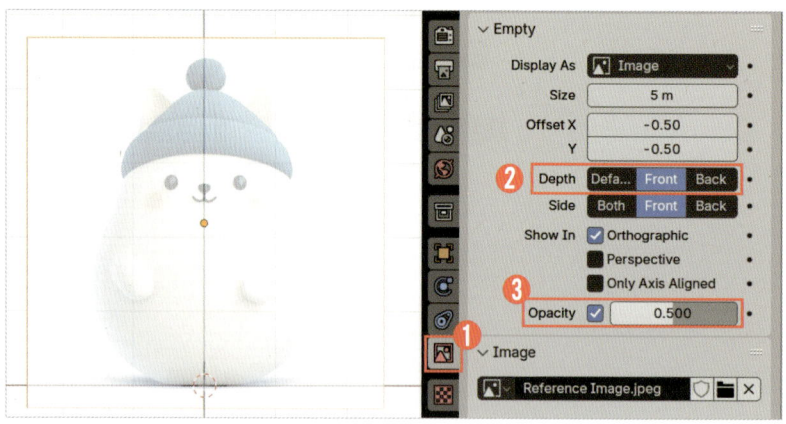

기초 모델링(몸통)

01 본격적으로 모델링을 시작합니다. ❶ Cube 메시를 생성합니다. ❷ Subdivision Surface Modifier를 추가합니다. 이 모디파이어는 큐브의 모서리를 부드럽게 변형해 둥근 형태를 만듭니다. ❸ 'Levels Viewport' 항목을 '2'로 설정하여 더 부드럽고 둥근 형태를 만듭니다. 이 과정을 통해 오뚝이 캐릭터의 기본 몸통 형태를 손쉽게 구현할 수 있습니다.

02 ❶ 'Subdivision Surface Modifier'에서 오른쪽의 <Specials pop-up> 버튼을 클릭합니다. ❷ [Duplicate]를 선택하여 현재 모디파이어를 복사합니다. ❸ 아래쪽에 Subdivision Surface Modifier가 추가됩니다.

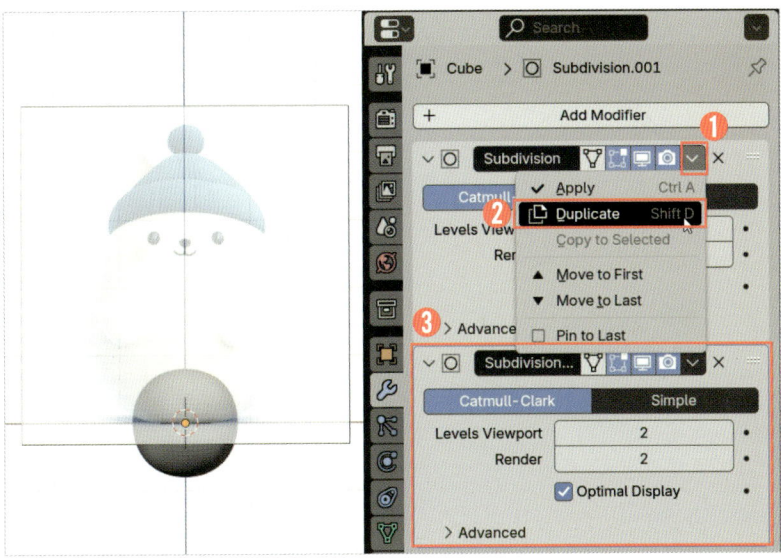

03 두 Subdivision Surface Modifier 중 위쪽에 있는 모디파이어를 Cube 메시에 실제로 변형을 가합니다. 변형을 위해 위쪽 Subdivision Surface Modifier의 <Specials pop-up> 버튼을 클릭하고 [Apply] 기능을 선택합니다.

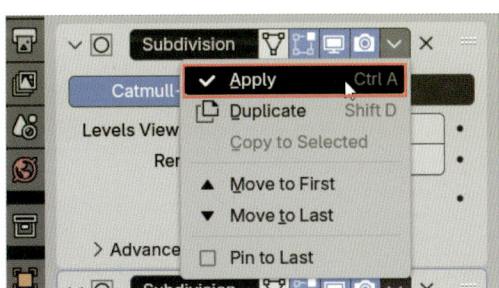

04 이제 Cube 메시는 위쪽 Subdivision Surface Modifier가 적용되어 구 형태에 가깝게 변형되었습니다. 현재 상태에서는 여전히 아래쪽에 한 개의 Subdivision Surface Modifier가 활성화되어 있어 추가적인 부드러움이나 세부 조정을 적용할 수 있습니다.

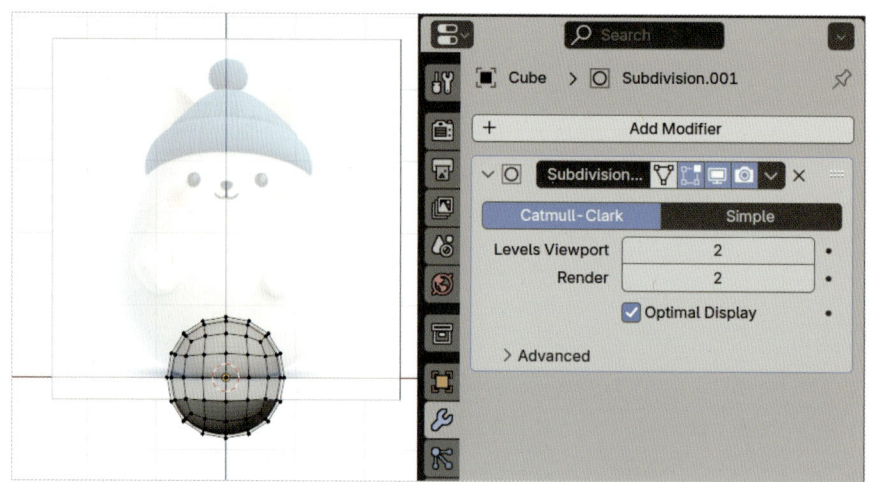

05 캐릭터는 대칭으로 생겼기 때문에 반쪽만 작업하고 나머지 반쪽은 자동으로 생성되도록 설정하는 것이 효율적입니다. 이를 위해 왼쪽에 있는 메시를 모두 삭제합니다. ❶ 3D 뷰포트 에어리어에서 오른쪽 상단의 <Wireframe Viewport Shading> 아이콘을 클릭합니다. 이를 통해 메시가 투명하게 보이며 안 보이는 뒤쪽 메시까지 선택할 수 있습니다. ❷ Edit Mode에서 왼쪽에 있는 메시를 모두 선택한 후 <X> 키를 눌러 삭제합니다.

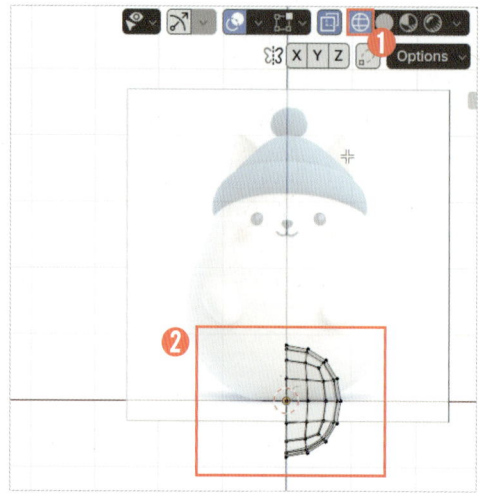

06 ❶ Mirror Modifier를 추가합니다. 오른쪽에 남아 있는 메시가 왼쪽으로 대칭 복제됩니다. ❷ [Clipping]을 선택하여 활성화합니다. 클리핑이 켜져 있어야 오른쪽 메시가 왼쪽으로 넘어가지 않아 대칭이 정확하게 유지됩니다.

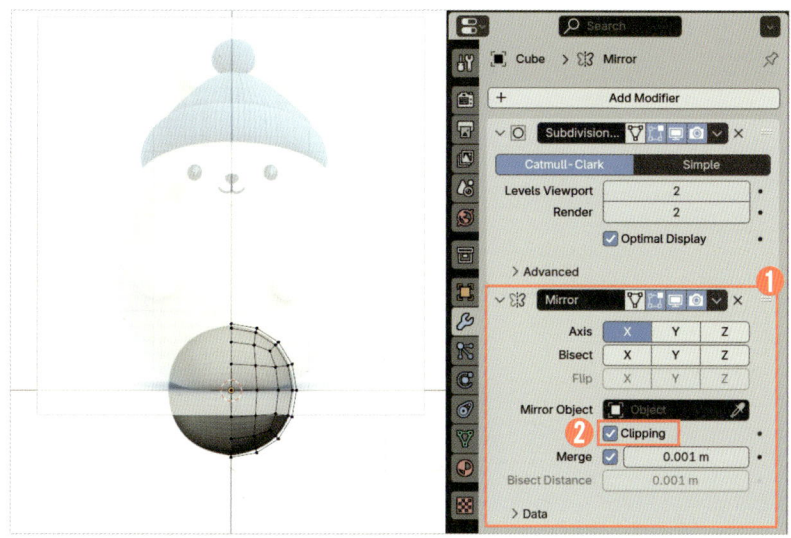

07 모디파이어는 위에서부터 순차적으로 적용되므로 Mirror Modifier가 먼저 적용되고 그다음에 Subdivision Surface Modifier가 적용되어야 올바른 결과를 얻을 수 있습니다. 모디파이어 순서를 변경하려면 Mirror Modifier 오른쪽 상단에 있는 회색 점 네 개가 두 줄로 있는 아이콘을 마우스로 클릭합니다. 클릭한 상태에서 드래그하여 Mirror Modifier를 위쪽으로 올립니다.

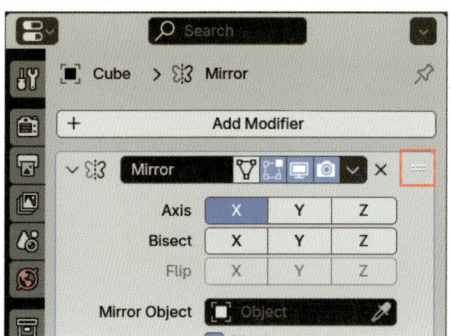

08 ❶ 기본적으로 Subdivision Surface Modifier를 적용하면 왼쪽처럼 모디파이어가 적용되기 전 원래의 윤곽이 같이 표시됩니다. 실제 Vertex 위치를 인지할 수 있다는 장점이 있지만 캐릭터의 윤곽을 보며 작업하기에는 방해가 될 수 있습니다. ❷ Subdivision Surface Modifier에서 <On Cage> 버튼을 클릭하여 활성화하면 오른쪽처럼 변형된 부드러운 형태만 표시됩니다.

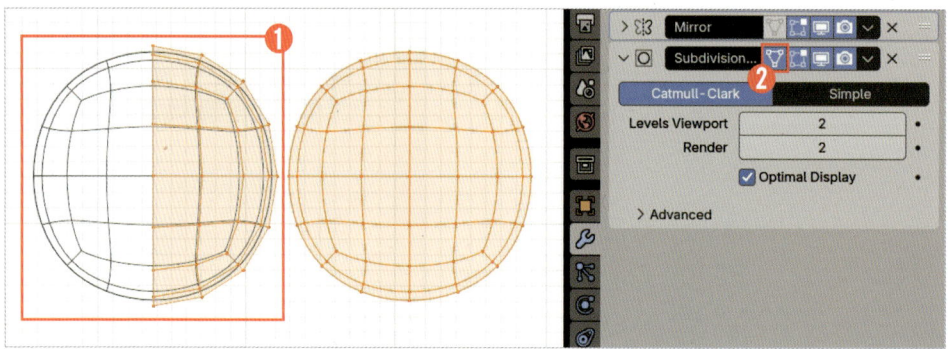

09 Edit Mode에서 <S> 키와 <G> 키를 사용하여 메시를 캐릭터 얼굴 외형에 맞도록 조정합니다. 미드저니가 생성한 이미지는 대칭처럼 보이지만 자세히 보면 비대칭인 경우가 많습니다. 이번 예시 이미지도 그러한 경우 중 하나입니다. 따라서 조금 더 퀄리티가 좋은 쪽을 선택하여 메시를 맞춥니다.

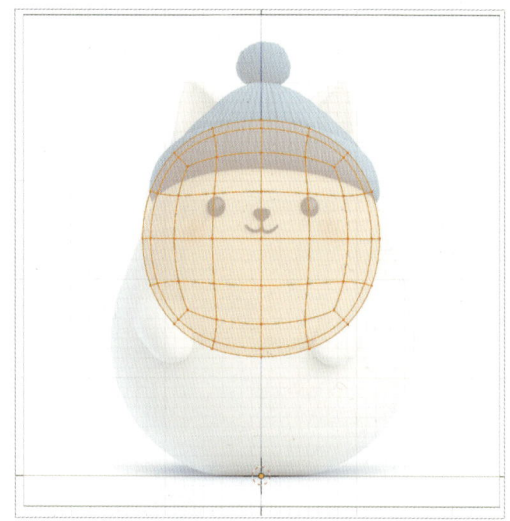

10 Cube 메시의 하단부를 모두 선택한 후 <G> 키를 눌러 아래로 이동시킵니다. 그런 다음 캐릭터의 몸통 외형에 맞도록 메시 윤곽을 조정합니다. 이 작업은 캐릭터의 전체 비율과 형태를 결정하는 중요한 단계로 모델링이 자연스럽고 균형 잡히게 보이도록 수정합니다. Mirror Modifier가 활성화되어 있으므로 한쪽 면을 수정하면 반대쪽도 동일하게 반영됩니다.

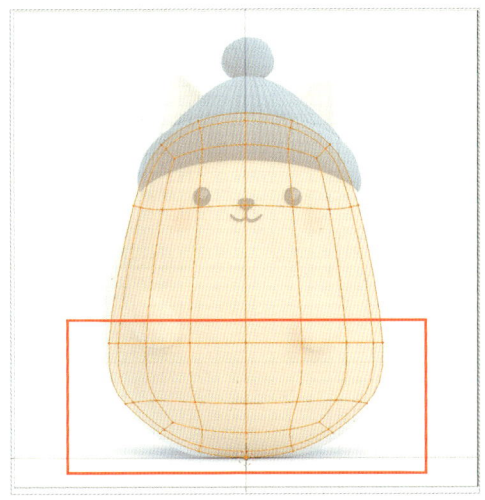

11 몸통 쪽 메시를 아래로 내리면서 중간에 길게 늘어난 메시가 생겼기 때문에 Loop Cut 기능을 사용하여 메시가 균등해지도록 선을 추가합니다. <Ctrl> + <R> 키를 눌러 Loop Cut 기능을 활성화합니다. 메시 위에 커서를 올리면 Loop Cut 위치가 표시됩니다. 원하는 위치에서 마우스 휠을 돌려 추가할 선의 수량을 조절하고 전체 메시의 크기가 균등해지도록 만듭니다. 마우스 좌클릭으로 선을 추가한 후 추가한 메시를 활용해 더 정밀하게 캐릭터 외형에 맞도록 메시를 수정합니다.

기초 모델링(귀)

01 캐릭터 귀를 만들기 위해서 귀를 돌출시킬 위치에 있는 Vertex 하나를 선택하여 삭제합니다.

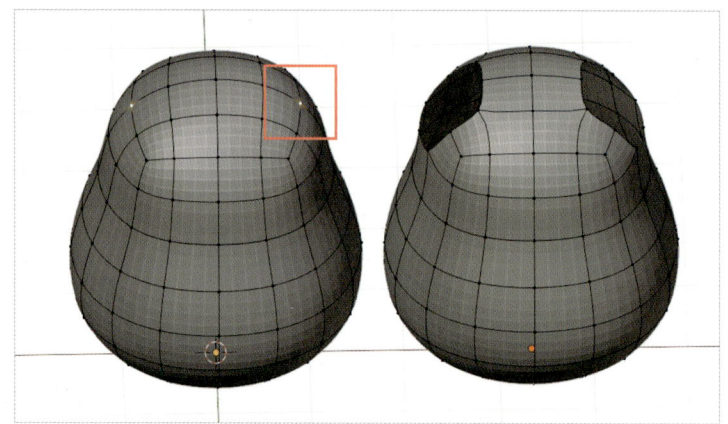

02 ❶ 구멍의 테두리를 모두 선택합니다. Edit Mode에서 <Alt> 키를 누른 상태로 구멍 가장자리의 Edge를 클릭하면 테두리를 한 번에 선택할 수 있습니다. ❷ 상단 메뉴에서 [Mesh] → [Transform] → [To Sphere] 기능을 사용하여 선택한 테두리가 둥글어지게 변형합니다. 이 과정으로 자연스러운 둥근 귀를 만들 수 있습니다. To Sphere 기능은 <Shift> + <Alt> + <S> 단축키로 빠르게 실행할 수 있습니다.

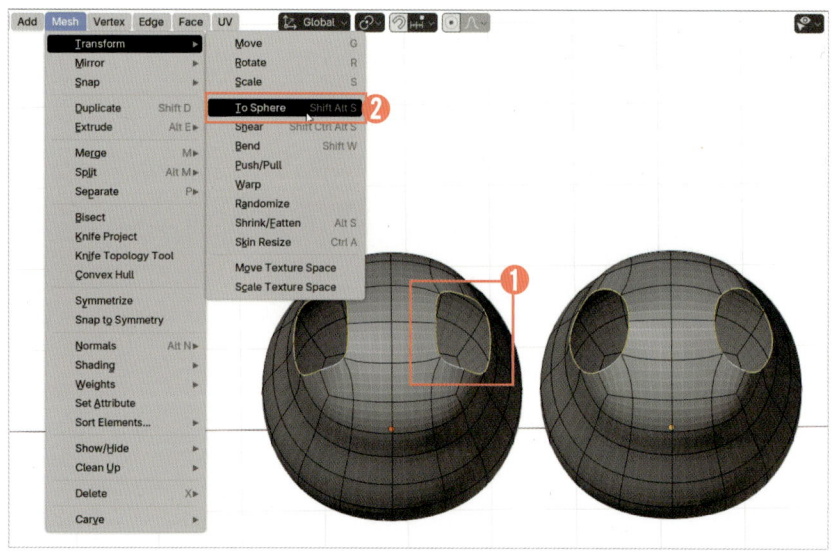

03 테두리 안쪽으로 새로운 메시를 생성합니다. ❶ <E> 키를 눌러 Extrude 기능을 활성화하여 새로운 메시를 돌출시키는 도중에 <S> 키를 눌러서 크기를 줄입니다. 이 과정을 통해 테두리 안쪽으로 새로운 메시를 생성할 수 있습니다. ❷ 실제 귀 단면은 원형보다 타원형에 가깝기 때문에 <S> 키를 누른 상태에서 <Y> 키를 눌러 Y축 기준으로 스케일을 줄입니다.

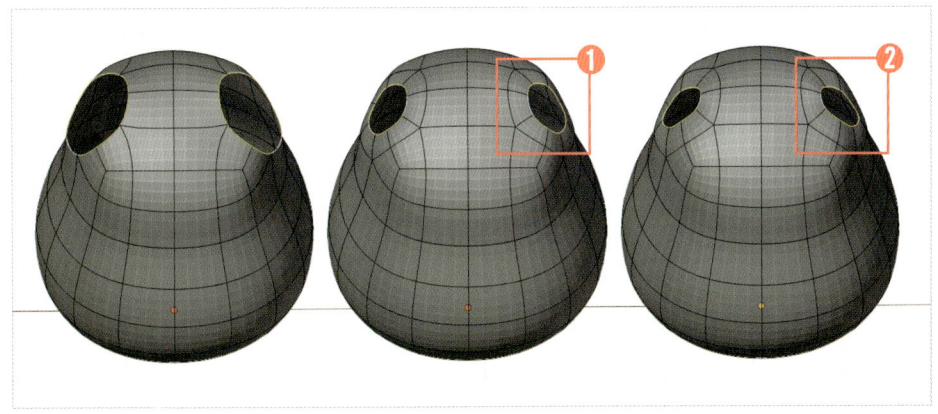

04 ❶ Front View 상태에서 현재 메시 위치와 원본 이미지의 귀 위치를 비교하여 확인합니다. ❷ 구멍 테두리의 위치를 이동시키고 각도를 회전시켜 원본 이미지와 동일하도록 조정합니다. 이 과정에서 <O> 키를 눌러 Proportional Editing 모드를 활성화하면 선택한 메시 주변 영역까지 부드럽게 조정할 수 있어 더욱 자연스러운 변형이 가능합니다.

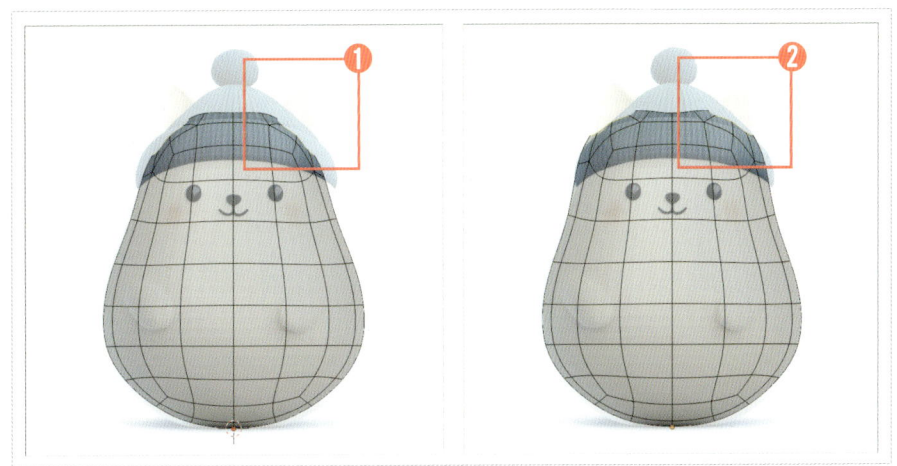

05 ❶ 구멍의 테두리를 <E> 키를 눌러 Z축 방향으로 돌출시킵니다. 돌출한 모든 Vertex의 높이를 같게 조정하려면 높이를 맞추고 싶은 Vertex를 모두 선택한 후 <S> → <Z> 키를 연속으로 누르고 숫자 '0'을 입력한 후 <Enter> 키를 누릅니다. 이렇게 하면 선택한 Vertex가 동일한 Z축 높이를 가지게 됩니다. ❷ 돌출한 메시를 원본 이미지의 귀 모양에 맞도록 계속해서 조정합니다. 이 과정에서 <E> 키를 반복적으로 사용하여 단계별로 돌출시키며 귀의 외형과 각도를 조정해 줍니다.

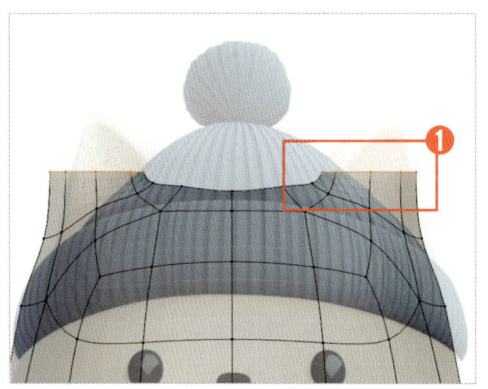 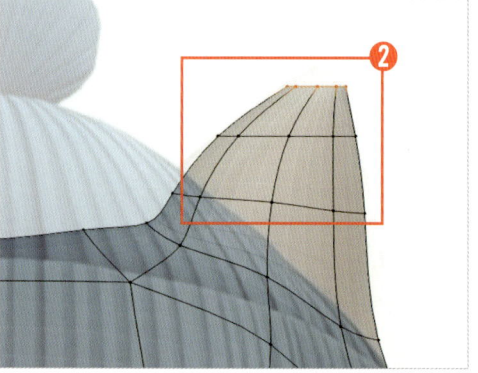

06 귀 끝부분은 여러 개의 Vertex를 하나의 점으로 모아야 합니다. 끝부분에 있는 Vertex를 모두 선택한 후 <M> 키를 눌러 [Merge] 팝업 메뉴를 엽니다. [At Center] 기능을 선택하면 선택한 Vertex가 중심점에서 하나의 Vertex로 합쳐집니다. 이 작업을 통해 귀 끝부분을 매끄럽게 마무리할 수 있습니다.

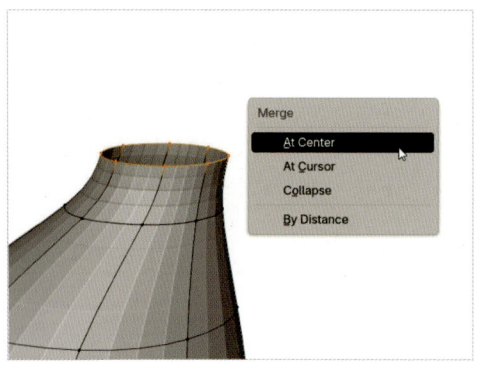 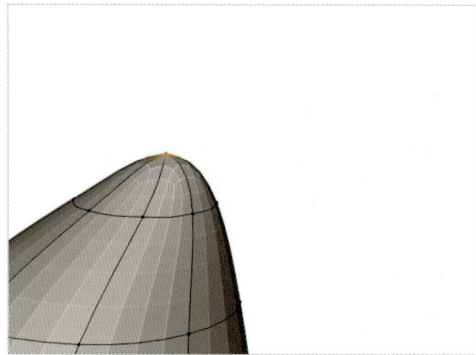

07 ❶ 귀에서 안쪽으로 들어갈 부분의 메시를 선택합니다. ❷ <E> 키를 눌러 안쪽으로 살짝 넣어줍니다. ❸ <S> 키를 눌러 안쪽으로 들어간 메시의 크기를 적당히 줄여줍니다.

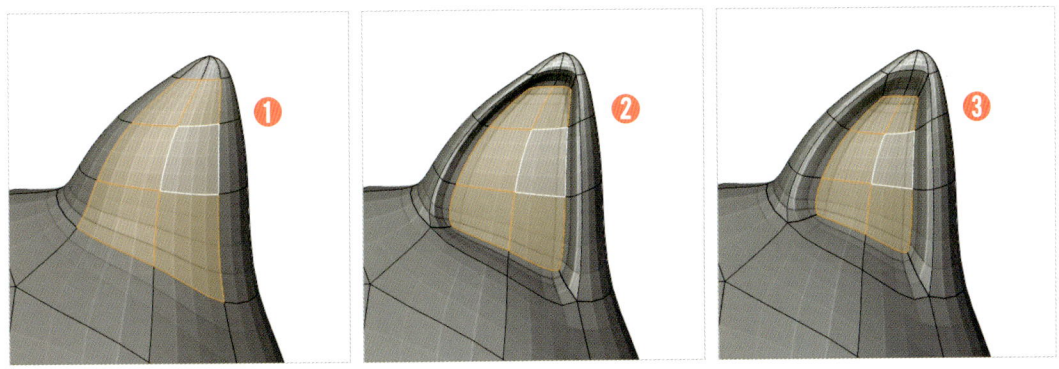

기초 모델링(팔)

01 캐릭터의 팔을 만들어 봅시다. Cube 메시를 생성한 후 팔의 위치와 크기에 맞게 조정합니다.

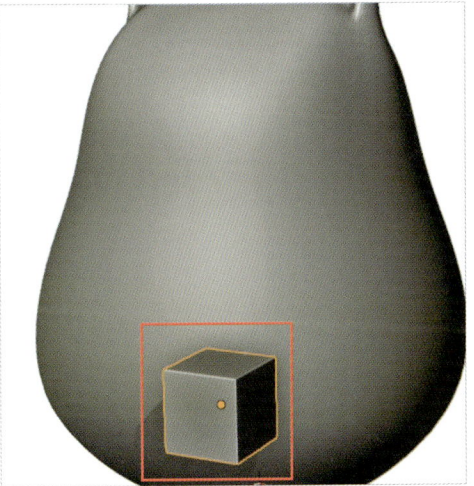

02 팔 모양에 맞게 Cube 오브젝트를 회전시키고 <E> 키를 눌러 한 칸 더 돌출시킵니다. 중간에 있는 Edge는 팔이 살짝 꺾일 수 있도록 관절 역할로 사용할 예정입니다.

03 ❶ Subdivision Surface Modifier를 추가한 후 Level Viewport 값을 '3'으로 설정하여 각진 네모를 부드럽고 둥글게 만듭니다. ❷ 팔이 몸통에 붙어 있도록 위치를 이동시킵니다. 팔이 자연스럽게 안쪽으로 살짝 굽혀질 수 있도록 중간에 있는 Edge를 기준으로 꺾이게 만듭니다.

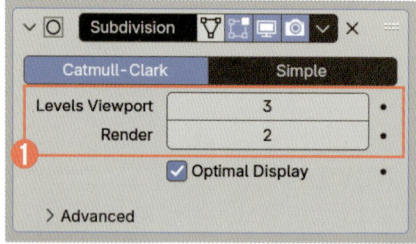

 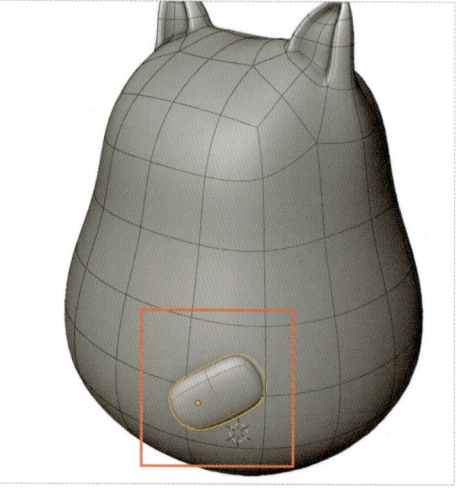

04 ❶ 팔을 반대쪽에 대칭으로 만들기 위해 Mirror Modifier를 추가합니다. ❷ 대칭 기준점을 설정하기 위해 'Mirror Object' 항목에서 오른쪽에 있는 <스포이트> 아이콘을 선택합니다. ❸ 마우스 커서가 스포이트 모양으로 바뀌면 캐릭터 몸통을 클릭합니다. ❹ 팔 메시가 몸통을 기준으로 완전한 대칭으로 생성됩니다. 캐릭터에서 대칭이 필요한 대부분의 메시는 이와 같은 방법으로 작업합니다.

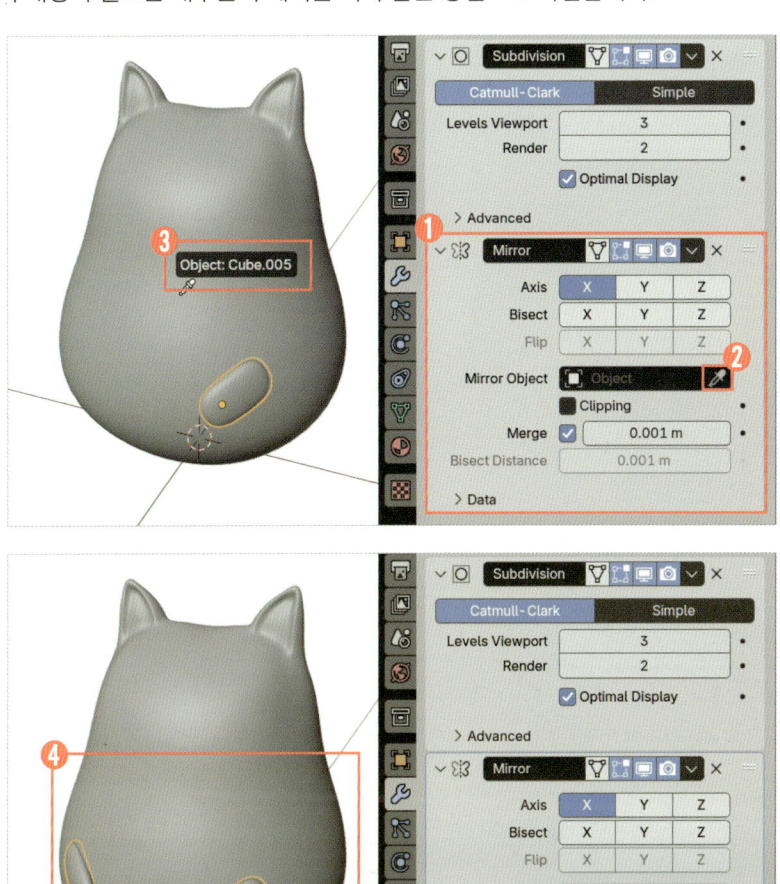

기초 모델링(눈)

01 캐릭터의 눈은 UV Sphere 메시를 사용해 간단히 만들 수 있습니다. ❶ 눈 위치에 UV Sphere를 생성하고 크기를 캐릭터에 맞게 조정합니다. ❷ UV Sphere에서 점이 모이는 부분이 앞쪽을 향하도록 X축 기준으로 90도 회전시킵니다. ❸ 인형 눈처럼 납작한 모양을 만들기 위해 <S> 키를 누른 후 <Y> 키를 눌러 Y축 방향으로 크기를 줄입니다.

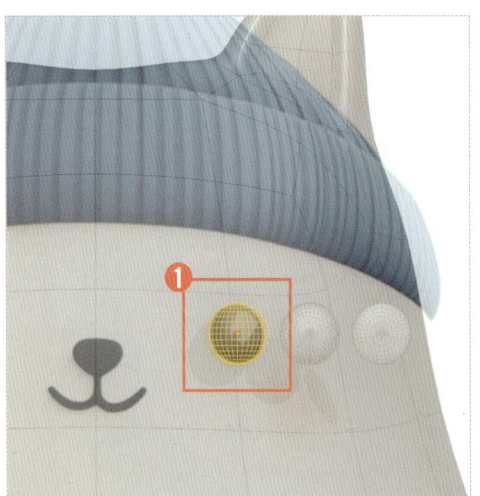
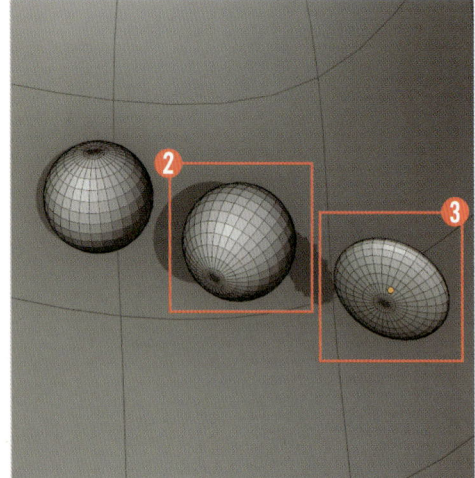

02 ❶ 화면 각도를 Top View와 Right View로 번갈아 이동하며 눈 메시를 이동시키고 회전시켜 캐릭터 몸통에 자연스럽게 붙도록 조정합니다. ❷ 팔 메시와 같은 방법으로 Mirror Modifier를 적용하여 반대편에도 눈 메시를 대칭으로 복사합니다.

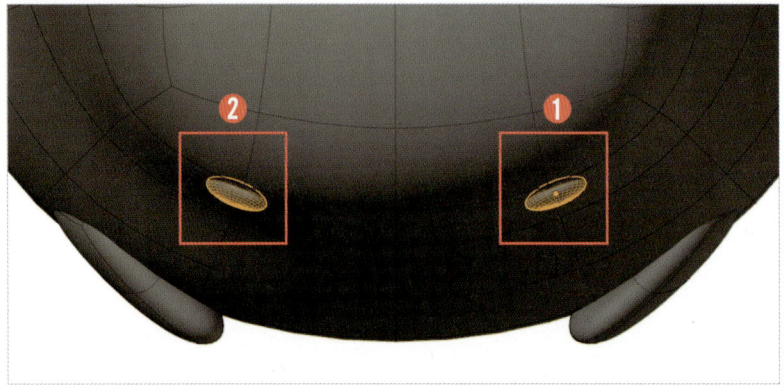

기초 모델링(코, 입)

01 캐릭터의 코는 Cube 메시로 시작합니다. Y축 방향으로 납작하게 만든 뒤 Subdivision Surface Modifier를 적용하여 둥근 모양으로 만듭니다. 그다음 위쪽은 넓게 하고 아래쪽은 좁혀서 사다리꼴 형태의 코 모양을 잡아줍니다.

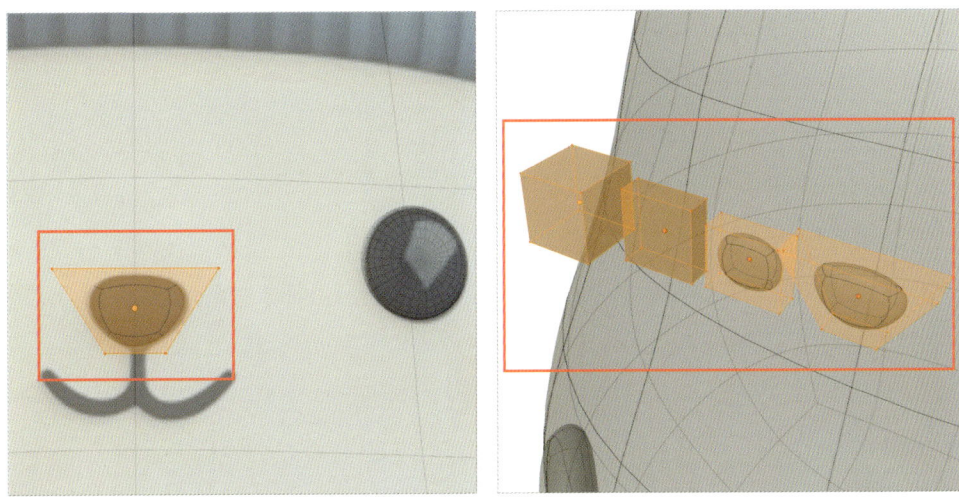

02 [Add] 팝업 메뉴에서 [Curve] → [Path]를 선택하여 오브젝트를 추가하고 캐릭터의 입 위치에 맞게 배치합니다.

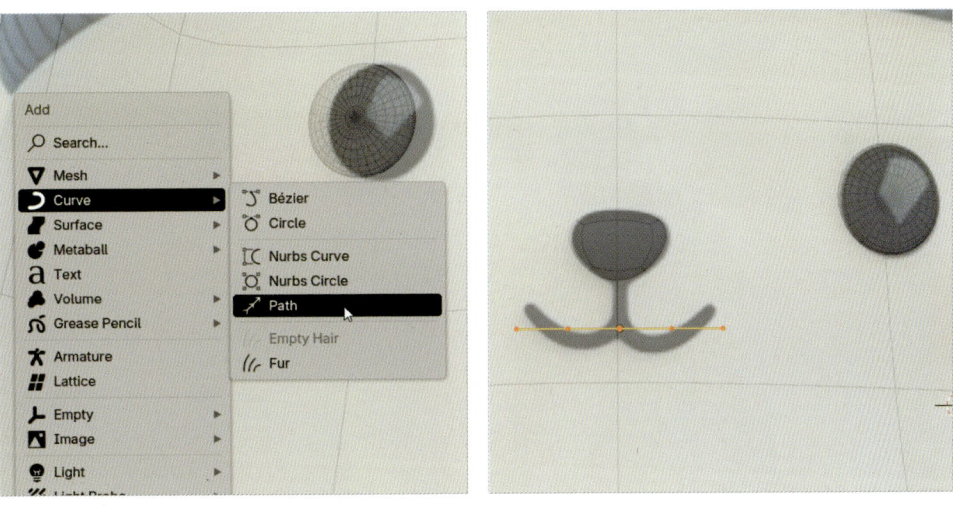

03 모든 Segment를 선택한 후 마우스를 우클릭하여 [Curve] 팝업 메뉴를 엽니다. [Subdivide] 기능을 선택하면 Segment를 더 잘게 나눌 수 있습니다. 이를 통해 곡선을 더 세밀하게 조정할 수 있습니다.

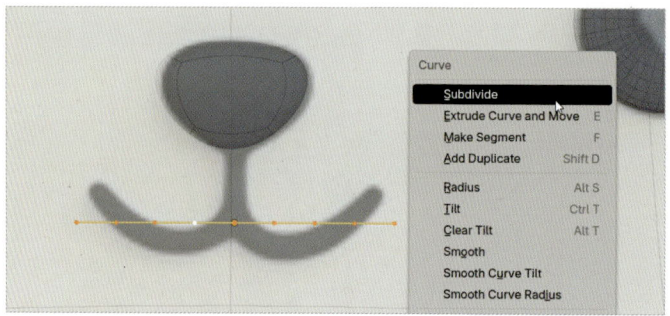

04 ❶ 원본 이미지에 맞게 입 모양을 수정합니다. 양쪽의 같은 위치에 있는 Segment를 함께 선택하고 이동시키면 대칭된 입 모양을 유지할 수 있습니다. ❷ 중간에 있는 Segment를 <Shift> + <D> 키로 복사하여 점 하나를 위쪽으로 복사합니다. 그런 다음 <E> 키를 사용하여 Segment를 세로 방향으로 연장해 입 모양을 완성합니다.

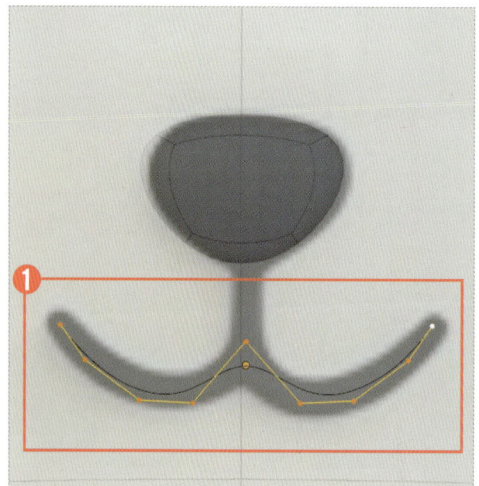 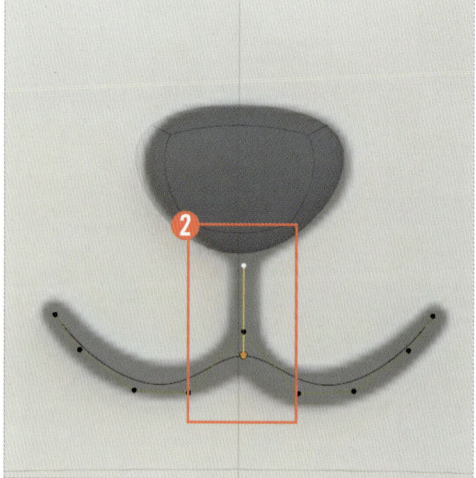

05
❶ Curve 오브젝트를 선택한 후 화면 오른쪽의 Properties 에어리어에서 [Object Data Properties] 탭을 선택합니다. ❷ 'Bevel' 메뉴에서 'Depth' 항목을 조정하여 Path에 두께를 추가합니다. 원본 이미지에 맞게 적당한 값을 입력해 자연스러운 두께를 만듭니다. ❸ [Fill Caps]을 활성화하여 Curve 메시에 부피를 추가하면서 생긴 양쪽 끝의 열린 공간을 막아줍니다.

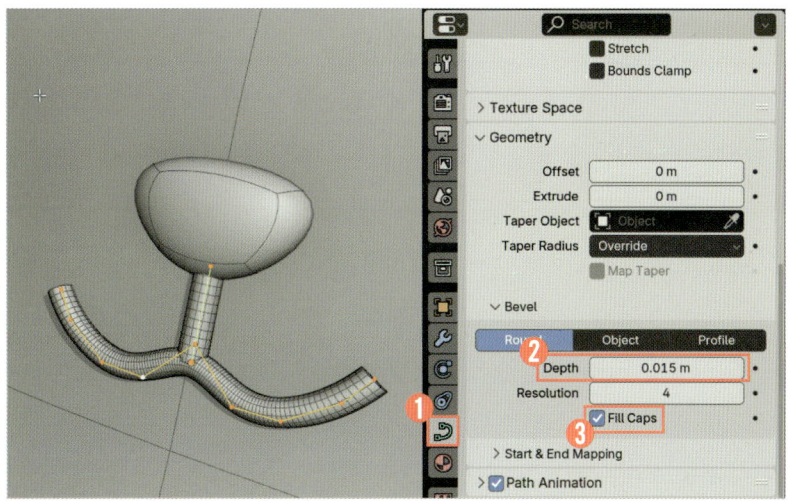

기초 모델링(모자)

01 마지막으로 파란색 털 모자를 만들어 봅시다. Circle 메시를 생성합니다. <E> 키를 사용하여 위쪽 방향으로 돌출시키고 <S> 키를 사용해 크기를 조절합니다. 돔 모양이 되도록 반복적으로 돌출과 크기 조절을 진행하며 형태를 만듭니다.

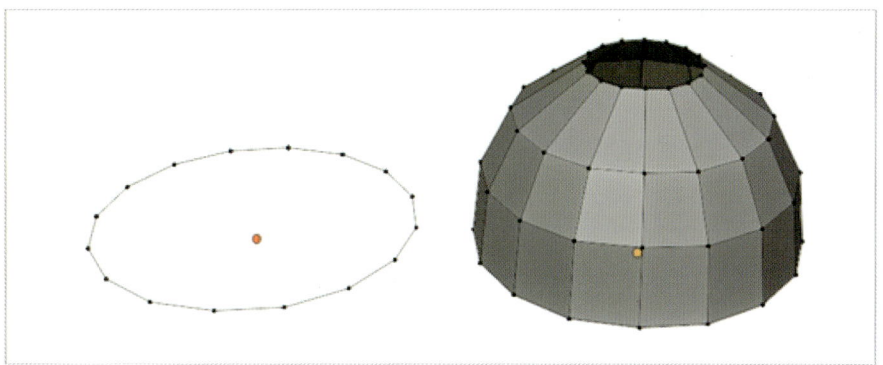

02 ❶ 가장 아래에 있는 Vertex를 모두 선택합니다. ❷ <E> 키를 눌러 Extrude를 활성화한 후 <S> 키를 눌러 바깥쪽 방향으로 메시가 돌출되도록 만듭니다. ❸ <E> 키를 다시 누르고 <Z> 키를 눌러 수직 방향으로 올립니다.

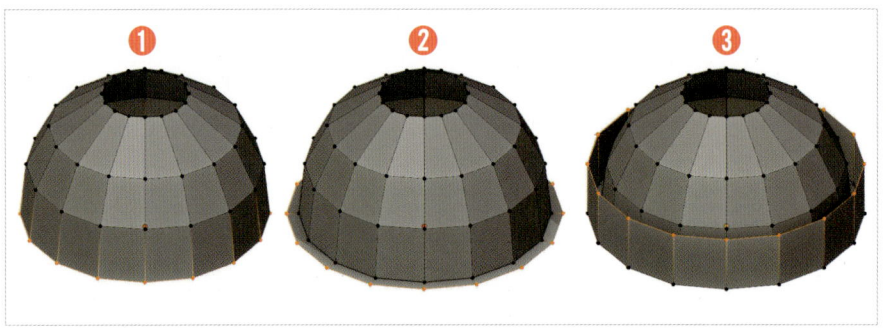

03 이번에는 위쪽에 있는 Vertex들을 안쪽으로 돌출시킵니다. <E> 키를 눌러 Extrude를 활성화한 후 <S> 키를 눌러 크기를 줄여 모자 안쪽으로 관통시킵니다. 오른쪽 사진은 이해를 돕기 위해 표면을 투명하게 설정하여 내부 구조를 보여준 것입니다. 이 방법은 메시가 완벽히 닫혀 있지는 않지만 2D 텍스처를 입히기에는 더 적합한 구조입니다.

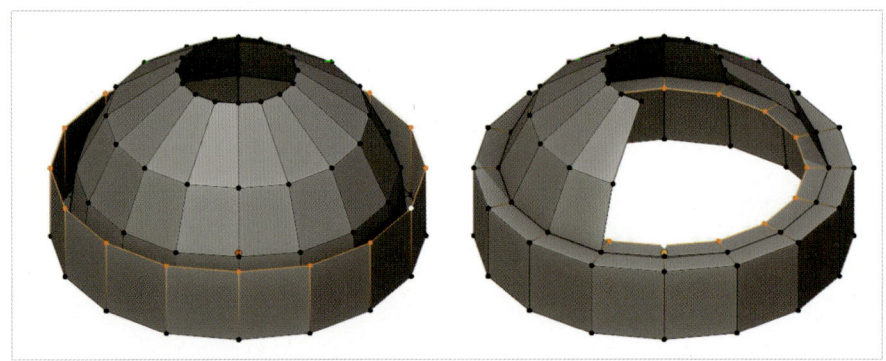

04 ❶ 위쪽의 Vertex를 모두 선택합니다. ❷ 3D 뷰포트 에어리어 화면 상단에 있는 [Face] 메뉴에서 [Grid Fill] 기능을 선택합니다. ❸ 열려 있던 모자의 윗부분이 자연스럽게 메시로 채워져 닫힙니다.

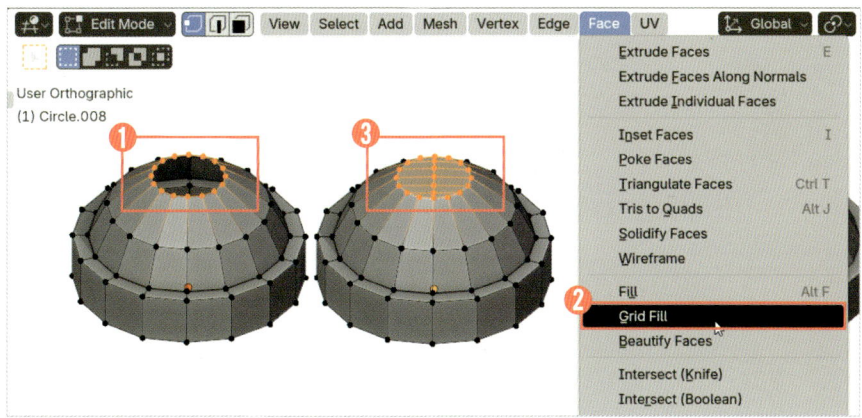

05 ❶ Grid Fill 기능을 사용하면 왼쪽 아래에 추가 설정을 할 수 있는 팝업창이 나타납니다. 이 팝업창은 방금 실행한 동작에 대해서만 설정할 수 있으므로 다른 기능을 사용하면 사라집니다. 팝업창이 사라졌다면 <F9> 키를 눌러 다시 호출하거나 <Ctrl> + <Z> 단축키로 실행 취소한 후 Grid Fill 기능을 다시 사용하세요. ❷ 팝업창에서 'Span'과 'Offset' 항목을 조절하면 Grid Fill로 메시가 채워지는 패턴과 방향을 세밀하게 설정할 수 있습니다. ❸ 예를 들어 Span 값을 '4', Offset 값을 '3'으로 설정하면 구멍이 깔끔하고 균형 잡힌 형태로 메워집니다.

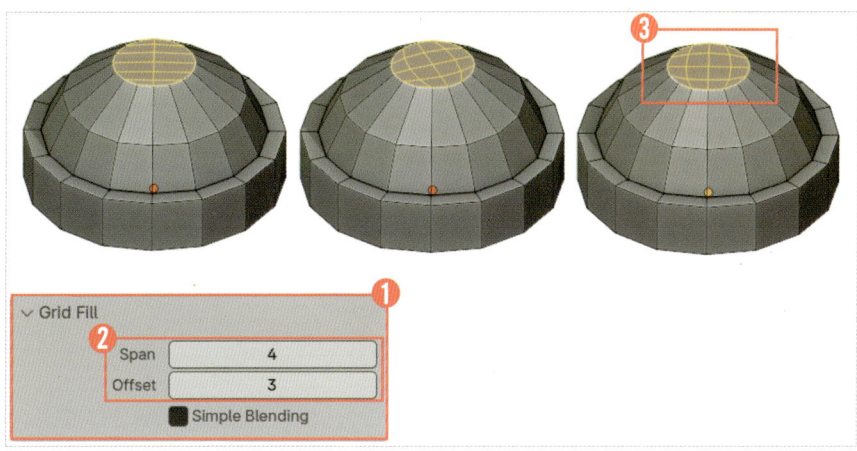

06 Grid Fill로 평평하게 채운 모자 윗부분을 부드럽게 수정하여 더 둥근 모양으로 만듭니다.

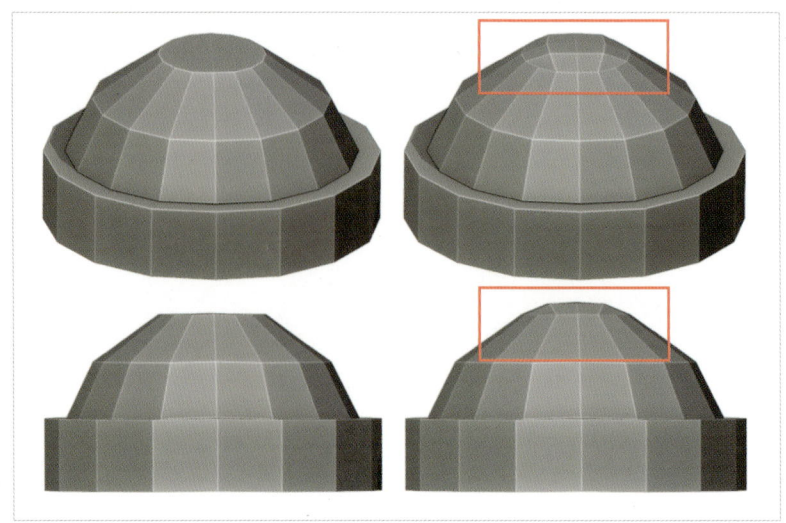

07 텍스처를 입히기 위해 재봉선을 추가합니다. ❶ 정면에서 봤을 때 중간을 가로지르는 Edge를 모두 선택합니다. <Alt> 키를 누르고 Edge를 클릭하면 한 줄을 쉽게 선택할 수 있습니다. ❷ 화면 위쪽의 [Edge] 메뉴에서 [Mark Seam] 기능을 선택합니다. ❸ Mark Seam을 적용한 위치는 빨간색 선으로 표시됩니다. 이 빨간 선을 기준으로 UV 매핑이 나뉘게 됩니다.

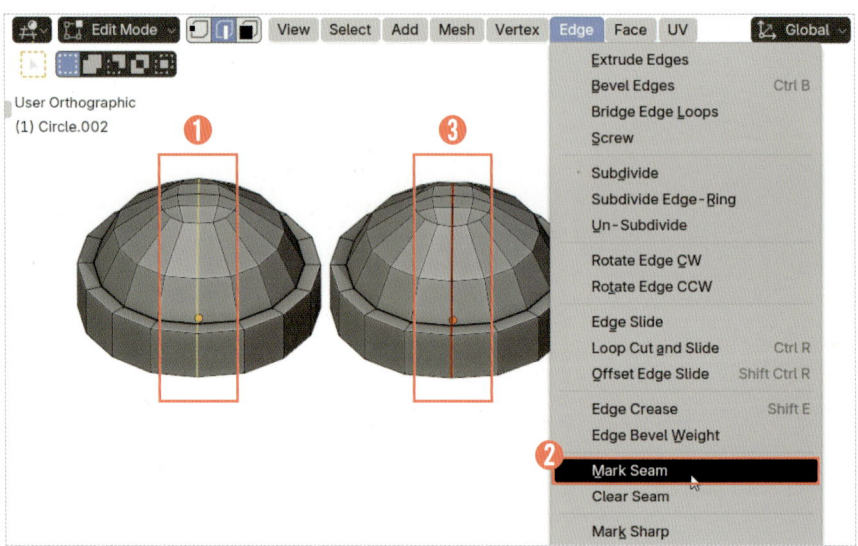

08 모자 위쪽에 장식을 추가합니다. UV Sphere 메시를 생성한 후 모자의 크기에 맞게 크기를 줄이고 적절한 위치에 배치합니다.

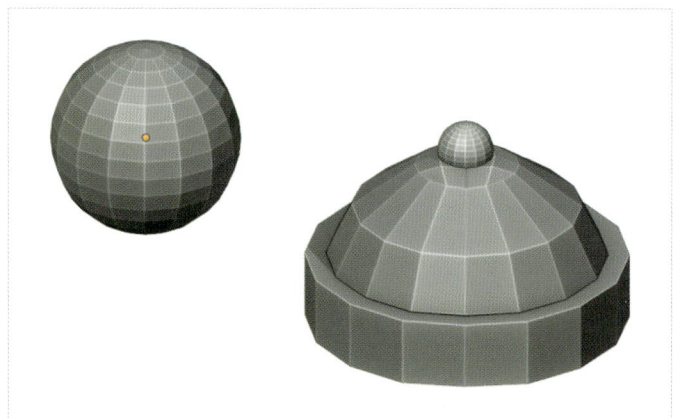

09 털모자에 사용할 텍스처를 빠르게 생성하기 위해 챗GPT와 미드저니를 활용합니다. 먼저 GPT에 다음과 같이 질문합니다. 챗GPT

> - 미드저니에서 사용할 프롬프트를 만들어줘.
> - 간단한 프롬프트 구성
> - 파란색 털모자 패턴

10 챗GPT를 통해 생성한 프롬프트를 미드저니에서 사용합니다. 이때 반복되는 패턴으로 텍스처를 생성하기 위해 프롬프트 끝에 '--tile' 파라미터를 추가로 입력합니다. 미드저니

> Highly detailed, close-up of fluffy fur texture, soft wool-like material, warm winter hat, realistic lighting, seamless design, blue colors --tile

11 다시 블렌더로 돌아와 모자에 머티리얼을 적용합니다. ❶ 'Base Color' 항목에 미드저니에서 생성한 털 패턴 텍스처를 입력합니다. ❷ 모자의 모든 메시를 선택한 후 <U> 키를 눌러 [UV Mapping] 팝업 메뉴에서 [Unwrap]을 선택합니다. Mark Seam을 기준으로 UV 매핑이 양쪽으로 펼쳐져 텍스처가 모자 표면에 적용됩니다.

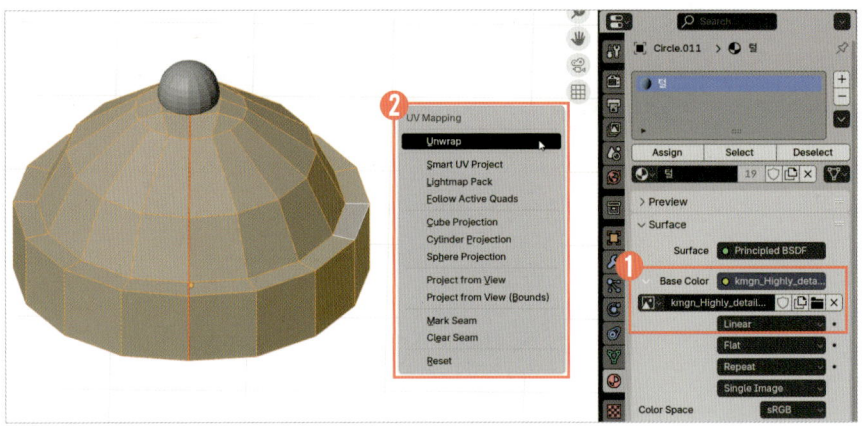

12 ❶ 화면 상단에서 [UV Editing] 워크스페이스 탭으로 전환합니다. ❷ 오른쪽에 있는 3D 뷰포트 에어리어에서 메시를 선택합니다. ❸ 오른쪽에서 선택한 메시의 UV 매핑이 왼쪽 UV Editor 에어리어에 표시됩니다. 여기서 Mark Seam을 기준으로 나뉜 UV 매핑을 확인할 수 있습니다. UV 맵 위에 마우스 커서를 올리고 <L> 키를 누르면 연결된 메시만 따로 선택됩니다. 선택한 UV 맵의 위치를 이동시켜 모자의 텍스처를 세밀하게 조정할 수 있습니다. 모자 장식도 동일한 방법으로 진행합니다.

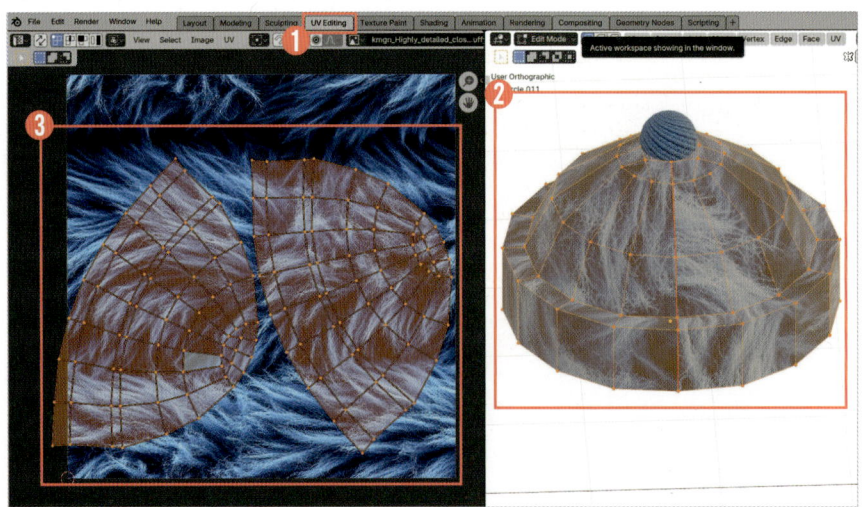

13 표면에 적용한 텍스처의 크기를 줄이고 부드럽게 만듭니다. ❶ [Shading] 워크스페이스 탭으로 전환합니다. ❷ 부드러운 모델링을 위해 모자 오브젝트에 Subdivision Surface Modifier를 추가하여 메시를 세분화하고 매끄럽게 만듭니다.

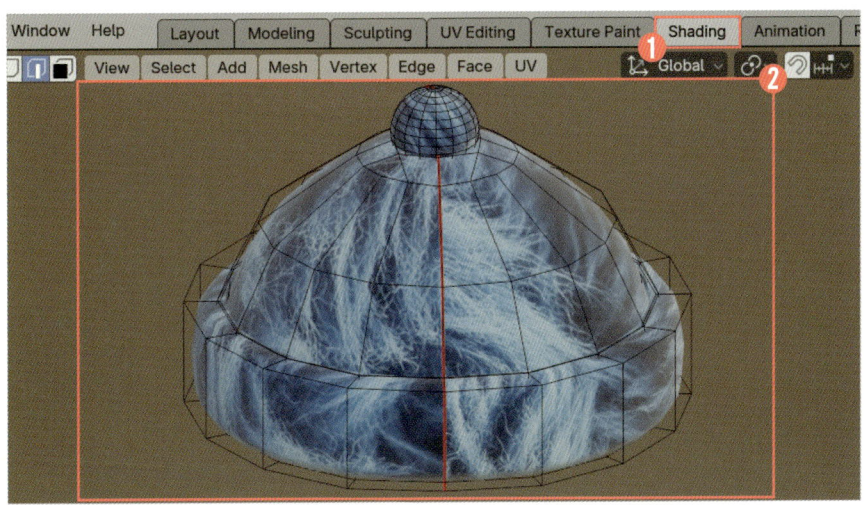

14 [Shading] 워크스페이스 탭에서는 아래쪽에 Shader Editor 에어리어가 기본으로 설정되어 있습니다. ❶ 머티리얼에 미드저니 이미지를 추가하면 Image Texture 노드가 생성됩니다. ❷ Image Texture 노드의 왼쪽에 Texture Coordinate 노드와 Mapping 노드를 차례로 연결합니다. Texture Coordinate 노드의 'UV' 아웃풋 슬롯을 Mapping 노드의 'Vector' 인풋 슬롯에 연결합니다. 이어서 Mapping 노드의 'Vector' 아웃풋 슬롯을 Image Texture 노드의 'Vector' 인풋 슬롯에 연결합니다. ❸ Principled BSDF 셰이더 노드의 'Sheen' 메뉴에서 Weight 값을 높여 털 표면에 하얀 잔털이 뽀얗게 보이는 효과를 추가합니다.

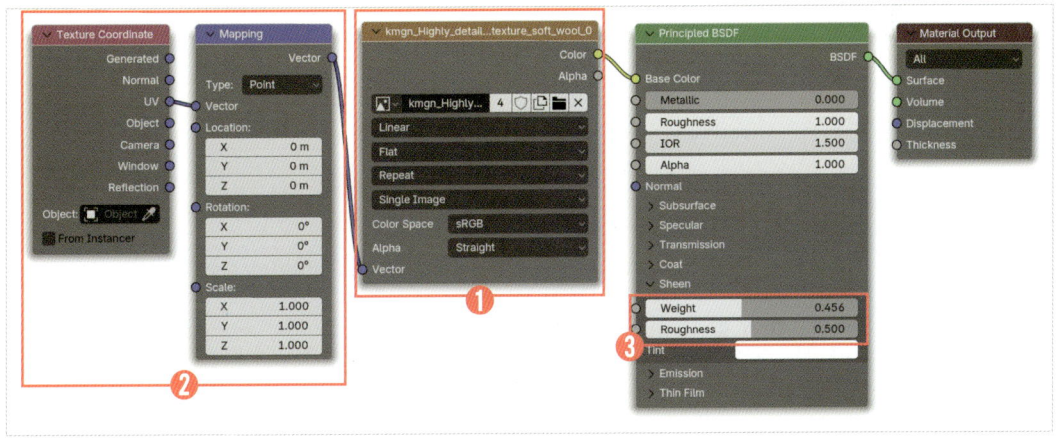

15 ❶ Mapping 노드의 'Scale' 항목에서 'X', 'Y', 'Z' 파라미터를 조정하여 텍스처의 크기를 조절합니다. 값을 높이면 털 패턴이 더 작은 크기로 반복됩니다. ❷ Mapping 노드의 Scale 값을 모두 '40'으로 설정하면 텍스처가 더 작은 패턴으로 반복되며 촘촘한 털 느낌이 표현됩니다.

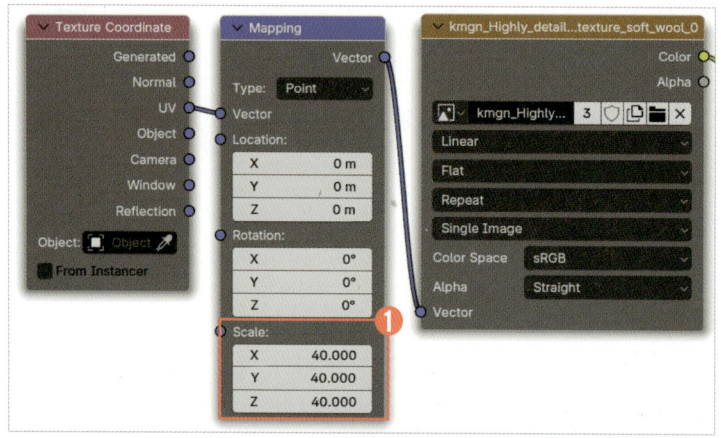

머티리얼 적용 및 최종 세팅

01 캐릭터 모델링에 머티리얼을 적용합니다. 원본 이미지의 색상과 재질을 최대한 반영하도록 노력해 봅시다.

02 원본 이미지를 참고하여 모자 오브젝트를 씌워줍니다. 크기와 비율을 적절히 조절하여 자연스럽게 배치합니다. 블렌더에서 캐릭터를 제작할 때 챗GPT와 미드저니를 활용하면 작업 효율과 창작 가능성을 크게 높일 수 있습니다. 챗GPT로 구체적이고 체계적인 프롬프트를 만들고 미드저니에서는 이를 바탕으로 고품질 원본 이미지와 패턴을 제작합니다. 이렇게 하면 더욱 전문적이고 정교한 결과물을 얻을 수 있습니다.

4.4.3 자동차

자동차를 만들어 보겠습니다. 자동차의 외형은 비교적 간단한데, 바퀴와 전체적인 비율이 디자인의 완성도를 결정짓는 중요한 요소입니다. 이러한 비율과 디테일을 설정할 때 미드저니에서 생성한 이미지를 레퍼런스로 활용하면 큰 도움을 받을 수 있습니다. 미드저니 이미지는 초기 디자인 구상뿐 아니라 디테일을 풍부하게 만드는 데에도 유용합니다.

이번 실습에서는 자동차의 정면, 옆면, 뒷면을 각각 생성하고 이를 한 오브젝트로 부드럽게 연결하는 방법을 다룹니다. 미드저니에서 생성한 이미지는 각 면의 디테일을 보완하는 데 유용한 도구가 될 것입니다. 이후 생성한 각 면을 자연스럽게 이어 완성도 높은 3D 자동차 모델을 제작해 봅니다.

텍스처 생성

01 GPT의 도움을 받아 미드저니에서 사용할 프롬프트를 생성합니다. 자동차의 정면, 옆면, 뒷면을 원근감 없이 균일하게 제작하는 것이 중요합니다. 또한 하나의 자동차 모델링에 세 가지 텍스처를 부드럽게 연결하려면 자동차의 색상과 특징을 일관성 있게 유지해야 합니다. 색상과 콘셉트의 통일성을 확보하는 것이 작업의 핵심입니다. 챗GPT

- 미드저니에서 사용할 프롬프트를 만들어줘.
- 간단한 프롬프트 구성
- 빨간색 세단 자동차
- 원근법 없는 완전한 정면 모습
- 하얀색 배경
- 극사실적인 이미지
- 자동차 브랜드 마크 표시 없음

MidJourney Prompt:

"An ultra-realistic red sedan car, perfectly symmetrical front view with no perspective distortion, plain white background, no brand logo or markings, photorealistic details, studio lighting, clean and polished design"

- 미드저니에서 사용할 프롬프트를 만들어줘.
- 간단한 프롬프트 구성

- 빨간색 세단 자동차
- 원근법 없는 완전한 옆면 모습
- 하얀색 배경
- 극사실적인 이미지
- 자동차 브랜드 마크 표시 없음

MidJourney Prompt:

"An ultra-realistic red sedan car, perfectly symmetrical side view with no perspective distortion, plain white background, no brand logo or markings, photorealistic details, studio lighting, clean and polished design"

- 미드저니에서 사용할 프롬프트를 만들어줘.
- 간단한 프롬프트 구성
- 빨간색 세단 자동차
- 원근법 없는 완전한 뒷면 모습
- 하얀색 배경
- 극사실적인 이미지
- 자동차 브랜드 마크 표시 없음

MidJourney Prompt:

"An ultra-realistic red sedan car, perfectly symmetrical rear view with no perspective distortion, plain white background, no brand logo or markings, photorealistic details, studio lighting, clean and polished design"

02 GPT를 사용해 만든 세 가지 프롬프트로 미드저니에서 이미지를 생성해 보겠습니다. 첫 번째로 자동차의 정면 이미지를 생성합니다. 정면 디자인은 차량의 인상을 결정짓는 중요한 요소로 디테일과 비율에 특히 신경 써야 합니다. 미드저니

자동차 옆모습을 만들 때는 정면 이미지를 참조하면 더 연관성 있는 결과를 얻을 수 있습니다. 이를 위해 다음 단계를 따라 진행합니다. ❶ 정면 이미지를 참조하도록 파일을 입력합니다. ❷ 참조 이미지의 콘셉트만 반영되도록 <Style> 버튼을 클릭합니다. ❸ 자동차 옆모습은 정사각형 비율보다 가로로 긴 비율로 제작하는 것이 적합합니다. 이를 위해 <Setting> 버튼을 클릭합니다. ❹ 'Image Size' 메뉴에서 핸들을 가장 오른쪽으로 이동하여 가로로 긴 2:1 비율로 설정합니다. 이제 GPT에서 생성한 옆모습 프롬프트를 미드저니에 입력하여 이미지를 생성해 봅니다.

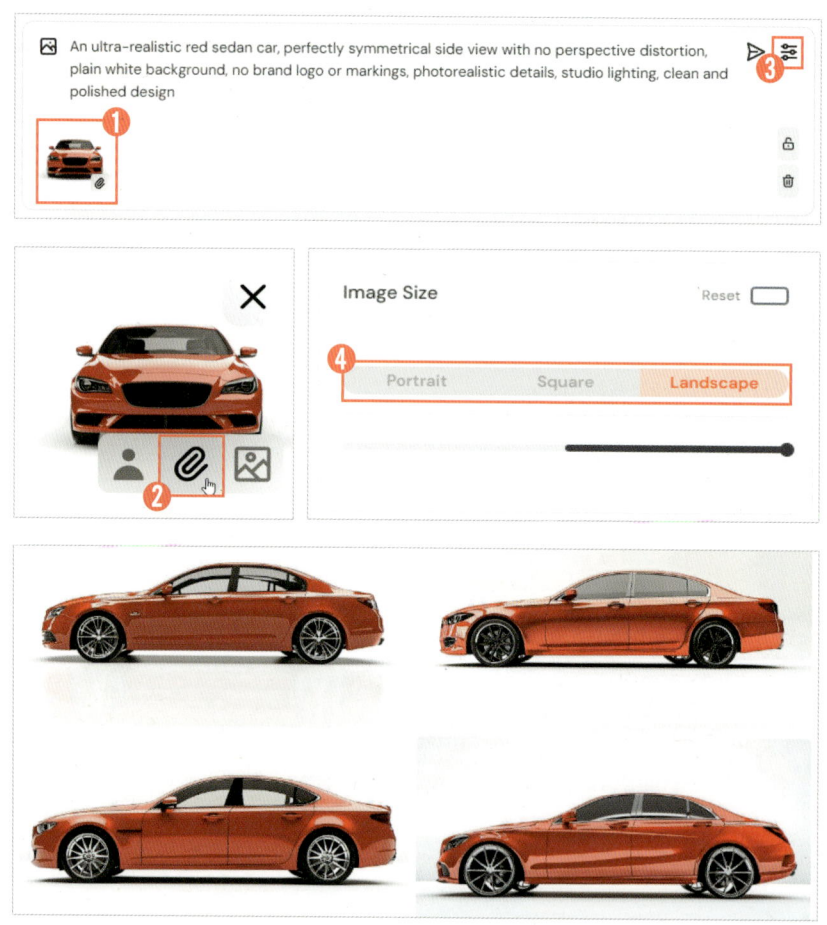

03 같은 방법을 사용하여 자동차 뒷모습도 생성합니다. 이때는 정면과 옆면 이미지의 스타일을 참고하며 뒷면 이미지는 정면과 동일한 1:1의 정사각형 비율로 설정합니다. 🛥 미드저니

레퍼런스 이미지 설정

01 미드저니로 생성한 정면, 옆면, 뒷면 이미지를 블렌더로 불러옵니다. 불러온 이미지는 배경에 놓고 모델링에 활용할 수 있도록 각각의 위치에 맞게 배치합니다. 정면 이미지는 Front View, 옆면 이미지는 Right View, 뒷면 이미지는 Back View에서 바라보도록 설정합니다.

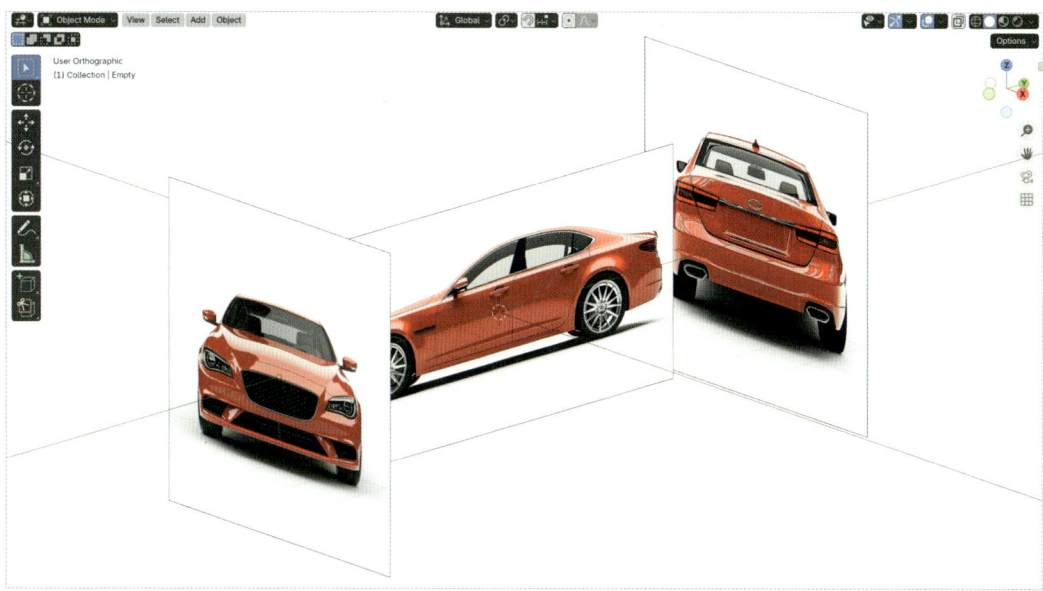

02 Cube 메시를 생성한 후 실제 자동차 비율에 맞게 전폭, 전장, 전고를 조절합니다. 인터넷에서 원하는 자동차 크기의 제원을 조사해 참고할 수 있습니다. 일반적인 준대형 세단의 크기는 1.9m × 5m × 1.5m 입니다.

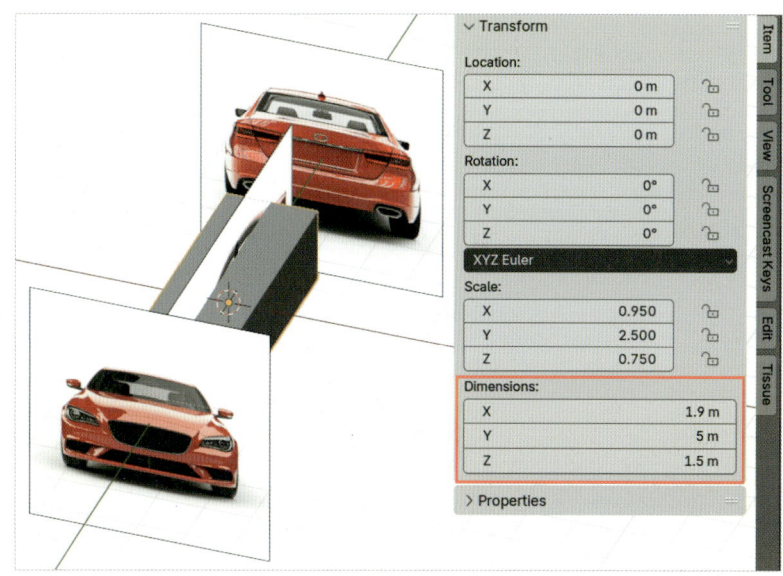

03 이미지를 뒷배경으로 놓고 모델링하기 위해 투명한 상태로 설정합니다. 'Depth' 항목을 <Front>로 설정해 항상 앞쪽에 보이도록 하고 'Opacity' 항목을 활성화하여 '0.5'로 조정해 50% 투명하게 만듭니다. 또한 'Side' 항목을 <Front> 또는 <Back>으로 선택해 그림의 정면만 보이거나 뒷면만 보이게 설정할 수 있습니다. 이를 통해 자동차 정면 이미지는 뒤에서 보이지 않도록 하고 뒷면 이미지는 반대로 설정할 수 있습니다.

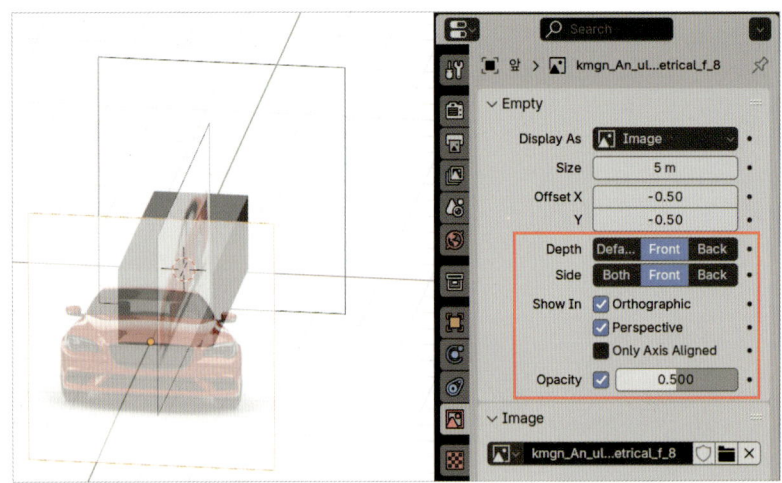

04 이제 Front View에서 Cube 메시에 자동차 정면 이미지가 정확히 맞도록 크기와 비율을 조정합니다. 같은 방식으로 Right View와 Back View에서도 옆면과 뒷면 이미지를 메시에 맞추어 조정합니다.

05 Cube 메시와 참조 이미지 세 개의 크기를 모두 매칭시켰습니다. 자동차 모델링을 진행하면서 참조 이미지를 배경에 두고 작업할 때 해당 이미지를 실수로 선택하지 않도록 설정합니다. ❶ 화면 오른쪽 Outliner 에어리어에서 <Filter> 버튼을 클릭합니다. ❷ <Selectable> 아이콘을 클릭해 활성화합니다. ❸ Outliner 에어리어에 추가한 <Select> 아이콘을 클릭하여 비활성화합니다. 이렇게 설정하면 3D 뷰포트 에어리어에서 참조 이미지를 클릭할 수 없게 됩니다.

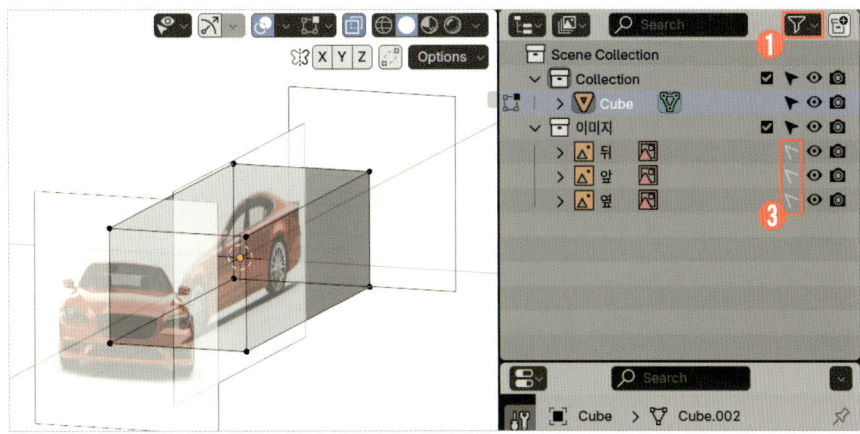

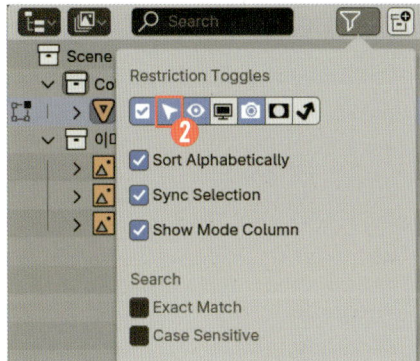

기초 모델링(반쪽)

01 이제 Cube 메시에서 자동차 형상을 간단하게 만들어 봅시다. 참조 이미지에 맞춰 메시를 세밀하게 나누면 좋지만 이번 실습에서는 외형을 대략적으로 표현할 수 있을 정도로만 만들겠습니다. ❶ 먼저 Cube 메시의 중간을 정확히 반으로 나눕니다. 이를 위해 <Ctrl> + <R> 키를 눌러 Loop Cut 기능을 사용합니다. ❷ 그런 다음 왼쪽에 있는 Vertex 들을 모두 제거합니다. 삭제한 왼쪽 메시는 Mirror Modifier를 사용해 대칭으로 만들 예정입니다.

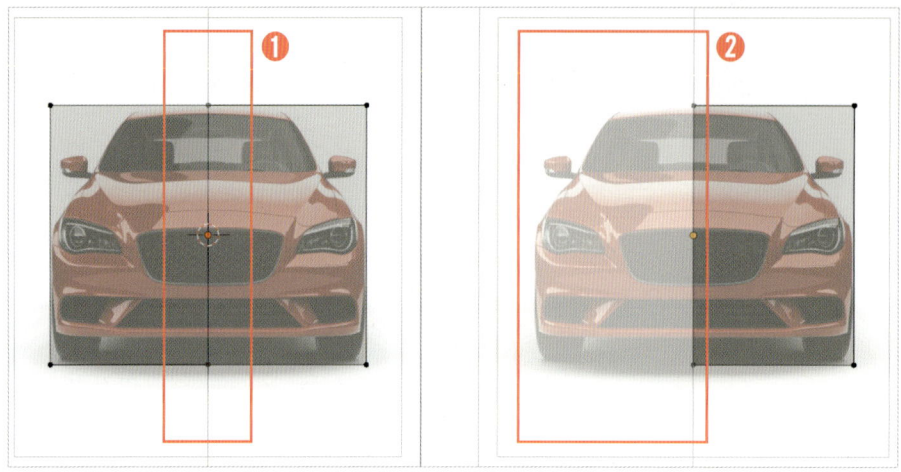

02 Mirror Modifier를 적용해 삭제한 왼쪽 메시를 가상의 메시로 복제합니다. 이렇게 하면 오른쪽 메시만 수정해도 대칭으로 왼쪽이 동일하게 만들어집니다. ❶ [Modifiers] 탭에서 <Add Modifier> 버튼을 클릭하고 <Mirror>를 선택하여 활성화합니다. 이후 오른쪽에서 수정한 모든 작업이 자동으로 왼쪽에 반영되므로 대칭 구조가 손쉽게 유지됩니다. ❷ 추가로 [Clipping]을 선택하여 활성화합니다. 이 옵션은 대칭면을 기준으로 오른쪽 Vertex가 왼쪽으로 넘어가는 것을 방지합니다. 실수로 Vertex가 대칭면을 넘어가 형상이 일그러지는 상황을 예방하는 것입니다. 이를 통해 작업 안정성을 높이고 대칭 구조를 깔끔하게 유지할 수 있습니다.

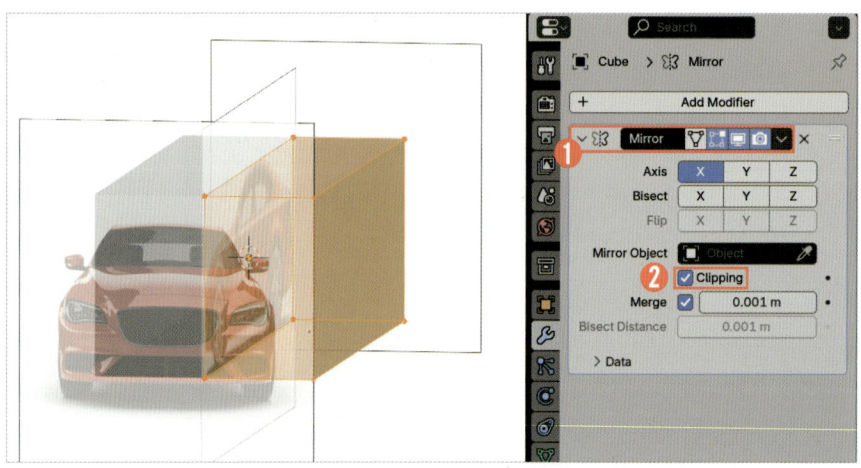

03 이번 실습에서는 초보자들도 쉽게 따라 할 수 있도록 최소한의 메시를 사용하여 자동차의 기본적인 캐릭터 라인을 살리겠습니다. 자동차의 윤곽을 잡기 위해 가장 먼저 바퀴를 포함한 몸통 부분을 명확히 정의하는 것이 중요합니다. Right View에서 Cube 메시의 아래쪽 부분을 선택한 후 <G> 키를 눌러 Z축으로 이동시켜 차체 바닥에 정확히 맞춥니다. Cube의 위쪽 부분은 <G> 키를 눌러 Z축으로 이동시켜 참조 이미지의 캐릭터 특성을 반영한 옆 라인에 맞춥니다.

04 Right View에서 Vertex를 새로 추가하거나 이동시킨 후에는 반드시 Front View로 전환하여 참조 이미지의 형상에 맞게 조정합니다. Vertex 수가 적을 때 외형을 미리 잡아두는 것이 중요합니다. Vertex의 수가 많아질수록 Front View에서 점들이 겹쳐 보이기 쉽기에 각 점을 정확히 구분하여 수정하기가 힘들어집니다. 따라서 작업 초반에는 최소한의 Vertex로 전체적인 윤곽을 설정하고 필요시 점진적으로 세부 디테일을 추가하는 것이 효율적입니다.

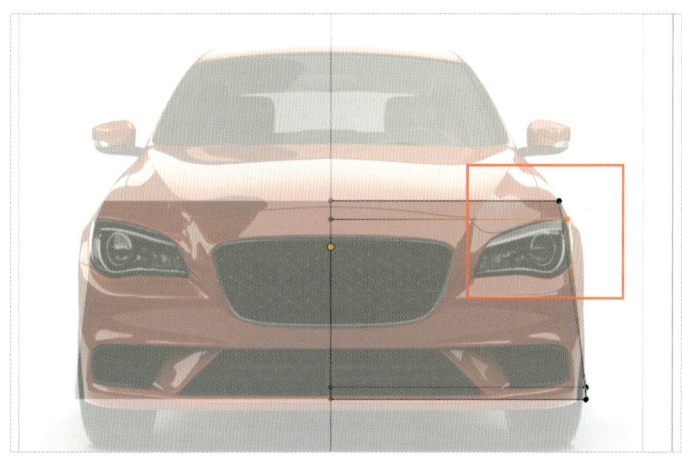

05 Loop Cut 기능으로 다음과 같이 세 개의 라인을 생성합니다. <Ctrl> + <R> 키를 눌러 Loop Cut 도구를 활성화한 후 참조 이미지에 맞게 선을 추가합니다. ❶ 첫 번째로 앞바퀴 휠 하우스의 앞부분에 맞춰 선을 추가합니다. ❷ 두 번째로 앞바퀴의 중심축에 맞게 선을 추가합니다. ❸ 마지막으로 앞바퀴 휠 하우스 뒷부분에 맞춰 선을 추가합니다.

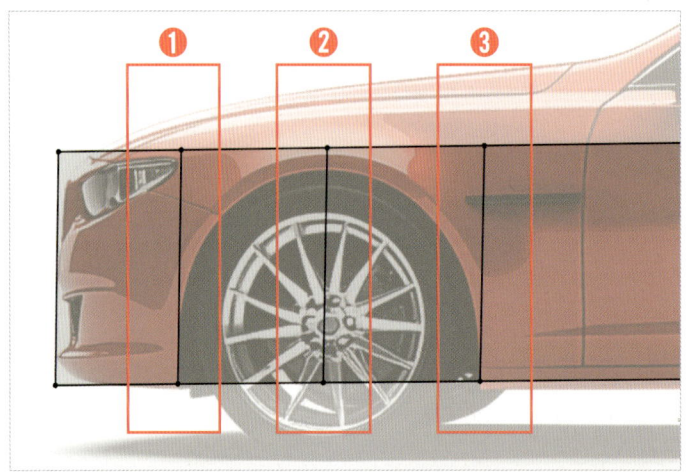

메시가 최대한 사각형 형태를 유지하도록 만드는 것이 중요합니다. 특히 바퀴 휠 하우스 주변에서는 메시를 사각형으로 유지하는 것이 가장 어려운 부분이므로 다음 단계를 차례대로 진행하며 문제를 해결해 봅시다.

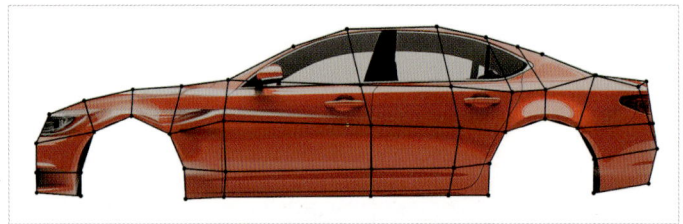

06 ❶ 자동차 옆면의 굴곡과 휠 하우스를 둥글게 표현하기 위해 Loop Cut을 사용하여 가로로 두 줄을 추가합니다. ❷ 휠 하우스를 네모 메시로 구성하기 위해 휠 하우스 중심점에 있는 Vertex 두 개를 삭제합니다. ❸ 마지막으로 참조 이미지에 맞춰 Vertex들을 이동시킵니다.

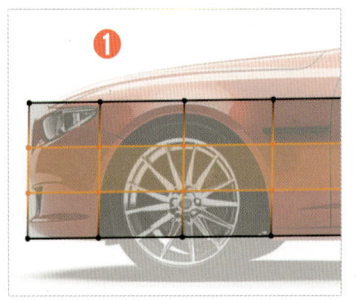 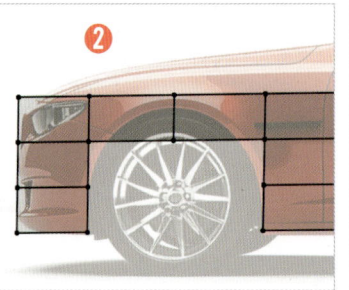 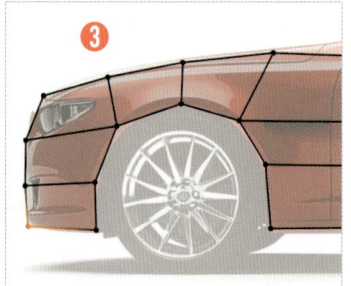

07 Vertex를 이동시키고 새로운 선을 추가했기 때문에 Front View에서 참조 이미지와 맞지 않는 부분이 생길 수 있습니다. 이번에도 마찬가지로 Vertex를 선택하여 <G> 키를 눌러 이동시키고 참조 이미지의 윤곽에 맞게 조정합니다. 이후에도 새로운 선을 추가하거나 Vertex를 이동시킬 때마다 Front View에서 참조 이미지와 비교하여 일치 여부를 확인하고 동일한 방식으로 Vertex를 조정합니다. 이 과정은 정확한 모델링을 위해 반복적으로 수행해야 하며 작업의 일관성을 유지하기 위한 핵심적인 단계입니다.

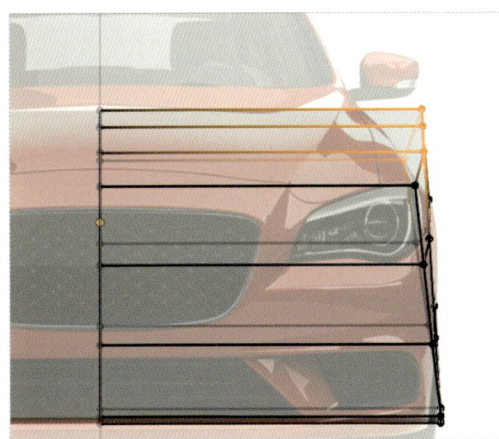
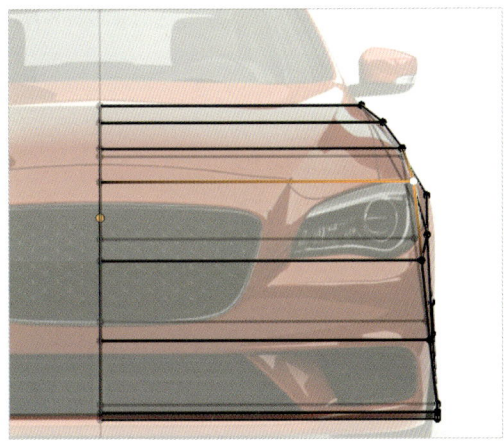

08 뒷바퀴 휠 하우스도 앞바퀴 휠 하우스와 동일한 방법으로 메시를 정리합니다.

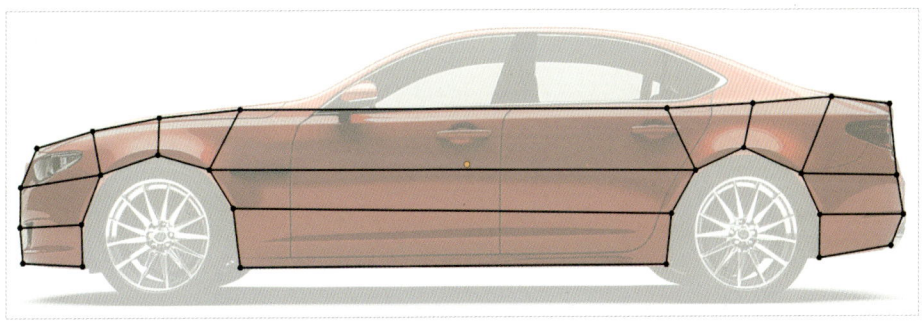

09 위쪽 공간을 올리기 위해 Loop Cut 기능을 사용해 라인 세 개를 추가합니다.

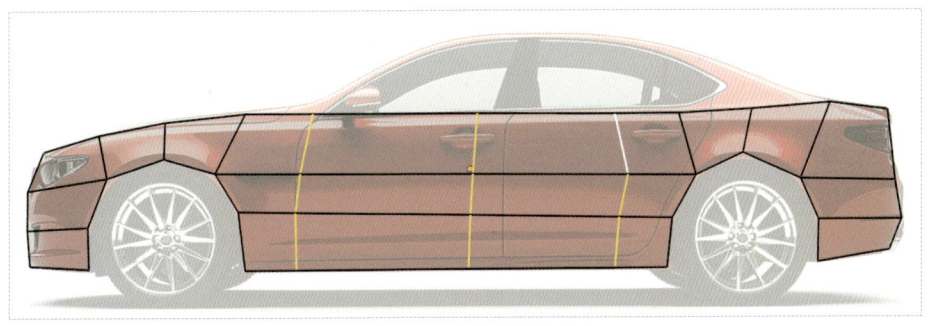

10 ❶ 위쪽으로 돌출시킬 면을 선택합니다. Edit Mode에서 <3> 키를 눌러 Face 선택 모드로 전환한 후 위쪽으로 돌출시키고자 하는 면을 클릭하여 선택합니다. <Shift> 키를 사용해 여러 면을 선택할 수 있습니다. 예시 이미지는 윗면이 보이도록 위쪽에서 내려다본 화면입니다. ❷ <E> 키를 눌러 Extrude 기능을 활성화한 후 선택한 면을 위쪽으로 돌출시킵니다. 이때 돌출되는 높이는 대략적으로 설정하고 정확한 위치는 추후 Vertex를 수정하면서 조정할 예정입니다.

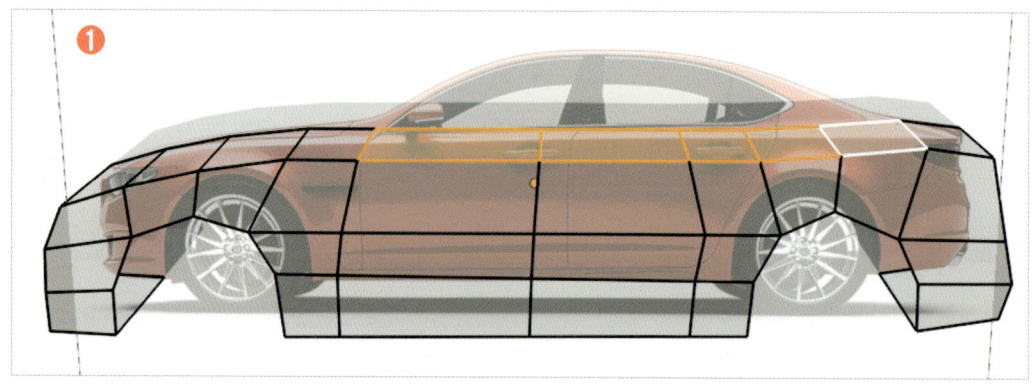

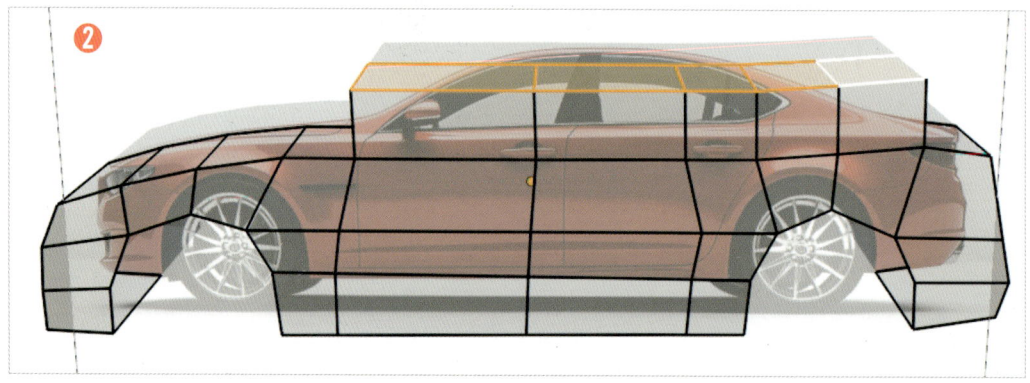

11 Right View에서 돌출한 Vertex들의 위치를 다시 조정합니다. 이 방법으로 작업하면 메시가 균일한 사각형 형태로 유지되어 자동차 외형이 깔끔하게 만들어집니다. 모든 Vertex를 정렬한 후 최종적으로 Front View로 전환하여 이미지와 일치하는지 확인하고 필요하면 다시 미세 조정을 진행합니다.

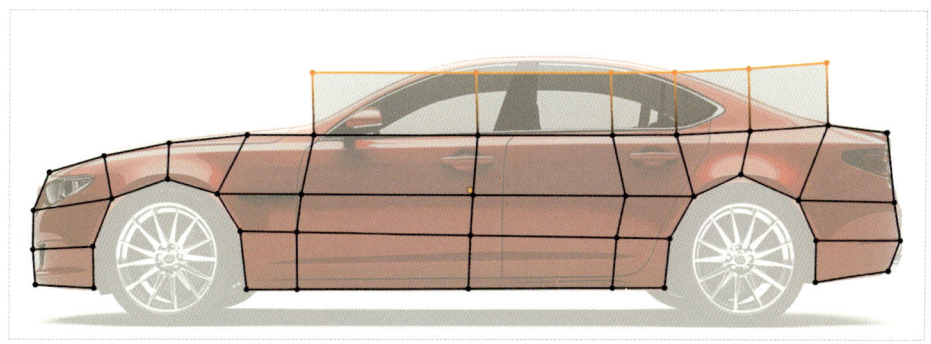

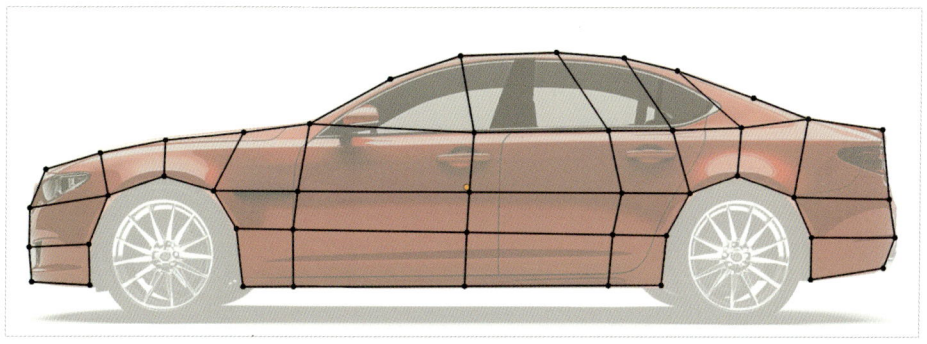

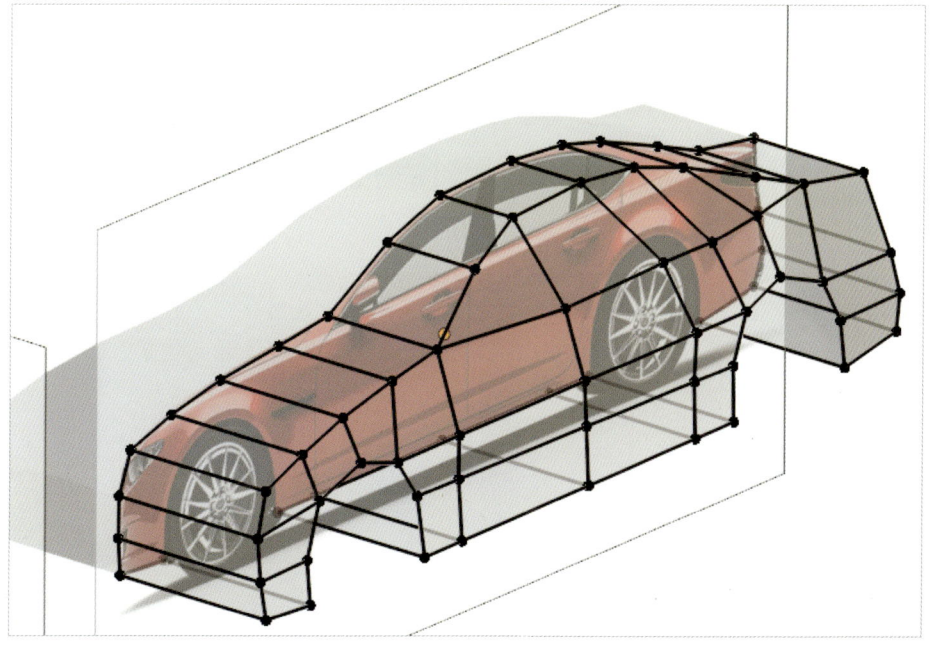

텍스처 적용(정면 및 옆면)

01 단순한 형태의 자동차 본체 모델링이 완성되었습니다. 이제 미드저니에서 생성한 자동차의 정면, 옆면, 뒷면 이미지를 모델링 표면에 순차적으로 적용해 보겠습니다. 이미지 적용 순서는 자유롭지만 실습에서는 앞모습부터 시작하겠습니다. ❶ 본체 오브젝트를 선택한 후 머티리얼을 적용합니다. 머티리얼 이름은 자동차 본체와 바퀴를 구분하기 위해 '자동차_본체'로 변경하였습니다. ❷ [Material Properties] 탭의 'Base Color' 항목에서 Image Texture를 선택하고 미드저니에서 생성한 자동차 정면 이미지를 불러옵니다.

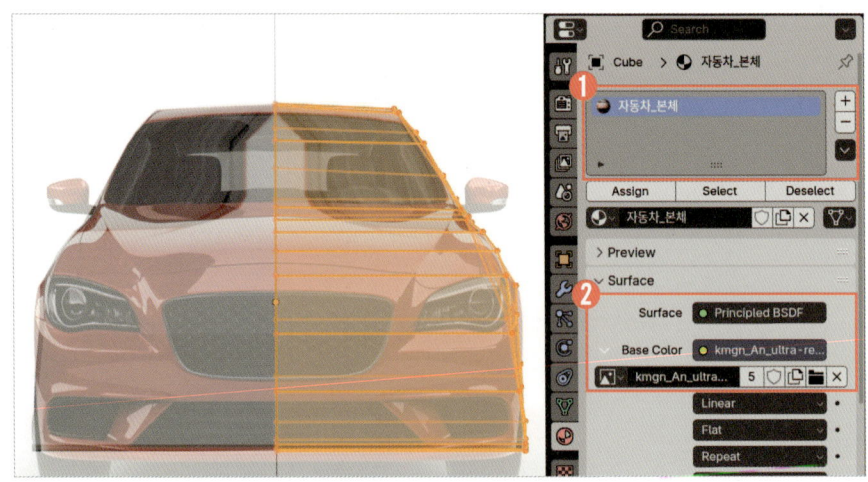

02 머티리얼에 자동차 정면 이미지를 연결한 상태이지만 UV 매핑이 올바르게 설정되지 않아 표면에 이미지가 왜곡되어 나타납니다. ❶ UV Editor 에어리어에서 자동차 오브젝트의 메시가 미드저니 이미지 위에 어떻게 펼쳐져 있는지 확인할 수 있습니다. ❷ 펼쳐진 UV 매핑은 3D 뷰포트 에어리어에 있는 메시와 매칭된 상태임을 알 수 있습니다. 따라서 오브젝트 표면에 이미지를 정확하게 입히기 위해서는 항상 UV Editor와 3D 뷰포트 에어리어를 함께 비교하는 것이 중요합니다.

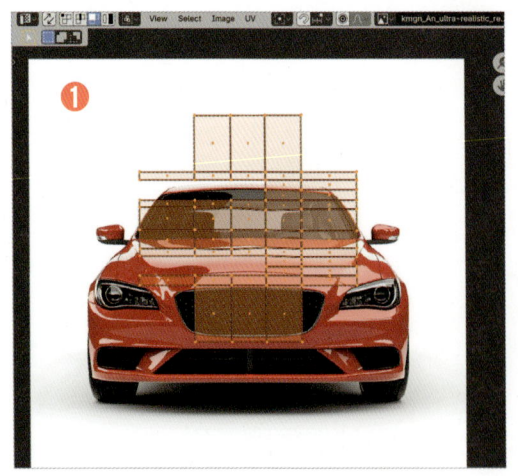
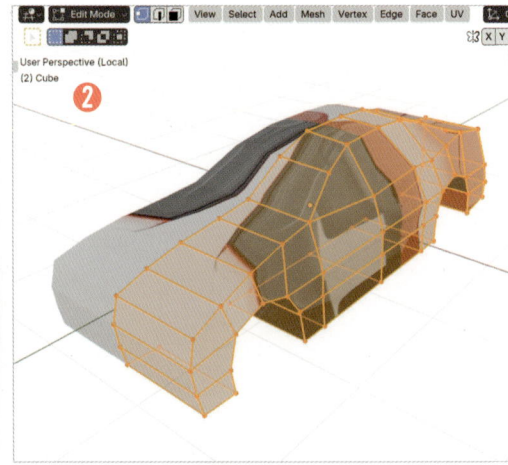

03 3D 뷰포트 에어리어에서 정면을 바라보는 Front View 상태로 전환한 후 <U> 키를 누릅니다. 나타나는 [UV Mapping] 팝업 메뉴에서 [Project from View] 기능을 선택합니다. 이 기능은 현재 화면에서 바라보는 각도를 기준으로 선택한 메시에 이미지를 투영하는 역할을 합니다.

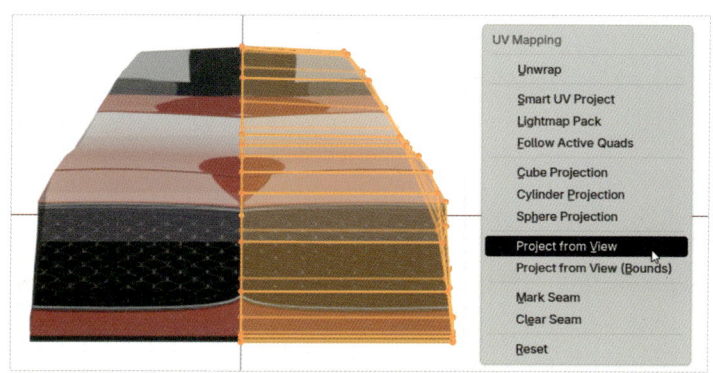

04 Project from View를 사용하면 모든 메시의 UV 매핑이 Front View 상태로 재설정됩니다. ❶ 하지만 UV Editor 에어리어에서 메시의 위치가 제대로 정렬되지 않아 자동차 표면의 이미지가 왜곡됩니다. 이를 해결하려면 UV Editor 에어리어에서 UV 매핑 위치를 조정합니다. ❷ <A> 키로 모든 Vertex를 선택한 후 <G> 키로 이동시키고 <S> 키로 비율을 조정하여 자동차 절반에 맞도록 위치를 조정합니다.

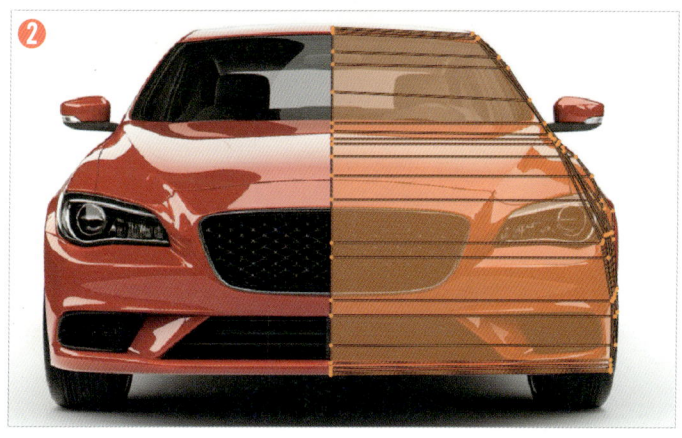

05 ❶ UV Editor 에어리어에서 매핑 위치를 적절히 조정하면 자동차 메시에 정면 이미지가 정확히 입혀진 것을 확인할 수 있습니다. ❷ 자동차를 구성하는 모든 메시가 정면 이미지를 기준으로 UV 매핑되었기 때문에 옆면은 이미지가 늘어진 형태로 보입니다. 이제 정면에서 진행했던 방식 그대로 옆면에서도 실행하면 됩니다.

06 자동차 옆면에 UV 매핑을 적용하기 전에 Shader Editor 에어리어에서 몇 가지 설정을 해야 합니다. 이번 실습에서는 '자동차_본체'라는 하나의 머티리얼 안에 자동차 정면, 옆면, 뒷면 이미지를 모두 포함시키고 각 면이 겹치는 영역을 지우개로 정리하여 자연스럽게 연결하는 방법을 배웁니다. 먼저 블렌더 화면 상단에서 [Shading] 워크스페이스 탭으로 이동합니다.

자동차 오브젝트를 선택하면 Shader Editor 에어리어 앞에서 생성한 '자동차_본체'의 머티리얼 노트 트리가 나타납니다. 노트 트리는 Image Texture 노드, Principled BSDF 셰이더 노드, Material Output 노드 순서로 연결되어 있습니다.

07 앞에서 작업했던 UV 매핑은 Image Texture, Principled BSDF, Material Output 세 노드로 구성된 것처럼 보이지만 실제로는 생략된 내용이 있습니다. ❶ Image Texture 노드 왼쪽에 UV Map 노드를 추가해야 합니다. <Shift> + <A> 키를 누르고 [Add] 팝업 메뉴에서 [Input] → [UV Map]을 클릭하여 추가합니다. Image Texture 노드는 미드저니 정면 이미지를 블렌더에 불러오는 역할을 하고 메시 표면에 이미지를 붙이는 역할은 UV Map 노드가 좌표를 형성해 수행합니다. ❷ UV Map 노드에서 검은색 부분을 클릭하면 자동으로 생성된 [UVMap] 인덱스를 선택할 수 있습니다. 이 인덱스를 '정면'과 같은 방식으로 이름을 변경하면 이후 작업할 옆면이나 뒷면과의 혼선을 방지할 수 있습니다.

08 ❶ Properties 에어리어의 [Object Data Properties] 탭에서 'UV Maps' 항목을 찾을 수 있습니다. 이 메뉴는 블렌더에서 UV 맵을 저장하고 관리하는 위치입니다. ❷ 'UVMap' 인덱스는 더블클릭으로 이름을 변경할 수 있으며 오른쪽에 있는 <+>, <-> 버튼을 사용해 인덱스를 추가하거나 제거할 수 있습니다. 이를 활용해 '정면', '옆면', '뒷면' 인덱스를 생성합니다.

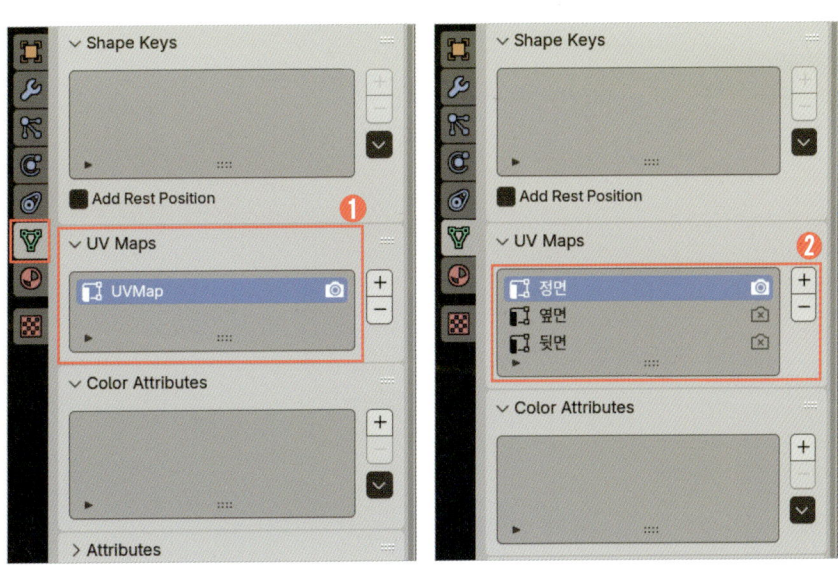

09 ❶ 다시 Shader Editor 에어리어로 돌아가면 UV Map 노드의 'UVMap' 인덱스가 빨간색으로 표시됩니다. 이는 'UVMap' 인덱스 이름을 '정면'으로 변경했기 때문에 발생하는 오류로 블렌더가 해당 인덱스를 찾을 수 없다는 의미입니다. ❷ 인덱스 칸을 클릭하고 새로 변경한 '정면'을 선택하면 문제가 해결됩니다.

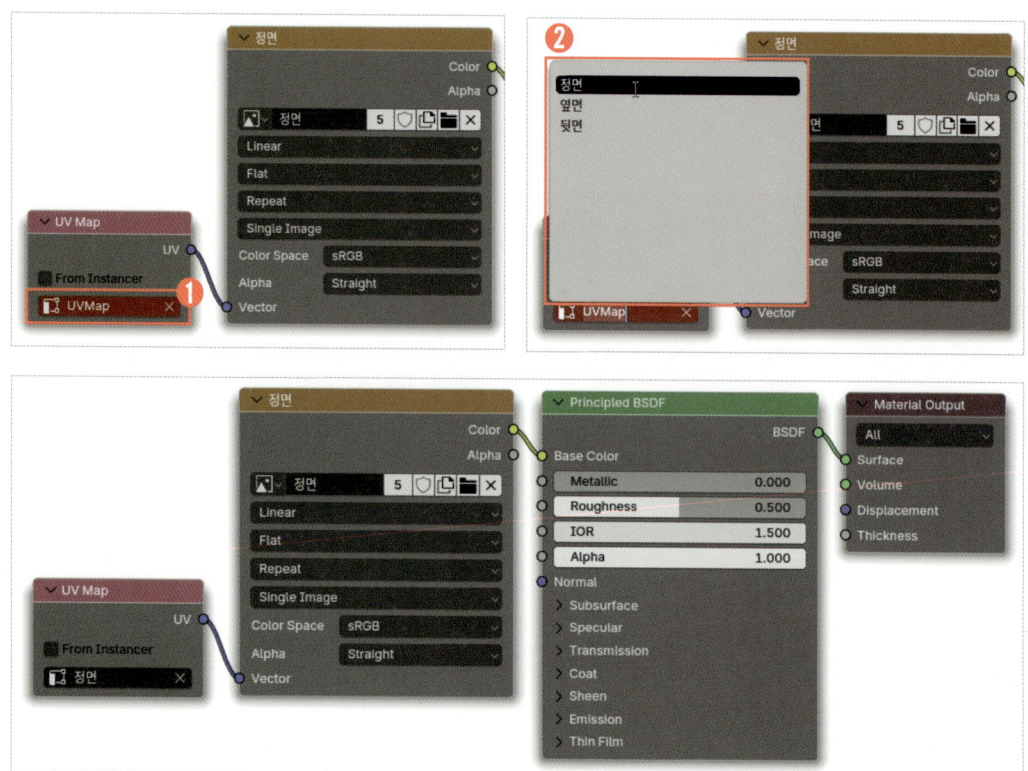

10 이제 옆면과 뒷면에도 UV 매핑을 적용할 수 있도록 노드를 추가합니다. UV Map 노드와 Image Texture 노드를 드래그로 동시에 선택한 후 <Shift> + <D> 키를 눌러 아래에 두 번 연달아 복사합니다. 복사한 UV Map 노드에는 각각 '옆면', '뒷면' 인덱스를 연결합니다. 그런 다음 복사한 Image Texture 노드에 각각 옆면과 뒷면 이미지를 불러옵니다. 이를 통해 옆면과 뒷면에 맞는 UV 매핑 설정을 완료할 수 있습니다.

11 자동차 옆면에 UV 매핑을 적용해 보겠습니다. 옆면과 뒷면은 같은 방법으로 작업할 수 있으므로 실습에서는 옆면만 설명합니다. 자동차 오브젝트 표면에 보이는 이미지는 Principled BSDF 셰이더 노드에 연결한 Image Texture 노드에서 결정됩니다. 따라서 '옆면' 이미지를 불러온 Image Texture 노드를 Principled BSDF 셰이더 노드의 'Base Color' 인풋 슬롯에 연결하여 작업을 진행합니다.

12 [Object Data Properties] 탭의 'UV Maps' 항목에서 '옆면' 인덱스를 선택합니다. 선택한 인덱스에 UV 매핑이 적용됩니다.

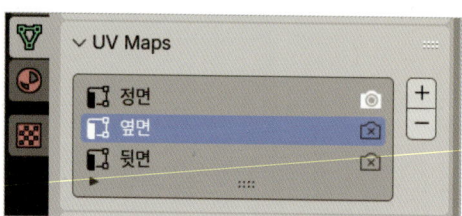

13 3D 뷰포트 에어리어에서 Right View 화면으로 전환한 후 <A> 키를 눌러 모든 메시를 선택합니다. 그런 다음 <U> 키를 눌러 [UV Mapping] 팝업 메뉴에서 [Project from View]를 선택합니다. 이를 통해 현재 화면 각도를 기준으로 UV 매핑이 적용됩니다. 이후 정면과 동일하게 UV Editor 에어리어로 이동하여 매핑을 조정합니다. 이미지를 적절히 이동시키고 크기를 조정해 자동차 옆면에 알맞게 배치되도록 작업합니다.

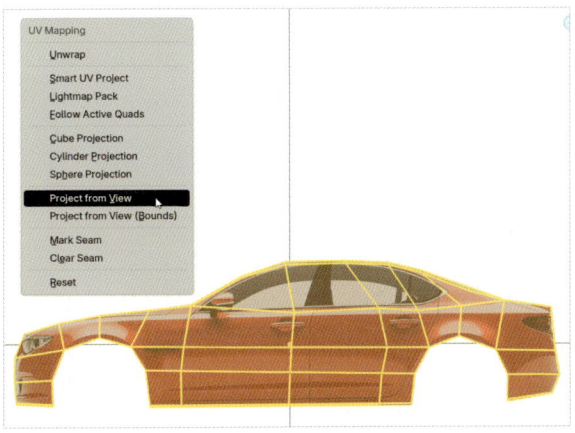

하나의 오브젝트 메시에 정면, 옆면, 뒷면의 이미지가 각각의 UV Map 인덱스로 저장되었습니다.

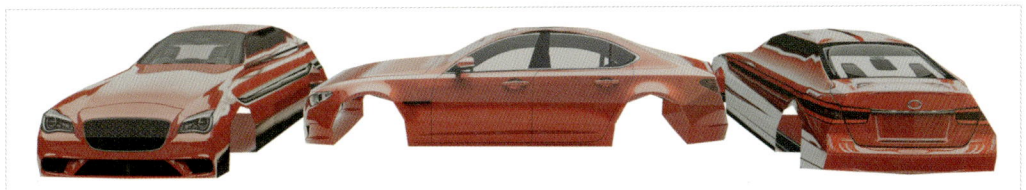

텍스처 합치기

01 세 가지 이미지 중에서 정면과 옆면을 먼저 합치겠습니다. 이미지는 색깔로 표현되기 때문에 [Color] 메뉴의 [Mix Color] 노드를 사용해 합칠 수 있습니다. 이때 주의할 점은 Mix 이름으로 된 노드가 여러 가지 있기 때문에 헷갈릴 수 있다는 것입니다. [Mix Color] 노드를 정확히 선택해 추가합니다.

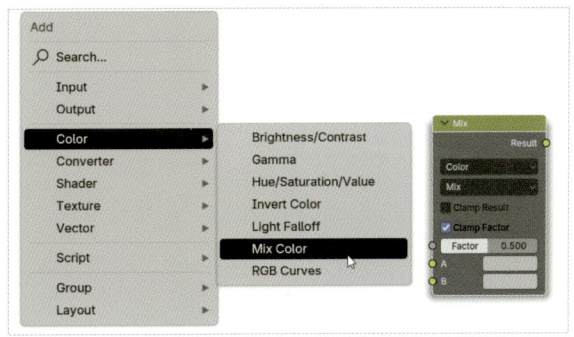

Chapter 4 블렌더 실습 with GPT, 미드저니 239

02 Mix Color 노드를 다음과 같이 연결합니다. ❶ 정면과 옆면 Image Texture 노드의 'Color' 아웃풋 슬롯을 Mix Color 노드의 'A'와 'B' 인풋 슬롯에 각각 연결합니다. 이렇게 연결하면 두 이미지가 결합하며 Mix Color 노드의 Factor 값을 조절해 두 이미지의 섞임 비율을 조절할 수 있습니다. ❷ 현재 Factor 값이 '0.5'로 설정되어 있어서 정면과 옆면 이미지가 서로 반반씩 섞여 보입니다. 하지만 이렇게 섞이는 것은 원하는 결과가 아니기 때문에 이를 해결할 다른 방법이 필요합니다.

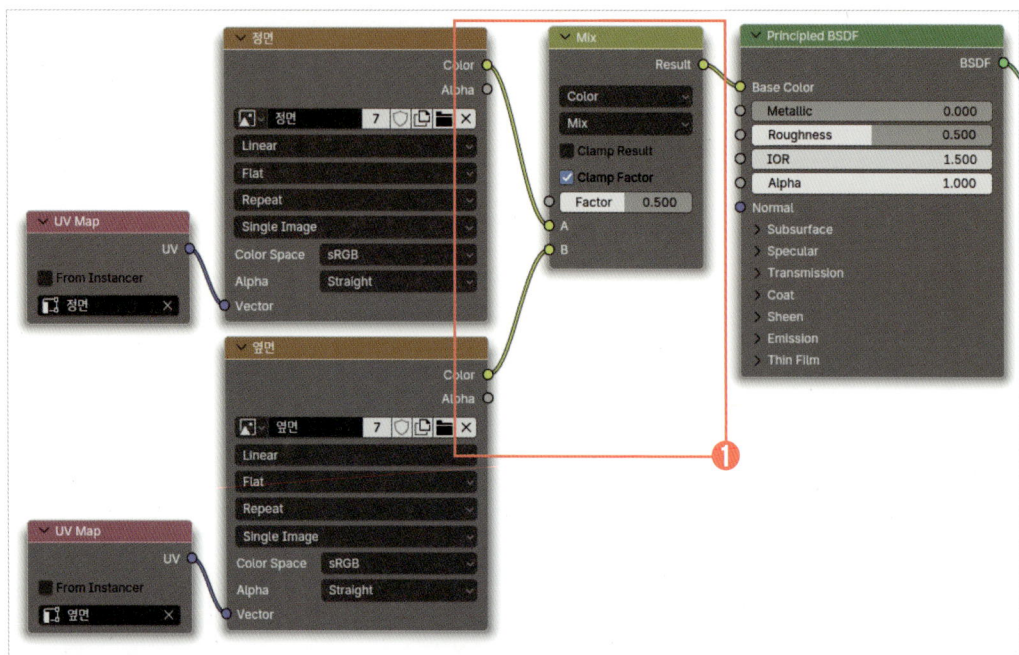

03 Mix Color 노드의 'Factor' 항목을 보면 왼쪽에 인풋 슬롯이 있습니다. 이 슬롯을 이용하면 정면과 옆면 이미지를 선택적으로 적용할 수 있습니다. 자동차 표면을 흰색과 검은색으로 색칠하면 이 색상이 Factor 값으로 사용됩니다. 검은색에 가까운 영역은 정면 이미지가 적용되고 흰색에 가까운 영역은 옆면 이미지가 적용됩니다. 이렇게 하면 원하는 위치에 맞춰 두 이미지를 자연스럽게 결합할 수 있습니다.

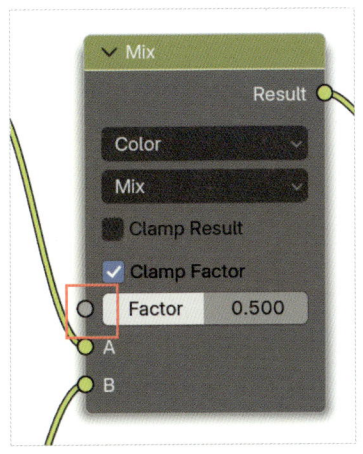

04 흰색과 검은색으로 마스킹 역할을 하는 노드는 [Color Attribute] 노드입니다. 이 노드는 [Add] → [Input] 메뉴에서 추가할 수 있습니다. Color Attribute 노드를 Mix Color 노드의 'Factor' 인풋 슬롯에 연결하면 흰색과 검은색의 값에 따라 정면과 옆면 이미지가 선택적으로 적용됩니다.

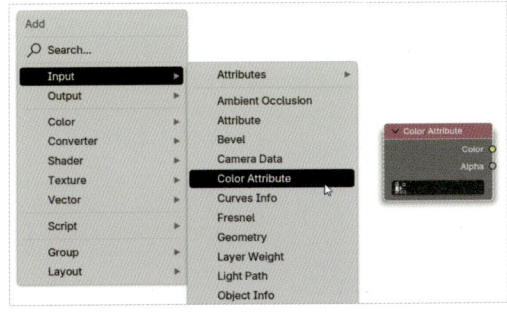

05 Color Attribute 노드에서 검은색 인덱스 칸을 클릭해 보면 아무 값도 나타나지 않습니다. 이는 아직 해당 값을 생성하지 않았기 때문에 정상입니다.

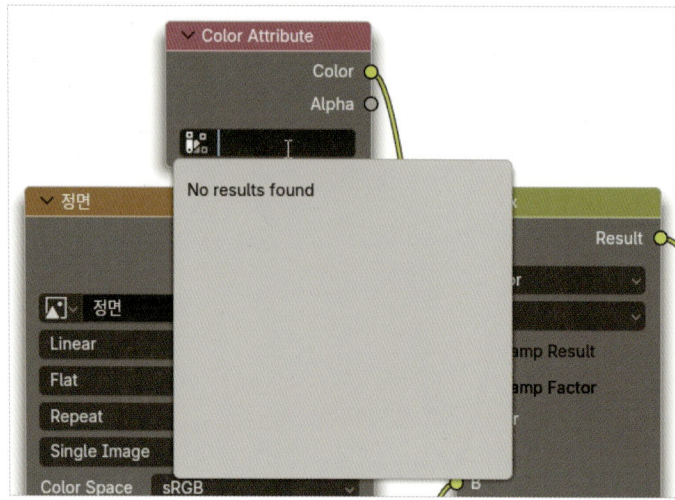

06 한 번에 작업할 수 있도록 'color' 인덱스를 먼저 생성해 놓고 진행하겠습니다. ❶ 'color' 인덱스는 앞에서 작업했던 'UV Maps' 항목 아래에 위치합니다. [Object Data Properties] 탭에서 아래쪽에 있는 'Color Attributes' 메뉴로 이동합니다. 여기서 <+> 버튼을 클릭하면 새로운 'color' 인덱스를 생성할 수 있으며 <-> 버튼을 사용하면 삭제할 수 있습니다. ❷ 먼저 첫 번째 'color' 인덱스를 생성하고 이름을 '정면+옆면'으로 설정합니다.

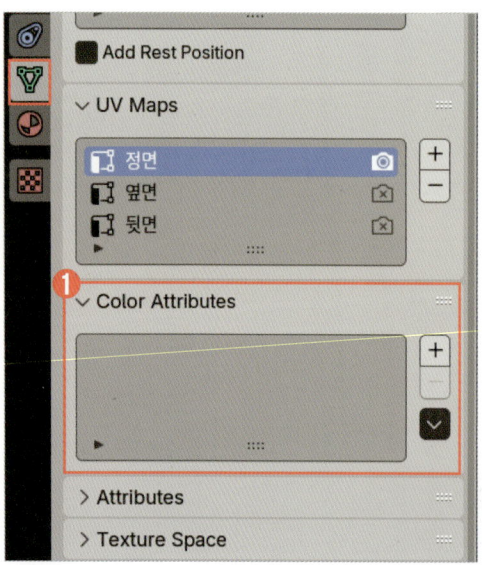
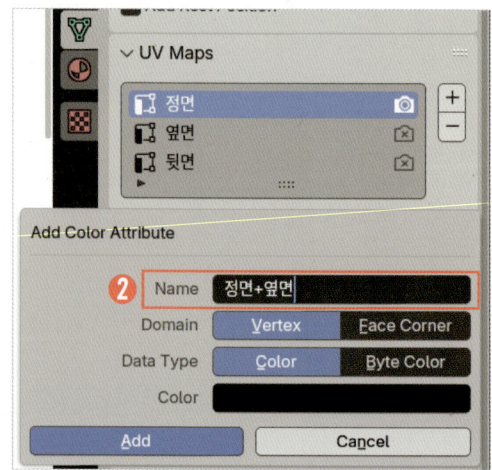

07 두 번째 'color' 인덱스는 '(정면+옆면)+뒷면'으로 설정합니다. 이름을 이렇게 설정하면 앞으로의 작업을 미리 예상하고 체계적으로 진행할 수 있습니다. 작업 방식은 먼저 '정면+옆면'을 합친 후 여기에 '뒷면'을 추가하는 순서로 진행됩니다.

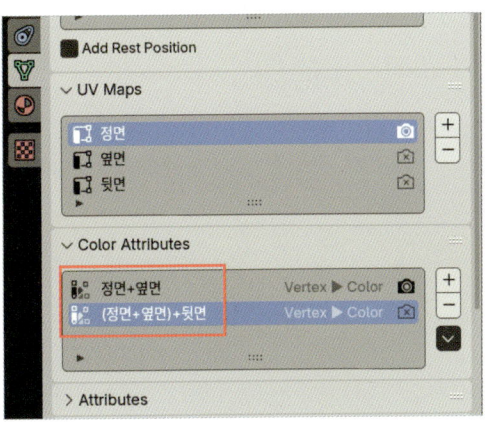

08 인덱스를 생성한 후에는 Color Attribute 노드의 인덱스 항목에서 선택할 수 있습니다. 먼저 정면과 옆면을 합칠 예정이므로 '정면+옆면' 인덱스를 적용합니다.

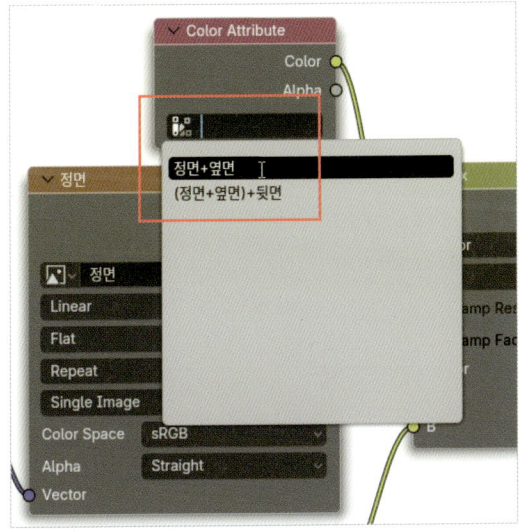 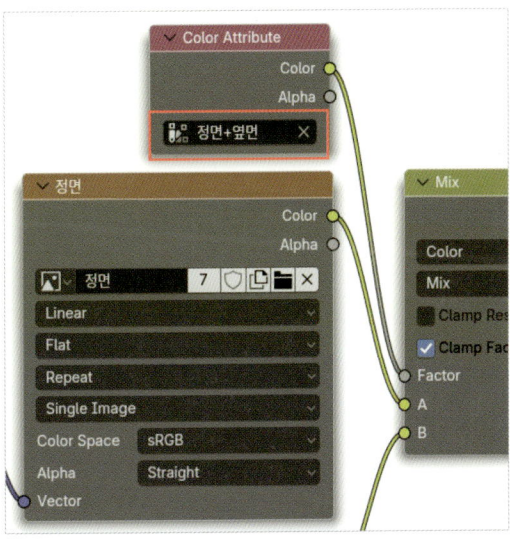

09 이번 실습의 하이라이트 부분입니다. 정면과 옆면 이미지를 섞어보겠습니다. ❶ 3D 뷰포트 에어리어에서 왼쪽 상단에 있는 <모드 선택> 메뉴를 클릭합니다. ❷ 중간에 있는 [Vertex Paint]를 선택합니다. 여기서 모드의 이름을 주의 깊게 살펴볼 필요가 있습니다. ❸ Vertex는 블렌더에서 점을 의미합니다. 따라서 Vertex Paint 모드는 각각의 Vertex에 색상을 부여하는 기능입니다. 정면과 옆면의 이미지를 자연스럽게 섞기 위해서는 지금보다 더 많은 Vertex가 필요합니다.

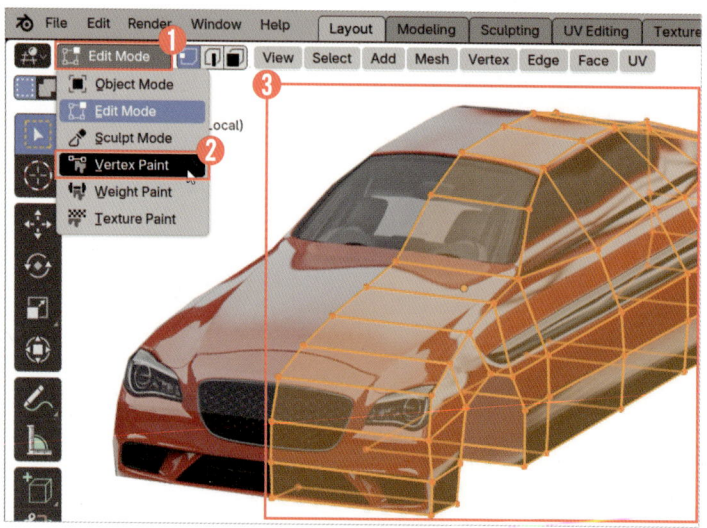

10 Vertex의 수량이 얼마나 영향을 주는지 결과부터 살펴봅시다. ❶ 자동차 보닛 부분에서 정면 이미지에 옆면 이미지를 오버랩시켰지만 Vertex가 하나뿐이라 넓고 흐리게 섞였습니다. ❷ 반면 오른쪽에서는 메시를 잘게 나누어 Vertex가 많은 상태입니다. 이 상태에서는 Vertex Paint로 칠할 수 있는 Vertex 수가 많아 하트 모양까지 그릴 정도로 해상도가 높아집니다. Vertex의 수량은 본인의 컴퓨터 사양에 맞게 적절히 메시를 나누어 설정할 것을 추천합니다.

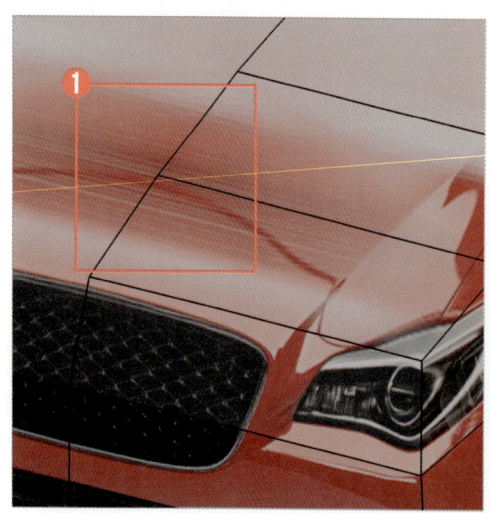 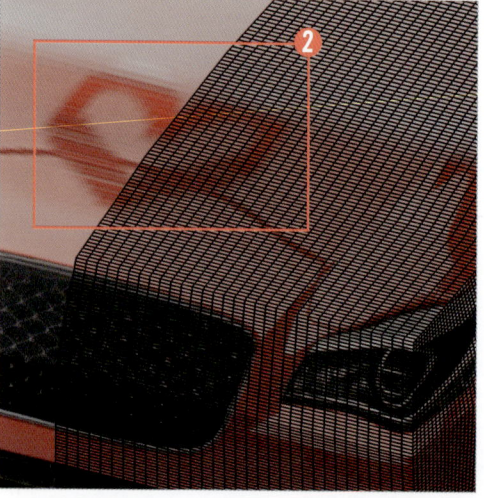

11 자동차를 구성하는 메시를 나누는 방법은 간단합니다. Edit Mode에서 <A> 키를 눌러 모든 메시를 선택합니다. 그다음 마우스 우클릭을 해 나타나는 팝업 메뉴에서 [Subdivide]를 선택합니다. Subdivide는 원래 있던 Vertex들 사이에 새로운 Vertex를 생성하여 수량을 기하급수적으로 늘려줍니다. 이 작업을 통해 메시를 더 세밀하게 나눌 수 있습니다.

12 Vertex 수량이 많을수록 해상도가 높아지지만 컴퓨터 성능에는 부담을 줄 수 있습니다. 따라서 본인의 컴퓨터 사양에 맞게 적절히 나누는 것을 권장합니다.

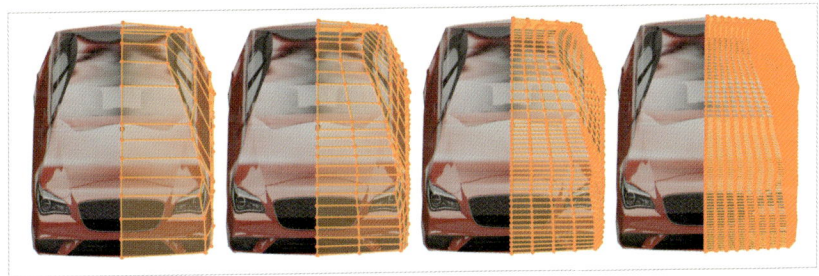

13 Vertex Paint 모드는 브러시로 검은색과 흰색을 칠하는 과정입니다. ❶ 먼저 화면 위쪽에서 'color' 인덱스를 선택합니다. 선택한 인덱스에 색칠이 적용되므로 가장 중요한 설정입니다. 이번에는 앞에서 설정한 '정면+옆면' 인덱스를 선택합니다. ❷ 마우스 커서 주변에 동그란 원이 나타나는데, 이 원은 브러시가 영향을 주는 범위를 의미하며 <F> 키를 눌러 범위를 조정할 수 있습니다. ❸ 브러시 색상은 기본적으로 왼쪽은 흰색 오른쪽은 검은색으로 설정되어 있습니다. 마우스의 왼쪽을 클릭하면 흰색이 칠해지며 검은색을 칠하려면 <Ctrl> 키를 누른 상태에서 왼쪽을 클릭합니다. 현재 상태에서는 검은색이 자동차 정면을 표현하며 흰색은 옆면 이미지에 적용됩니다. ❹ 브러시 세기 적용은 조절이 가능합니다. 세기를 낮추면 흰색과 검은색 사이의 중간 색상이 칠해지면서 정면과 옆면 이미지가 자연스럽게 연결됩니다.

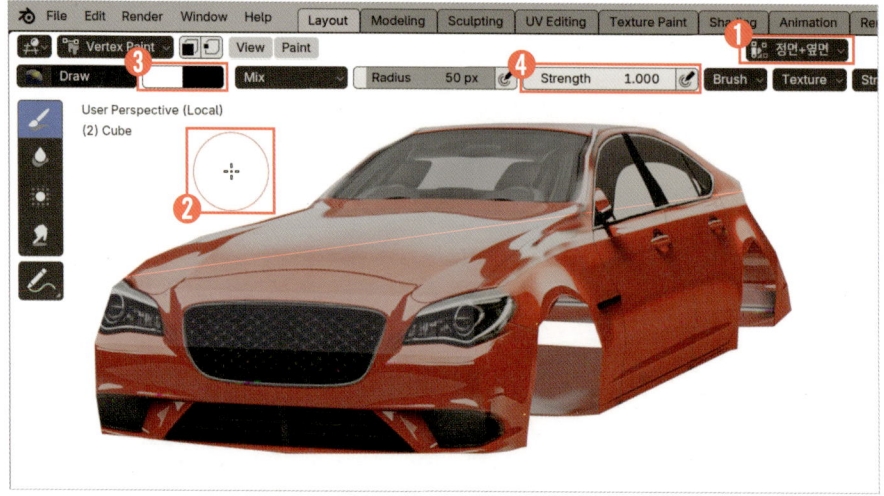

14 브러시의 흰색과 검은색을 적절히 사용해 정면과 옆면이 자연스럽게 이어지도록 색칠합니다. 필요에 따라 브러시의 세기와 크기를 조절하면서 작업하면 더 섬세하게 표현할 수 있습니다.

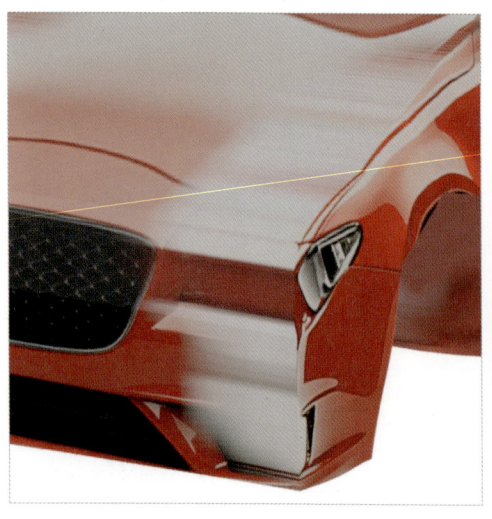

노드 정리

01 정면과 옆면 이미지를 연결하는 작업을 마쳤습니다. 이제 뒷면을 연결하기 전에 Shader Editor 에어리어에서 노드를 깔끔하게 정리합니다. 정면과 옆면을 연결하기 위해 사용한 모든 노드를 마우스로 드래그하여 선택합니다.

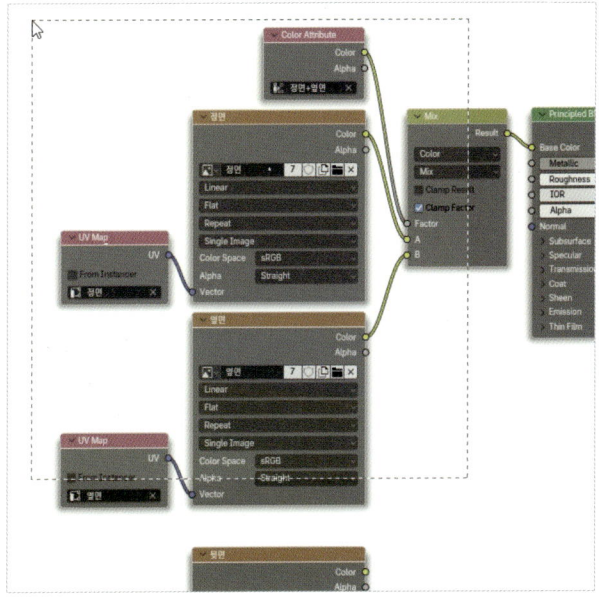

02 노드들을 선택한 상태에서 마우스 우클릭을 해 [Node] 팝업 메뉴를 엽니다. 여기서 [Join in New Frame]을 선택합니다. 이 기능은 선택한 노드들을 검은 프레임 안에 모아 정리하는 역할을 합니다. 프레임은 필요에 따라 <Delete> 키를 눌러 삭제할 수 있습니다. 프레임을 사용하면 복잡한 노드 구조를 깔끔하게 정리할 수 있어 작업이 더욱 효율적입니다.

03 프레임을 선택한 상태에서 <F2> 키를 누르면 프레임에 이름표를 부여할 수 있습니다. 이는 필수 사항은 아니지만 노드를 체계적으로 관리할 때 매우 유용합니다. 이번 실습에서는 프레임의 이름을 '정면+옆면'으로 설정합니다.

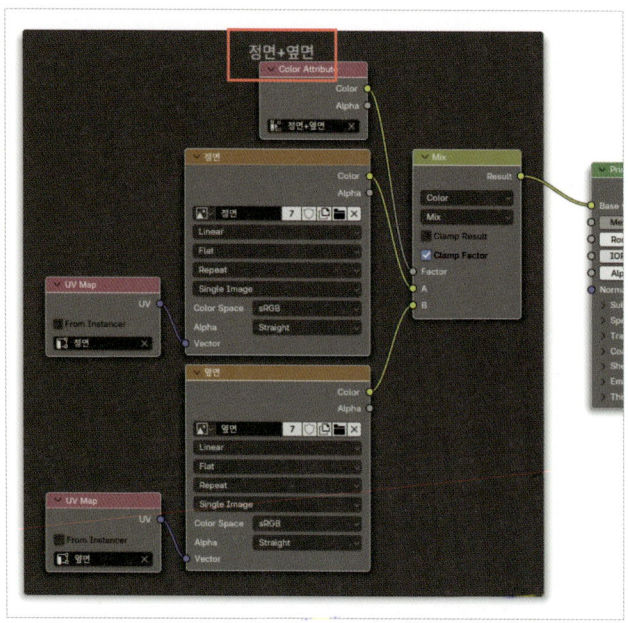

텍스처 적용(뒷면)

01 이제 뒷면 이미지를 추가로 적용해 보겠습니다. 조금 전에 프레임으로 묶었던 '정면+옆면'을 하나의 이미지라고 생각하면 이해하기 쉽습니다. 따라서 정면과 옆면을 합쳤을 때와 동일한 방식으로 Mix Color 노드와 Color Attribute 노드를 연결합니다. ❶ Color Attribute 노드의 인덱스에는 '(정면+옆면)+뒷면'을 적용합니다. ❷ Mix Color 노드에서 합쳐진 이미지는 반드시 오른쪽에 있는 Principled BSDF 셰이더 노드를 거쳐 최종적으로 Material Output 노드에 연결되어야 합니다. 블렌더는 Material Output 노드에 들어온 정보를 화면에 표시하기 때문입니다.

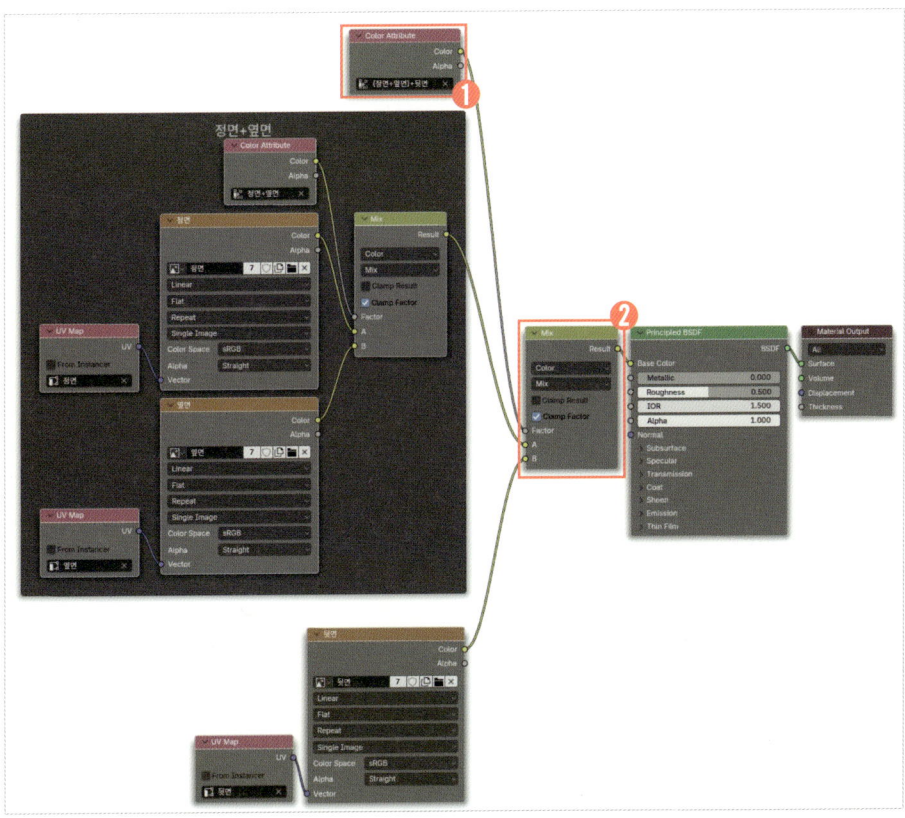

02 '정면+옆면'과 뒷면을 연결하는 방법은 앞에서 한 것과 동일합니다. Vertex Paint 모드에서 검은색은 '정면+옆면' 이미지로 출력되고 흰색은 뒷면 이미지로 출력됩니다. ❶ 브러시로 색칠하기 전에 반드시 'color' 인덱스를 '(정면+옆면)+뒷면'으로 선택합니다. ❷ 두 이미지가 만나는 경계를 부드럽게 색칠해 자연스럽게 이어지도록 작업합니다.

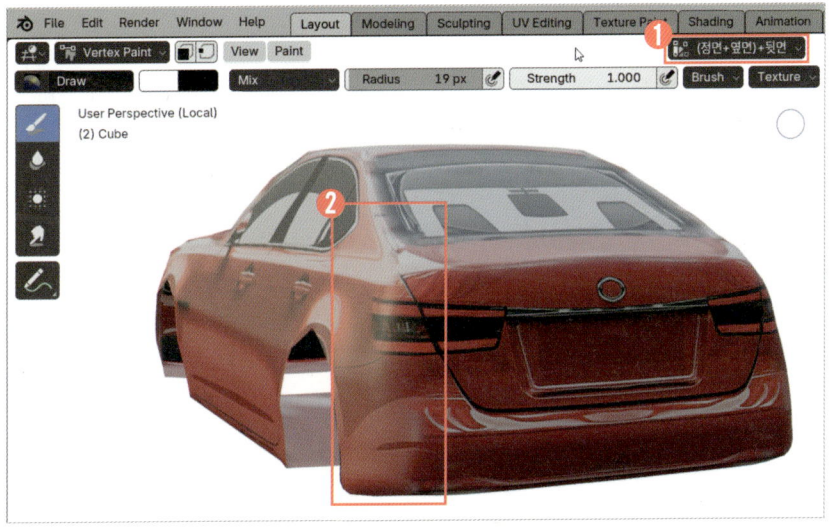

자동차 바퀴

01 본체를 완성했다면 바퀴는 비교적 쉽게 만들 수 있습니다. Circle 메시를 추가한 후 적절한 위치에 배치해 바퀴의 형태를 잡아줍니다.

02 Front View에서 참고 이미지에 맞춰 타이어 바퀴의 폭을 추가합니다. <E> 키를 눌러 메시를 돌출시키면 바퀴의 입체감을 손쉽게 만들 수 있습니다.

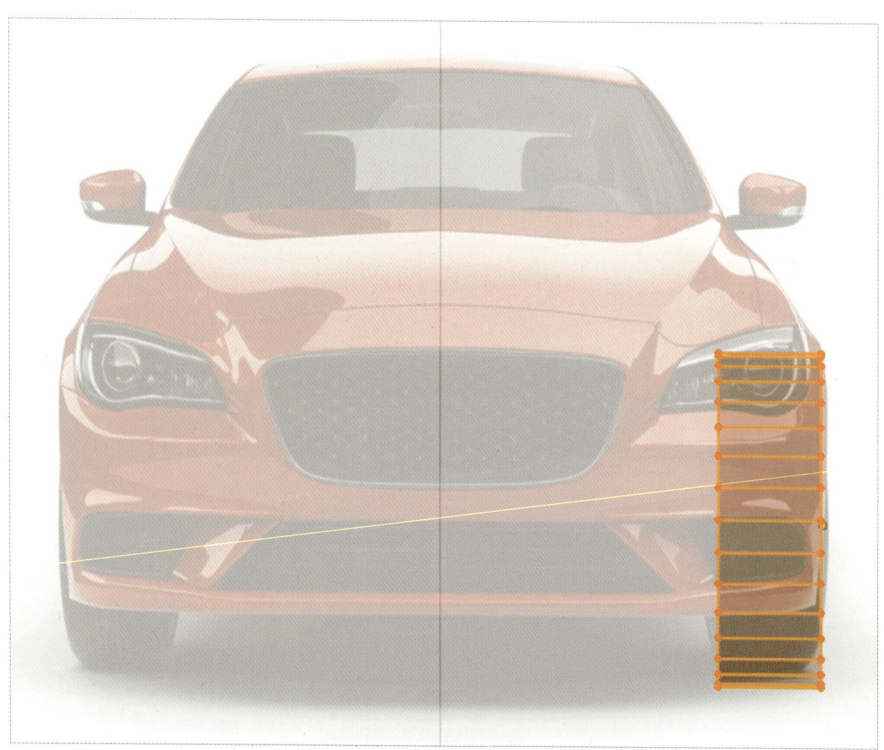

03 ❶ Mirror Modifier를 사용해 반대쪽 바퀴를 대칭으로 만듭니다. ❷ 이때 'Mirror Object' 항목을 자동차 본체 오브젝트로 선택하면 정확한 대칭이 적용되어 반대쪽 바퀴를 손쉽게 생성할 수 있습니다.

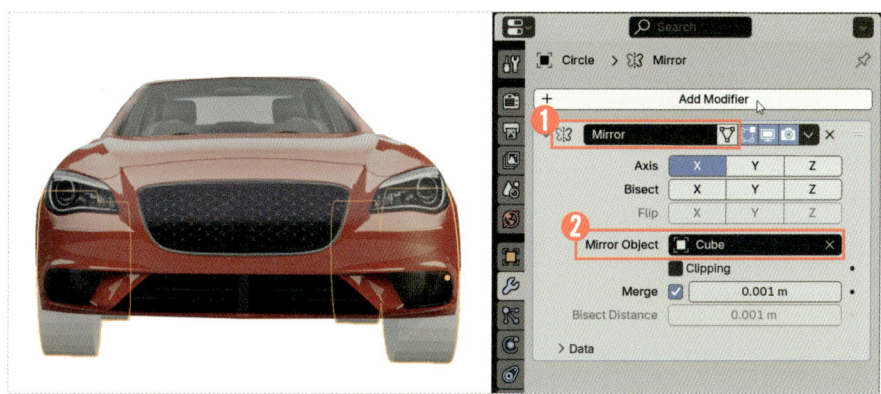

04 바퀴 표면에 텍스처를 입히기 위해 옆면 이미지를 사용합니다. ❶ 먼저 새로운 머티리얼을 생성하고 이름을 '바퀴'로 설정합니다. ❷ Image Texture 노드를 추가한 후 '옆면' 이미지를 불러옵니다. 이로써 바퀴의 표면에 텍스처를 적용할 준비가 완료됩니다.

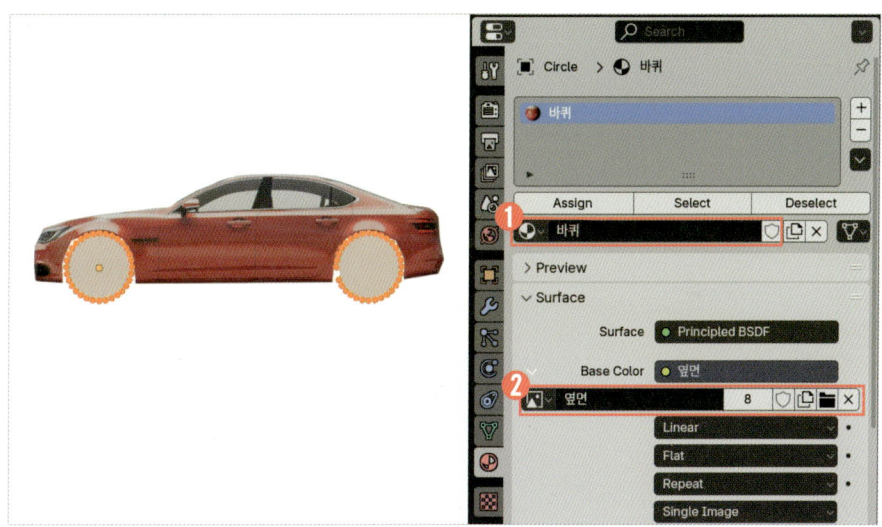

05 자동차 본체와 동일하게 Edit Mode에서 모든 메시를 선택한 후 <U> 키를 누릅니다. 나타나는 [UV Mapping] 팝업 메뉴에서 [Project from View]를 선택합니다. 이 작업을 통해 현재 화면 각도를 기준으로 바퀴 표면에 텍스처가 투영됩니다.

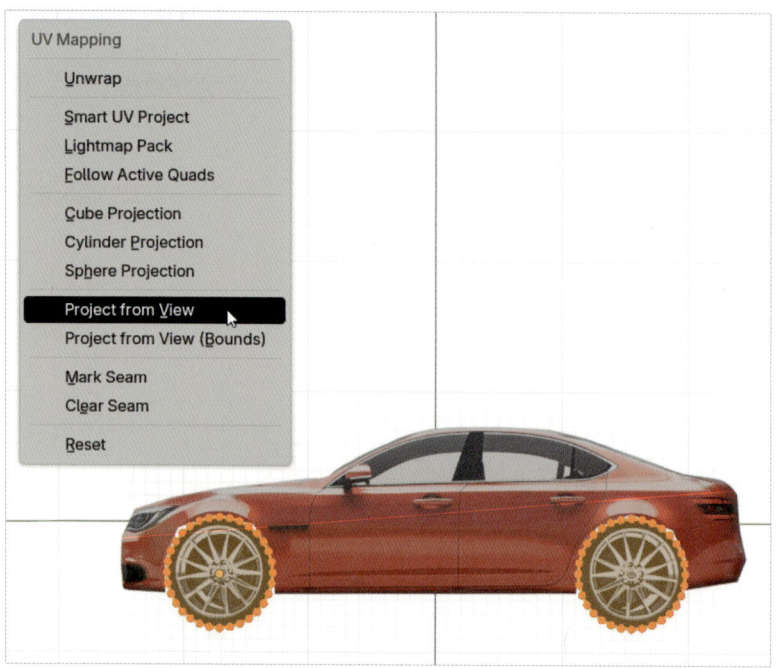

06 UV Editor 에어리어에서 바퀴의 UV 매핑을 정밀하게 조정해 줍니다.

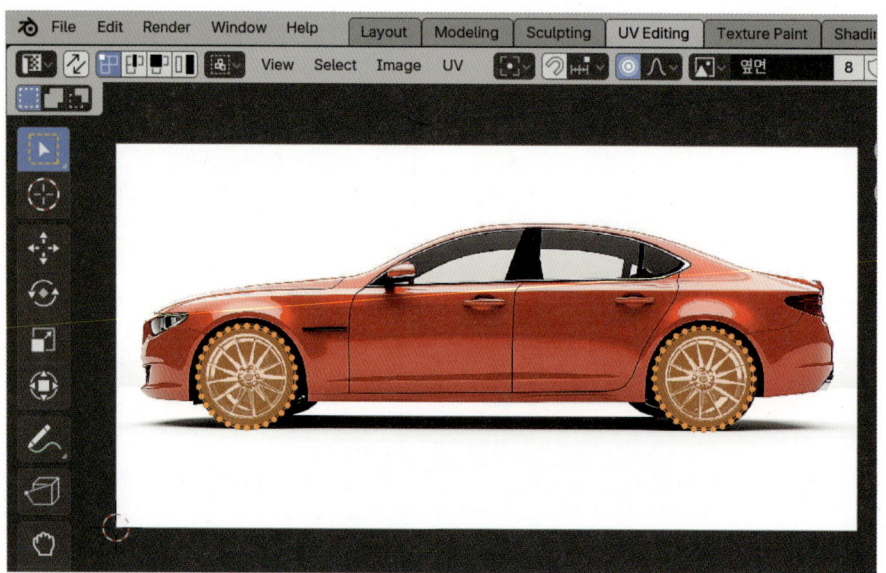

사이드미러

01 마지막으로 사이드미러를 만듭니다. 텍스처를 적용하는 방법은 바퀴와 동일하므로 여기서는 사이드미러 메시를 만드는 방법만 간략하게 설명하겠습니다. Plane 메시를 생성한 후 Front View 화면에서 참조 이미지를 보면서 크기와 위치를 조절합니다.

02 ❶ 이번에는 Right View에서 옆면 이미지를 참고해 Plane 메시의 크기와 위치를 조절합니다. ❷ 정면과 옆면 이미지를 모두 참고하여 각도를 조정하면 사이드미러 메시가 자연스럽게 대각선 방향에 위치하게 됩니다.

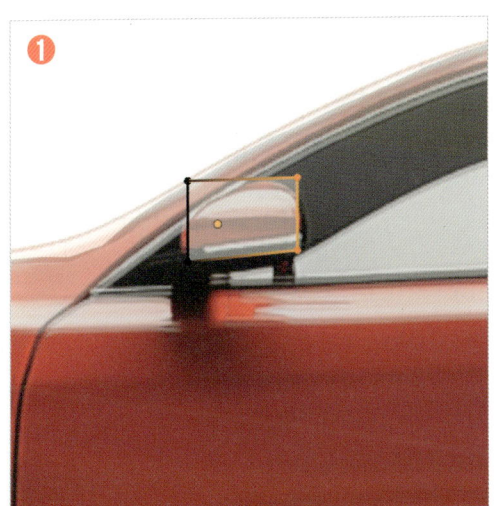

03 사이드미러의 모양에 맞게 메시를 추가로 구성합니다. 메시가 많아질수록 사이드미러의 형태를 더욱 사실적으로 표현할 수 있습니다.

04 <E> 키를 사용해 사이드미러 메시를 돌출시켜 부피감을 줍니다.

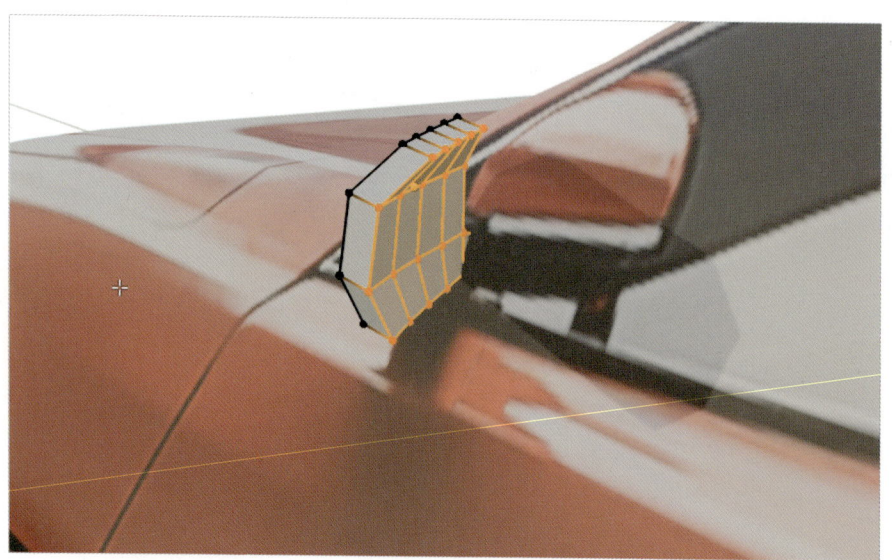

05 바퀴와 동일한 방법으로 Mirror Modifier를 사용해 반대편에 대칭된 사이드미러를 생성합니다. 이후 텍스처를 적용하기 위해 새로운 머티리얼을 생성하고 Image Texture를 연결해 사이드미러 표면에 텍스처를 입힙니다.

머티리얼 설정

01 모델링에 텍스처를 입히기만 해도 멋진 자동차를 만들 수 있습니다. 하지만 아직 뭔가 부족해 보이는 이유는 자동차의 생명과도 같은 광택이 없기 때문입니다. 머티리얼 설정을 하지 않은 왼쪽 자동차는 광택이 없어 밋밋해 보이고 오른쪽 자동차는 광택이 설정되어 훨씬 더 현실감 있게 보입니다. 실제 자동차 표면은 금속 재질 위에 얇은 클리어 코트(clear coat) 투명 페인트가 덮여 있어 고유의 광택이 표현됩니다. 블렌더에서는 이 광택을 아주 쉽게 설정할 수 있습니다.

02 [Material Properties] 탭에서 자동차 표면의 광택과 질감을 설정할 수 있습니다. ❶ 'Metallic' 항목은 금속 재질의 속성을 조정하는 파라미터입니다. 값이 '1'에 가까울수록 금속의 특성이 강해집니다. 예제에서는 값을 '0.95'로 설정해 완전 금속에 가까운 재질감을 표현했습니다. ❷ 'Roughness' 항목은 표면의 거칠기를 조정합니다. 값이 '0'에 가까울수록 표면이 매끄러워져 빛이 정반사되어 거울처럼 보입니다. 하지만 자동차 표면이 너무 반사되면 고유의 색상이 제대로 드러나지 않습니다. 따라서 값을 '0.7'로 설정해 약간의 거칠기를 추가합니다. ❸ 'Coat' 메뉴의 'Weight' 항목은 클리어 코트의 두께와 광택을 조정합니다. 값이 커질수록 표면의 광택이 더 강하게 표현됩니다. 예제에서는 '0.7'로 설정해 자연스럽고 반짝이는 광택을 적용했습니다. 이렇게 Metallic, Roughness, Coat Weight 세 가지 파라미터를 조정하면 실제 자동차에 가까운 표면 질감과 광택을 만들 수 있습니다.

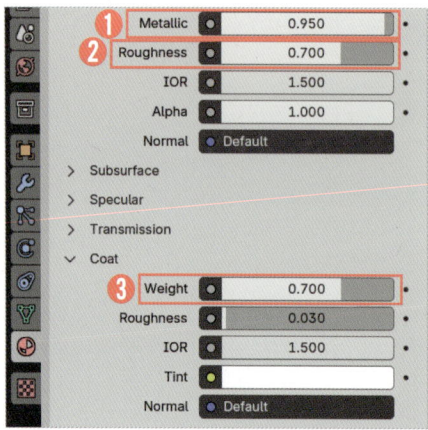

03 챗GPT와 미드저니를 활용해 세상에 하나뿐인 나만의 자동차를 디자인해 보세요. 이번에 배운 내용을 바탕으로 모델링과 텍스처링을 완성한 후 조명과 카메라 연출을 추가하면 더욱 멋진 결과물을 만들 수 있습니다. 자동차의 광택과 그림자가 어우러진 연출을 통해 현실감 넘치는 디자인을 완성해 보세요.

Chapter 5

수정이 용이한 모델링 with 스테이블 디퓨전

5.1 스테이블 디퓨전을 배워야 하는 이유
5.2 시작하는 방법
5.3 효과적인 사용 방법
5.4 블렌더 활용 방법

5.1 스테이블 디퓨전을 배워야 하는 이유

스테이블 디퓨전(Stable Diffusion)은 단순한 텍스트 기반 이미지 생성기를 넘어 사용자가 직접 생성 과정을 제어하고 확장할 수 있는 굉장히 유용한 오픈소스 AI 도구입니다. 특히 블렌더와 결합하면 텍스처 생성, 스타일 변환, 디테일 보완 등 다양한 창작 과정에서의 제약을 없애고 창의성을 극대화할 수 있습니다.

스테이블 디퓨전은 기존의 이미지 생성 도구와는 차별화된 기능을 제공합니다. 단순히 결과물을 얻는 데 그치지 않고 원하는 방향으로 결과물을 세밀하게 조정할 수 있습니다. 이러한 유연성은 디지털 아트, 게임 디자인, 제품 시각화 등 다양한 분야에서 활용 가능성을 넓혀줍니다. 스테이블 디퓨전의 고유한 장점을 살펴보며 왜 이 도구가 창작 과정에 필수적인지 구체적으로 설명하겠습니다.

5.1.1 완벽한 데이터 제어와 보안

스테이블 디퓨전은 로컬(local) 환경에서 작동하기 때문에 클라우드 기반 서비스와는 차별화된 장점이 있습니다. 로컬 환경에서는 작업 데이터를 외부 서버에 업로드하지 않아도 되므로 데이터가 외부로 유출될 걱정 없이 안전하게 작업을 진행할 수 있습니다. 이는 캐릭터 디자인, 텍스처 제작과 같은 고유한 창작물이 포함된 작업에 특히 유리합니다. 예를 들어 블렌더에서 실내 인테리어 모델링을 완성한 후에 ComfyUI를 활용해 텍스처를 입히고 스타일을 적용할 수 있습니다. 이 과정은 작업 데이터를 외부에 노출하지 않고 자신의 컴퓨터에서만 처리되므로 인터넷 연결 없이도 안정적으로 작업을 진행할 수 있다는 점이 큰 장점입니다.

또한 로컬 환경에서는 컴퓨터의 GPU 성능에 따라 이미지 생성 속도를 조절할 수 있어 작업 효율을 극대화할 수 있습니다. 이는 인터넷 연결 상태나 서버 부하에 따라 작업 속도가 달라질 수 있는 클라우드 기반 AI 서비스와 비교했을 때 더욱 빠르고 예측 가능한 환경을 제공합니다. 스테이블 디퓨전은 이러한 특징 덕분에 개인 프로젝트뿐만 아니라 데이터 보안이 중요한 기업 내부 작업에서도 적합한 선택이 됩니다.

5.1.2 스타일 전환

스테이블 디퓨전의 가장 큰 강점 중 하나는 ControlNet과 IP-Adapter 기능으로 3D 작업물의 구조를 유지하면서도 원하는 스타일로 이미지를 변경하거나 디테일을 보완할 수 있다는 점입니다. 예를 들어 블렌더에서 제작한 흑백 윤곽선 이미지를 기반으로 ControlNet을 사용하면 '수채화 스타일'이나 '동양화 스타일'로 변환할 수 있습니다.

IP-Adapter는 원본 이미지의 구조를 유지하면서 다른 이미지의 스타일로 변환하거나 혼합할 수 있습니다. 예를 들어 블렌더에서 만든 기본 렌더링 이미지에 특정 예술 작품의 색감과 질감을 입혀 독특한 결과물을 생성할 수 있습니다.

구체적으로 요하네스 페르메이르(Johannes Vermeer)의 '진주 귀고리를 한 소녀'에서 영감을 받아 부드러운 색감과 질감을 의자 디자인에 적용할 수 있습니다. 이 작품은 차분한 톤과 부드러운 명암 대비가 특징이며 이를 의자 디자인에 접목하면 예술적 느낌을 더할 수 있습니다. 이 과정은 단순히 시각적으로 아름다운 것을 넘어 프로젝트의 완성도를 높이고 창작자에게 새로운 스타일 실험의 기회를 제공합니다.

5.1.3 오픈소스 기반의 강점

스테이블 디퓨전은 오픈소스 기반이기 때문에 커뮤니티에서 공유되는 다양한 학습 모델을 자유롭게 활용할 수 있다는 큰 강점을 가지고 있습니다. 필요한 경우 이 모델을 수정해 자신만의 스타일을 추가할 수도 있습니다.

대표적인 모델 다운로드 사이트로는 Civitai가 있으며 이곳에서 원하는 스타일에 맞는 모델을 선택해 다운로드할 수 있습니다. 받은 모델을 블렌더로 제작한 작업물에 적용함으로써 독창적이고 완성도 높은 텍스처와 스타일을 추가할 수 있습니다.

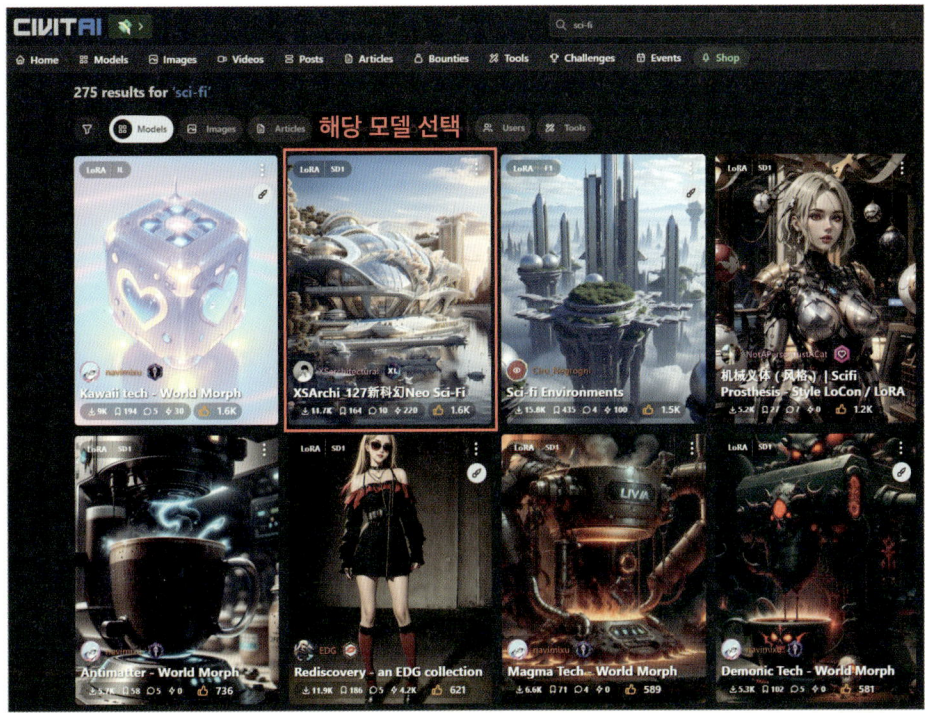

5.2 시작하는 방법

스테이블 디퓨전은 텍스트를 기반으로 이미지를 생성할 수 있는 AI 도구입니다. 이를 실행하는 인터페이스는 Automatic1111, InvokeAI, ComfyUI 등 여러 가지가 있으며 각 도구는 사용 목적과 편의성에 따라 다양한 장점을 제공합니다.

이 책에서는 ComfyUI를 선택했습니다. ComfyUI는 블렌더 사용자들에게 친숙한 노드(node) 기반 시스템을 채택해 작업 과정을 시각적으로 관리하기 쉽다는 장점이 있습니다. 하지만 초기 버전 때는 설치 과정이 복잡하고 간단한 코딩 작업이 필요해 진입장벽이 높은 편이었습니다.

다행히 현재는 ComfyUI 데스크톱(desktop) 버전이 출시되어 이제는 단순한 설치만으로도 쉽게 사용할 수 있습니다. 이를 통해 스테이블 디퓨전을 더 편리하고 부담 없이 시작할 수 있게 되었습니다. 다운로드 및 설치 방법을 먼저 다루고 기본 인터페이스를 살펴본 후 간단한 이미지 생성 과정까지 진행해 보겠습니다.

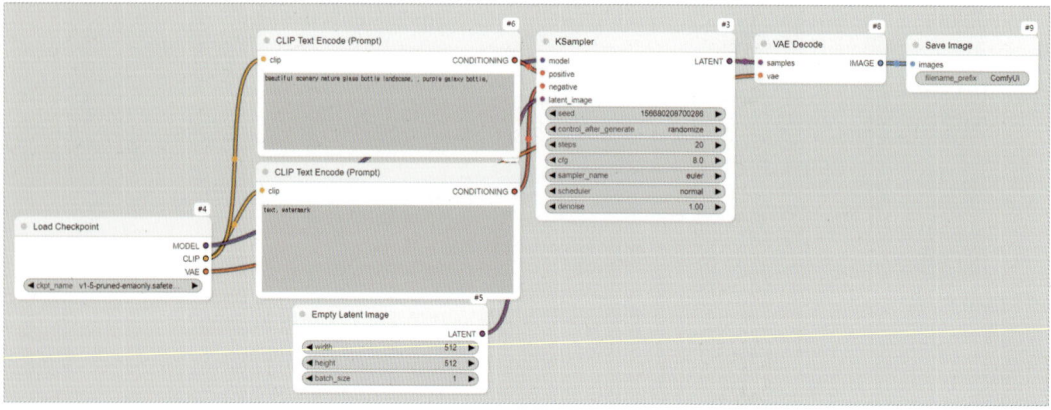

5.2.1 다운로드 방법

ComfyUI의 다운로드는 과거보다 훨씬 간단해졌습니다. 이전에는 설치를 위해 파이썬(Python) 환경을 직접 설정해야 했지만 최근 데스크톱 버전이 깃허브(GitHub)에 공개되면서 몇 단계만 거치면 사용할 수 있는 상태입니다. 현재는 정식 공개가 이루어지지 않았지만 곧 공식 홈페이지(comfy.org)를 통해 블렌더처럼 설치 파일을 제공할 것으로 예상됩니다.

01 구글 검색창에 'ComfyUI desktop'을 입력하면 공식 홈페이지와 깃허브 페이지가 상위에 표시됩니다. 현재 시점에서는 데스크톱 버전이 깃허브에서 제공되므로 검색 결과에서 깃허브 링크를 선택해 접속합니다.

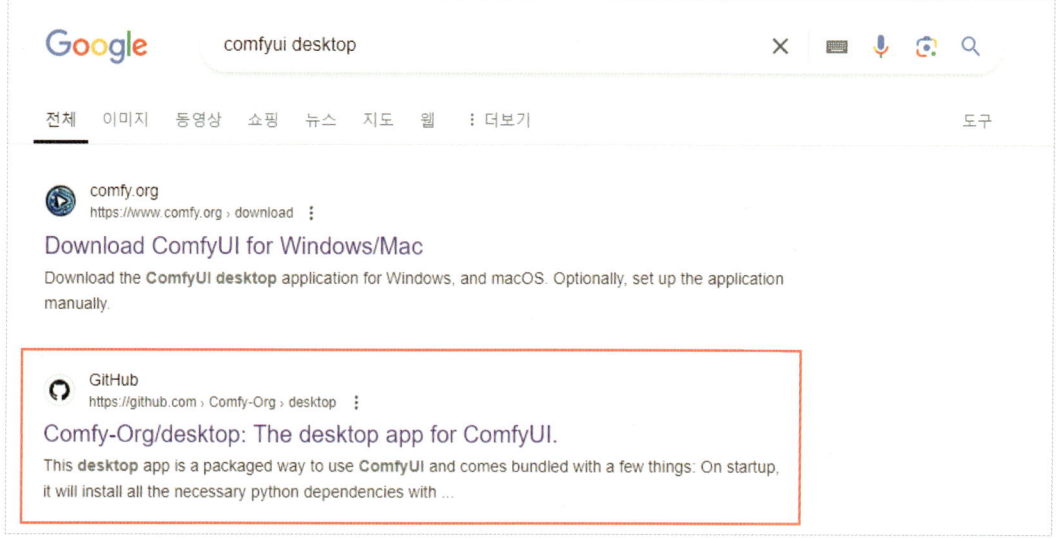

다음은 깃허브가 아닌 ComfyUI 공식 홈페이지에 접속한 화면입니다. 현재 다운로드 페이지는 데스크톱 설치 파일을 제공하지 않고 깃허브 사이트로 연결되도록 설정되어 있습니다. 추후 데스크톱 버전이 정식으로 발표되면 이곳에서 바로 다운로드할 수 있을 것으로 예상됩니다.

현재 홈페이지에 표시된 깃허브 링크는 데스크톱 버전이 아닌 포터블(portable) 버전으로 연결됩니다. 이 포터블 버전은 초기 설정과 환경 구성이 필요하기 때문에 입문자에게는 다소 어려울 수 있습니다. 다행히 ComfyUI는 앞으로 데스크톱 버전에 집중하겠다는 계획을 발표한 상태입니다.

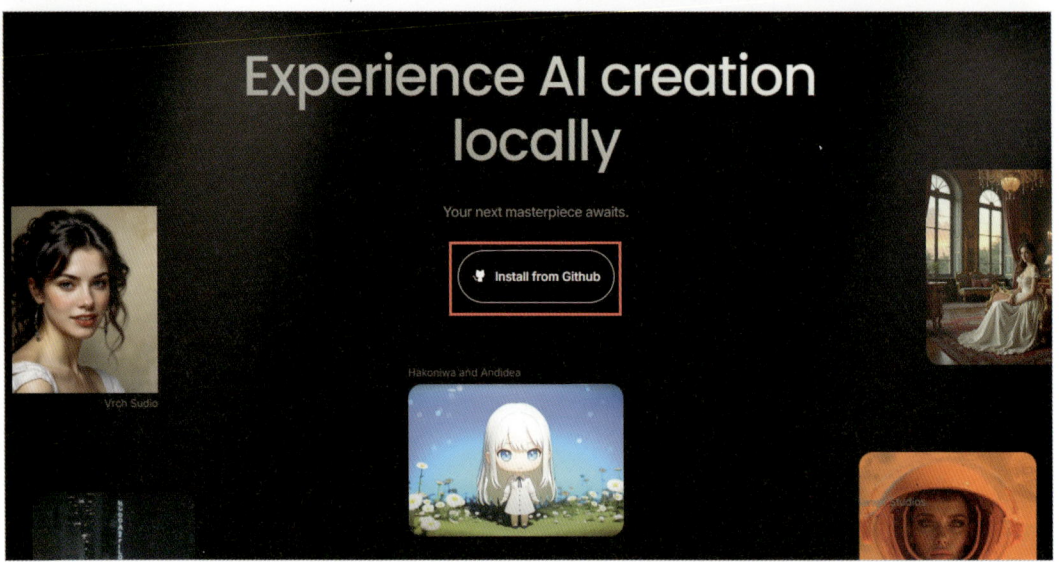

02 구글에서 ComfyUI desktop 링크를 올바르게 클릭했다면 다음과 같이 Comfy-Org 계정의 깃허브 페이지로 접속됩니다. 깃허브를 처음 사용하는 분들에게는 이 인터페이스가 다소 낯설게 느껴질 수 있습니다. 깃허브는 개발자들이 만든 프로그램 소스와 자료를 공유하는 플랫폼입니다. ❶ 현재 페이지는 Comfy-Org 계정이 관리하는 desktop 폴더에 접속한 상태입니다. ❷ 화면 중간에는 이 폴더에 포함된 파일 목록이 표시됩니다. 이 공간은 개발자들에게는 유용한 자원이지만 초보자들은 굳이 신경 쓰지 않아도 됩니다. 이제 화면을 아래로 스크롤해 봅시다. 다운로드를 위한 정보를 찾을 수 있을 것입니다.

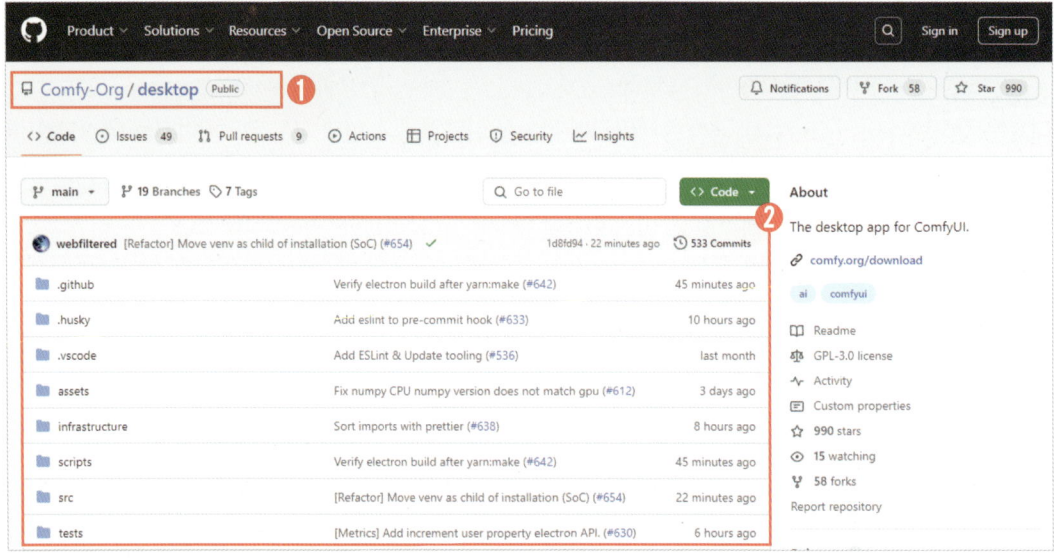

03 깃허브 페이지 하단에는 개발자가 공유한 소스를 사용하는 방법이 자세히 적혀 있습니다. 깃허브에서는 이런 가이드북을 아래쪽에 배치하는 것이 암묵적인 룰처럼 자리 잡고 있습니다. 앞으로 스테이블 디퓨전을 더 깊게 활용하려면 깃허브를 자주 방문하게 될 것입니다. 그때마다 개발자가 제공하는 튜토리얼은 작업에 큰 도움이 될 것입니다. ComfyUI 데스크톱 버전을 다운로드하는 버튼도 하단에 위치해 있습니다. 다운로드는 운영체제에 따라 윈도(Windows) 버전과 맥(macOS) 버전으로 나뉘어 있으니 자신의 컴퓨터 환경에 맞는 파일을 선택해 다운로드하면 됩니다.

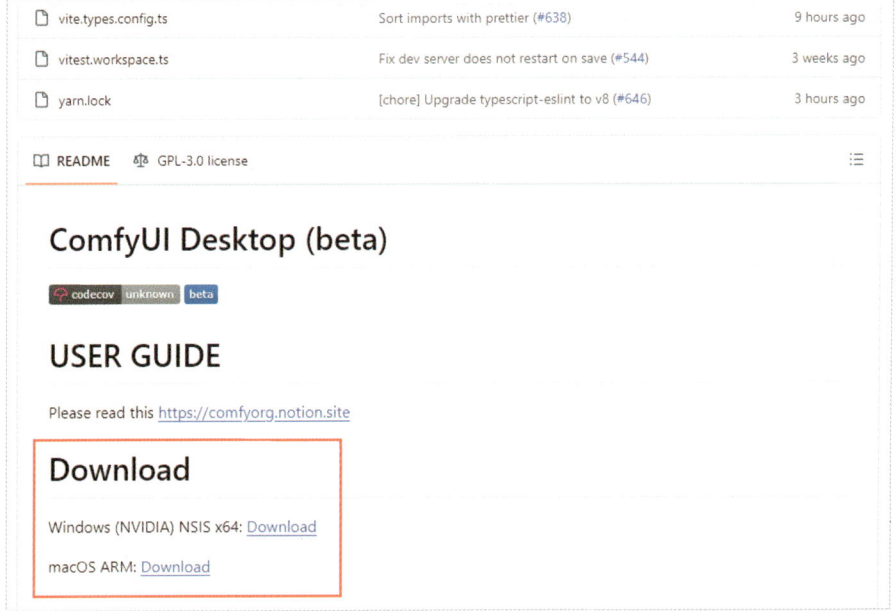

04 ComfyUI 설치 파일은 용량이 크지 않아 다운로드가 오래 걸리지 않습니다. 설치 파일을 실행하면 필요한 추가 파일들을 온라인에서 받아오는 방식으로 진행되기 때문입니다.

이 책의 출간 시점에는 0.4.72 버전이 제공되고 있습니다. 과거 데스크톱 버전이 나오기 전부터 ComfyUI를 사용했던 유저들에게는 이 설치 파일이 매우 특별하게 느껴질지도 모릅니다. 당시의 설치 과정은 복잡하고 까다로워 많은 사용자들이 어려움을 겪었습니다. 저 역시 초기에는 파이썬 환경 설정과 의존성 파일 설치라는 난관에 부딪혀 두 번이나 도전을 포기한 경험이 있습니다.

하지만 지금의 데스크톱 버전은 이러한 과정을 간소화하여 입문자도 쉽게 접근할 수 있도록 개선되었습니다. 복잡한 설정 없이 설치 파일만으로 시작할 수 있다는 점에서 ComfyUI의 발전과 사용자 친화적인 변화를 실감할 수 있습니다.

5.2.2 설치 방법

ComfyUI의 설치 과정은 데스크톱 버전 출시로 크게 간소화되었습니다. 다운로드한 설치 파일을 실행하면 별도의 복잡한 환경 설정 없이 곧바로 프로그램을 사용할 수 있습니다. 설치 과정에서 발생할 수 있는 주요 이슈와 해결 방법도 간단히 다루기에 누구나 쉽게 설치를 완료할 수 있을 것입니다.

01 다운로드한 설치 파일을 실행하면 일반 프로그램 설치와 마찬가지로 진행 과정을 보여주는 로딩바(loading-bar) 팝업이 나타납니다.

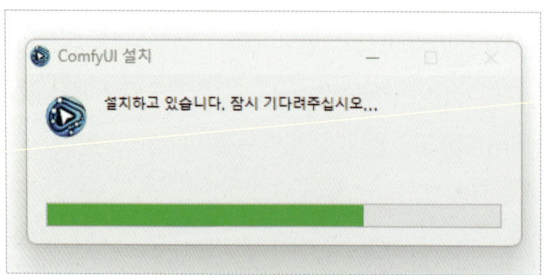

02 로딩이 완료되면 반가운 설치 첫 화면이 나타납니다. 이 과정은 코딩 없이도 간단히 진행할 수 있습니다. 화면 중간에 표시된 <시작하기> 버튼을 클릭합니다.

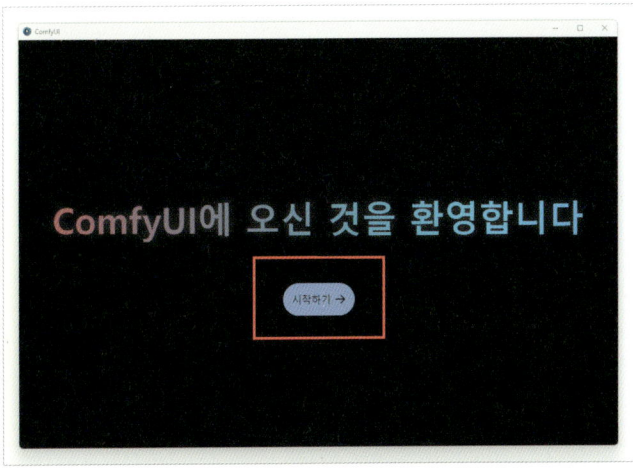

03 GPU를 선택하는 화면이 나타납니다. ❶ 컴퓨터에 장착한 GPU를 선택합니다. ❷ <다음> 버튼을 클릭하여 설치를 계속 진행합니다. ❸ 참고로 ComfyUI는 CPU로도 동작할 수 있지만 권장하지는 않습니다. 이미지 생성은 동시에 많은 작업을 처리할 수 있는 GPU를 활용할 때 속도가 크게 향상됩니다. 반면 CPU는 병렬 처리에 최적화되어 있지 않아 동일 작업을 수행하는 데 더 많은 시간이 소요됩니다.

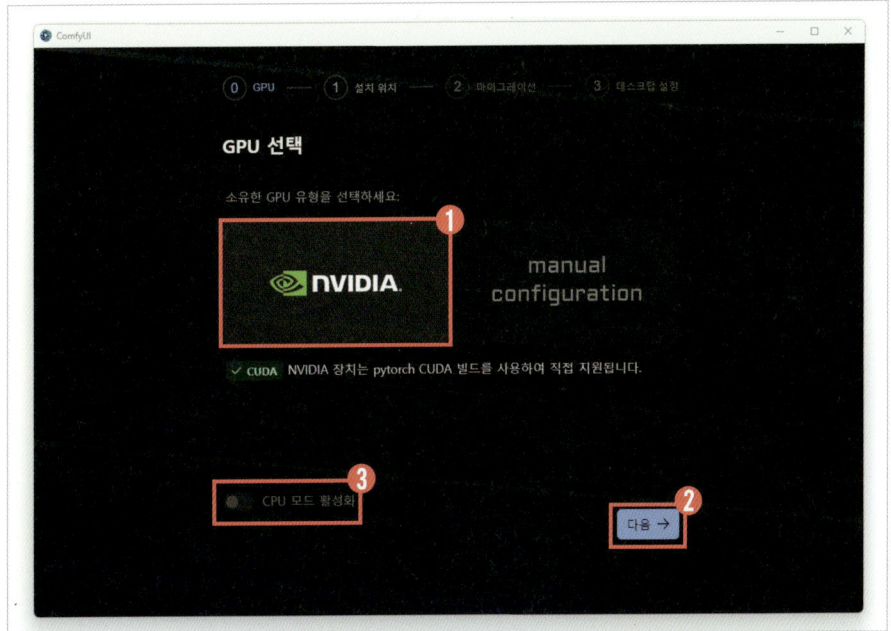

04 ComfyUI 데스크톱 버전을 설치할 위치를 선택합니다. ❶ 기본적으로 설정된 위치는 사용자 폴더의 문서 폴더에 설치되며 설치 경로에서는 'Documents'로 표시됩니다. ❷ <다음> 버튼을 클릭합니다.

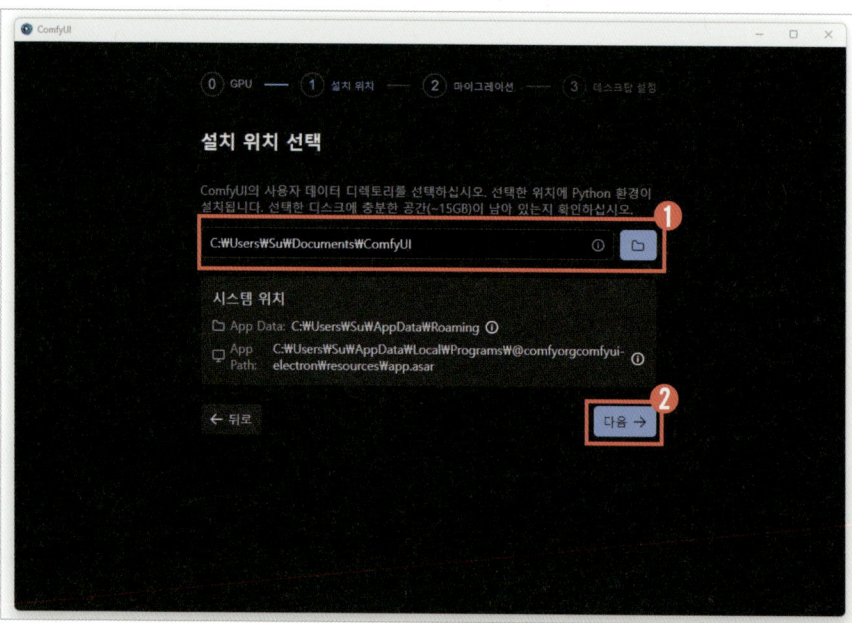

05 이 화면은 데스크톱 버전을 사용하기 전에 포터블 버전을 사용하고 있던 유저들을 위해 제공되는 친절한 메뉴입니다. 기존 ComfyUI에서 사용하던 다양한 모델 파일들이 있다면 이 화면에서 경로를 연결하여 파일을 옮기지 않고도 바로 이어서 사용할 수 있습니다. 하지만 처음 사용하는 사용자라면 이 단계를 건너뛰어도 무방합니다. <다음> 버튼을 클릭합니다.

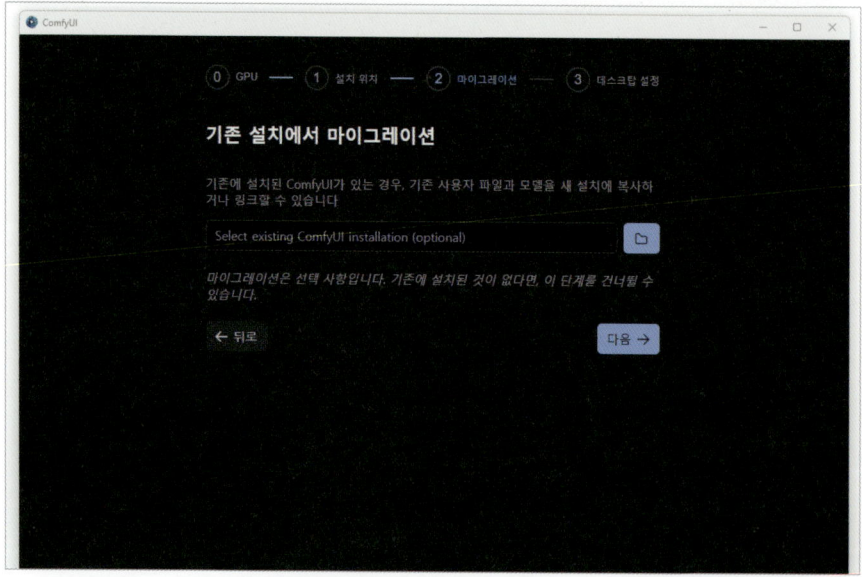

06 데스크톱 버전이 새로 출시될 때 자동으로 업데이트를 설치할 것인지 선택하는 화면입니다. ComfyUI는 오픈소스 소프트웨어로 블렌더처럼 꾸준한 업데이트가 이루어집니다. ❶ 자동 업데이트 옵션을 활성화하는 것을 추천드리지만 잦은 변화가 불편하다면 이 옵션을 해제할 수도 있습니다. ❷ <설치> 버튼을 클릭하여 설치를 진행합니다.

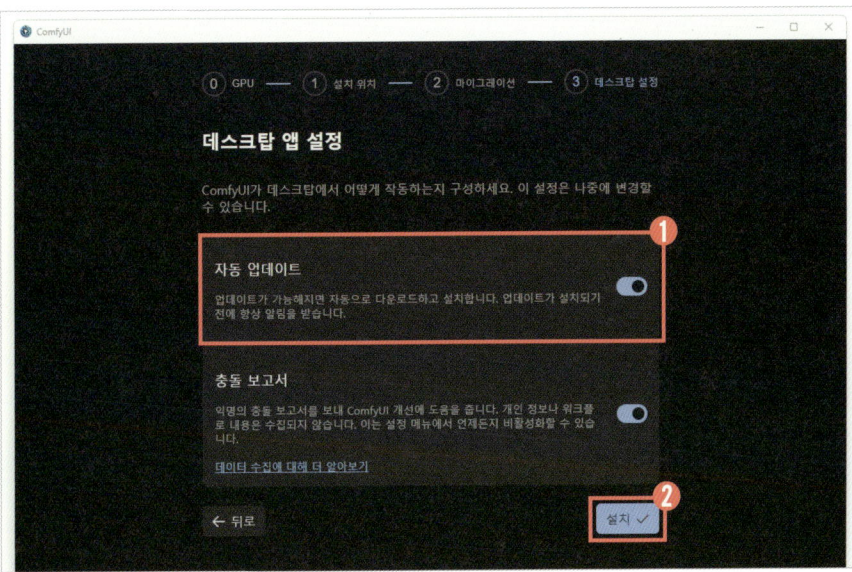

07 이제 설치 프로그램이 자동으로 필요한 파일을 다운로드하여 설치를 진행합니다. 과거에 번거로웠던 파이썬 환경 설정도 자동으로 구성되므로 사용자가 별도로 신경 쓸 필요가 없습니다. 이 과정은 설치하는 컴퓨터의 사양과 인터넷 환경에 따라 소요 시간이 달라질 수 있습니다.

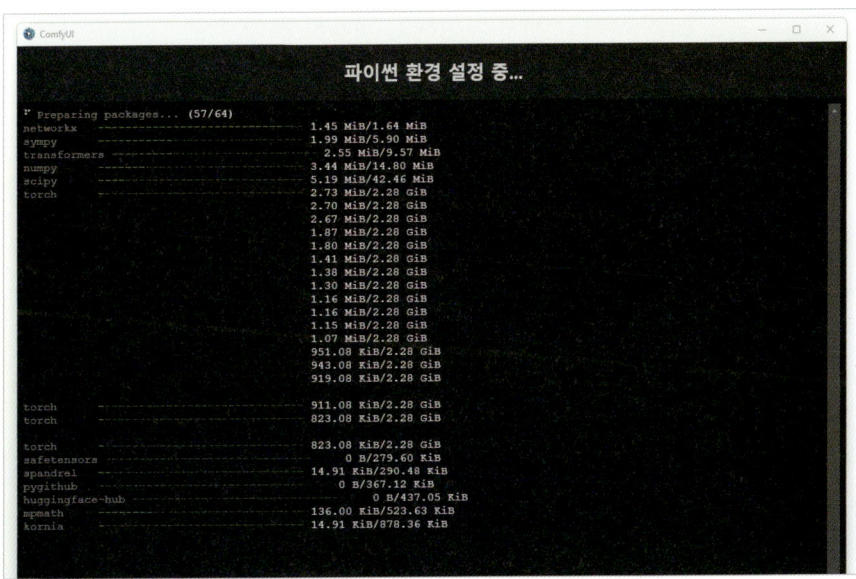

08 설치 과정이 완료되면 ComfyUI 데스크톱 버전이 자동으로 실행됩니다. 컴퓨터의 언어 설정이 한글로 되어 있다면 ComfyUI 인터페이스도 한글로 표시됩니다. 초보 사용자에게는 한글 인터페이스가 익숙할 수 있지만 온라인에서 참고할 자료 대부분이 영어로 작성되어 있기 때문에 언어 환경을 영어로 설정하는 것을 권장합니다. 이렇게 ComfyUI 설치는 간편하게 완료되었습니다.

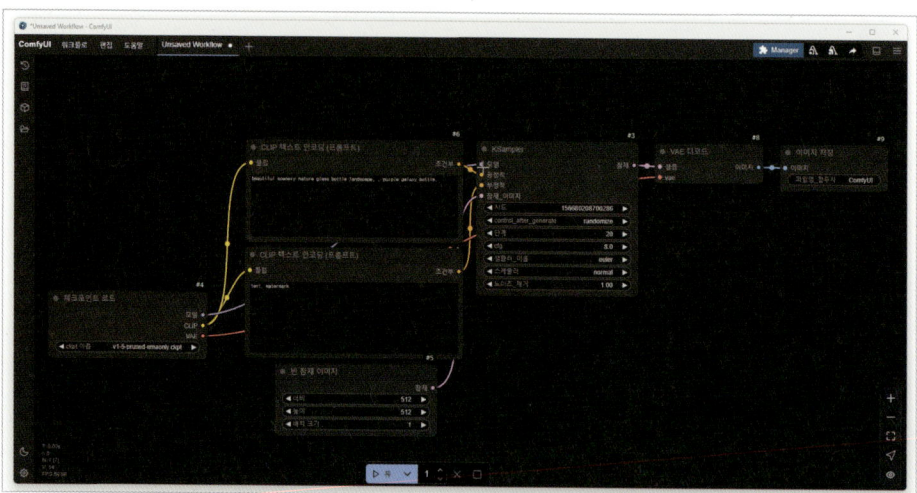

5.2.3 인터페이스

ComfyUI는 블렌더 사용자들에게 익숙한 노드 기반 인터페이스를 제공하여 작업 과정을 시각적으로 관리할 수 있다는 점이 큰 장점입니다. 처음에는 다소 복잡해 보일 수 있지만 기본 구조만 이해하면 매우 직관적으로 활용할 수 있습니다. ComfyUI의 주요 인터페이스 구성과 각 영역의 역할을 통해 이후 이미지 생성 작업에서 필요한 설정을 빠르게 파악하고 효율적으로 시작할 수 있을 것입니다.

01 이것이 ComfyUI의 기본 화면입니다. 인터페이스는 다섯 가지 주요 영역으로 나눌 수 있습니다. 작업창(Workspace), 메뉴 탭(Menu Tab), 워크플로 탭(Workflow Tab), 사이드바(Sidebar), 그리고 큐(Queue) 메뉴로 구성되어 있습니다. 각 영역은 서로 유기적으로 연결되어 작업을 효율적으로 관리할 수 있도록 설계되었습니다. 이제 이 다섯 가지 영역을 차례로 살펴보며 ComfyUI의 기본 구조를 이해해 보겠습니다.

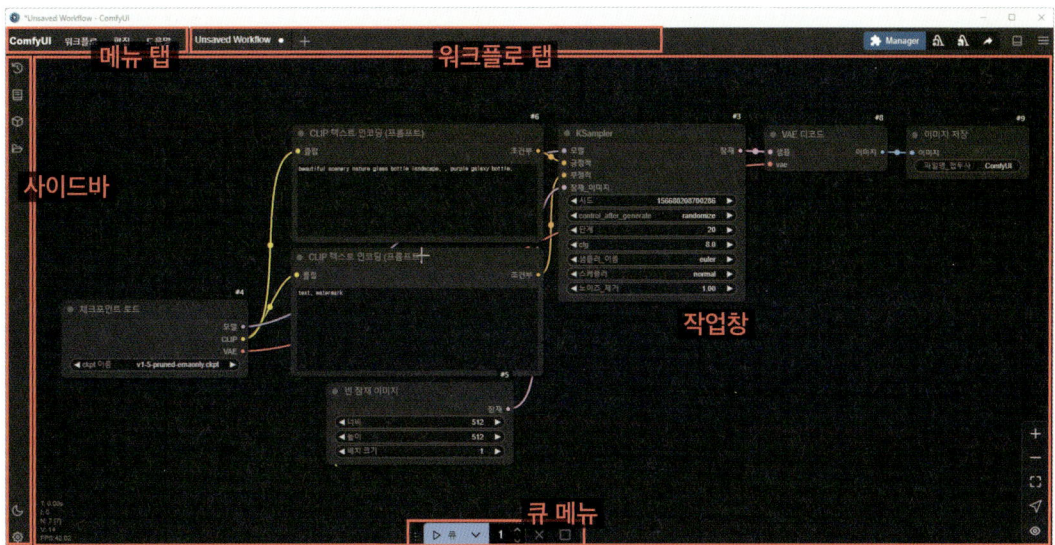

02 먼저 직관적으로 이해하기 쉬운 메뉴 탭에 대해 살펴보겠습니다. 이 탭은 화면 왼쪽 상단에 위치하며 블렌더 프로그램처럼 다양한 기능을 실행할 수 있는 구조를 가지고 있습니다. ComfyUI의 메뉴는 크게 워크플로, 편집, 도움말로 구분됩니다. 각 메뉴는 복잡하지 않고 직관적으로 설계되어 있어 세세한 설명 없이도 쉽게 조작할 수 있습니다.

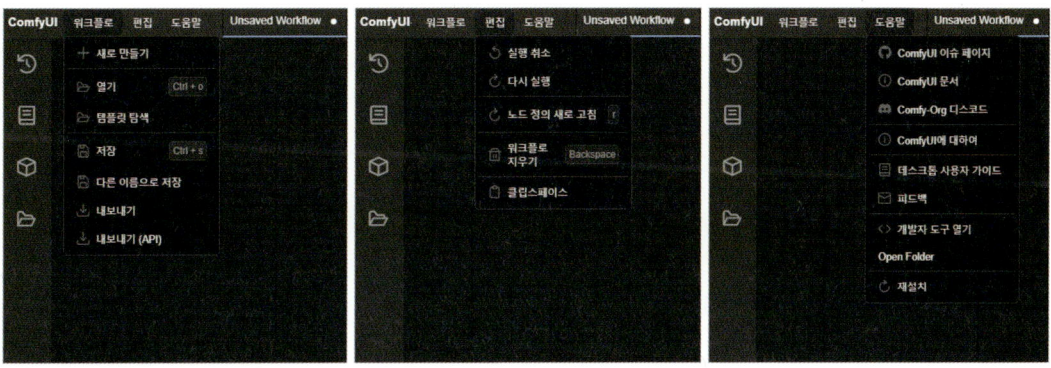

03 화면 가운데에는 넓은 작업창이 자리 잡고 있습니다. 초보자들이 블렌더에서 어려움을 느꼈던 이유 중 하나는 3D 뷰포트 에어리어와 UV Editor 에어리어 등 다양한 창을 오가야 했기 때문입니다. 그러나 ComfyUI는 모든 작업이 이 단일 화면에서 이루어지므로 훨씬 직관적이고 간단하게 작업할 수 있습니다. ComfyUI의 작업 방식은 항상 노드를 연결하는 구조를 기반으로 합니다. 화면에 보이는 각 박스가 하나의 노드이며 각 노드는 서로 다른 기능을 수행합니다. 이를 연결해 하나의 결과물을 만들어 내는 방식으로 진행됩니다. 노드의 양쪽 끝에는 색깔이 있는 점이 있습니다. 왼쪽은 정보를 받아들이는 인풋 슬롯(Input Slot)

이고 오른쪽은 정보를 내보내는 아웃풋 슬롯(Output Slot)입니다. 슬롯의 색상은 데이터 타입을 나타내며 예를 들어 노란색 아웃풋 슬롯은 노란색 인풋 슬롯에만 연결할 수 있습니다. 노드의 세부적인 사용법은 뒤에서 실습을 통해 하나씩 익혀가겠습니다.

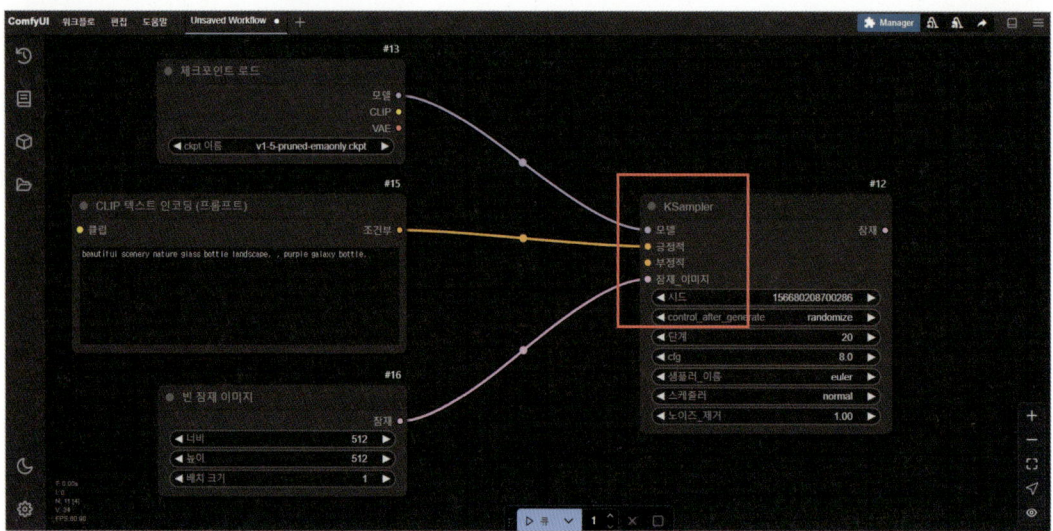

04 화면 왼쪽에는 사이드바가 있으며 총 여섯 개의 아이콘이 배치되어 있습니다. 위에서부터 순서대로 살펴보겠습니다. ❶ 첫 번째는 [큐] 탭입니다. 큐(queue)는 컴퓨터 과학에서 순차적으로 작업을 실행한다는 의미를 가진 용어입니다. 이 탭에서는 ComfyUI로 생성한 이미지들이 순서대로 히스토리 형식으로 표시됩니다. 또한 현재 생성 중인 이미지의 진행 상태가 'Running'으로 표시되어 실시간으로 작업 상태를 확인할 수 있습니다. ❷ 두 번째는 [노드 라이브러리] 탭입니다. 작업창 설명에서 언급했던 노드들은 이곳에서 선택해 생성할 수 있습니다. 노드를 생성하려면 생성하려는 노드를 클릭하면 작업창의 중앙에 생성됩니다. 또는 마우스를 사용해 드래그 앤 드롭으로 원하는 위치에 노드를 끌어다 놓을 수도 있습니다. ❸ 세 번째는 [모델 라이브러리] 탭입니다. ComfyUI에서 이미지를 생성하려면 참고해야 할 정보를 직접 선택해 넣어야 하며 이를 모델이라고 합니다. 이 작업 방식은 요리에 비유하면 이해하기 쉽습니다. '노드'는 가스레인지, 전자레인지, 칼 등 요리를 만드는 도구나 행동에 해당합니다. 반면 '모델'은 요리에 필요한 재료에 해당하며 요리사의 경험과 전문성처럼 스타일이나 지식까지 포함할 수 있습니다. ComfyUI에서는 이미지를 생성하는 과정에서 모델이 중요한 재료 역할을 합니다.

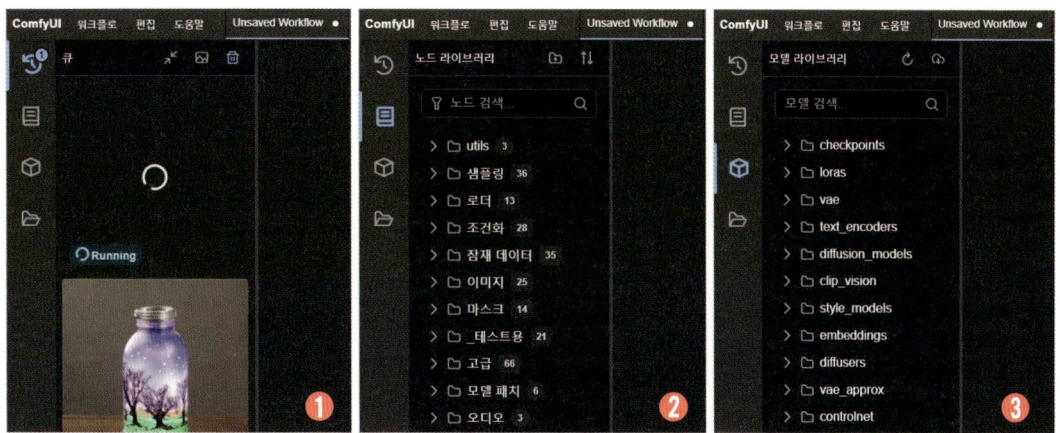

❹ 네 번째는 [워크플로] 탭입니다. 작업창에서 여러 개의 노드를 연결해 이미지를 생성하는데 이렇게 노드들이 연결된 상태를 워크플로라고 합니다. ComfyUI 인터페이스 관점에서 보면 워크플로는 노드의 흐름이 시작되는 왼쪽의 인풋 슬롯에서 이미지 생성이 모두 종료되는 아웃풋 슬롯까지 이어지는 전체 과정을 의미합니다. 워크플로 탭은 이 작업창에서 만들어진 워크플로를 저장하거나 반대로 불러오는 기능을 제공합니다. 이를 통해 반복 작업을 효율적으로 관리할 수 있습니다. ❺ 다섯 번째는 <테마 전환> 버튼입니다. ComfyUI의 기본 테마는 어두운 색상으로 설정되어 있습니다. 이 버튼을 클릭하면 밝은 색상 테마로 변경할 수 있습니다. ❻ 여섯 번째는 <설정> 버튼입니다. ComfyUI의 환경 설정은 모두 이곳에서 변경할 수 있습니다. 현재는 설정할 수 있는 항목이 많지 않지만 앞으로 버전이 업데이트되면서 더욱 다양한 설정 옵션이 추가될 것으로 기대됩니다.

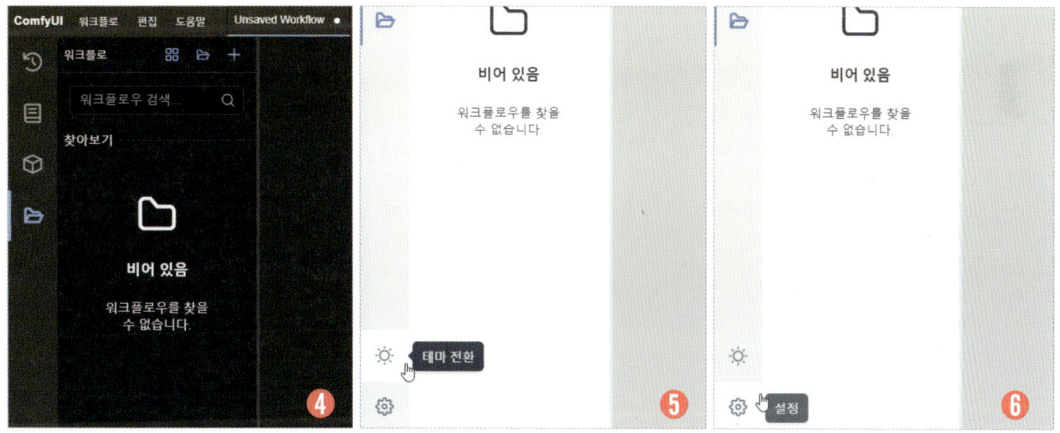

Chapter 5 수정이 용이한 모델링 with 스테이블 디퓨전

05 상단에 위치한 [워크플로] 탭에 대해 살펴보겠습니다. 이 탭은 크게 세 가지 구성으로 이루어져 있습니다. ❶ 워크플로의 이름이 표시됩니다. 작업창에서 현재 작업 중인 워크플로를 대표하는 이름입니다. 새 탭을 만들면 기본적으로 'Unsaved Workflow'로 표시되며 이는 해당 워크플로가 아직 저장되지 않았음을 의미합니다. ❷ 이름 오른쪽에 있는 검은색 점 아이콘은 현재 작업창이 저장되지 않았음을 나타냅니다. 워크플로를 저장한 이후 변경 사항이 생기면 검은색 점이 다시 나타나 저장되지 않은 변경 사항이 있음을 알립니다. ❸ <+> 아이콘은 새로운 워크플로 탭을 추가하는 버튼입니다. 이 버튼을 클릭하면 새로운 작업창이 생성됩니다.

❹ 워크플로를 저장하려면 상단 메뉴에서 [워크플로] 메뉴를 클릭한 후 <저장> 버튼을 클릭하면 됩니다. 단축키를 사용하려면 <Ctrl> + <S>를 눌러 저장할 수 있습니다. ❺ <저장> 버튼을 클릭하거나 단축키를 사용하면 화면 중앙에 워크플로 저장 팝업창이 나타납니다. 이 창에서 원하는 이름을 입력한 후 <확인> 버튼을 클릭하여 워크플로를 저장합니다.

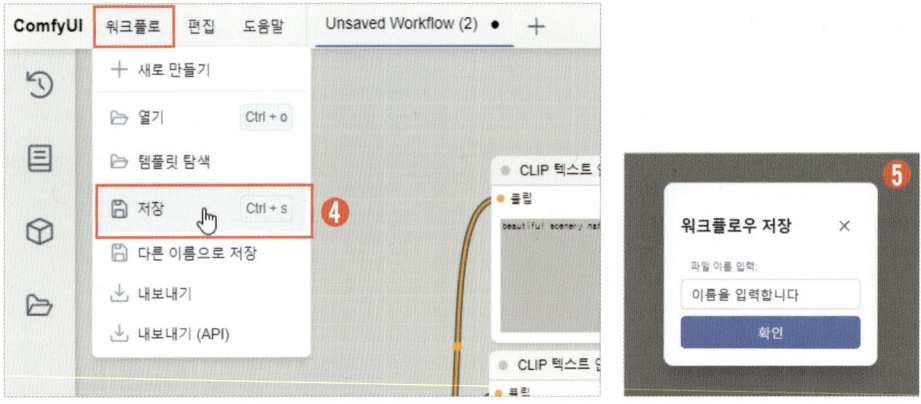

❻ 저장한 워크플로는 사이드바의 [워크플로] 탭에서 확인하고 사용할 수 있습니다. ❼ 기본적으로 저장한 워크플로는 '찾아보기' 메뉴에 저장됩니다. 또한 오른쪽에 있는 <책갈피> 아이콘을 클릭하면 해당 워크플로를 즐겨찾기에 추가할 수 있습니다. ❽ 즐겨찾기에 추가한 워크플로는 '북마크' 항목에서 확인할 수 있습니다. 자주 사용하는 워크플로를 등록해 더 빠르게 접근할 수 있습니다. ❾ 저장이 완료되면 'Unsaved Workflow'로 표시되었던 이름이 사용자가 설정한 이름으로 변경된 것을 확인할 수 있습니다.

06 화면 아래에는 <큐> 버튼이 있습니다. 큐는 앞서 설명한 것처럼 작업창에서 완성한 워크플로를 실행해 이미지를 생성하는 작업을 의미합니다. 이 메뉴는 간단한 구성으로 이루어져 있습니다. ❶ <큐> 버튼을 클릭하면 워크플로를 실행해 이미지를 생성합니다. 이 버튼은 가장 자주 사용하는 기능으로 <Ctrl> + <Enter> 단축키를 사용해 간편하게 실행할 수 있습니다. ❷ <큐> 버튼을 클릭했을 때 생성할 이미지의 수량을 선택합니다. AI 이미지 생성은 확률적으로 결과가 달라지기 때문에 한 번에 여러 장을 생성하는 경우가 많습니다. ❸ 현재 실행 중인 작업을 취소합니다. 여러 작업이 예약되어 있다면 현재 작업만 취소되고 다음 작업이 이어서 진행됩니다. ❹ 예약한 모든 작업을 취소합니다. 이 옵션을 선택하면 현재 진행 중인 작업만 완료되고 이후 예약한 작업은 실행되지 않습니다.

07 환경 설정을 변경해 보겠습니다. ❶ 사이드바의 가장 아래에 있는 <설정> 버튼을 클릭합니다. ❷ [Comfy] 탭에서는 기본적인 설정을 수정할 수 있습니다. ❸ '언어 설정' 항목에서 언어를 변경할 수 있습니다. 온라인에 공유된 대부분의 튜토리얼이 영어로 작성되어 있기 때문에 이후 내용은 '영어'로 변경하여 진행하겠습니다. ❹ [키 바인딩] 탭에서는 현재 설정한 모든 단축키를 확인할 수 있으며 사용자에게 편리한 단축키로 변경할 수도 있습니다.

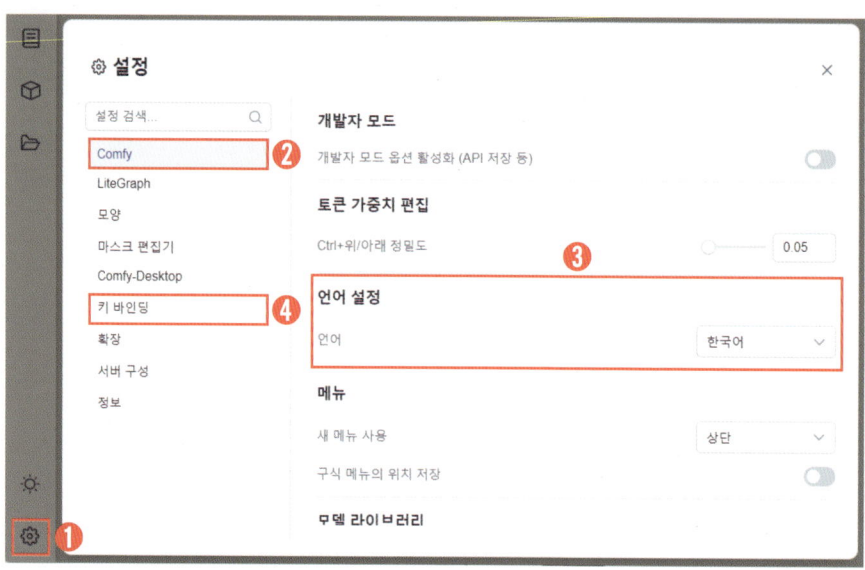

08 화면 조작 방법에 대해 설명하겠습니다. 화면 이동은 마우스 좌클릭 드래그 또는 휠 클릭 드래그로 할 수 있습니다. 화면 확대와 축소는 마우스 휠 업과 휠 다운을 사용합니다. 화면 오른쪽 아래에는 화면 조작과 관련된 메뉴가 있습니다. 이 메뉴를 통해 확대, 축소, 보기 맞춤, 선택 모드, 링크 가시성 전환 등의 기능을 사용할 수 있습니다. 직관적인 구성으로 마우스를 이용해 쉽게 조작할 수 있습니다.

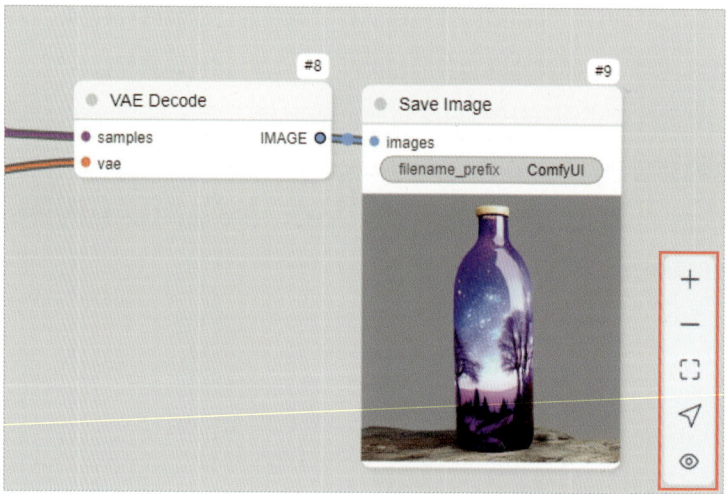

09 마지막으로 노드를 다루는 방법을 알아보겠습니다. 먼저 노드를 추가하는 방법은 크게 세 가지가 있습니다. 작업창에서 마우스 우클릭을 하면 노드를 관리하는 팝업창이 나타납니다. 여기서 [Add Node] 메뉴를 선택하고 원하는 노드를 클릭하면 작업창에 노드가 추가됩니다.

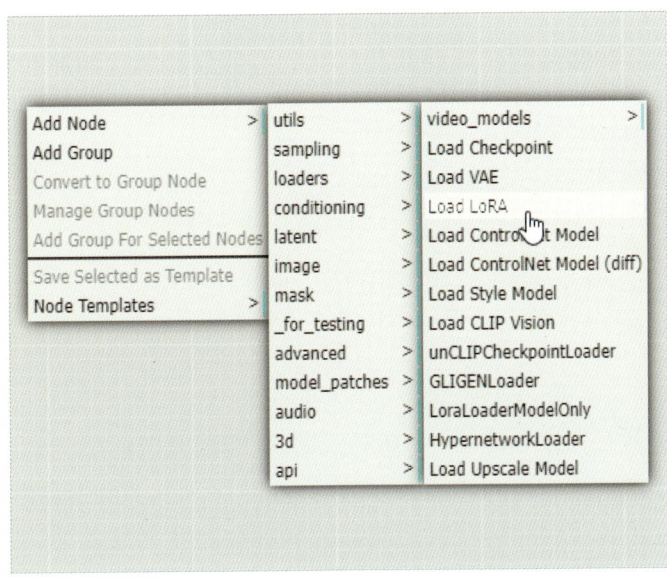

두 번째 방법은 작업창 빈공간에 마우스 왼쪽으로 더블클릭하는 것입니다. 이 방법은 특히 입문자에게 유용합니다. 더블클릭 후 노드 이름을 검색할 수 있으며 노드 이름 위에 마우스 커서를 올리면 화면 왼쪽에서 해당 노드의 형태를 미리 볼 수 있습니다.

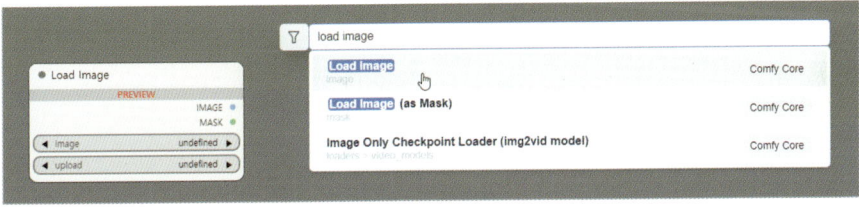

세 번째 방법은 왼쪽 사이드바의 [노드 라이브러리] 탭을 이용하는 것입니다. 이곳에서 원하는 노드를 클릭하면 작업창 중앙에 노드가 생성되고 작업창으로 드래그 앤 드롭하여 원하는 위치에 직접 추가할 수도 있습니다.

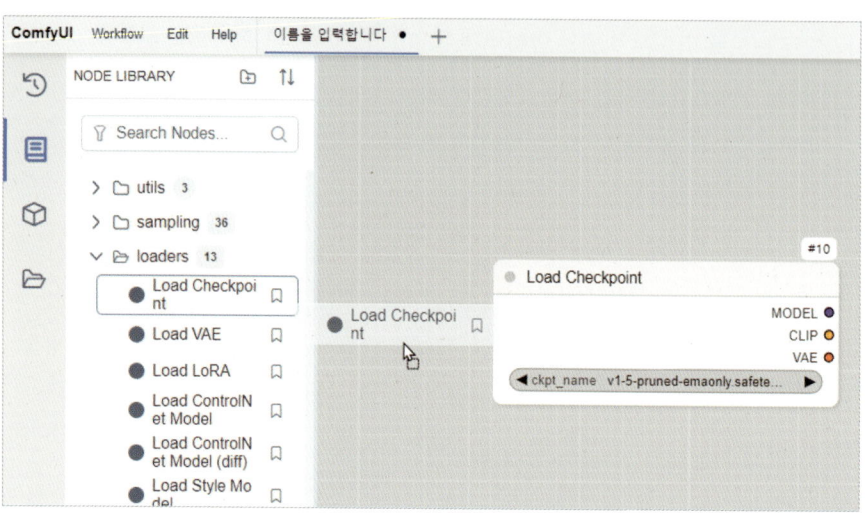

노드를 이동시키는 방법은 간단합니다. 노드를 마우스 좌클릭 드래그하여 원하는 위치로 이동시킬 수 있습니다. 이때, 노드를 다중 선택하는 방법에는 세 가지가 있습니다. 일반적으로 많이 사용하는 방법은 <Shift> 키를 누른 상태에서 노드를 좌클릭하여 하나씩 선택하는 것입니다. <Ctrl> 키를 눌러도 동일하게 작동합니다. ❶ 또 다른 방법은 <Ctrl> 키를 누른 상태에서 마우스 왼쪽으로 드래그하면 선택 박스가 생성되어 여러 개의 노드를 한 번에 선택하는 것입니다.

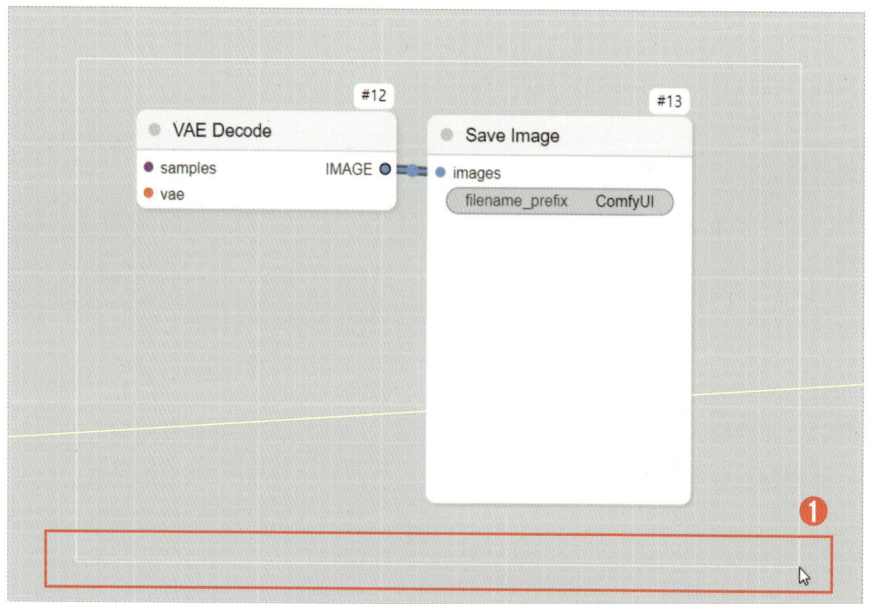

노드를 복사하는 방법은 두 가지가 있습니다. 첫 번째는 <Ctrl> + <C> 키로 복사한 후 <Ctrl> + <V> 키로 붙여 넣는 일반적인 방법입니다. 두 번째는 <Alt> 키를 누른 상태에서 노드를 마우스 왼쪽으로 드래그 앤 드롭하는 방법입니다. 이 경우 드래그한 위치에 노드가 복사됩니다.

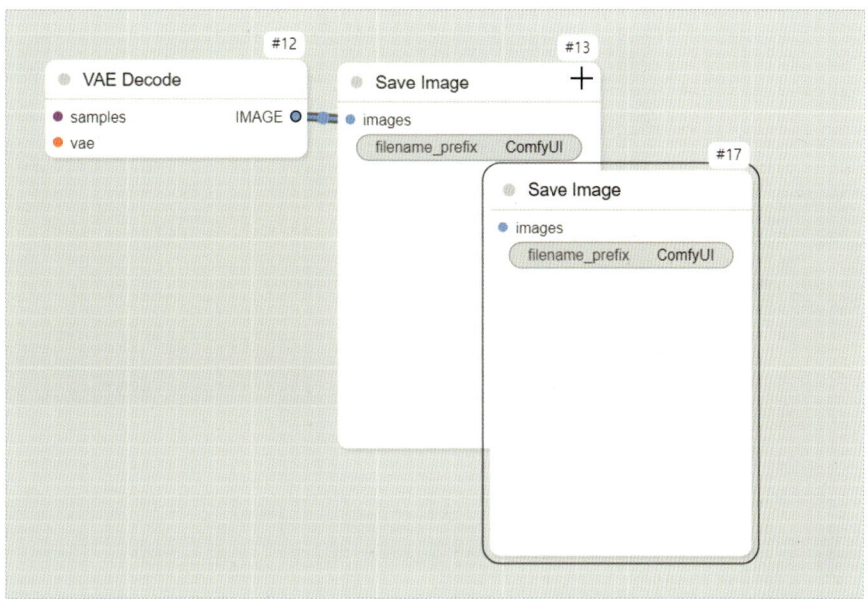

5.2.4 이미지 생성해 보기

ComfyUI의 인터페이스를 이해했다면 이제 실제로 이미지를 생성해 볼 차례입니다. 이번 레슨에서는 프로그램 실행부터 첫 이미지를 생성하기까지의 과정을 다룹니다. 간단한 텍스트 프롬프트와 기본 설정을 통해 누구나 어려움 없이 이미지를 만들어볼 수 있습니다.

이 과정을 통해 ComfyUI의 기본적인 워크플로를 익히게 될 것입니다. 이후 진행되는 고급 스킬들은 이 기본 워크플로 위에 하나씩 추가됨으로써 더욱 정교하고 독창적인 결과물을 만들어낼 것입니다.

01 ComfyUI 실행 아이콘을 더블클릭하여 데스크톱 버전을 실행합니다. 실행 후 검은색 터미널 창이 팝업되며 설치한 모델을 불러오는 커맨드가 표시됩니다. 잠시 기다리면 프로그램이 완전히 실행되어 기본 화면이 나타납니다.

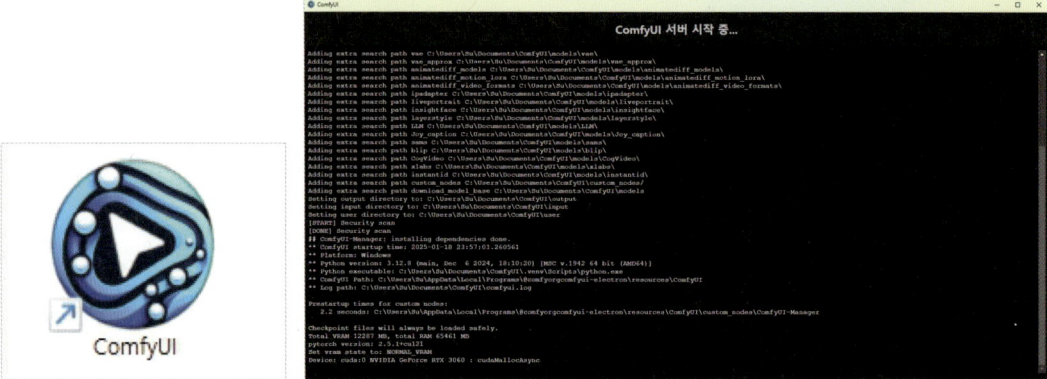

02 현재 컴퓨터에는 ComfyUI 프로그램이 설치되어 있지만 이미지를 생성하는 데 필요한 재료인 모델 파일이 없는 상태입니다. 모델을 다운로드해야 하지만 처음부터 복잡한 다운로드 과정을 시작하면 흥미를 잃을 수 있습니다. 따라서 ComfyUI에서 제공하는 기본 튜토리얼을 활용해 보겠습니다. 이 튜토리얼은 모델 하나를 쉽게 다운로드할 수 있도록 설계되어 있습니다. ❶ 상단의 [Workflow] 메뉴를 클릭합니다. ❷ [Browse Templates]을 선택하여 기본으로 제공되는 템플릿을 실행합니다.

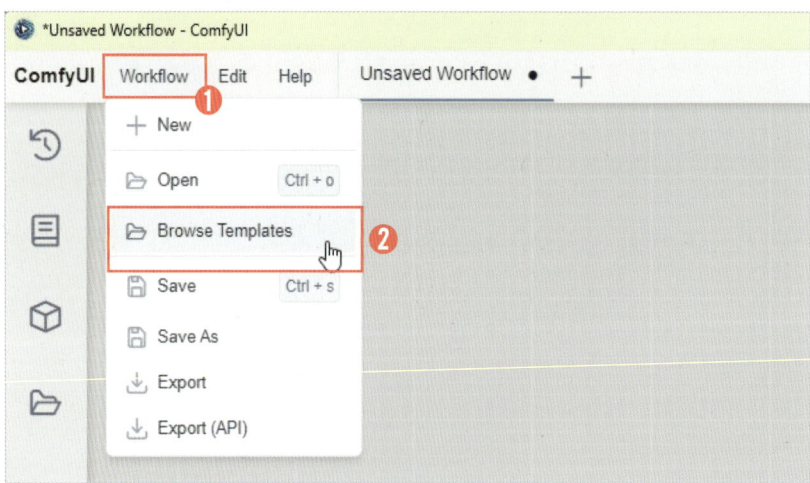

❸ 제공된 네 가지 템플릿 중에서 'Image Generation' 템플릿을 클릭합니다. 이 템플릿은 텍스트를 입력해 이미지를 생성할 수 있는 기본 기능을 제공합니다.

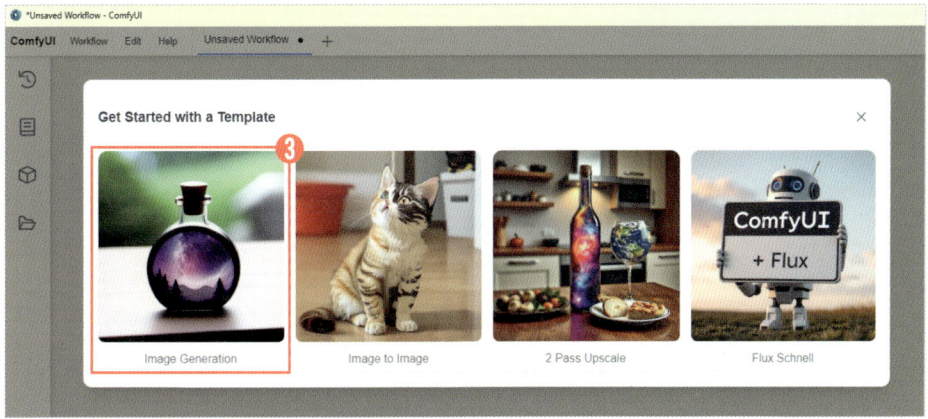

03 화면에 'Missing Models'라는 경고창이 팝업됩니다. 이는 기본 이미지를 생성하는 데 필요한 모델이 없기 때문에 나타나는 경고입니다. ❶ 경고창 아래에는 필요한 모델 이름과 함께 오른쪽에 <다운로드> 버튼이 표시됩니다. 이 모델의 크기는 3.97GB이며 모델 타입은 Checkpoints입니다. Checkpoint는 요리사의 경험과 지식에 비유할 수 있습니다. 한식만 배운 요리사에게 이탈리아 요리를 부탁하면 만들 수는 있지만 이상한 요리가 만들어질 수 있는 것처럼 Checkpoint 모델은 생성할 이미지의 스타일과 품질을 좌우합니다. 기본으로 제공되는 Checkpoint 'v1-5-pruned-emaonly'는 매우 기본적인 모델로 퀄리티가 높은 편은 아닙니다. ❷ <Download> 버튼을 클릭하여 Checkpoint 파일을 다운로드합니다. 다운로드가 완료되면 모델이 자동으로 프로그램에 추가됩니다.

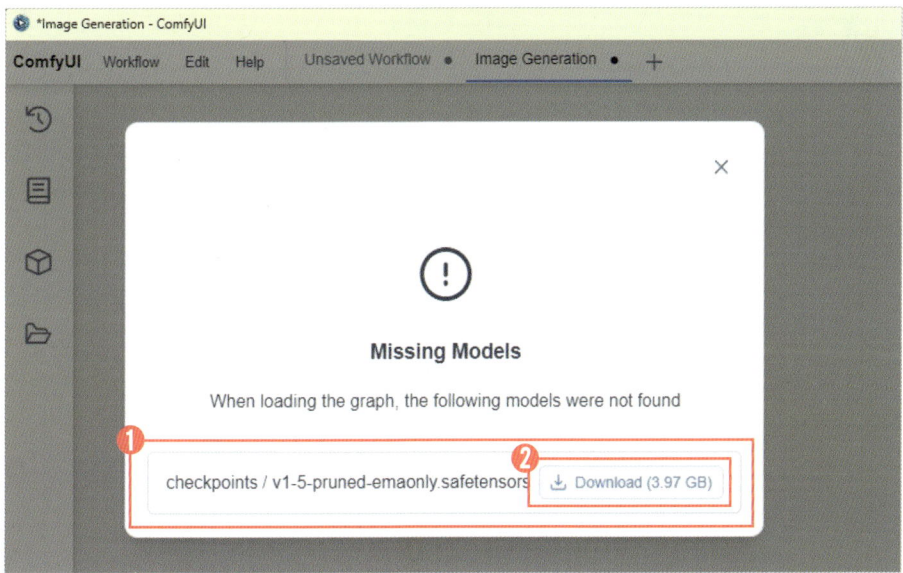

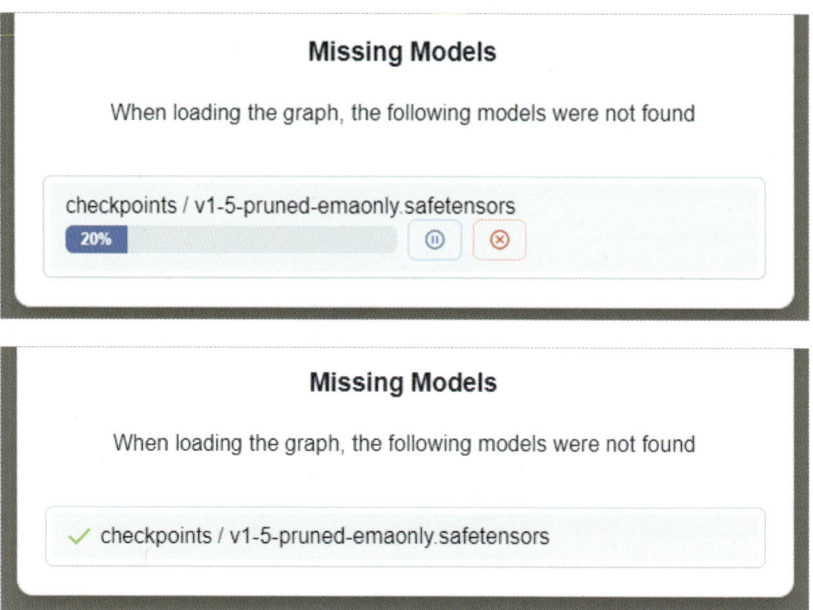

04 Image Generation 템플릿은 일곱 개의 노드로 구성되어 있습니다. 가장 왼쪽에 위치한 Load Checkpoint 노드는 방금 다운로드한 Checkpoint 파일을 불러오는 역할을 합니다. 모델을 새로 다운로드한 경우 ComfyUI 프로그램을 재부팅해야 모델이 제대로 반영됩니다. 프로그램을 종료했다가 다시 실행하는 방법도 있지만 <Ctrl> + <R> 키를 눌러 간편하게 프로그램을 리로드(reload)할 수도 있습니다.

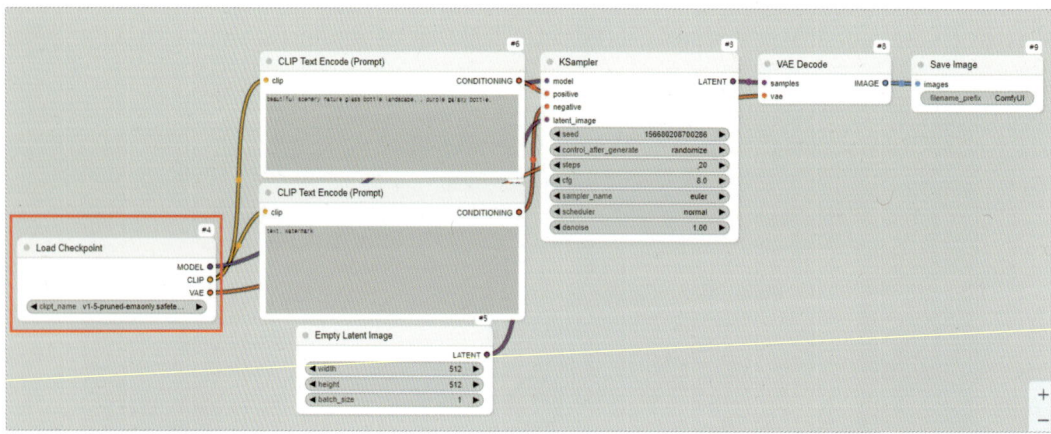

05 프로그램을 리로드한 후 Load Checkpoint 노드에서 다운로드한 Checkpoint 파일을 다시 올바르게 선택합니다. 이후에 여러 개의 Checkpoint를 다운로드하면 이 노드에서 모든 Checkpoint 목록이 표시되며 필요에 따라 원하는 파일을 선택해 사용할 수 있습니다.

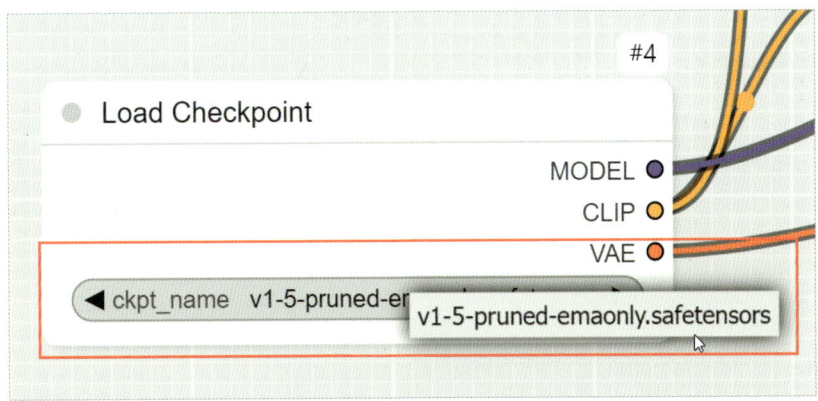

06 이제 ComfyUI에서의 이미지 생성을 경험해 봅시다! ❶ 다른 설정은 그대로 둔 상태에서 화면 아래에 있는 <큐> 버튼을 클릭합니다. 또는 <Ctrl> + <Enter> 단축키를 눌러 큐 기능을 실행할 수 있습니다. ❷ 큐가 실행되면 현재 컴퓨터가 계산 중인 노드의 테두리가 초록색으로 변하며 진행 상태를 실시간으로 확인할 수 있습니다. ❸ 하나의 큐 작업이 완료되면 가장 오른쪽에 위치한 Save Image 노드에서 생성한 이미지를 확인할 수 있습니다. 예상보다 쉽게 이미지를 생성할 수 있어서 다소 놀랄 수도 있습니다.

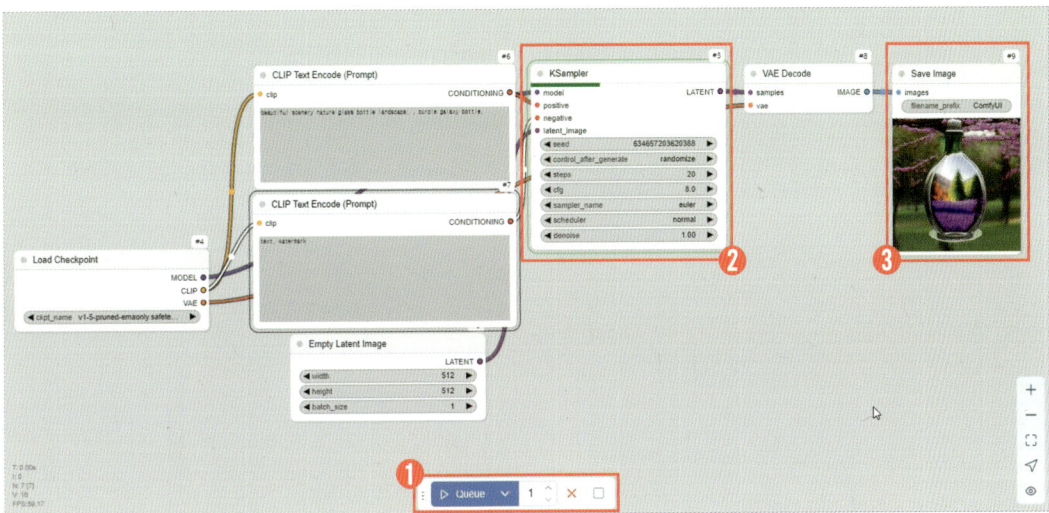

07 이번에는 프롬프트를 수정해 다른 콘셉트의 이미지를 생성해 봅시다. ❶ ComfyUI에서는 프롬프트를 CLIP Text Encode 노드에 입력합니다. 이 노드가 두 개로 나뉘어 있는 이유는 요청을 긍정(positive)과 부정(negative)으로 구분해 처리하기 위해서입니다. 긍정 프롬프트에는 생성할 이미지에 포함하고 싶은 요소를 입력하고 부정 프롬프트에는 배제하고 싶은 요소를 입력합니다. ❷ 두 프롬프트 노드에서 입력한 정보는 오른쪽에 있는 KSampler 노드로 전달됩니다. KSampler는 요리사에 비유할 수 있습니다. 손님이 '매운 치킨 햄버거'를 주문하는 것은 긍정 프롬프트에 해당하며 '피클은 빼주세요'와 같은 요청은 부정 프롬프트에 해당합니다. 요리사가 이러한 요청을 받아 요리를 완성하듯 KSampler는 입력한 프롬프트를 기반으로 이미지를 생성합니다. 이 노드는 다양한 기능을 가지고 있으며 이후 실습을 통해 점진적으로 익혀보겠습니다.

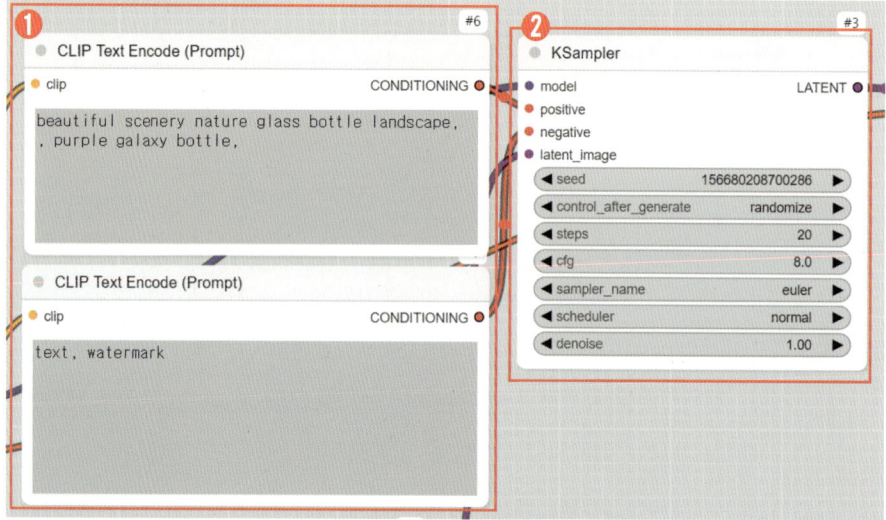

❸ 새로운 이미지를 생성하기 위해 긍정 프롬프트에 'cup'을 입력해 봅시다. 이미지의 퀄리티를 향상하기 위해 'good quality'와 같은 꾸미는 프롬프트를 추가로 입력해 주면 더욱 정교한 결과를 얻을 수 있습니다.

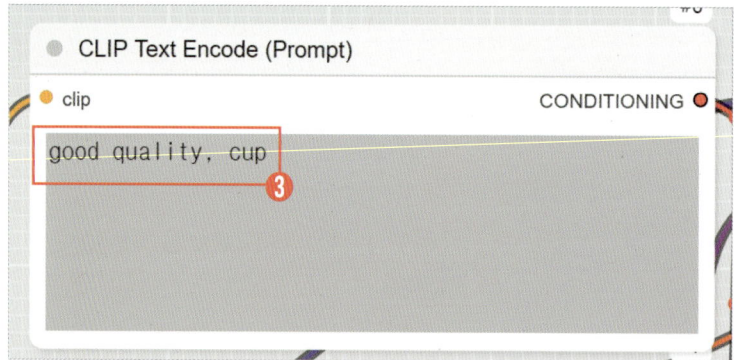

08 변경한 프롬프트로 이미지를 생성해 봅시다. ❶ <큐> 버튼을 클릭하여 이미지 생성을 ComfyUI에 요청합니다. ❷ 생성한 이미지는 Save Image 노드에 표시됩니다. 이 노드는 최근에 생성한 이미지를 화면에 보여줄 뿐만 아니라 자동으로 ComfyUI 폴더 안의 Output 폴더에 이미지를 저장하는 역할도 합니다.

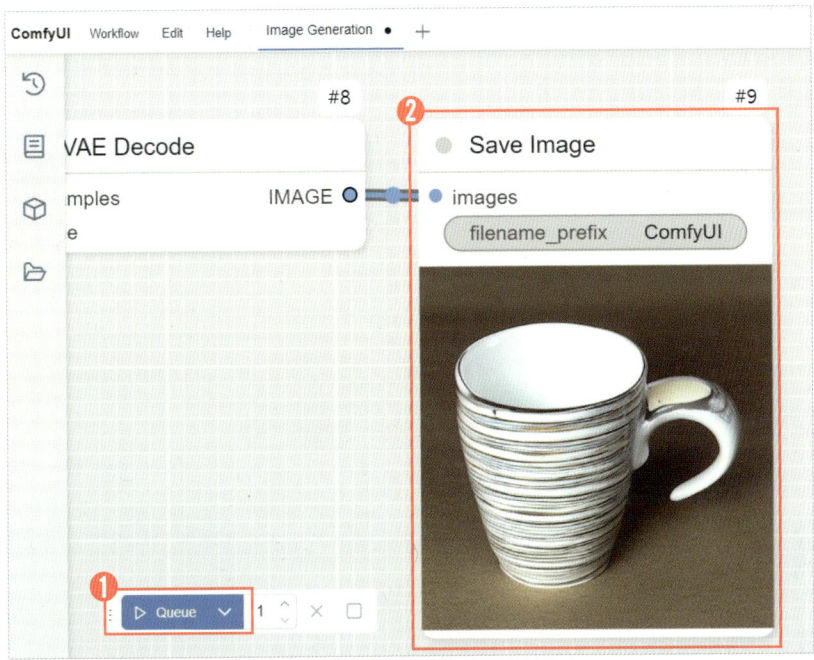

❸ Output 폴더는 상단 메뉴에서 쉽게 접근할 수 있습니다. [Help] → [Open Folder] → [Open Outputs Folder] 순서로 클릭하면 저장한 이미지를 확인할 수 있습니다.

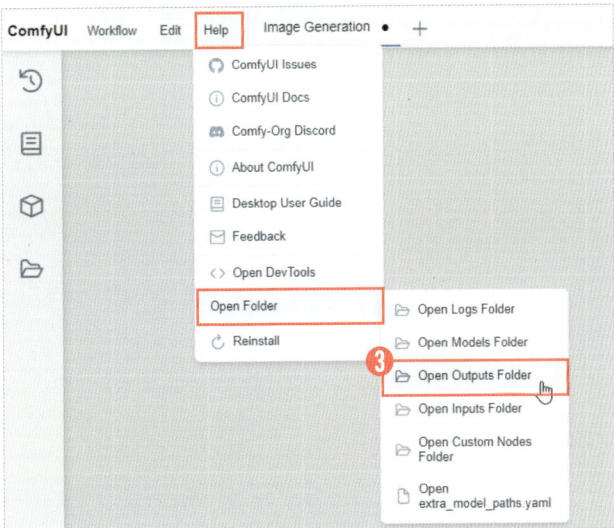

Chapter 5 수정이 용이한 모델링 with 스테이블 디퓨전　**285**

프롬프트(Prompt)

ComfyUI가 이미지를 생성하기 위해 사용하는 텍스트 명령입니다. 간결하고 구체적인 문장을 입력하면 됩니다. 긍정 프롬프트(positive prompt)와 부정 프롬프트(negative prompt)로 나뉘며 각각 포함하고 싶은 요소와 제외하고 싶은 요소를 입력하면 됩니다.

체크포인트(Checkpoint)

이미지 생성의 기본이 되는 학습된 모델 파일로 스테이블 디퓨전의 '뇌'에 해당합니다. 선택한 체크포인트에 따라 생성되는 이미지의 스타일과 품질이 달라집니다.

- 예: 실사 스타일 체크포인트를 사용하면 사진 같은 결과물을 생성하고 애니메이션 스타일 체크포인트를 사용하면 만화 같은 이미지를 생성합니다.
- 비유: 요리 재료에 해당합니다. 같은 요리를 하더라도 주재료가 다르면 완전히 다른 요리가 되듯 체크포인트는 이미지 생성의 전반적인 방향성을 결정합니다.

LoRA(Low-Rank Adaptation)

모델이 적은 자원으로 효율적으로 조정될 수 있도록 돕는 신경망 최적화 기술입니다. 여기에서는 체크포인트와 함께 사용되는 파일을 뜻하며 체크포인트만큼 강한 영향을 주지는 않지만 전체적인 이미지를 미세하게 조정합니다.

- 예: 실사 체크포인트에 실사 LoRA를 더하면 더 세밀하고 사실적인 이미지를 생성할 수 있습니다.
- 비유: 요리에서의 향신료나 소스처럼 세부적인 맛을 조정하는 역할을 합니다.

VAE(Variational Autoencoder)

이미지의 세부적인 품질과 색상을 보정하는 데 사용됩니다. 없어도 이미지 생성은 가능하지만 추가하면 더 선명하고 완성도 높은 결과를 얻을 수 있습니다.

- 비유: 조미료처럼 사용하지 않아도 문제는 없지만 넣으면 풍미를 더할 수 있습니다.

업스케일(Upscale)

생성한 이미지의 해상도를 높여 더 선명하고 디테일한 결과를 만드는 기능입니다. 작은 이미지를 확대하더라도 품질이 유지되도록 처리합니다.

워크플로(Workflow)

노드들이 연결되어 이미지를 생성하는 전체 과정을 나타냅니다. 노드의 배치와 연결 방식에 따라 다양한 이미지 생성 방식을 구성할 수 있습니다. 작업창에 설정한 워크플로를 저장하거나 불러올 수 있습니다.

큐(Queue)

ComfyUI에서 이미지를 생성하는 실행 단위입니다. 작업창에서 설정한 워크플로를 실행하기 위해 큐를 사용합니다. <큐> 버튼을 클릭하면 워크플로가 실행되며 각 노드의 진행 상태를 실시간으로 확인할 수 있습니다. 한 번에 여러 작업을 추가해 순차적으로 실행할 수도 있습니다.

- 비유: 큐는 '요리사가 주문받은 요리를 만드는 과정'에 해당합니다. <큐> 버튼을 클릭하면 요리가 시작되고 레시피 순서대로 각 과정이 진행됩니다.

샘플러(Sampler)

이미지 생성 과정에서 노이즈를 제거하고 결과를 구체화하는 알고리즘입니다. 다양한 샘플러 옵션이 제공되며 선택한 샘플러에 따라 이미지 품질과 생성 속도가 달라질 수 있습니다.

CLIP(Contrastive Language-Image Pretraining)

텍스트 프롬프트를 이해하고 이미지를 생성하는 데 사용됩니다. 긍정 프롬프트와 부정 프롬프트를 구분하여 요청 사항을 반영하며 CLIP SKIP 설정으로 텍스트 해석 수준을 조정할 수 있습니다.

- 비유: CLIP은 '요리사의 레시피 해석 능력'에 해당합니다. 요청한 요리를 얼마나 정확히 이해하고 반영하게 될지가 결정됩니다.

CLIP SKIP

프롬프트를 얼마나 세밀하게 이해할지 결정하는 설정입니다.

- CLIP SKIP=1: 간단하게 해석하여 결과를 생성합니다.
- CLIP SKIP=2: 세부 사항까지 철저히 해석하여 결과를 생성합니다.
- 비유: 요리사의 세심함에 따라 요리 결과가 달라지는 것과 비슷합니다.

시드(Seed)

시드는 이미지 생성의 난수입니다. 같은 시드를 사용하면 동일한 프롬프트로 같은 결과를 생성할 수 있습니다.

모델 버전 및 종류

스테이블 디퓨전에는 다양한 버전의 모델이 있으며 각각 해상도, 품질, 속도에서 차이가 있습니다. 다음은 대표적인 모델 종류와 그 특징입니다.

① SD1.5(Stable Diffusion 1.5)

- 해상도: 기본 512×512 픽셀

- 이미지 품질: 양호한 품질을 제공하지만 세부 디테일 표현에는 한계가 있을 수 있습니다.

- 속도: 상대적으로 빠르고 하드웨어 요구 사항이 낮습니다.

- 특징: 초보자에게 적합하며 커스텀 모델과 호환성이 뛰어납니다.

② SDXL(Stable Diffusion XL)

- 해상도: 기본 1024×1024 픽셀

- 이미지 품질: 뛰어난 디테일과 색 정확도를 제공합니다.

- 속도: 복잡한 모델 구조로 인해 속도가 느릴 수 있으며 고사양 하드웨어가 필요합니다.

- 특징: 고품질 이미지를 생성할 수 있지만 컴퓨터 성능이 높아야 원활히 사용할 수 있습니다.

③ SDXL Lightning

- 해상도: SDXL과 동일(1024×1024 픽셀)

- 이미지 품질: 낮은 스텝에서도 고품질 이미지를 생성할 수 있도록 최적화되어 있습니다.

- 속도: SDXL보다 빠르게 이미지를 생성하며 효율성이 뛰어납니다.

- 특징: SDXL의 고해상도를 유지하면서도 속도를 개선한 버전입니다.

5.3 효과적인 사용 방법

ComfyUI에서 원하는 이미지를 생성하려면 적합한 모델을 사용하는 것이 중요합니다. 여기에서는 ComfyUI를 위한 모델을 다운로드하는 과정을 다룹니다. 모델은 여러 경로에서 받을 수 있지만 Checkpoint, LoRA, VAE 모델을 다운로드할 수 있는 대표적인 사이트인 Civitai를 활용하겠습니다.

5.3.1 모델 다운로드(LoRA)

먼저 LoRA 모델을 다운로드하고 설치한 후 이를 간단히 활용하는 방법을 소개하겠습니다.

01 구글 검색창에 'civitai'를 입력하고 검색합니다. 검색 결과에서 가장 상위에 표시된 공식 홈페이지(civitai.com)를 클릭해 접속합니다.

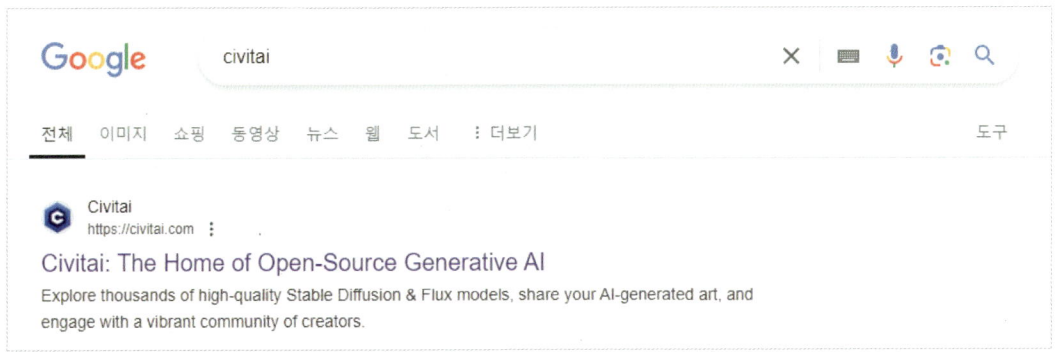

Civitai의 첫 페이지는 미드저니와 유사하게 사람들이 생성한 이미지들이 전시되어 있습니다. 각 이미지를 클릭하면 해당 이미지를 생성할 때 사용한 모델을 확인할 수 있습니다. 이 홈페이지에서는 다양한 모델을 무료로 다운로드할 수 있습니다. 일부 모델은 다운로드 시 로그인이 필요할 수 있는데 이는 주로 성인 인증이 필요한 모델이거나 관리가 필요한 대상일 경우에 해당됩니다. 로그인 후에는 제한 없이 다양한 모델을 활용할 수 있습니다.

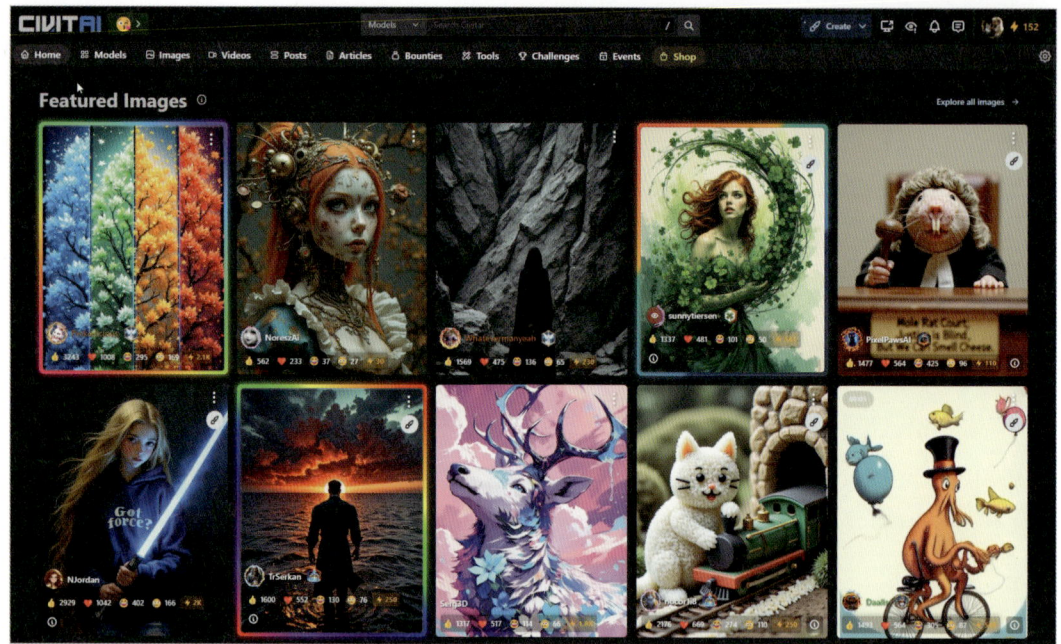

02 앞에서 만들었던 컵 이미지를 더 멋지게 개선해 봅시다. 이를 위해 오브젝트에 최적화된 Checkpoint를 다운로드하겠습니다. Civitai 홈페이지 상단에 있는 검색창에 'object' 키워드를 입력하고 <Enter> 키를 눌러 검색합니다.

❶ 오브젝트와 관련된 모델이 무려 221개나 검색되었습니다. 하지만 이 개수는 Checkpoint뿐만 아니라 다른 타입의 모델도 포함된 결과입니다. ❷ 따라서 검색창 아래에 있는 깔때기 모양의 아이콘을 선택해 필터를 활성화합니다. 필터에서 Checkpoint 모델만 표시되도록 설정해 원하는 모델을 쉽게 찾아보겠습니다.

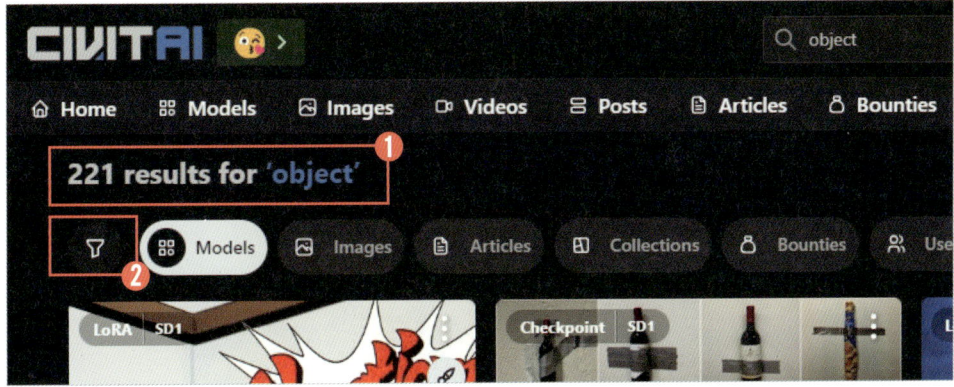

필터 아이콘을 클릭하면 왼쪽에 사이드바가 활성화됩니다. ❸ 사이드바를 아래로 스크롤하면 [Filter by Model Type] 카테고리가 나타납니다. 여기에서 <Checkpoint>를 선택해 활성화하면 Checkpoint 모델만 표시됩니다. ❹ 필터를 적용한 결과 검색 결과가 일곱 개로 줄어들었습니다. AI 분야에서는 물체보다 캐릭터를 만들려는 수요가 많기 때문에 오브젝트와 관련된 Checkpoint는 상대적으로 적은 편입니다.

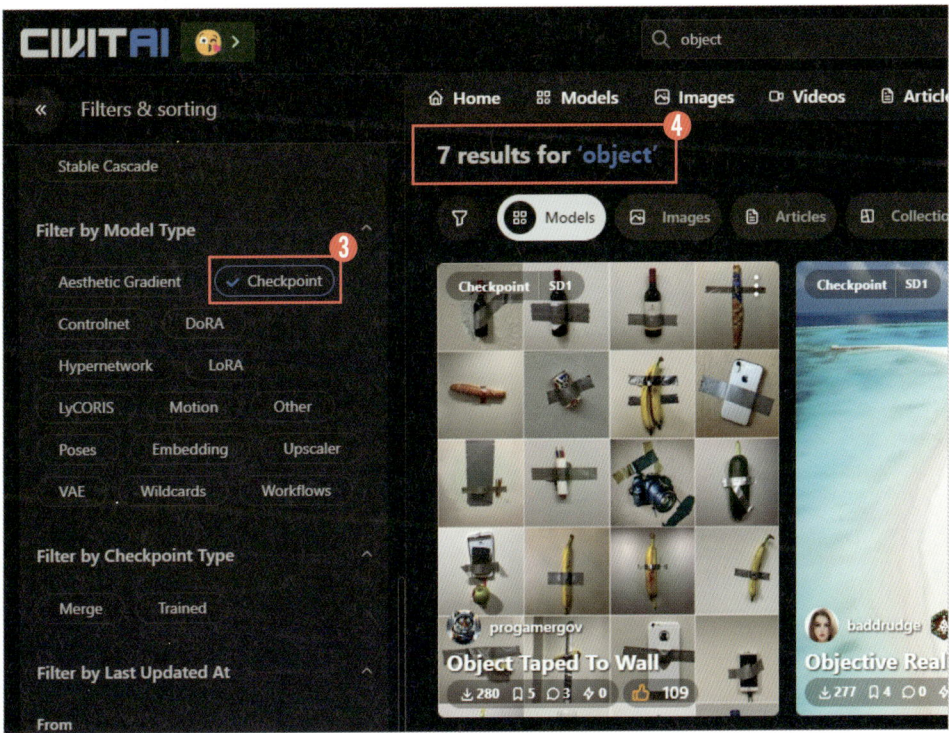

03 검색한 오브젝트 결과 중 다음의 두 모델을 추천합니다. 이번 예시에서는 'helloObjects' 모델을 다운로드해 진행해 보겠습니다. 검색 결과에서 'helloObjects' 모델을 클릭합니다.

❶ 모델의 버전이 나열되어 있습니다. 여기서 말하는 버전은 스테이블 디퓨전 자체의 버전이 아니라 제작자가 학습하여 공유한 모델 꾸러미의 버전을 의미합니다. 따라서 다른 버전을 선택할 때마다 상세페이지 내용이 바뀝니다. ❷ 이 모델로 생성할 수 있는 콘셉트와 스타일을 볼 수 있는 영역입니다. 모델을 다운로드하기 전에 결과물을 미리 확인해 스타일이 원하는 것과 맞는지 판단할 수 있습니다. ❸ 모델 파일의 정보를 확인하고 다운로드할 수 있는 공간입니다. 파일 크기, 형식, 지원 여부 등 상세 정보를 제공하며 다운로드를 위한 링크도 포함되어 있습니다. ❹ 제작자가 모델에 대해 설명한 텍스트 공간입니다. 여기에는 모델의 특징, 사용 시 주의 사항, 그리고 반드시 적용해야 할 설정값 등이 포함될 수 있습니다.

❺ 페이지 오른쪽 상단에는 모델을 다운로드할 수 있는 버튼이 있습니다. 버튼을 클릭하면 모델을 바로 다운로드할 수 있습니다. ❻ 모델의 타입이 표시됩니다. 이번에는 object 키워드로 검색할 때 Checkpoint로 필터를 설정했기 때문에 'Type' 항목에 'Checkpoint'가 표시됩니다. ❼ 'Base Model'은 이 모델이 기반으로 하는 스테이블 디퓨전의 버전을 의미합니다. 초보자에게는 SD 1.5 버전을 추천합니다. SD 1.5는 사용할 수 있는 모델이 다양하고 안정적이어서 ComfyUI를 처음 사용하는 데 적합합니다.

❽ 'Trigger Words'는 이미지를 생성할 때 모델의 스타일을 의도대로 반영할 수 있도록 돕는 키워드입니다. 모델 학습 과정과 연관된 단어이기 때문에 생성 과정에서도 스타일 발현에 효과적입니다. 특히 스타일이 목적인 LoRA 모델에서는 'Trigger Words'의 역할이 더 중요합니다. ❾ 페이지 하단에도 모델을 다운로드할 수 있는 버튼이 있습니다. 여러 버전의 파일이 공유된 경우 하단에 모든 파일이 나열되어 필요에 따라 적합한 버전을 선택해 다운로드할 수 있습니다. 이 버튼은 상단 버튼보다 구체적인 파일 선택이 가능하다는 점에서 더 선호될 수 있습니다.

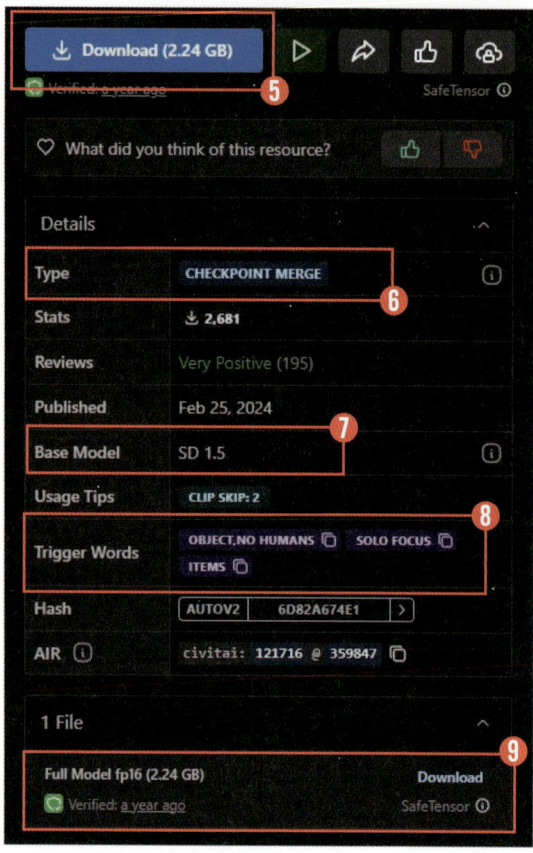

04 다운로드한 모델 파일은 ComfyUI를 설치한 폴더 내의 정해진 위치에 있어야 사용할 수 있습니다. ❶ ComfyUI를 설치한 폴더로 이동한 후 models 폴더로 들어갑니다. ❷ checkpoints 폴더에 방금 다운로드한 Checkpoint 모델 파일을 넣습니다. ❸ 이 폴더에는 처음 실습에서 사용했던 v1-5-pruned-emaonly 모델도 저장되어 있는 것을 확인할 수 있습니다. 만약 LoRA 모델을 사용하려면 동일하게 models 폴더 내의 LoRa 폴더에 해당 모델 파일을 넣으면 됩니다.

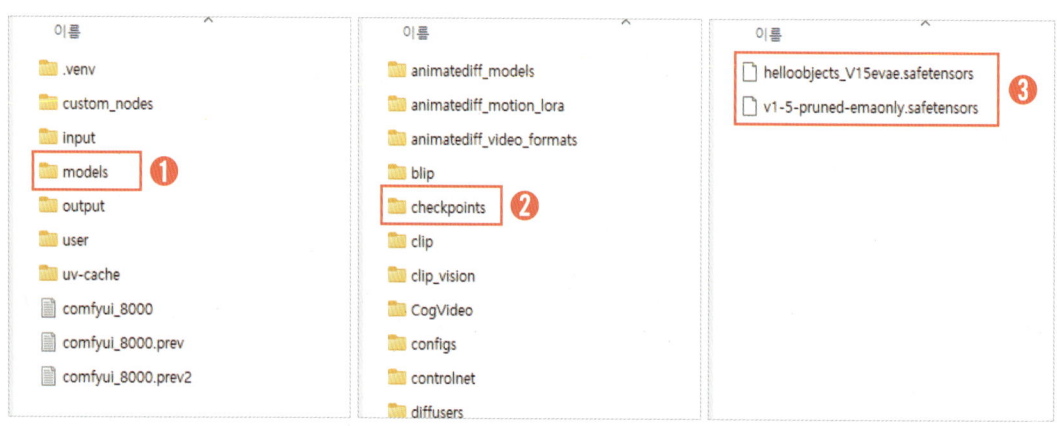

05 다운로드한 Checkpoint 모델을 사용하여 이미지를 생성해 봅시다. ❶ ComfyUI를 실행한 상태에서 모델을 폴더에 넣었다면 Load Checkpoint 노드에서 새로 추가한 모델이 바로 나타나지 않을 수 있습니다. 이 경우 <Ctrl> + <R> 키를 눌러 프로그램을 리로드하면 해결됩니다. ❷ 프로그램을 리로드하면 Load Checkpoint 노드에서 추가된 모델이 목록에 나타납니다. 원하는 모델을 선택하여 적용합니다.

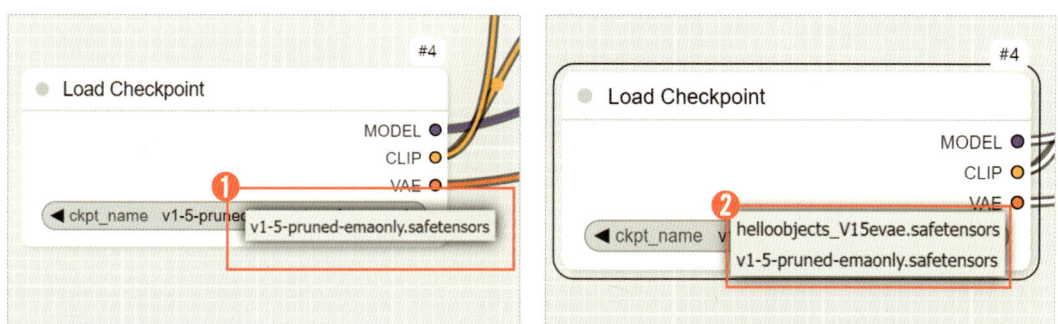

❸ 다운로드한 모델의 스타일이 잘 반영되도록 프롬프트 노드에 Trigger Words를 입력합니다. ❹ Trigger Words는 모델을 다운로드할 때 상세페이지에서 확인할 수 있습니다. 다만 제작자가 상세페이지에 Trigger Words를 기입하지 않는 경우도 종종 있으니 작성된 경우에만 참고하면 됩니다. Trigger Words가 없어도 이미지를 생성할 수 있지만 입력하면 모델이 의도하는 스타일을 더욱 효과적으로 발현시킬 수 있습니다.

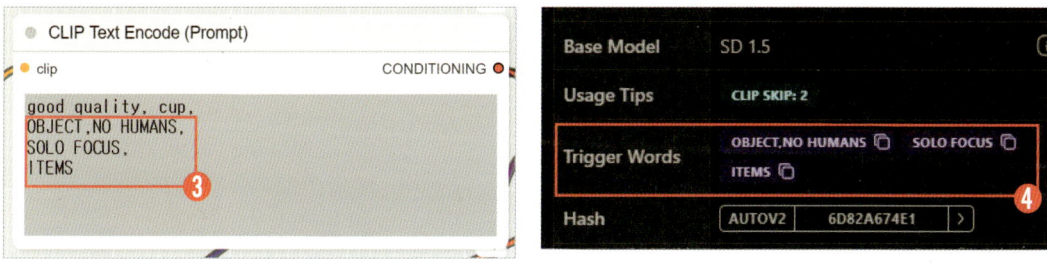

다운로드한 Checkpoint 모델과 Trigger Words를 적용한 후 이미지를 세 개 생성해 보았습니다. 생성한 이미지는 앞에서 사용했던 기본 모델로 생성한 이미지보다 훨씬 더 높은 퀄리티를 보여줍니다. 여기에 LoRA와 VAE 모델까지 적용하면 더욱 세밀하고 완성도 높은 이미지를 생성할 수 있습니다. 이어서 두 모델을 추가로 다운로드하고 적용하여 더 발전된 이미지를 생성해 보겠습니다.

06 이번에는 더 실사에 가까운 스타일을 적용하기 위해 LoRA 모델을 다운로드해 적용해 보겠습니다. ❶ Civitai에서 'interior' 키워드를 검색합니다. ❷ 다운로드 수가 가장 많은 순서로 정렬하여 좋은 모델을 선별합니다. 'Sort models by' 카테고리에서 'Most Downloaded'를 선택합니다. ❸ 필터에서 스테이블 디퓨전의 모델 버전을 설정합니다. 안정성 있는 SD1.5 모델을 선택합니다.

❹ 아래쪽 'Filter by Model Type' 카테고리에서 <LoRA>를 선택하여 필터링합니다. ❺ 최종적으로 정렬된 모델 중에서 'XSarchitectural' 모델을 선택합니다. 이 모델은 고급스러운 실사 스타일의 인테리어 이미지를 생성하는 데 적합할 것으로 예상됩니다.

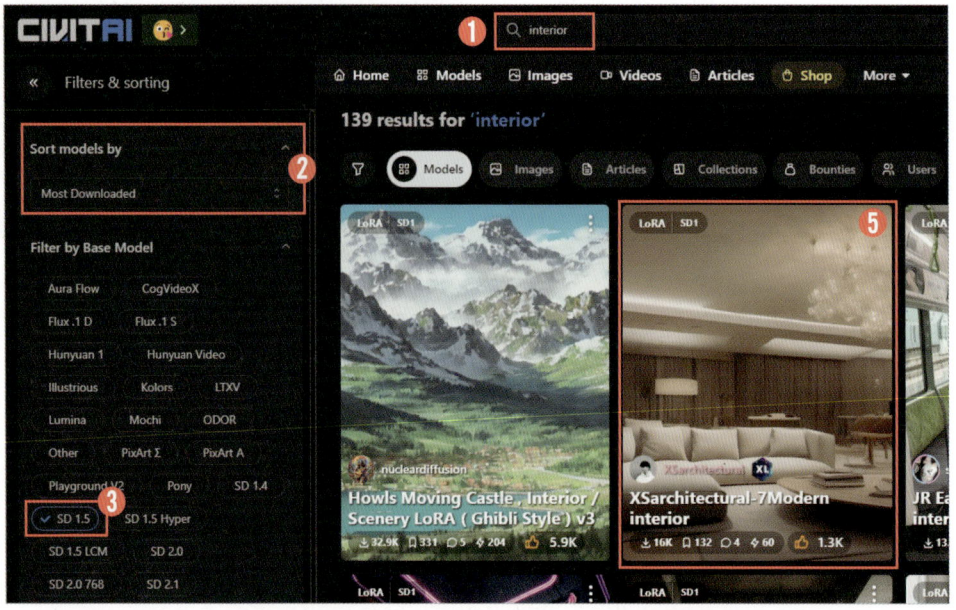

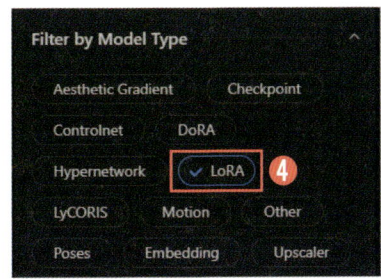

07 이 모델의 상세페이지에는 다음과 같은 파일 정보가 표기되어 있습니다. ❶ 이 모델은 LoRA 타입으로 표기되어 있습니다. ❷ 스테이블 디퓨전 SD1.5 버전 모델에 최적화되어 있습니다. ❸ 모델 학습에 사용된 조건이 상세히 표시되어 있습니다. 이미지를 생성할 때 이 조건을 참고해 맞춰주면 더 정확하고 의도에 부합하는 이미지를 만들 수 있습니다. ❹ 이 모델에는 Trigger Words 키워드가 많이 제공됩니다. 필요한 키워드를 선택하여 사용하면 됩니다. ❺ LoRA 모델의 파일 용량은 Checkpoint에 비해 매우 작습니다. Checkpoint는 보통 4GB가 넘지만 LoRA 모델은 몇 MB 단위로 가볍습니다. 페이지의 <Download> 버튼을 클릭해 모델을 다운로드합니다.

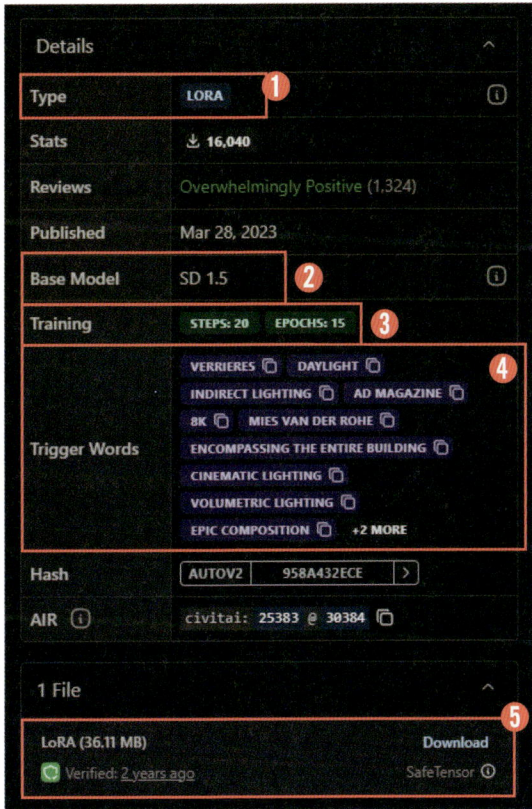

다운로드한 LoRA 모델은 Checkpoint와 유사하게 ComfyUI 폴더 내 models 폴더 안의 loras 폴더에 넣습니다. 이렇게 해야 ComfyUI에서 LoRA 모델을 인식하고 사용할 수 있습니다.

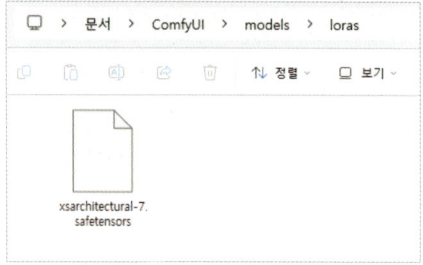

08 다운로드한 LoRA를 사용하려면 작업창의 빈 공간을 마우스로 더블클릭하여 Load LoRA 노드를 추가합니다. 이 노드를 통해 다운로드한 LoRA 모델을 불러와 사용할 수 있습니다.

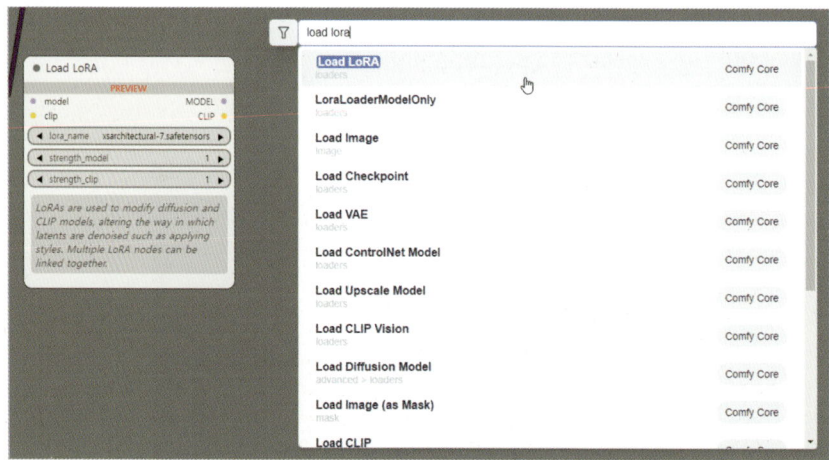

LoRA 모델은 Checkpoint 모델 위에 스타일을 얹는 방식으로 동작하므로 Load Checkpoint 노드 바로 다음에 위치하는 것 외에는 기존 워크플로와 크게 달라지지 않습니다. ❶ 기본 워크플로에서는 Load Checkpoint 노드의 'MODEL' 아웃풋 슬롯이 KSampler 노드로 연결되고 'CLIP' 아웃풋 슬롯은 긍정 프롬프트와 부정 프롬프트를 처리하는 노드로 연결됩니다. 현재 설정에서는 혼란을 줄이기 위해 'VAE' 아웃풋 슬롯의 연결을 해제해 놓았습니다. 원래는 이 아웃풋 슬롯이 VAE Decode 노드로 연결되어야 합니다.

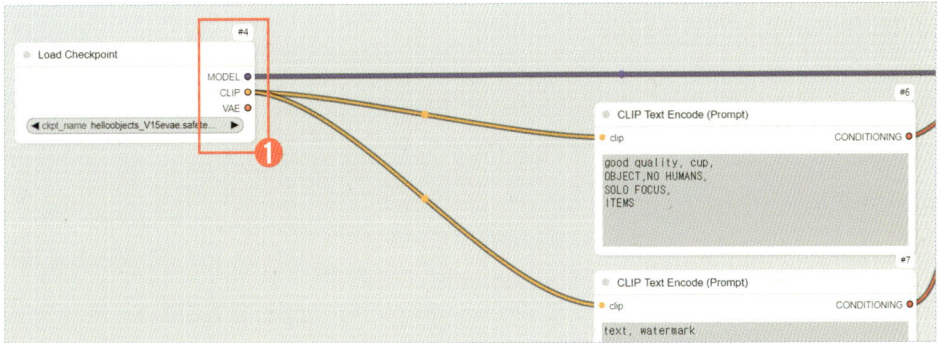

❷ Load LoRA 노드를 연결하는 방법은 간단합니다. Load Checkpoint 노드에서 출력된 'MODEL'과 'CLIP' 데이터를 그대로 Load LoRA 노드의 입력으로 연결합니다. 그리고 원래 Load Checkpoint 노드가 연결했던 상태 그대로 Load LoRA 노드의 'MODEL'과 'CLIP' 아웃풋 슬롯을 다음 노드로 이어줍니다. Load LoRA 노드는 'VAE' 데이터를 사용하지 않습니다. 필요한 데이터만 연결하면 LoRA 모델이 제대로 작동합니다. ❸ 다운로드한 LoRA 모델이 제대로 선택되었는지 확인합니다.

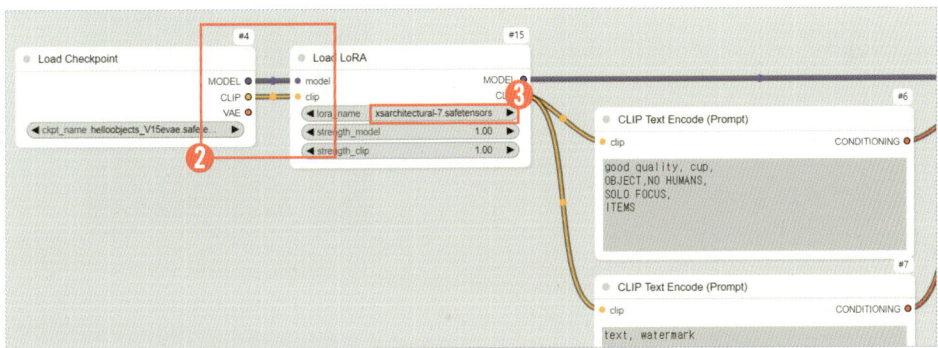

LoRA 모델 세팅이 완료되었습니다. 이제 <큐> 버튼을 클릭하여 이미지를 생성해 보세요. 이번에는 지난 실습에서 사용한 긍정 프롬프트와 부정 프롬프트를 동일하게 적용했습니다. 같은 프롬프트를 사용했음에도 불구하고 LoRA를 추가함으로써 훨씬 더 풍성하고 세부적인 디테일이 살아 있는 이미지가 생성되었습니다.

5.3.2 모델 다운로드(VAE)

이번에는 VAE 모델을 다운로드하여 사용해 보겠습니다. LoRA와 마찬가지로 Civitai 사이트에서 다운로드할 수 있지만 이번에는 ComfyUI 프로그램 내에서 직접 다운로드하는 방법을 소개하겠습니다.

01 오른쪽 상단에 있는 <Manager> 버튼을 클릭해 ComfyUI Manager를 실행합니다.

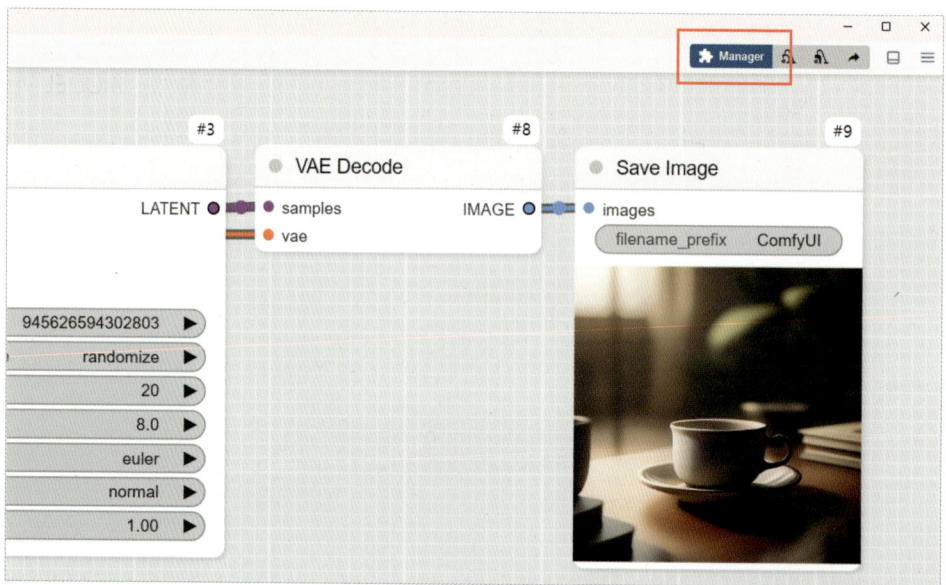

ComfyUI Manager에서는 다양한 커스텀 노드(custom node)와 모델을 간편하게 다운로드할 수 있습니다. 다운로드한 파일은 자동으로 각 노드의 지정된 위치에 저장되므로 별도의 경로 설정 없이 바로 사용할 수 있습니다.

❶ Manager 화면의 중간에 있는 <Model Manager> 버튼을 클릭해 모델 다운로드 페이지로 이동합니다.

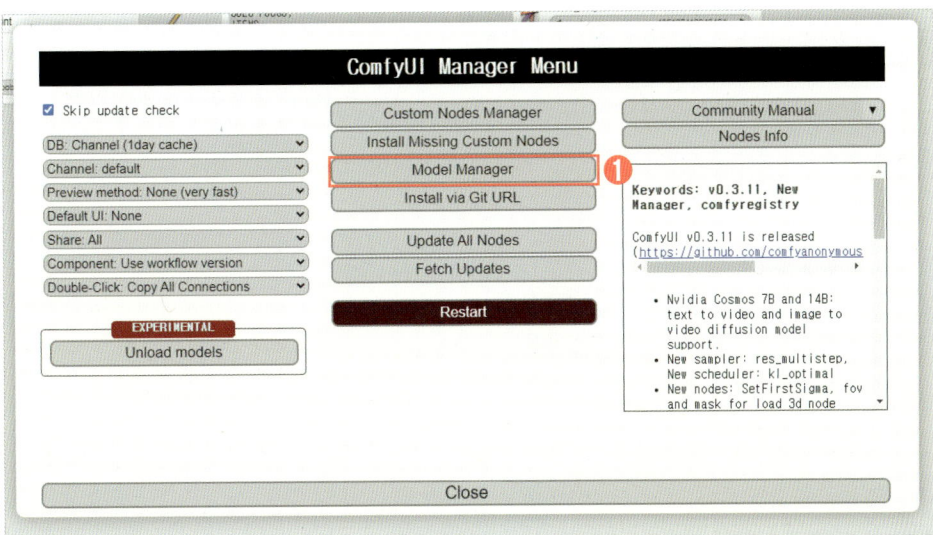

Model Manager에서는 필터 기능을 활용해 원하는 파일을 쉽게 찾을 수 있습니다. ❷ 위쪽 필터에서 'Type' 항목을 'VAE'로 선택합니다. ❸ 'Base' 항목은 'SD1.5'로 선택합니다. ❹ 세 개의 VAE 모델이 필터링됩니다. 이 중에서 'vae-ft-mse-840000-ema-pruned' 모델의 <Install> 버튼을 클릭하여 다운로드합니다. Manager를 이용하면 모델을 간편하게 다운로드할 수 있지만 Civitai처럼 다양한 모델이 있거나 예시 이미지를 확인하며 다운로드하는 옵션은 제공되지 않습니다.

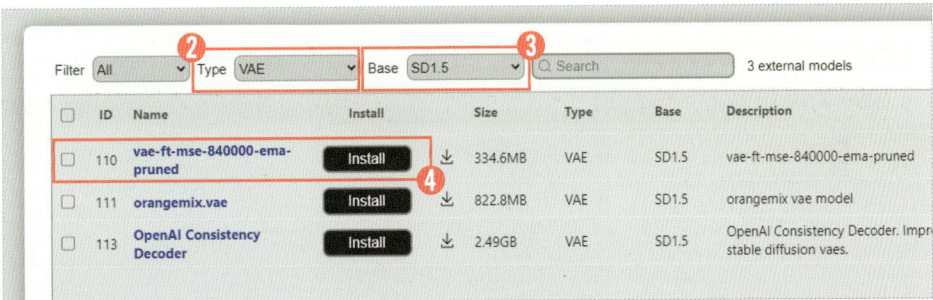

다운로드는 오래 걸리지 않습니다. Checkpoint 모델에 비교하면 매우 용량이 작습니다. ❺ 다운로드 후에 자동으로 설치가 끝나면 <Install> 버튼 부분이 'Refresh Required' 문구로 변경됩니다. 모델을 받은 후에는 항상 리로드를 해줘야 합니다. ❻ Model Manager 왼쪽 아래의 <Close> 버튼을 클릭하여 창을 닫습니다.

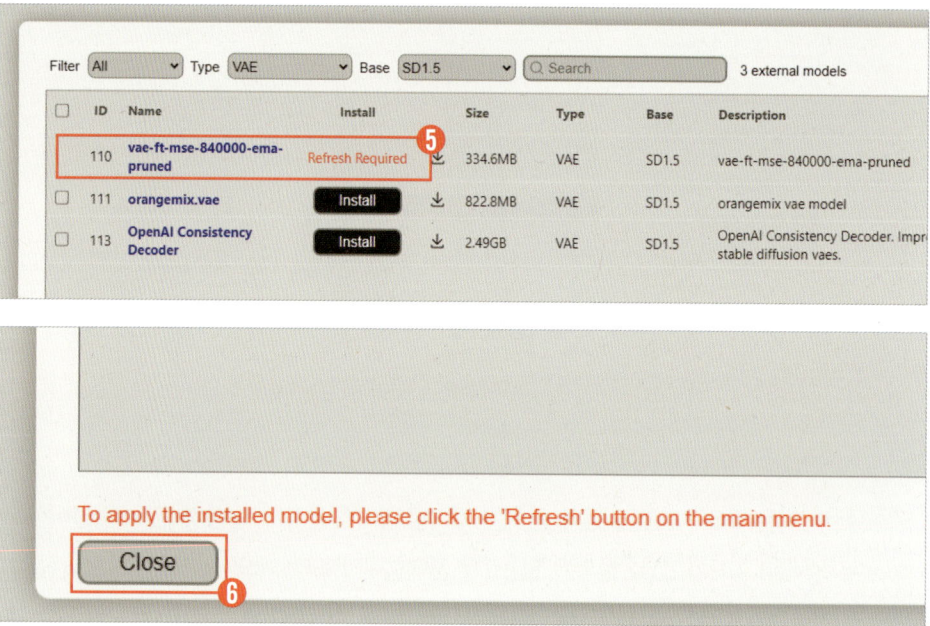

❼ ComfyUI Manager 화면의 중간에 위치한 빨간색 <Restart> 버튼을 클릭하면 프로그램을 간편하게 재부팅할 수 있습니다.

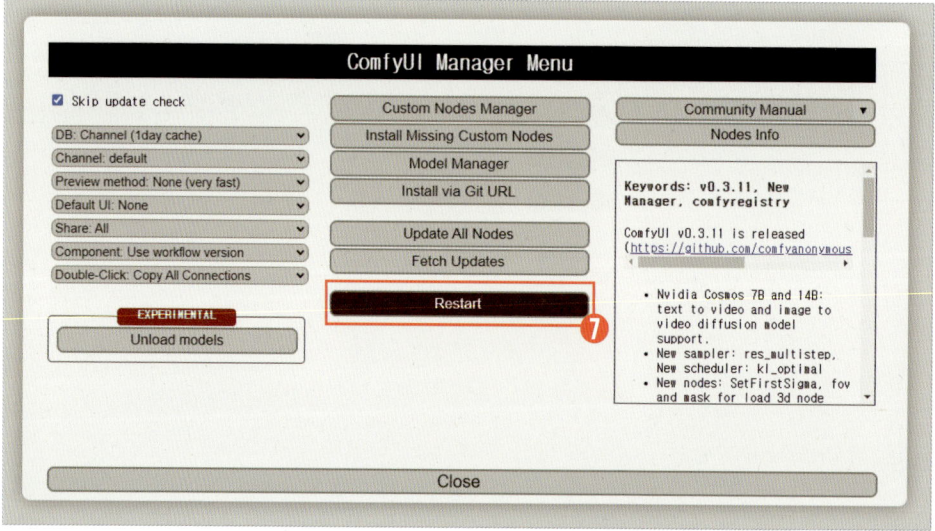

02 프로그램 재부팅이 완료되었다면 이제 다운로드한 VAE 모델을 적용하여 이미지를 개선해 보겠습니다. 기본 워크플로에서는 Checkpoint에 포함된 기본 VAE 모델을 사용합니다. 이는 간편하게 사용할 수 있다는 장점이 있지만 원하는 효과를 얻기 위해서는 별도로 다운로드한 VAE 모델을 적용하는 것이 더 적합합니다.

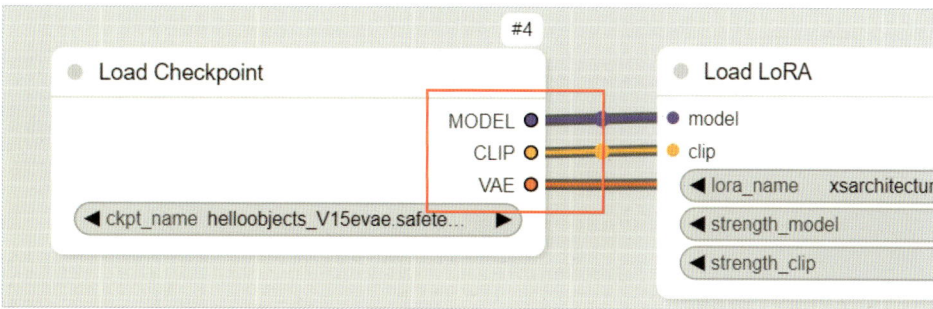

다른 모델과 마찬가지로 Load VAE 노드를 작업창에 추가합니다. 이 노드를 통해 다운로드한 VAE 모델을 불러와 사용할 수 있습니다.

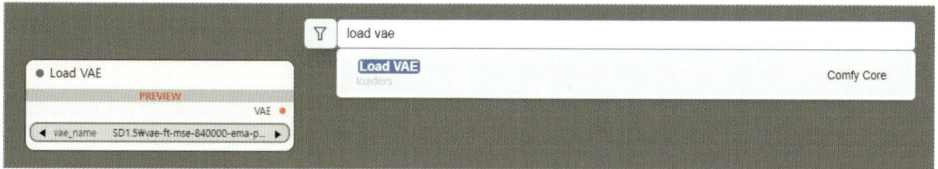

❶ 새로 추가한 Load VAE 노드의 'VAE' 아웃풋 슬롯을 VAE Decode 노드의 VAE 인풋 슬롯에 연결합니다. 기존에는 Load Checkpoint 노드의 'VAE' 아웃풋 슬롯이 연결되어 있었지만 이를 Load VAE 노드로 대체하여 새로운 VAE 모델을 활용하도록 설정합니다. ❷ Load VAE 노드에서 다운로드한 VAE 모델이 올바르게 선택되었는지 확인합니다. 설정창에서 현재 선택한 모델 이름을 확인하고 필요한 경우 원하는 VAE 모델로 변경합니다.

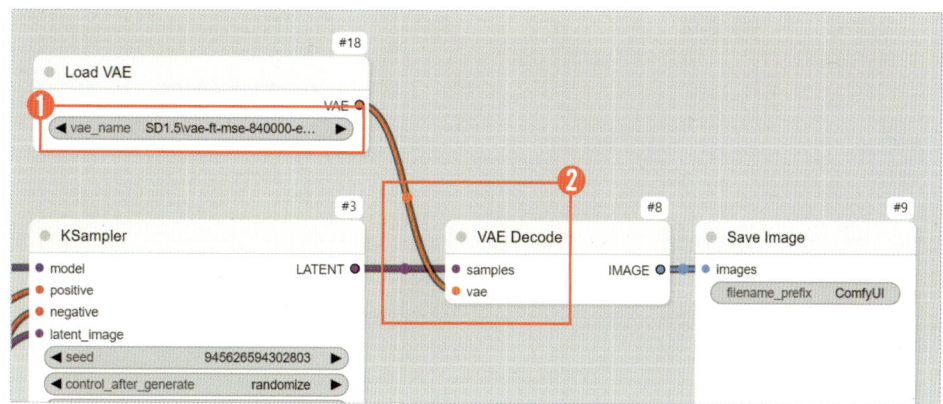

전체 노드의 구성이 완료되었습니다. Checkpoint, LoRA, VAE 모델을 모두 세팅한 이미지 생성에 최적화된 탄탄한 기본 구성입니다. 이제 이 상태로 다시 컵 이미지를 생성해 보겠습니다. 세 모델이 조화를 이루어 더욱 세밀하고 풍성한 결과를 기대할 수 있습니다.

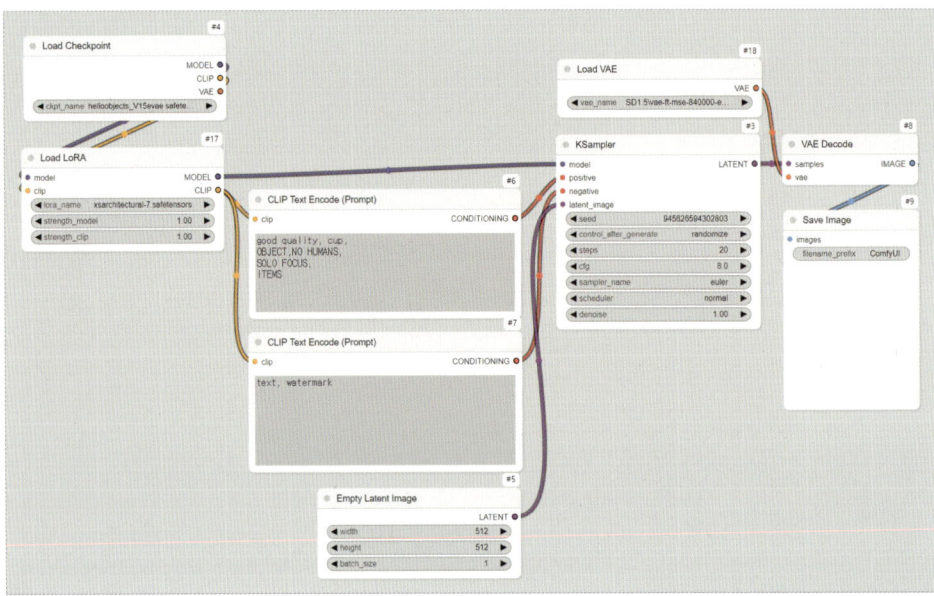

새로 추가한 VAE 모델은 Civitai 홈페이지에서 검색해도 찾을 수 있습니다. 이 모델은 생성한 이미지의 선명도를 개선하고 디테일을 더욱 풍부하게 표현하는 데 도움을 줍니다.

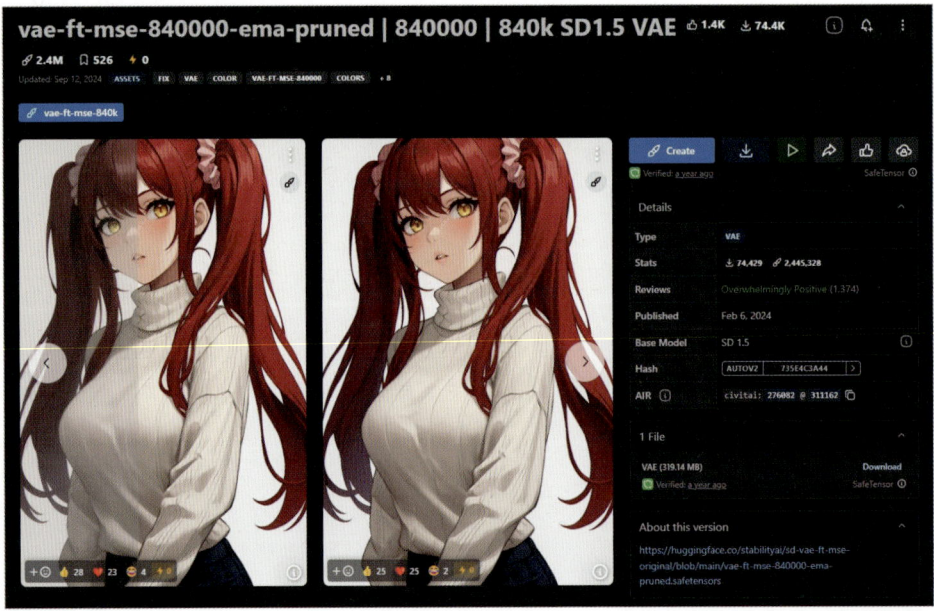

VAE 모델까지 추가하여 생성한 이미지입니다. 결과물은 이전보다 훨씬 더 색감이 풍부하고 전반적으로 조화로운 디테일을 보여줍니다. 이처럼 Checkpoint, LoRA, VAE 모델을 적절히 조합하면 원하는 스타일과 퀄리티의 멋진 이미지를 생성할 수 있습니다.

5.3.3 이미지로 생성(Image to Image)

미드저니의 이미지 참고 기능과 유사한 Image to Image 방식을 ComfyUI에서 다뤄보겠습니다. 이 방식은 기존의 이미지를 기반으로 새로운 이미지를 생성하는 간단하면서도 효과적인 방법입니다.

참고로 레슨 후반부에서는 ComfyUI만의 고유한 기능인 ControlNet과 IP-Adapter를 다룰 예정입니다. 이 두 기능은 원본 이미지의 형태를 정밀하게 유지하면서 스타일 변환과 디테일 추가를 가능하게 하며 미드저니보다 더욱 강력한 활용성을 제공합니다.

01 Image to Image 기법을 사용하기 위해서는 KSampler 노드와 Empty Latent Image 노드를 이해해야 합니다. ❶ KSampler의 인풋 슬롯 중 model, positive, negative는 앞에서 이미 다뤘습니다. 그렇다면 남은 'latent_image'는 어떤 역할을 할까요? 'latent_image' 슬롯은 KSampler 노드가 이미지를 생성할 때 사용하는 도화지 역할을 합니다. ❷ 이 슬롯에 연결한 Empty Latent Image 노드는 빈 도화지의 크기를 설정하는 노드입니다. 여기에서 설정할 수 있는 주요한 값은 다음과 같습니다.

- width: 도화지의 가로 크기를 의미합니다.
- height: 도화지의 세로 크기를 의미합니다.
- batch_size: 한 번에 몇 장의 도화지에 이미지를 생성할지를 결정하는 값입니다.

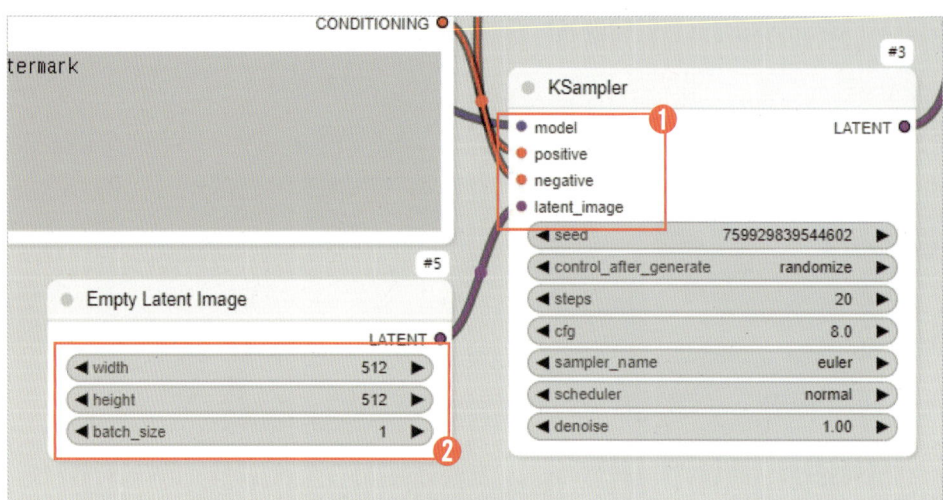

Empty Latent Image 노드의 가로와 세로 비율을 다르게 설정하여 이미지를 생성해 보겠습니다. 각각 '512, 1024'와 '1024, 512'의 값을 입력하여 이미지를 생성한 결과입니다. 가로와 세로의 비율을 조정하면 이미지의 구도와 활용도가 크게 달라질 수 있습니다. 작업 목적에 맞는 비율을 설정하는 것이 중요합니다.

- '512, 1024': 세로로 긴 비율의 이미지로 인물 사진이나 세로 구도의 풍경에 적합한 결과물을 생성합니다.
- '1024, 512': 가로로 긴 비율의 이미지로 풍경 사진이나 와이드 구도의 장면에 적합한 이미지를 만들어 냅니다.

02 KSampler 노드가 어떤 정보를 기반으로 이미지를 생성하는지 이해했다면 이제 빈 도화지가 아닌 참고 이미지를 활용해 작업을 진행해 봅시다. ❶ 새로운 Load Image 노드를 생성합니다. ❷ 노드의 <upload> 버튼을 클릭해 참고할 이미지를 추가합니다. 이번 실습에서는 이전에 Checkpoint 모델만 사용해 생성한 심플한 이미지를 넣어보겠습니다. 이렇게 간단한 이미지를 참고 이미지로 사용하면 LoRA와 VAE 모델이 적용되었을 때의 개선 효과를 확인할 수 있습니다. ❸ Load Image 노드의 'IMAGE' 아웃풋 슬롯은 KSampler 노드의 'latent_image' 인풋 슬롯과 데이터 형식이 다릅니다. 데이터 형식은 점의 색상으로도 쉽게 구분됩니다. 이 때문에 두 노드를 바로 연결할 수 없습니다. 이는 일반 이미지의 픽셀 형식을 latent 형식으로 변환해야 하는 문제 때문입니다. 따라서 Load Image 노드와 KSampler 노드 사이에서 변환해 줄 노드를 추가해야 합니다.

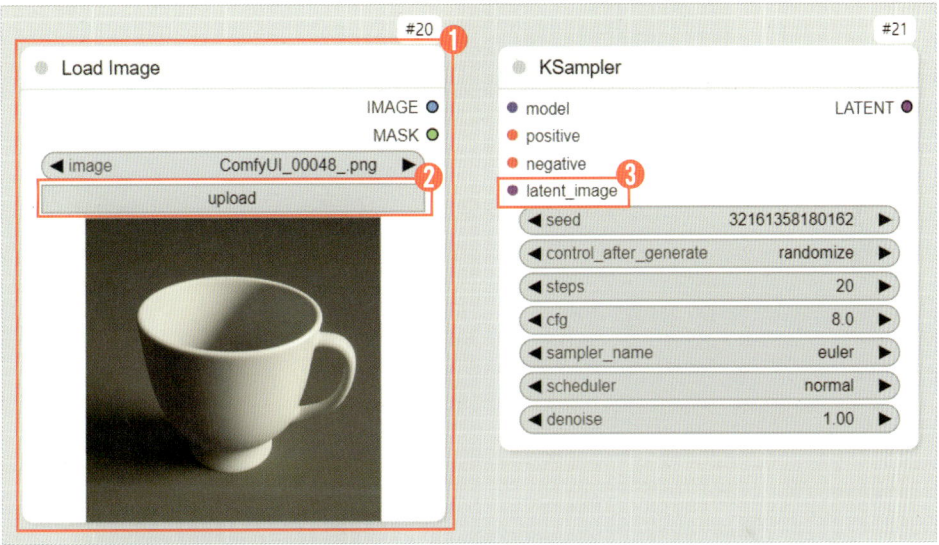

❹ Load Image 노드의 'IMAGE' 아웃풋 슬롯을 마우스 왼쪽으로 드래그하면 새로운 노드 줄기가 생성됩니다.

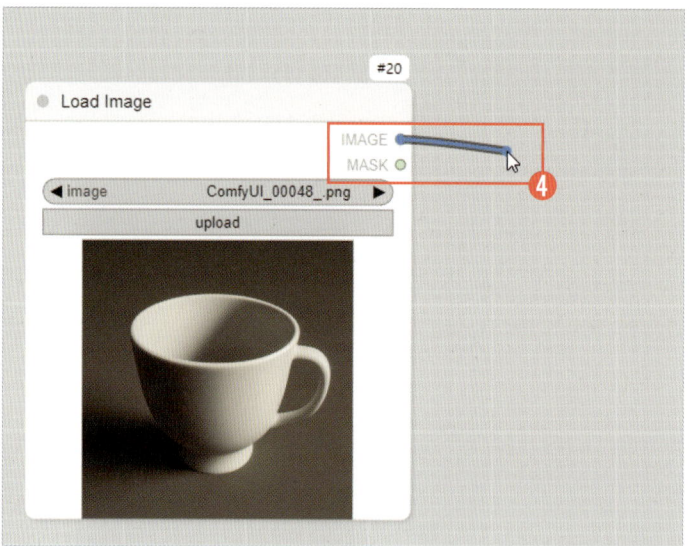

❺ 빈 공간에서 드래그했던 마우스 왼쪽 버튼을 놓으면 'IMAGE' 아웃풋 슬롯에 연결할 수 있는 노드 목록이 추천됩니다. 이 방식은 블렌더의 노드 시스템과 유사하므로 직관적으로 사용할 수 있습니다. 노드 목록에서 [VAEEncode] 노드를 선택하여 생성합니다.

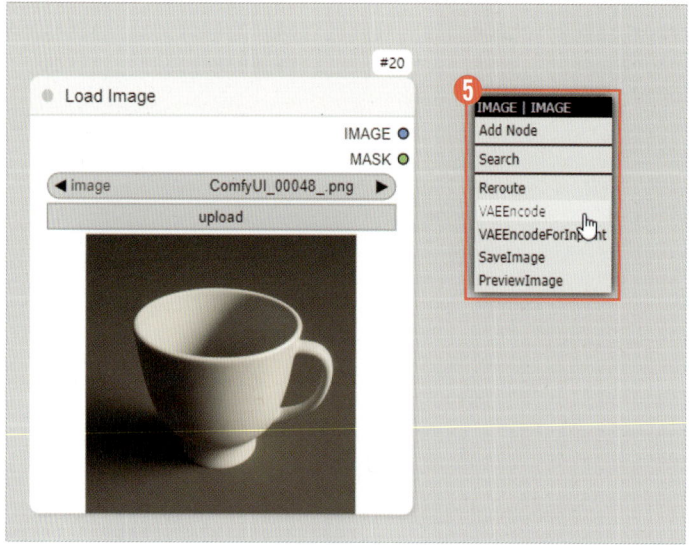

이 노드는 일반 이미지 데이터를 latent 형식으로 변환해 KSampler 노드의 'latent_image' 인풋 슬롯과 연결할 수 있도록 해줍니다.

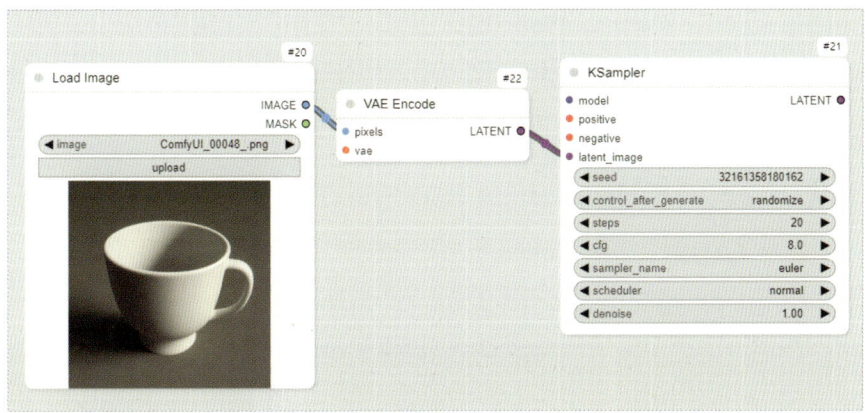

03 모든 구성을 연결한 워크플로는 다음과 같습니다. 책에서 명확히 보이도록 노드들을 세로 형태로 정리했습니다. 이는 작업의 흐름을 시각적으로 이해하기 쉽게 하기 위함이며 실제 작업에서는 노드 연결만 올바르게 되어 있다면 자신에게 편한 위치로 자유롭게 배치해도 무방합니다. ❶ 여기서 'VAE' 슬롯의 연결 상태를 한 번 더 확인하겠습니다. Load Checkpoint 노드의 'VAE' 아웃풋 슬롯은 현재 아무 곳에도 연결되어 있지 않은 상태입니다. 이는 별도로 Load VAE 노드를 사용해 VAE 모델을 불러오기 때문입니다. ❷ Load VAE 노드의 'VAE' 아웃풋 슬롯은 VAE Decode 노드와 VAE Encode 노드에 각각 연결되어 있습니다. VAE Encode 노드는 이미지를 latent 형식으로 변환하는 데 사용되고 VAE Decode 노드는 latent 데이터를 다시 일반 이미지로 복원하는 역할을 합니다.

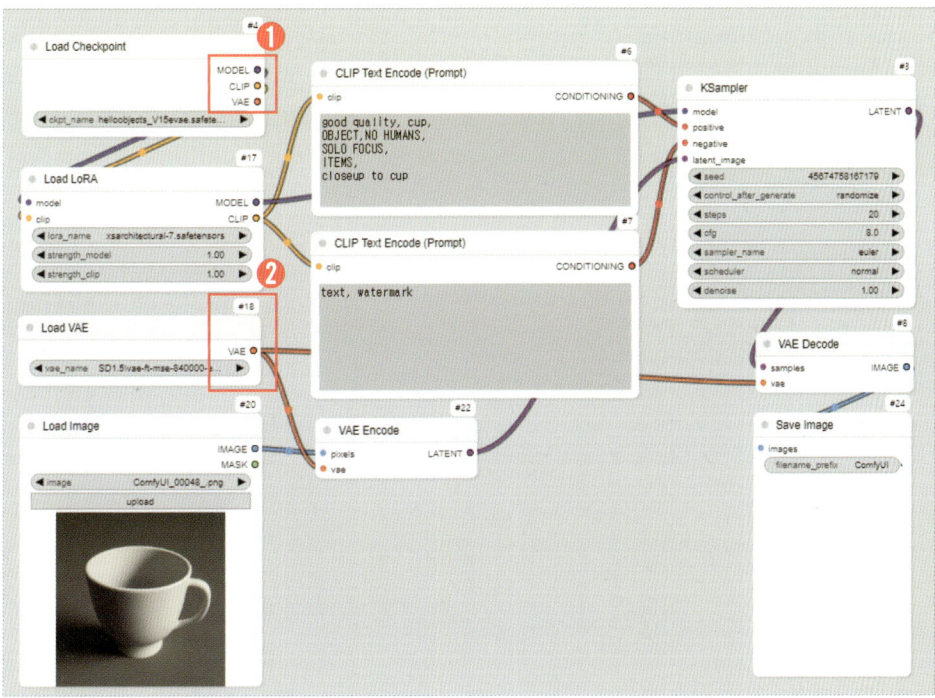

Chapter 5 수정이 용이한 모델링 with 스테이블 디퓨전 **309**

이제 <큐> 버튼을 클릭하여 Image to Image 기법을 실행해 보겠습니다. Load Image 노드에서 입력한 이미지를 얼마나 잘 참조했는지 비교하는 것이 이번 실습의 핵심입니다. 그러나 생성한 결과를 보면 예상과 다르게 생겼습니다.

컵의 색감과 구도는 일부 유사하지만 전체적인 디테일은 많이 다릅니다. 이 차이는 KSampler 노드의 설정을 기본값으로 둔 상태에서 작업했기 때문입니다. 이제 ComfyUI의 기능 중 하나인 세부 설정 수정을 배워보며 원하는 결과에 가까운 이미지를 생성하는 방법을 알아보겠습니다.

04 KSampler는 이미지를 만드는 데 중요한 역할을 합니다. 참조 이미지를 입력하면 이 이미지를 작은 점(노이즈)으로 분해한 후 입력한 프롬프트와 모델 정보를 사용해 점들을 하나씩 정리하며 새로운 이미지를 만듭니다.

쉽게 말해 KSampler는 흐릿한 이미지를 점점 뚜렷하게 정리하면서 원하는 스타일로 그림을 완성하는 역할을 합니다. 이 과정에서 참조 이미지의 색감, 구도, 스타일을 활용해 최종 결과물을 만들어 냅니다. 이제 각각의 설정이 결과물에 어떤 영향을 주는지 예시 이미지와 함께 살펴보겠습니다.

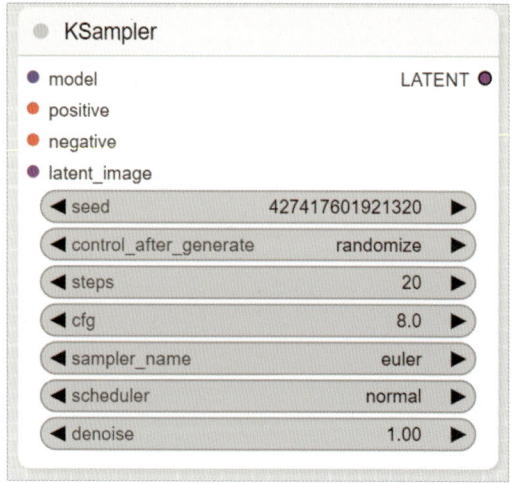

- seed

이미지를 생성할 때 사용하는 시작 숫자입니다. 같은 seed 값을 사용하면 항상 같은 결과를 얻을 수 있습니다. seed 값을 바꾸면 이미지의 구성과 스타일이 달라집니다.

- control after generate

이미지를 생성한 후 seed 값을 어떻게 처리할지를 정합니다. 고정(fixed), 증가(increment), 감소(decrement), 무작위(randomize) 등의 옵션이 있습니다.

- steps

이미지를 생성할 때 거치는 단계 수입니다. 단계 수가 많을수록 품질이 좋아지지만 생성 시간이 길어집니다. 일반적으로 20~30단계로 설정하는 것이 적당합니다.

- cfg(classifier free guidance)

프롬프트에 얼마나 충실할지를 결정하는 값입니다. 값이 높을수록 프롬프트에 맞는 이미지를 생성하지만 너무 높으면 품질이 떨어질 수 있습니다. 7~8 정도가 적합합니다.

- sampler name

이미지를 생성하는 데 사용하는 알고리즘입니다. 예를 들어 'Euler'는 빠르고 간단한 결과에 적합하고 'DPM++ 2M'은 디테일한 이미지를 만드는 데 유리합니다.

- scheduler

샘플링 과정에서 노이즈를 제거하는 시점을 조절합니다. 옵션에 따라 이미지 품질과 속도에 영향을 미칩니다. 'Normal'이나 'Karras'가 대표적인 선택입니다.

- denoise

이미지를 생성하면서 참조 이미지를 얼마나 수정할지를 결정합니다. 값이 낮으면 원본 이미지에 가까운 결과가 나오고 값이 높으면 참조 이미지와 다른 새로운 결과물이 생성됩니다.

5.3.4 선택적 부분 수정(Inpainting)

이번에는 생성형 이미지 작업에서 매우 중요한 기능 중 하나인 부분적으로 수정하는 인페인팅(Inpainting)을 다룹니다. 인페인팅은 원본 이미지의 특정 부분에 마스크(mask)를 칠한 후 해당 부분만 새롭게 생성하거나 수정하는 기법입니다. 이 방식은 원본 이미지의 형태와 맥락을 유지하면서도 원하는 대로 변경할 수 있어 매우 유용합니다.

특히 ComfyUI에서 인페인팅을 사용하는 과정은 생각보다 간단합니다. 몇 가지 기본 설정만으로도 원하는 결과를 쉽게 얻을 수 있습니다. 이번 레슨에서는 인페인팅의 기본 원리를 이해하고 이를 활용해 원본 이미지를 정교하게 수정하는 방법을 배워보겠습니다.

01 다음 노드 구성은 앞에서 사용한 워크플로입니다. 이 워크플로에서 VAE Encode 노드를 바꾸기만 하면 인페인팅 기능을 바로 활용할 수 있습니다.

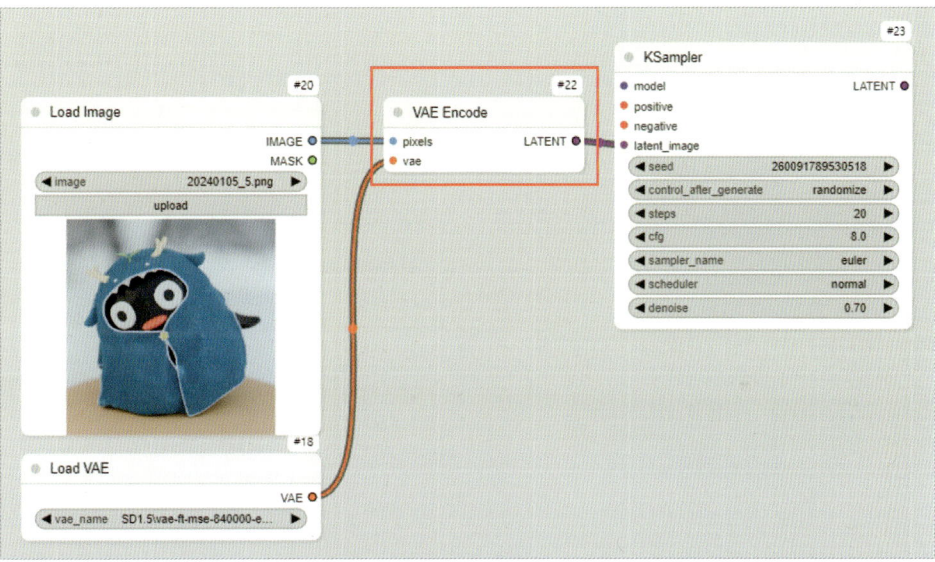

❶ VAE Encode 노드를 삭제한 후 VAE Encode(for inpainting) 노드를 생성하여 연결합니다. 새로운 노드의 왼쪽을 자세히 보면 'mask' 인풋 슬롯이 추가된 것을 확인할 수 있습니다. 이 슬롯은 인페인팅 작업에서 수정할 영역을 지정하는 데 사용됩니다.

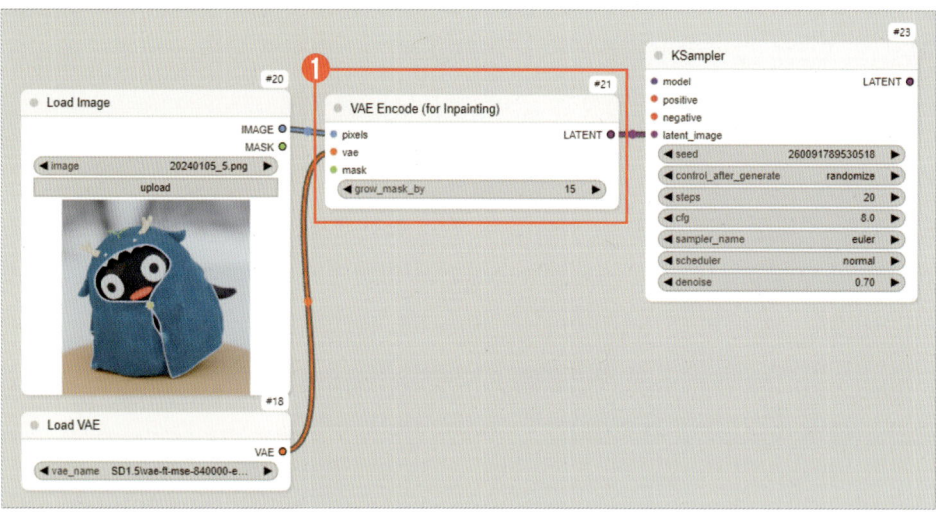

❷ Load Image 노드와 VAE Encode(for inpainting) 노드의 'mask' 슬롯을 서로 연결합니다.

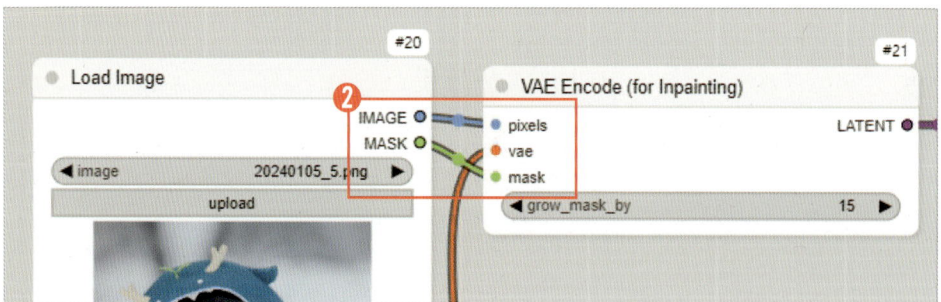

❸ 참조 이미지에서 수정하고 싶은 영역만 선택적으로 색칠해 봅시다. 이번 예시에서는 까망이 캐릭터의 바닥 부분만 새롭게 변경해 보겠습니다. Load Image 노드에 마우스 커서를 올린 후 우클릭을 하면 팝업 메뉴가 나타납니다. 여기서 [Open in MaskEditor]를 선택합니다.

마스크 에디터(mask editor) 화면입니다. 인터페이스가 직관적으로 설계되어 있어 사용하기 쉽습니다. 필요한 주요 기능만 간단히 설명하겠습니다. ❹ 브러시 크기를 조절해 수정하고 싶은 영역을 색칠합니다. 브러시 크기는 작업 영역의 크기에 따라 세밀하게 조정할 수 있습니다. ❺ 지우개를 선택해 잘못 색칠한 부분을 지울 수 있으며 페인트 도구를 사용해 넓은 영역을 한 번에 채울 수도 있습니다.

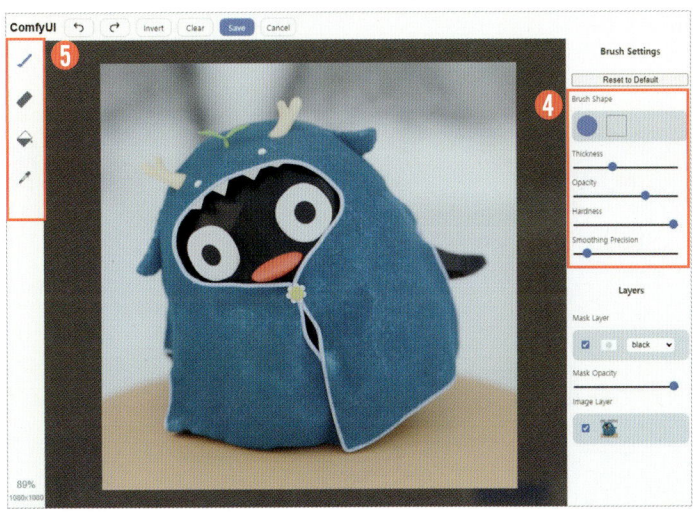

브러시로 수정하고 싶은 영역을 색칠하면 해당 부분이 검은색으로 표시됩니다. KSampler 노드는 이 검은색으로 칠해진 영역에서만 이미지를 생성하고 수정하게 됩니다. 나머지 영역은 원본 이미지를 그대로 유지합니다.

❻ 브러시로 색칠을 완료한 후 왼쪽 상단에 있는 <Save> 버튼을 클릭하여 마스크 정보를 저장합니다. 저장이 완료되면 마스크 에디터 창이 자동으로 닫힙니다.

❼ Load Image 노드로 돌아오면 마스크 에디터에서 검은색으로 색칠했던 영역이 흰색으로 표시됩니다. 이 반전된 표현은 헷갈릴 수 있으니 주의가 필요합니다. 마스크는 흰색으로 표시된 영역이 변경 대상임을 나타냅니다.

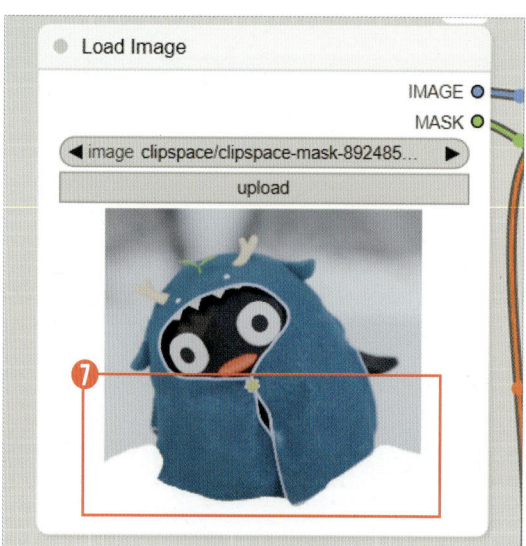

02 마스킹 작업이 모두 완료되었습니다. ComfyUI에서는 원본 이미지와 마스킹한 영역이 자연스럽게 이어지도록 경계면을 부드럽게 처리하는 기능이 있습니다. VAE Encode(for Inpainting) 노드에서 grow_mask_by 값을 조정하면 경계면에서 섞이는 범위를 설정할 수 있습니다. 값이 높을수록 마스킹한 영역과 원본 이미지의 경계가 더 부드럽게 섞이게 됩니다. 처음에는 낮은 수치로 시작한 후 필요에 따라 점진적으로 값을 높여보는 것을 추천합니다.

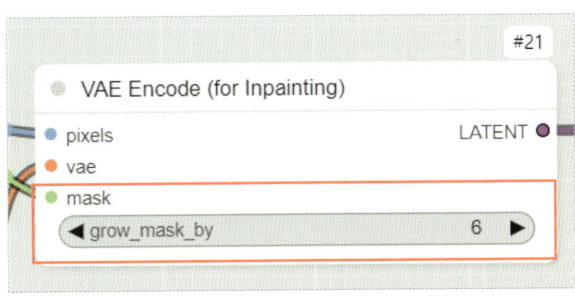

03 바닥 부분을 배경과 어울리도록 눈으로 변경해 보겠습니다. 이를 위해 긍정 프롬프트에 원하는 내용을 입력하면 됩니다.

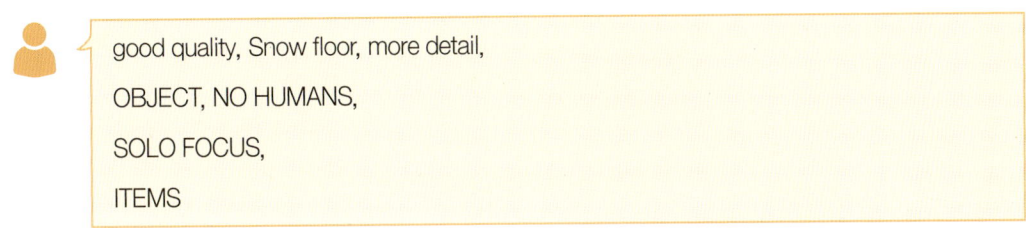

good quality, Snow floor, more detail,
OBJECT, NO HUMANS,
SOLO FOCUS,
ITEMS

grow_mask_by 설정에 따라 이미지 완성도가 크게 달라질 수 있음을 확인했습니다. 값을 낮게 설정한 '6.0'에서는 원본 이미지와 마스킹한 영역의 경계가 뚜렷하게 드러나 부자연스러운 결과물이 생성되었습니다. 반면 '40.0'처럼 값을 높게 설정하면 경계가 부드럽고 자연스러운 결과를 얻을 수 있었습니다. 특히 왼쪽 아래 코트 부분에 눈이 묻어 있는 디테일까지 표현되어 더욱 완성도 높은 결과를 보여주었습니다.

5.3.5 편리한 커스텀 노드 추천

이번 레슨에서는 설치하면 작업 효율을 크게 높여주는 커스텀 노드 네 가지를 간단하게 소개합니다. 이 노드들은 필수적인 기능은 아니지만 작업 흐름에서 큰 차이를 만들어 냅니다.

처음 사용할 때는 익숙하지 않아 번거롭게 느껴질 수 있지만 몇 번만 사용해 보면 편리함을 금방 체감할 수 있습니다. 이번 레슨에서는 Manager 기능을 활용하여 커스텀 노드를 다운로드하고 이를 실제로 사용하는 방법까지 다뤄보겠습니다.

01 일단 필요한 커스텀 노드 네 가지를 한 번에 다운로드한 후에 진행하겠습니다. 커스텀 노드는 화면 우측 상단에 있는 Manager 아이콘을 클릭하여 열리는 ComfyUI Manager Menu 창에서 다운로드합니다. 그리고 ComfyUI Manager Menu 화면 중간에 있는 <Custom Nodes Manager> 버튼을 클릭합니다. 이 메뉴를 통해 다양한 커스텀 노드를 쉽게 관리하고 설치할 수 있습니다.

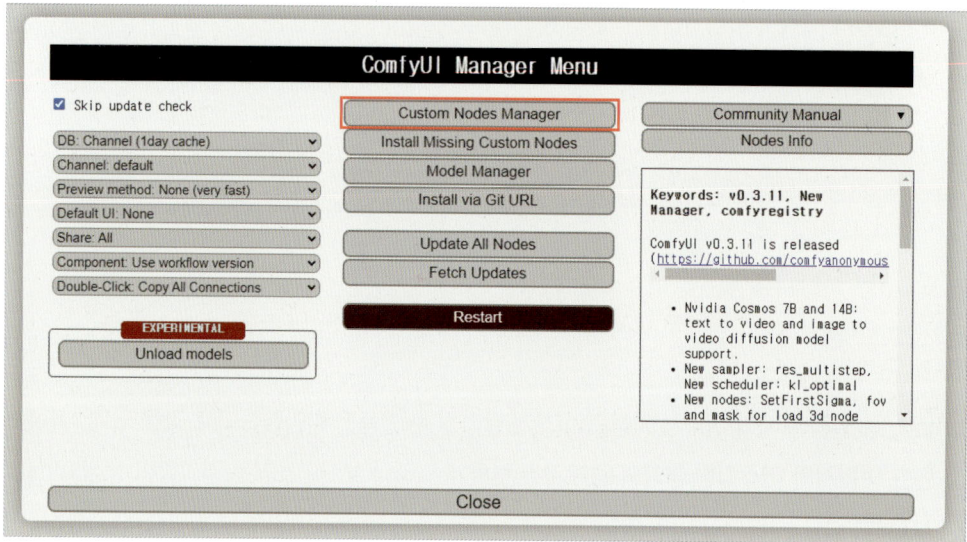

❶ 왼쪽 상단의 검색창에 'tagger'를 입력합니다. ❷ 필터링한 커스텀 노드들 중에서 'ComfyUI WD 1.4 Tagger' 노드를 찾아 설치합니다. 이때 설치가 끝나도 아직 <Restart> 버튼은 클릭하지 않습니다. 나머지 세 개의 커스텀 노드까지 모두 설치한 후 마지막에 한 번만 ComfyUI Manager Menu에서 <Restart> 버튼을 클릭하여 재부팅합니다.

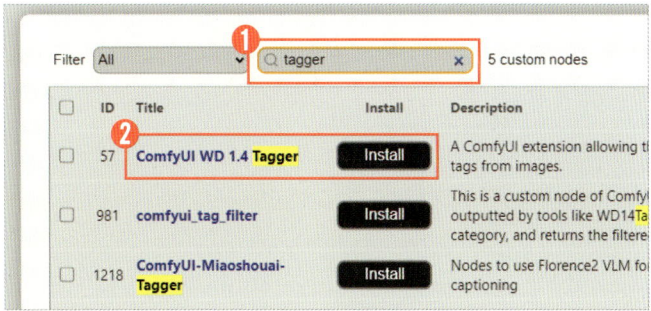

검색창에 'rgthree'를 입력한 후 필터링한 목록에서 'rgthree's ComfyUI Nodes' 노드를 찾아 설치합니다.

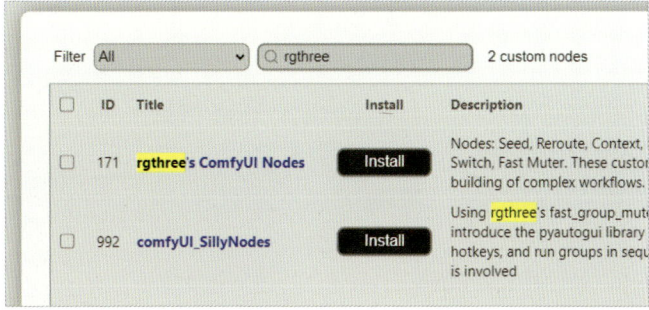

검색창에 'everywhere'을 입력한 후 필터링한 목록에서 'Use Everywhere(UE Nodes)' 노드를 찾아 설치합니다.

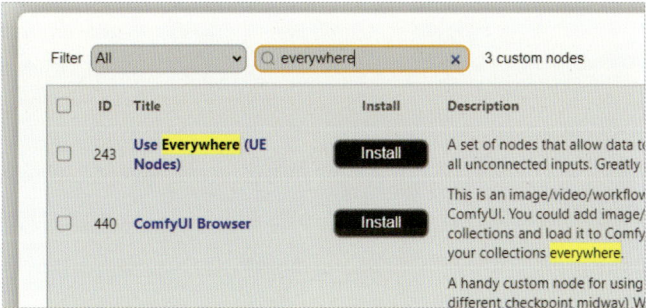

검색창에 'Essentials'을 입력한 후 필터링한 목록에서 'ComfyUI Essentials' 노드를 찾아 설치하고 네 가지 커스텀 노드 설치가 완료되었다면 ComfyUI 데스크톱 버전을 재부팅합니다.

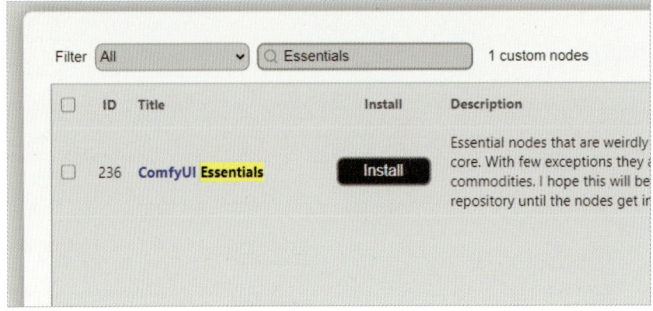

02 첫 번째로 소개할 커스텀 노드는 WD14 Tagger 노드입니다. 이 노드는 이미지에서 프롬프트를 자동으로 추출하는 흥미로운 기능을 제공합니다. 이를 통해 이미지를 분석해 프롬프트에 사용할 키워드를 쉽게 얻을 수 있습니다. WD14 Tagger 노드는 'image' 슬롯끼리 연결하여 사용합니다. 일반적으로 Load Image 노드와 연결해 참조 이미지를 입력받고 이를 분석해 키워드를 생성합니다.

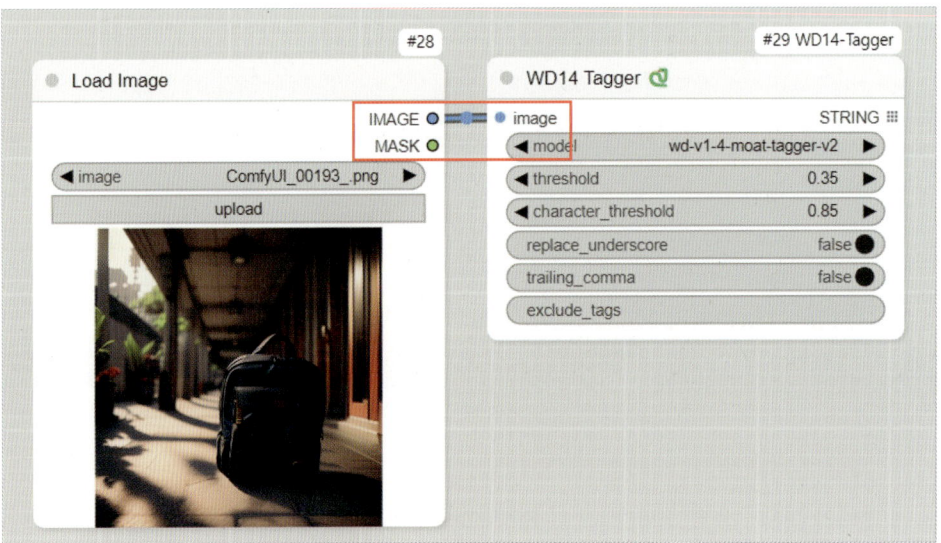

이 노드는 <큐> 버튼을 클릭해야 실행됩니다. 하지만 복잡한 워크플로에서 단순히 프롬프트를 얻으려고 이미지 생성 시간까지 기다리는 것은 비효율적입니다. 이를 해결하기 위해 함께 설치한 rgthree's ComfyUI Nodes를 활용하면 훨씬 편리합니다. WD14 Tagger 노드에서 마우스를 우클릭하면 팝업 메뉴가 나타납니다. 여기서 [Queue Selected Output Nodes(rgthree)] 기능을 선택합니다. 그러면 전체 워크플로를 실행하지 않고도 이 노드만 실행해 결과를 빠르게 확인할 수 있습니다.

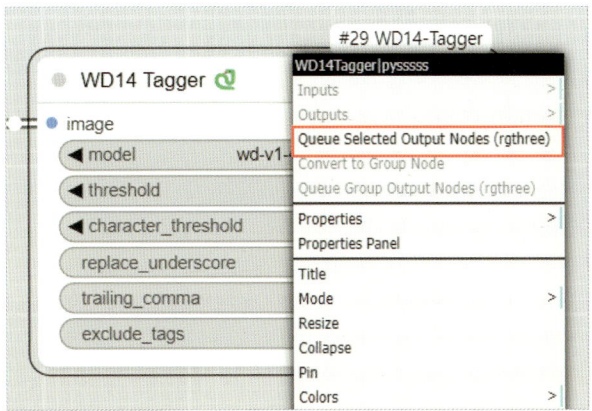

WD14 Tagger 노드를 실행한 결과입니다. 이 노드는 Load Image 노드에 입력한 이미지를 분석해 프롬프트를 추출합니다. 간단한 방식으로 프롬프트를 얻을 수 있어 다양한 작업에서 활용도가 높습니다.

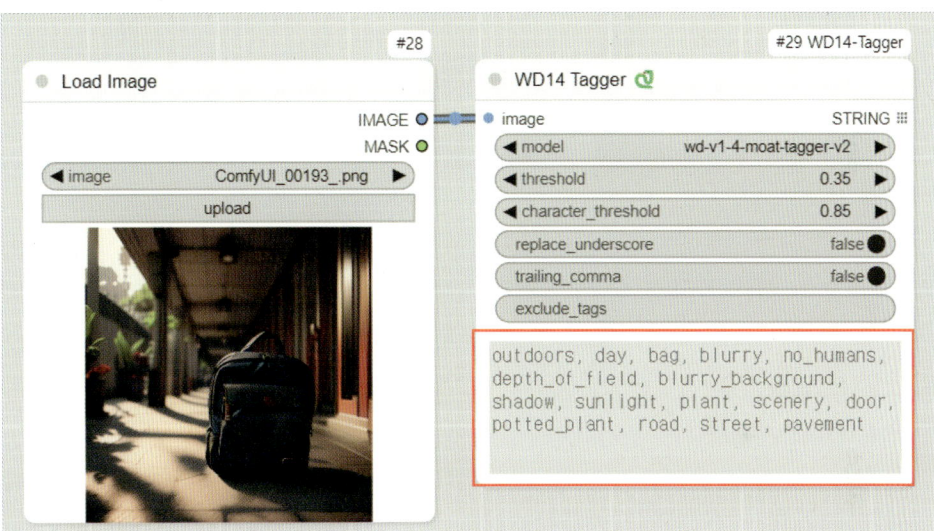

03 두 번째로 소개할 커스텀 노드는 rgthree's ComfyUI Nodes입니다. 이 노드는 다양한 유용한 기능을 포함하고 있습니다. 이번에는 그중에서도 쉽게 사용할 수 있는 세 가지 기능을 소개하겠습니다. 첫 번째 기능은 특정 노드만 개별적으로 실행할 수 있는 기능입니다. 바로 앞에서 WD14 Tagger 노드를 설명할 때 이 기능을 사용해 봤습니다. 이 기능은 복잡한 워크플로에서 특정 노드의 결과를 빠르게 확인할 때 매우 유용합니다. 간단한 워크플로에서는 효과가 크게 느껴지지 않을 수 있습니다. 하지만 노드 구성이 많아질수록 작업 시간을 절약하는 데 큰 도움이 됩니다.

두 번째 기능은 변경 전과 후를 비교할 수 있는 Image Comparer(rgthree) 노드입니다. ❶ 이 노드에는 두 개의 image 인풋 슬롯이 있습니다. 'image_a'와 'image_b'를 연결하여 두 이미지를 비교합니다. ❷ 이 노드의 가장 큰 강점은 마우스 커서를 이미지 위로 이동시켰을 때 드러납니다. 마우스가 지나가는 위치에 따라 'a' 이미지와 'b' 이미지가 교차되며 차이점을 직관적으로 확인할 수 있습니다. 이 기능은 수정 전후의 결과를 비교하거나 디테일한 차이를 확인할 때 매우 유용합니다.

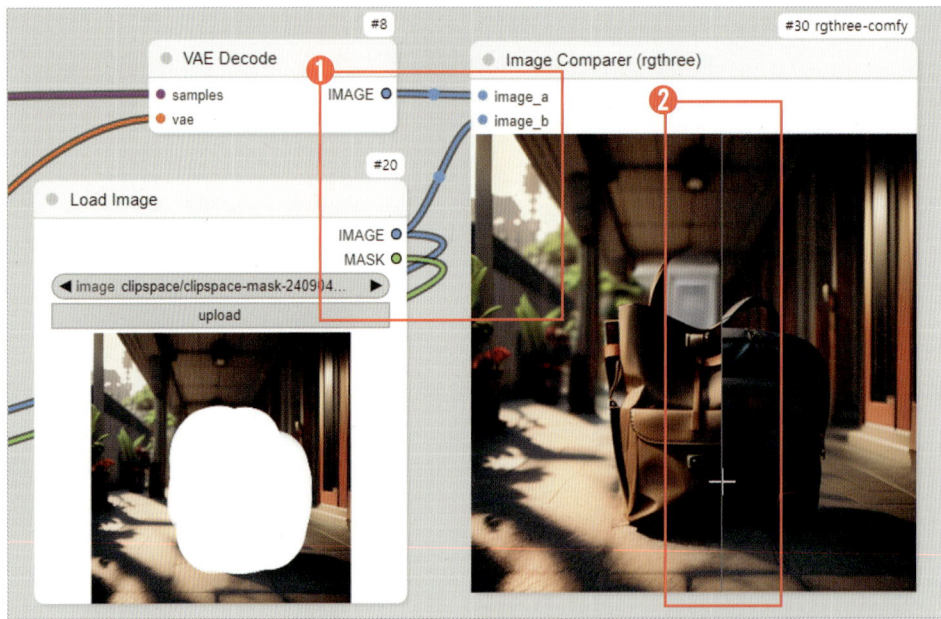

세 번째 기능은 노드 그룹(group)을 쉽게 관리할 수 있는 기능입니다. 먼저 그룹 생성 방법을 간단히 설명하겠습니다. ❸ <Shift> 또는 <Ctrl> 키를 누른 상태로 여러 개의 노드를 선택합니다. ❹ <Ctrl> + <G> 키를 누르면 선택한 노드가 하나의 그룹으로 묶입니다. 그룹의 이름을 변경하고 싶다면 그룹을 더블클릭하여 새로운 이름을 입력하면 됩니다.

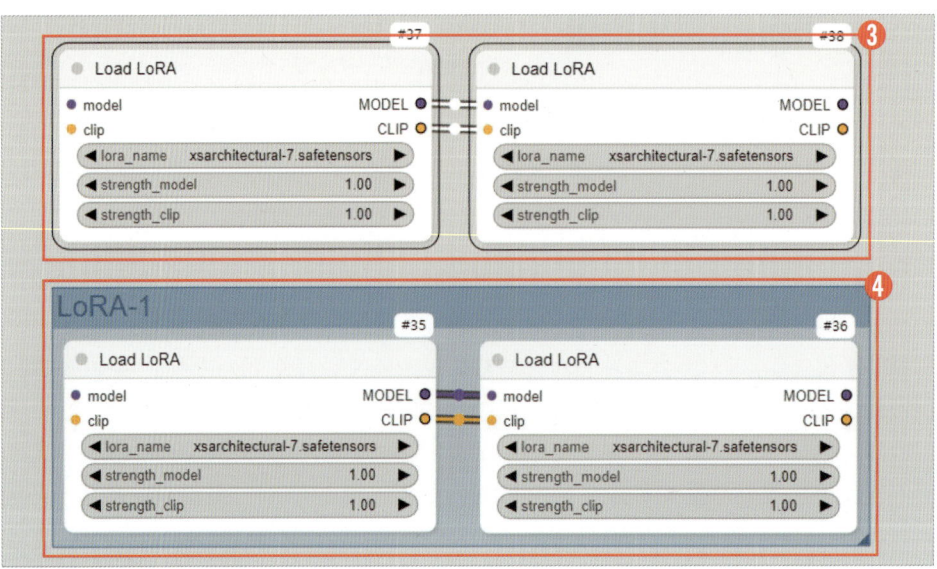

LoRA를 연속으로 연결해야 하는 경우가 종종 있습니다. 이때는 LoRA의 특성별로 필요한 모델만 선택적으로 활성화하거나 비활성화할 수 있다면 작업 효율이 크게 향상됩니다.

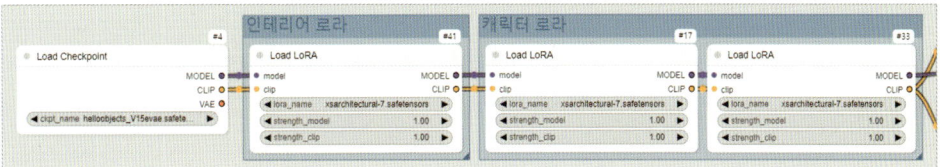

Fast Groups Bypasser(rgthree) 노드를 추가하면 그룹을 선택적으로 끄는 것이 훨씬 편리해집니다. ❺ 이 노드에는 작업창에 생성한 모든 그룹이 표시됩니다. ❻ 각 그룹의 오른쪽에 있는 버튼을 클릭하여 해당 그룹을 활성화하거나 비활성화할 수 있습니다. ❼ 버튼을 'no' 상태로 설정하면 선택한 그룹이 비활성화됩니다. 이 상태에서는 그룹 내부의 노드가 작동하지 않으며 인풋 슬롯에서 들어온 값이 그대로 아웃풋 슬롯으로 나갑니다. 이 기능을 사용하면 복잡한 워크플로에서도 간편하게 원하는 결과를 얻을 수 있습니다.

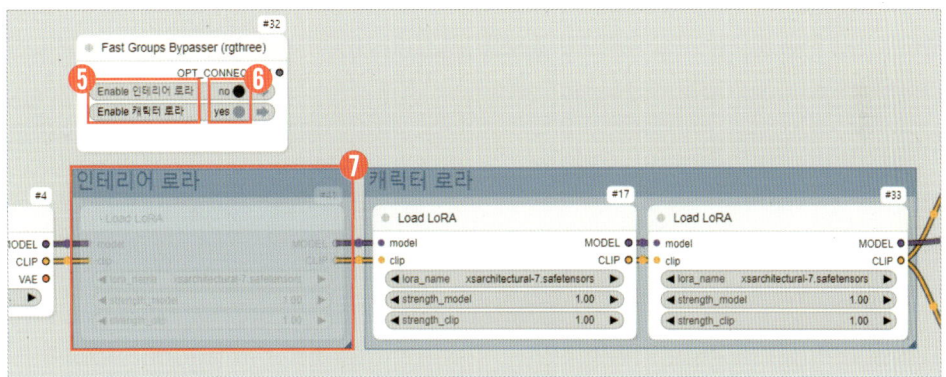

04 세 번째로 소개할 커스텀 노드는 Use Everywhere(UE Nodes)입니다. 이 노드는 복잡한 노드 라인을 깔끔하게 정리해 작업창을 더 정돈된 상태로 만들어 줍니다. ❶ 기본 워크플로에서 Load Checkpoint 노드를 살펴보면 아웃풋 슬롯이 여러 곳으로 연결되어 있어 복잡해 보입니다. 특히 멀리 떨어진 VAE Decode 노드까지 연결해야 할 경우 선이 엉켜 작업창이 어수선해질 수 있습니다. Use Everywhere(UE Nodes)를 활용하면 이런 문제를 간단히 해결할 수 있습니다.

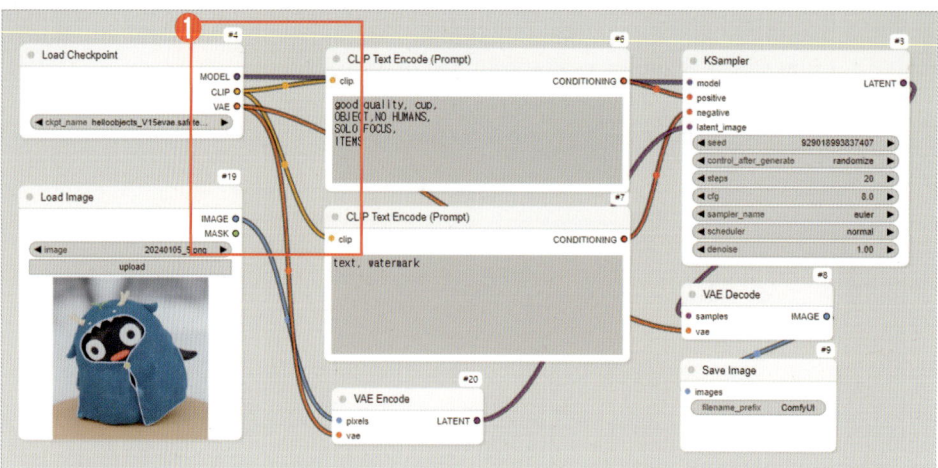

❷ Anything Everywhere3 노드를 추가합니다. Load Checkpoint 노드에서 나오는 아웃풋 슬롯 세 개를 모두 Anything Everywhere3 노드의 인풋 슬롯에 연결합니다. 이 노드는 입력받은 데이터를 자동으로 아웃풋 슬롯으로 전달하며 필요한 곳에 원격으로 정보를 보냅니다. Anything Everywhere3 노드의 이름 끝에 숫자 '3'이 붙어 있는 이유는 슬롯이 세 개이기 때문입니다. 슬롯이 한 개만 있는 간단한 버전으로 Anything Everywhere 노드도 사용할 수 있습니다.

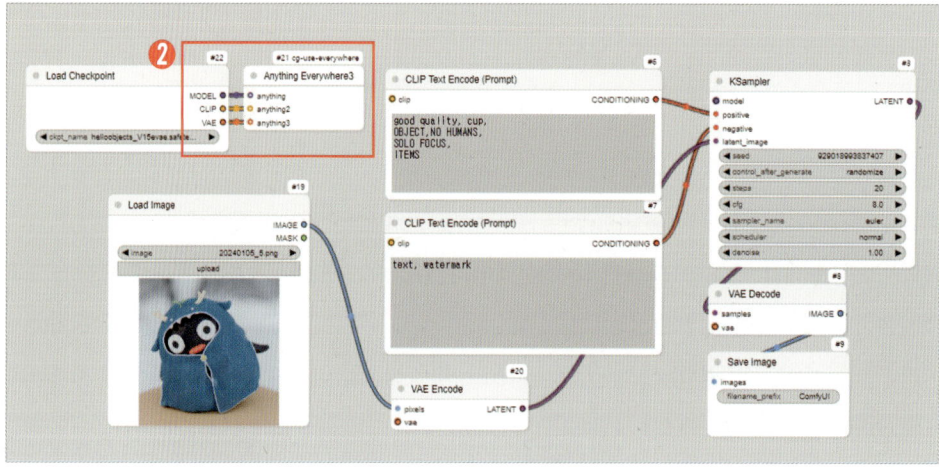

마우스 커서를 Anything Everywhere3 노드 위에 올리면 해당 노드가 어디에 연결되었는지 시각적으로 확인할 수 있습니다. 이 기능을 활성화하려면 ComfyUI의 간단한 설정만 켜주면 됩니다.

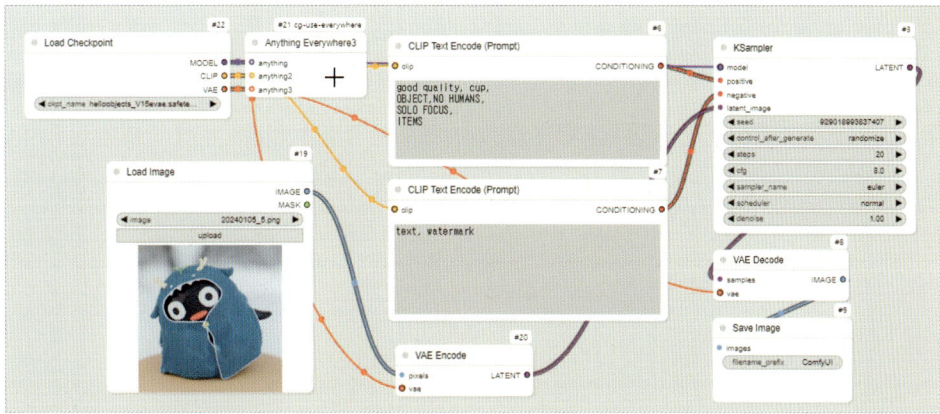

❸ 왼쪽 사이드바에서 설정 메뉴로 들어가면 새로운 [AE] 메뉴가 추가된 것을 확인할 수 있습니다. AE는 Anything Everywhere의 약자입니다. ❹ 여기서 'animate' 항목을 'Dots'로 변경하면 노드 정보가 흐르는 과정을 점으로 시각화해서 표현해 줍니다.

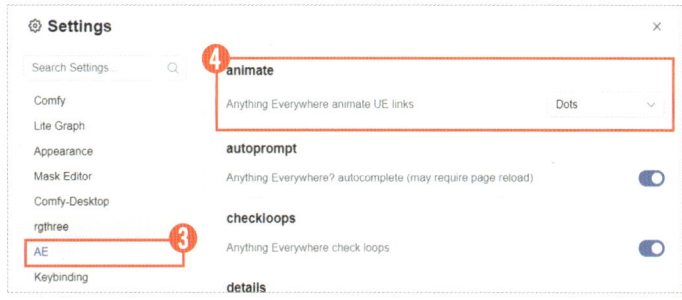

❺ 설정 화면을 아래로 스크롤하면 'showlinks' 항목을 찾을 수 있습니다. 이 옵션을 'Mouseover node'로 변경하면 마우스 커서를 Anything Everywhere3 노드 위에 올릴 때 노드 흐름이 시각적으로 표시됩니다. 이 기능은 복잡한 워크플로에서도 데이터 연결 상태를 쉽게 확인할 수 있어 작업을 더욱 효율적으로 만들어 줍니다. 만약 마우스 커서를 Anything Everywhere3 노드 위에 올려도 아무런 변화가 없다면 <Ctrl> + <R> 키를 눌러 ComfyUI를 리로드하면 됩니다.

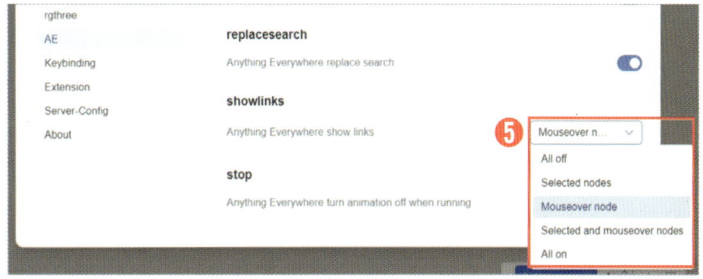

05 마지막으로 소개할 네 번째 추천 커스텀 노드는 Essentials Node입니다. 이 커스텀 노드는 유용한 기능들을 다수 포함하고 있지만 이번 책을 진행하면서 필요한 노드만 하나 소개하겠습니다. 참조 이미지에서 이미지 크기 정보를 추출하는 노드입니다. ❶ KSampler 노드는 'latent_image' 인풋 슬롯에 반드시 이미지 크기를 입력해야만 실행됩니다. Empty Latent Image 노드처럼 가로와 세로 크기를 직접 입력할 때는 문제가 없습니다. 하지만 참조하려는 이미지와 빈 도화지의 크기를 매칭시킬 때 불편함이 있습니다. 매번 참조 이미지의 크기를 확인하고 입력하는 것은 번거롭습니다. 특히 뒤에서 설명할 ControlNet 커스텀 노드 기능을 사용할 때 이 방법이 필요합니다.

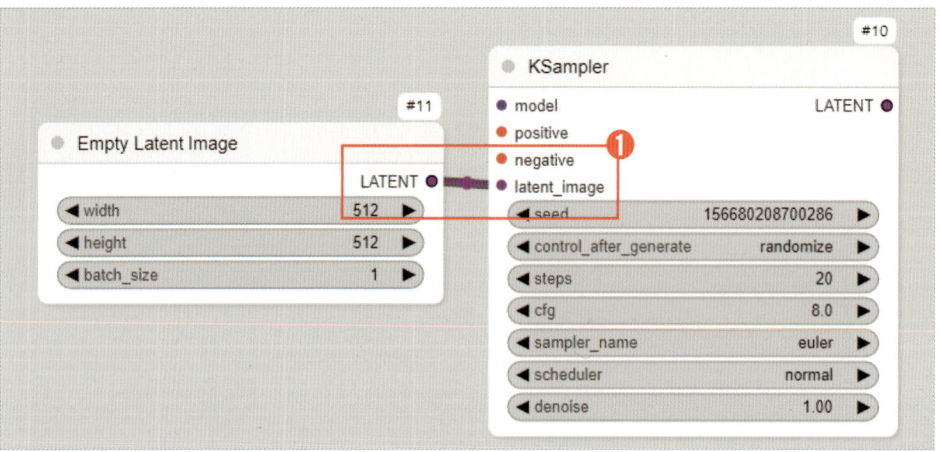

❷ 이런 경우에는 Get Image Size 노드를 사용합니다. 이 노드는 인풋 슬롯에서 image 정보를 받아 아웃풋 슬롯으로 width와 height 값을 나누어 출력합니다. 이 값을 Empty Latent Image 노드에 연결하면 참조 이미지의 크기가 자동으로 KSampler 노드로 전달됩니다. 이를 통해 어떤 이미지를 넣더라도 크기를 수동으로 입력할 필요 없이 자동으로 설정할 수 있습니다.

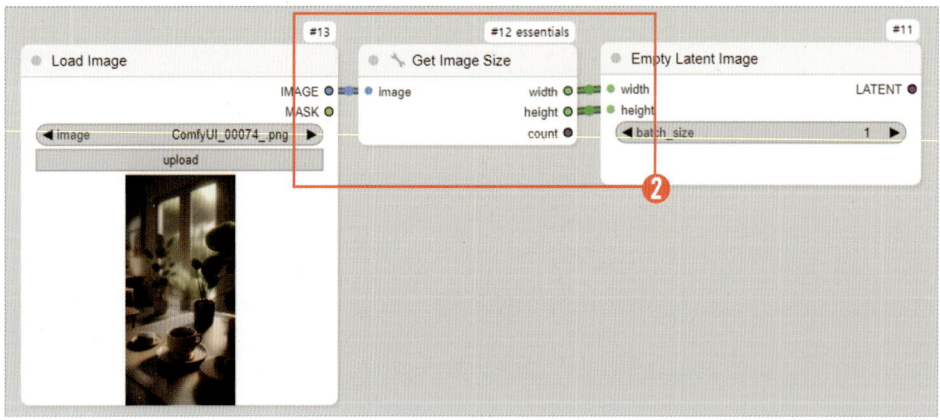

5.3.6 해상도 보정(Upscaling)

해상도를 보정하는 업스케일링(Upscaling) 기술을 다룹니다. 작업 속도를 위해 낮은 해상도로 이미지를 생성한 후 이를 2배 또는 4배로 확대하여 품질을 개선하는 방법을 배워보겠습니다. 이 기술은 AI로 생성한 이미지뿐만 아니라 일반 이미지에도 적용할 수 있어 매우 유용합니다. 기존 이미지를 간단히 업스케일링하여 다양한 프로젝트에 활용할 수 있습니다.

01 업스케일링을 하는 방법은 여러 가지가 있지만 이번 레슨에서는 가장 기본적인 방법을 소개하겠습니다. 업스케일링 작업은 VAE Decode 노드의 'IMAGE' 아웃풋 슬롯에서 나오는 이미지를 받아 진행합니다.

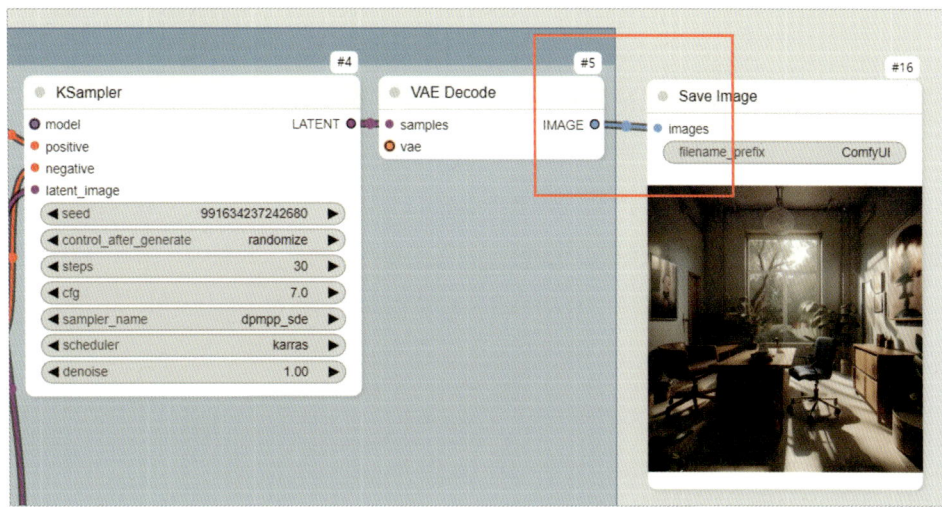

02 사용할 커스텀 노드와 모델을 다운로드해 보겠습니다. ❶ ComfyUI Manager Menu에서 <Custom Nodes Manager> 버튼을 클릭합니다. ❷ 검색창에 'sdupscale'을 입력한 후 'UltimateSDUpscale' 커스텀 노드를 찾아 설치합니다.

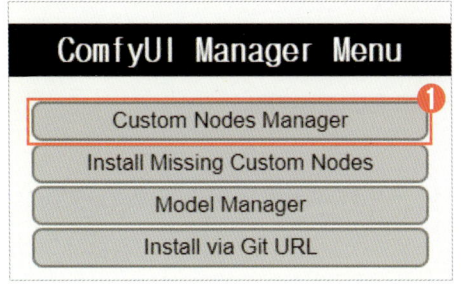
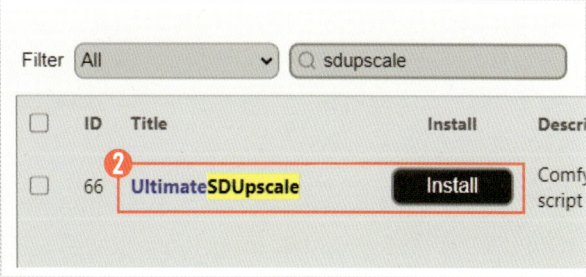

❸ 이번에는 업스케일링 노드에 사용할 모델을 다운로드하기 위해 <Model Manager> 버튼을 클릭합니다.
❹ 필터에서 'Type' 항목을 'upscale'로 변경하여 업스케일링 전용 모델만 표시되도록 설정합니다. ❺ 해상도를 4배로 올려주는 모델 중에서 선택합니다. 이름에 포함된 '4x'는 4배 확대를 의미합니다. '4x_AnimeSharp'이나 '4x_NMKD-Siax_200k' 모델은 성능이 안정적이고 무난하게 사용할 수 있는 옵션입니다.

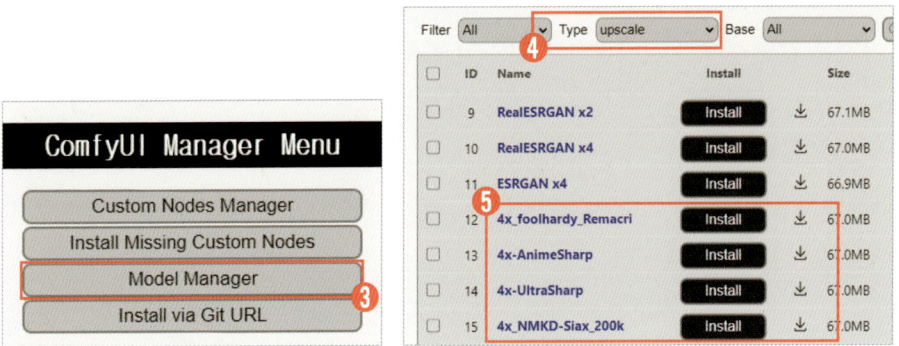

03 다운로드한 커스텀 노드와 모델을 사용하여 업스케일링 노드를 세팅해 보겠습니다. Upscale Image(using Model) 노드를 추가합니다. 이 노드는 업스케일링 작업을 수행하는 핵심 노드입니다. VAE Decode 노드의 'IMAGE' 아웃풋 슬롯을 Upscale Image(using Model) 노드의 'image' 인풋 슬롯에 연결합니다. 이렇게 설정하면 VAE Decode에서 출력한 이미지를 업스케일링 노드가 처리할 수 있습니다.

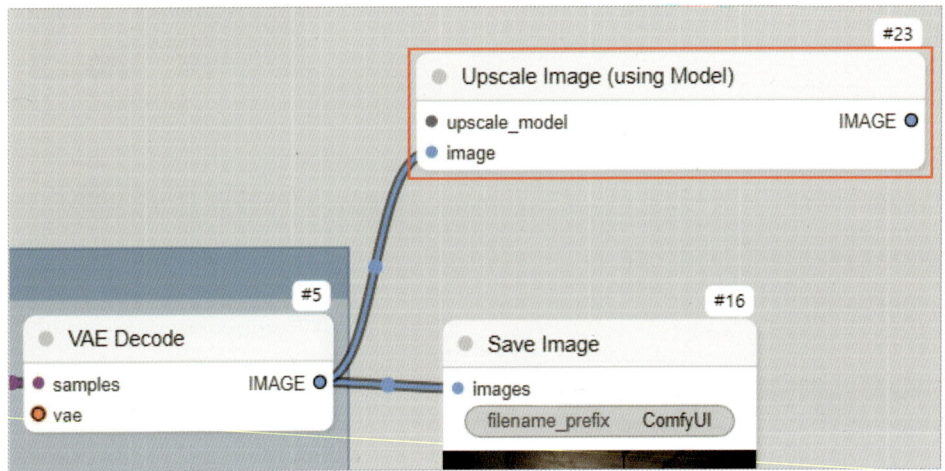

업스케일링에 사용할 모델을 설정합니다. Load Upscale Model 노드를 추가하고 이 노드의 'UPSCALE_MODEL' 아웃풋 슬롯을 Upscale Image(using Model) 노드의 'upscale_model' 인풋 슬롯에 연결합니다. 이후 Load Upscale Model 노드에 다운로드한 업스케일링 모델을 선택합니다.

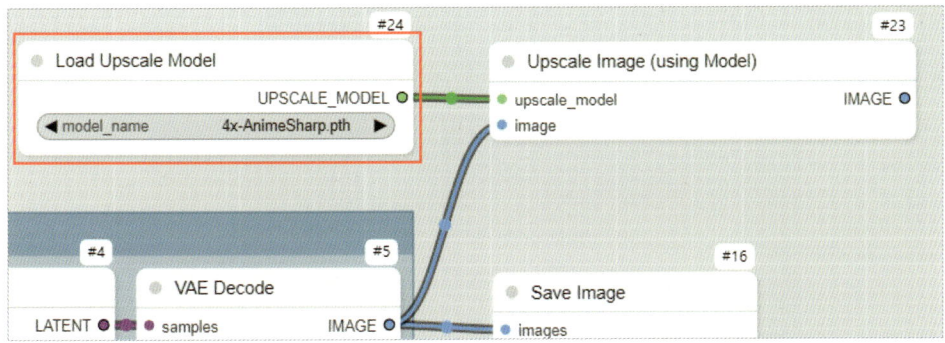

❶ 마지막으로 해상도를 4배로 업스케일링한 이미지를 Save Image 노드를 통해 저장합니다. Upscale Image(using Model) 노드의 'IMAGE' 아웃풋 슬롯을 Save Image 노드의 'images' 인풋 슬롯에 연결하면 업스케일링한 이미지가 저장됩니다. ❷ 원래 워크플로에서 설정했던 Save Image 노드는 업스케일링 전 상태의 이미지를 저장합니다.

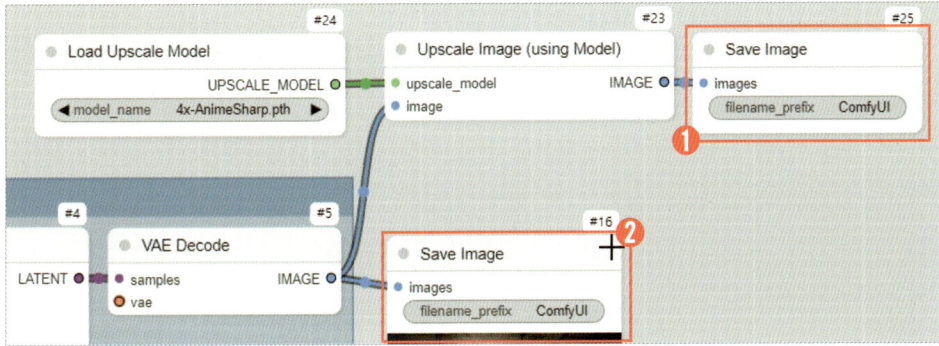

앞에서 배운 Image Comparer(rgthree) 노드를 활용하면 업스케일링 전후의 이미지를 간편하게 비교할 수 있습니다.

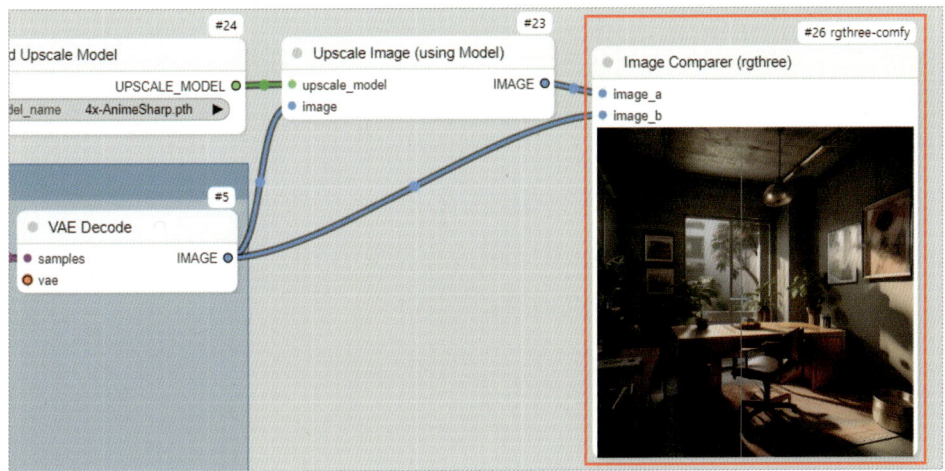

왼쪽은 원본 이미지이고 오른쪽은 4배로 해상도를 높인 업스케일링 이미지입니다. Image Comparer(rgthree) 노드를 활용하면 두 이미지의 차이를 더욱 명확하게 확인할 수 있습니다.

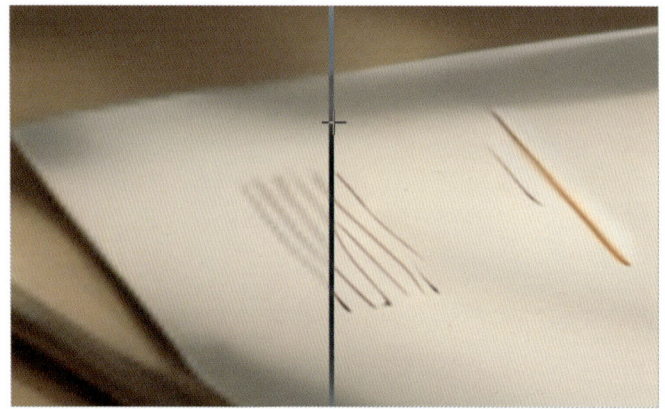

04 업스케일링 해상도는 필요에 따라 조절할 수도 있습니다. 4배 해상도를 제공하는 모델을 사용했기 때문에 기본적으로 해상도가 4배로 증가합니다. ❶ Upscale Image By 노드를 추가하면 해상도를 원하는 값으로 조절할 수 있습니다. 이 노드는 Upscale Image(using Model) 노드 뒤에 연결합니다. ❷ Upscale Image By 노드의 Scale_by 값에 '0.5'를 입력하면 해상도가 절반으로 줄어듭니다. 4배 해상도를 다시 절반으로 낮추는 방식이므로 결과적으로 2배 해상도로 개선한 이미지를 얻을 수 있습니다. '1.0'을 입력하면 4배 해상도가 그대로 유지됩니다. 이 방식으로 작업 목적에 맞게 해상도를 세밀하게 조정할 수 있습니다.

5.3.7 ControlNet

ControlNet은 커스텀 노드 중 가장 중요한 하이라이트입니다. 생성형 이미지 작업에서 놀라운 확장성을 제공하며 다양한 입력 데이터를 통해 원하는 스타일과 형태를 세밀하게 제어할 수 있습니다. ControlNet은 여러 기능을 포함하고 있지만 이번 레슨에서는 Canny, Depth, OpenPose 세 가지 핵심 기능에 집중하겠습니다.

최근 인터넷에서 이미지 윤곽선, 입체감 있는 공간 표현, 그리고 인간의 자세를 활용한 이미지 변환 사례를 한 번쯤 본 적이 있을 겁니다. 이 기능들을 사용하면 블렌더에서 간단히 모델링만 진행해도 멋진 이미지를 손쉽게 완성할 수 있습니다. 특히 ControlNet은 블렌더와 함께 사용될 때 창작 방식을 완전히 바꾸어 놓는 강력한 도구입니다.

- **Canny**: 이미지의 윤곽선을 감지해 해당 형태를 유지하며 새로운 이미지를 생성합니다.
- **OpenPose**: 인간의 자세를 추출하여 동일한 자세를 가진 이미지를 생성할 수 있습니다.
- **Depth**: 이미지의 깊이 정보를 기반으로 입체감 있고 사실적인 결과를 만들어 냅니다.

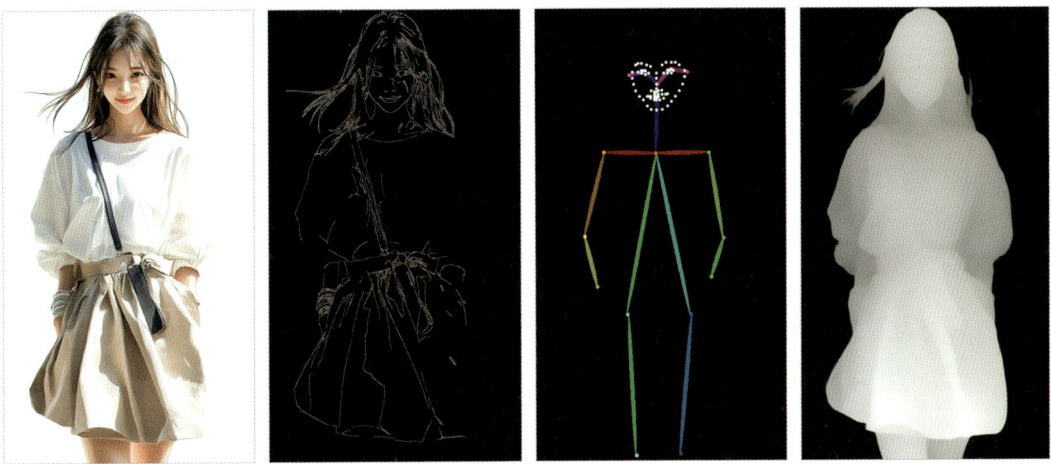

01 필요한 커스텀 노드와 모델을 설치하겠습니다. 먼저 ComfyUI Manager Menu에서 <Custom Nodes Manager> 버튼을 클릭합니다. 검색창에 'controlnet'을 입력하고 검색 결과에서 'ComfyUI's ControlNet Auxiliary Preprocessors'를 찾아 설치합니다.

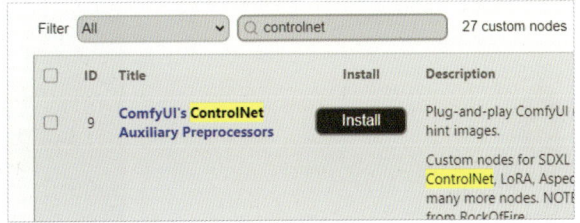

그다음 ComfyUI Manager Menu에서 <Model Manager> 버튼을 클릭합니다. ❶ 필터에서 'Type' 항목을 'controlnet'으로 선택하고 'Base' 항목을 'SD1.5'로 설정합니다. ❷ 여러 ControlNet 모델 중에서 canny, depth, openpose 단어가 포함된 모델 세 개를 찾아 설치합니다. 이 모델들은 각각 ControlNet의 주요 기능을 지원하며 이번 레슨에서 다룰 핵심 도구가 될 것입니다.

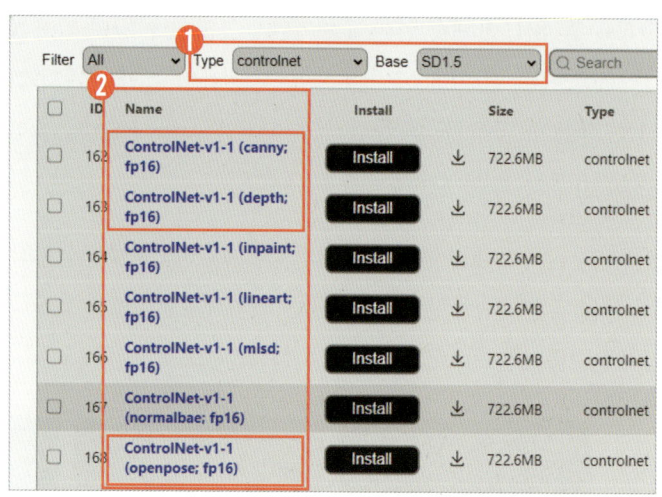

02 이미지에서 라인을 추출하는 커스텀 노드부터 살펴보겠습니다. 이 기능은 ControlNet의 Canny 모델을 활용하여 이미지의 윤곽선을 감지하고 해당 라인을 기반으로 새로운 이미지를 생성하는 데 사용됩니다. 라인 추출은 원본 이미지의 형태를 유지하면서도 다양한 스타일의 이미지를 생성하는 데 매우 유용한 도구입니다. ❶ Canny 노드를 생성합니다. 이 노드는 Load Image 노드에서 이미지 정보를 받아 작업하며 입력한 이미지를 분석해 검은색 배경 위에 흰색 라인으로 윤곽선을 추출합니다. ❷ Canny 노드의 출력 결과를 바로 확인하려면 Preview Image 노드를 연결하면 됩니다. 또한 Preview Image 노드는 rgthree 커스텀 노드를 활용해 개별적으로 '큐'를 실행할 수 있어 전체 워크플로를 실행하지 않고도 결과를 빠르게 확인할 수 있습니다.

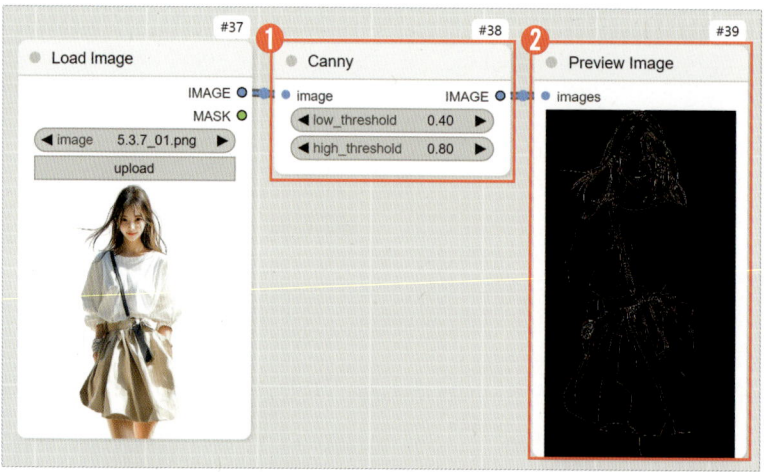

Canny 노드를 활용해 이미지를 생성하려면 추가로 두 개의 노드를 연결해야 합니다. ❸ Apply ControlNet 노드를 추가합니다. 이 노드는 Canny 노드에서 생성한 흰색 라인 이미지를 입력값으로 받아 ControlNet

작업의 기반으로 사용합니다. ❹ Load ControlNet Model 노드를 추가합니다. 이전에 다운로드한 모델 중 'canny' 이름이 포함된 모델을 선택합니다. 이 모델은 'CONTROL_NET' 아웃풋 슬롯을 통해 Apply ControlNet 노드에 모델 정보를 공급하며 작업의 스타일과 결과를 결정하는 데 중요한 역할을 합니다.

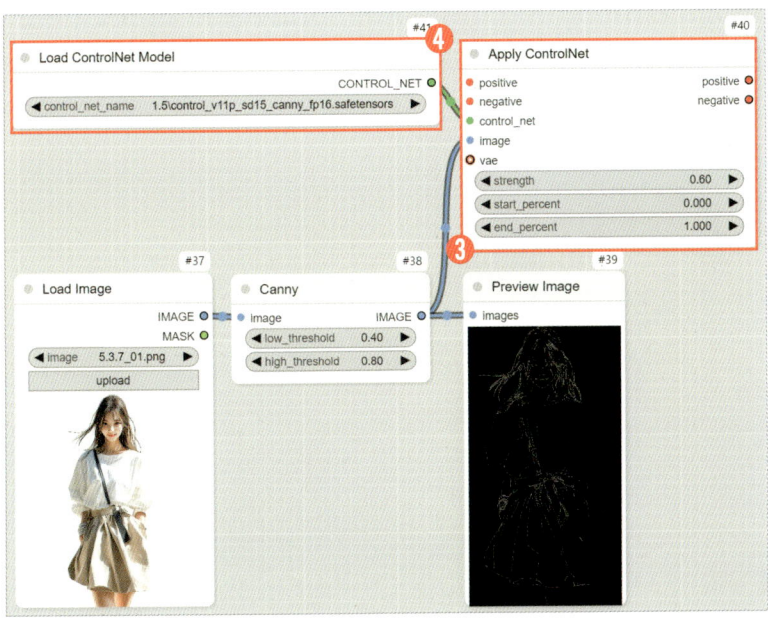

Canny 기능만 따로 분류하기 위해 관련 노드들을 그룹으로 묶습니다. 이렇게 그룹으로 나누는 이유는 이후 다룰 Depth와 OpenPose 기능도 유사한 노드 구성을 가지기 때문입니다. 그룹화는 작업창을 정리하고 기능별로 관리하기 쉽게 만들어 줍니다. 이때 Load Image 노드는 Canny, Depth, OpenPose 모두에서 공통으로 사용되기 때문에 그룹에 포함하지 않습니다. 이를 통해 이미지 입력 노드가 중복되지 않고, 효율적으로 관리할 수 있습니다.

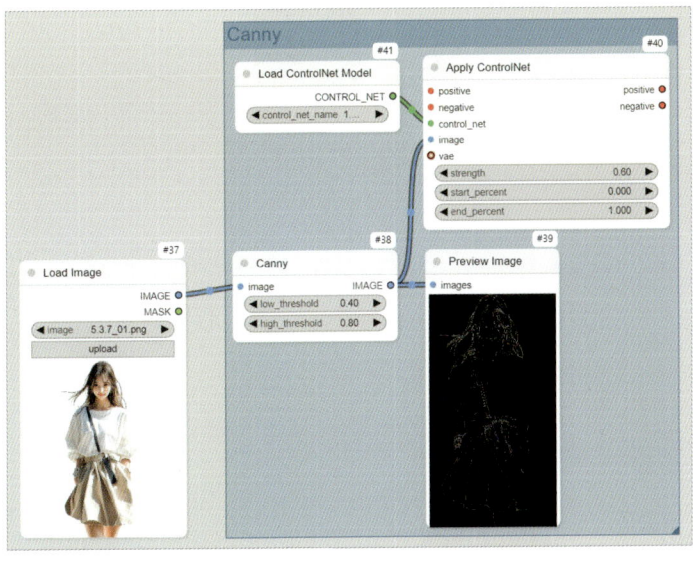

이제 Canny 그룹을 기본 워크플로에 연결해 활용해 보겠습니다. ❺ Apply ControlNet 노드의 'positive'와 'negative' 인풋 슬롯은 기본 워크플로에 있는 CLIP Text Encode(Prompt) 노드의 아웃풋 슬롯과 연결됩니다. 이를 통해 프롬프트 정보가 ControlNet으로 전달됩니다. ❻ Apply ControlNet 노드의 'positive'와 'negative' 아웃풋 슬롯은 KSampler 노드의 'positive'와 'negative' 인풋 슬롯으로 연결됩니다. 이 연결은 ControlNet 결과가 최종 이미지 생성 과정에 반영되도록 합니다. 이 과정을 통해 Canny 그룹이 정상적으로 기본 워크플로 안에 통합되었습니다.

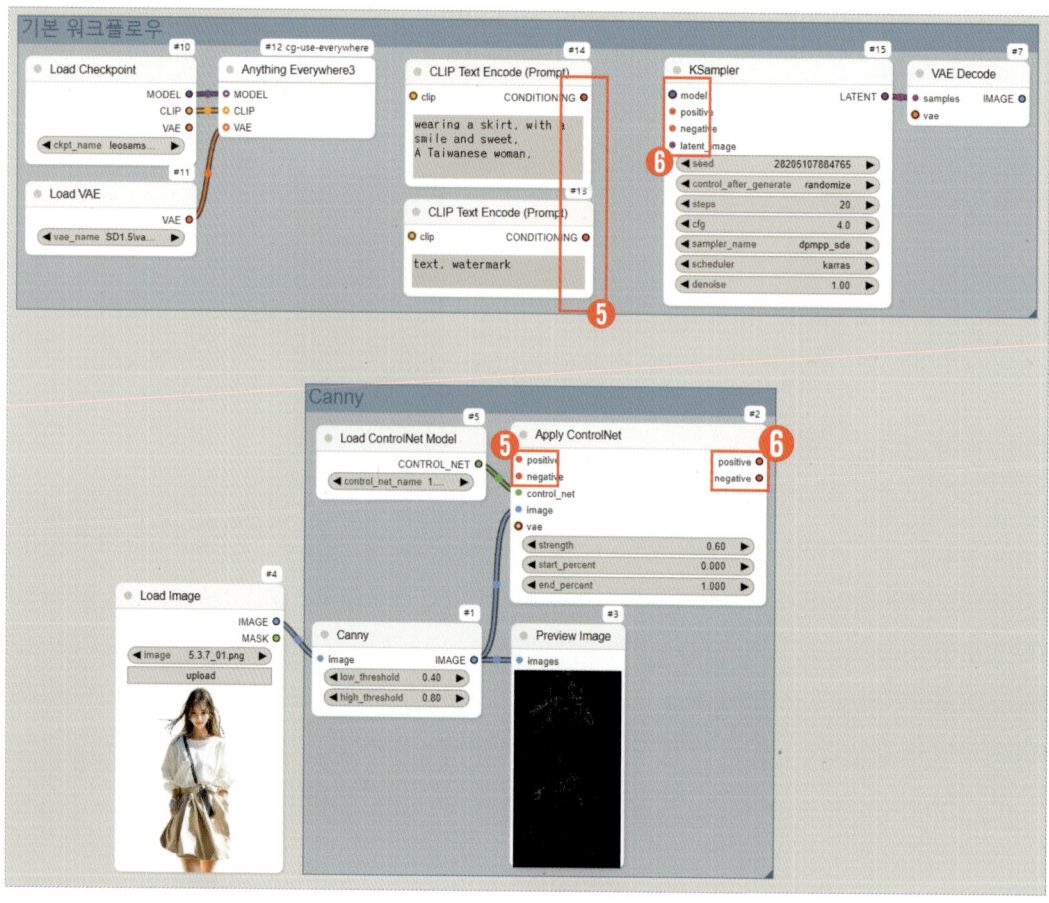

Canny 그룹의 모든 노드가 연결되면 다음과 같은 구성이 완성됩니다.

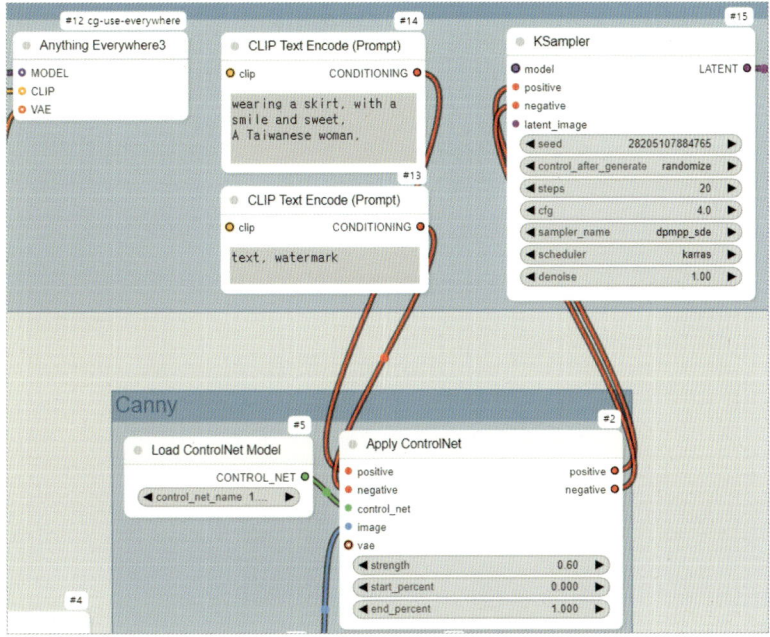

연결되지 않은 슬롯이 하나 남아 있습니다. 이를 해결하기 위해 추가 작업을 진행합니다. ❼ KSampler 노드의 latent_image 인풋 슬롯에 정보가 필요합니다. 이 슬롯은 이미지 크기 데이터를 입력받아야 합니다. ❽ 이를 위해 Image Size 그룹을 만들어 연결합니다. 이 그룹은 Get Image Size 노드와 Empty Latent Image 노드로 구성됩니다. Get Image Size 노드에서 참조 이미지의 크기를 추출하고 Empty Latent Image 노드에서 이 정보를 기반으로 latent 데이터를 생성합니다. Image Size 그룹의 'LATENT' 아웃풋 슬롯을 KSampler 노드의 latent_image 인풋 슬롯에 연결합니다. ❾ Load Image 노드의 'IMAGE' 아웃풋 슬롯을 Image Size 그룹의 image 인풋 슬롯에 연결하여 이미지 크기 정보를 전달합니다.

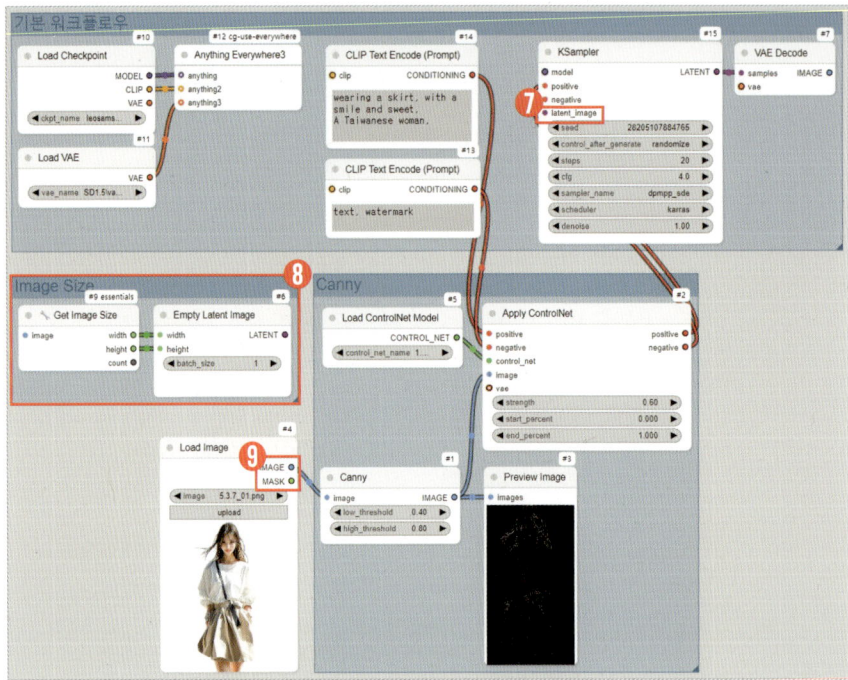

마지막 단계에서는 VAE Decode 노드에서 출력하는 이미지를 Save Image 노드로 연결하여 생성한 이미지를 저장할 수 있도록 설정합니다. 이 워크플로는 Canny 기능을 활용한 이미지 작업의 전체 과정을 포함하며 저장 단계까지 자동으로 처리되도록 구성되어 효율적입니다.

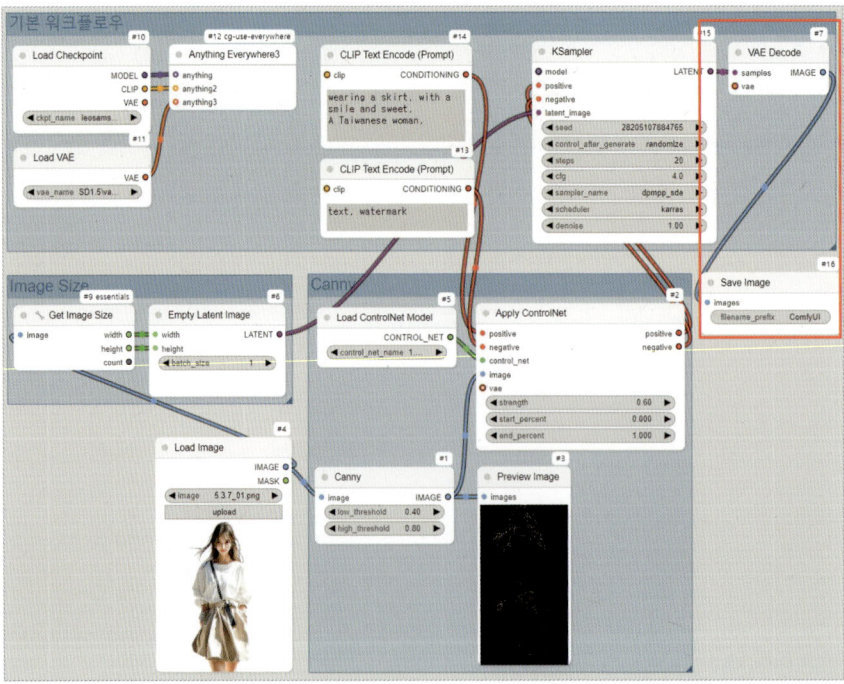

03 <큐> 버튼을 클릭하여 워크플로를 작동시켜 봅니다. ❶ 이때 Load Checkpoint 노드에 사용한 모델은 leosamsHelloworldXL_filmGrain20입니다. 이 모델은 사실적인 인물을 표현하는 데 효과적인 Checkpoint 입니다. ❷ 해당 모델은 Civitai 사이트에서 'Helloworld'를 검색해 다운로드할 수 있습니다. ❸ 다운로드 시 Film Grain 2.0 버전을 선택해야 합니다. 이 버전은 스테이블 디퓨전 SD 1.5 모델과 호환됩니다.

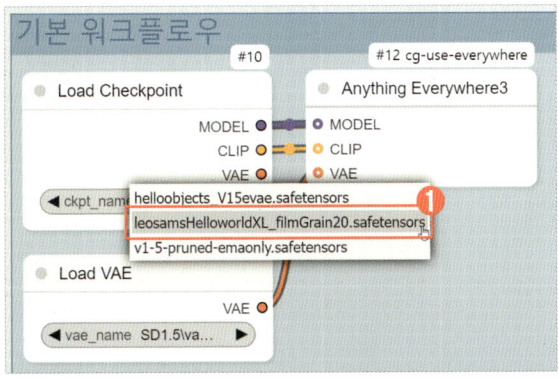

다음은 Canny 그룹을 활용해 새로 생성한 이미지입니다. 원본 이미지에 근접한 결과물을 만들어 냈지만 몇 가지 문제가 눈에 띕니다. ❹ 인물의 팔과 다리가 제대로 구현되지 않았습니다. ❺ 이러한 문제는 Canny 노드가 흰색 라인을 추출할 때 팔과 다리 부분을 정확히 감지하지 못했기 때문입니다.

Canny 노드는 윤곽선을 기반으로 작업하기 때문에 세부적인 구조를 충분히 표현하지 못할 수 있습니다. 따라서 Canny 노드만 사용하는 대신 OpenPose와 Depth 노드를 추가로 활용해 디테일을 보존하는 작업이 필요합니다. 이런 문제는 캐릭터뿐만 아니라 의자, 건물 같은 오브젝트에서도 유사하게 발생할 수 있습니다. 이러한 경우 각 노드의 특성을 결합해 완성도 높은 결과를 얻는 것이 중요합니다.

  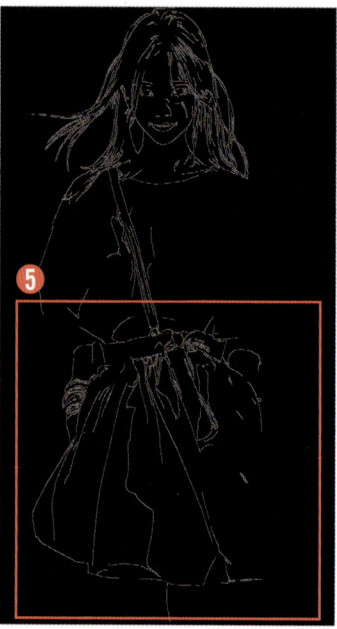

04 OpenPose 노드는 이름에서도 알 수 있듯이 인간의 포즈를 인식하는 데 특화된 노드입니다. 인간의 자세 데이터를 활용하기 때문에 인물 이미지를 생성하거나 편집할 때 매우 유용합니다. 하지만 의자나 건물 같은 오브젝트 이미지를 생성할 때는 사용할 수 없는 노드라는 점을 염두에 두어야 합니다.

OpenPose 노드의 기본적인 구성은 Canny 노드와 매우 유사합니다. 따라서 Canny 노드를 사용해 본 경험이 있다면 OpenPose 노드도 쉽게 이해하고 활용할 수 있을 것입니다. ❶ <Ctrl> 키를 누른 상태로 마우스를 드래그하여 Canny 그룹을 전체 선택한 후 <Ctrl> + <C> 키를 눌러 복사합니다. ❷ 복사한 그룹을 <Ctrl> + <V> 키를 사용해 오른쪽에 붙여 넣습니다. OpenPose 노드는 Canny 노드와 구성 방식이 흡사하기 때문에 기존 Canny 그룹을 복사해 작업을 시작하면 더욱 효율적으로 진행할 수 있습니다.

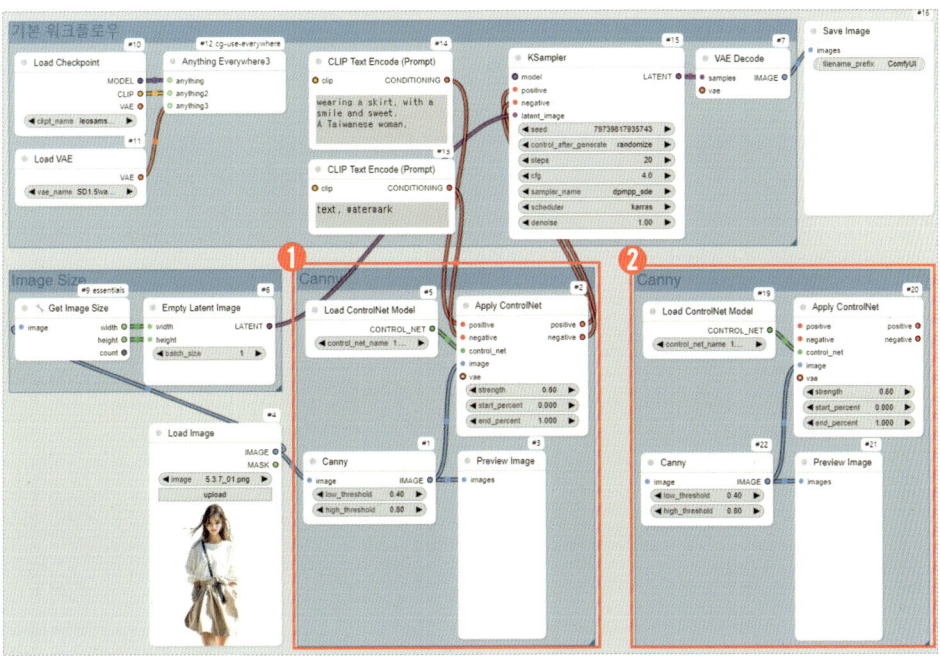

❸ 복사한 그룹의 이름을 더블클릭하여 OpenPose로 변경합니다. 필수적인 과정은 아니지만 작업 그룹이 많아질수록 구분이 어려워지므로 이름을 명확히 설정하는 것이 좋습니다. ❹ 기존 Canny 노드 자리에 새로운 OpenPose Pose 노드를 생성하여 연결합니다. 아웃풋 슬롯의 연결 구성은 Canny와 동일하게 유지됩니다. 이러한 방식으로 설정하면 기존 작업 흐름을 간단히 응용해 OpenPose 노드를 효과적으로 활용할 수 있습니다.

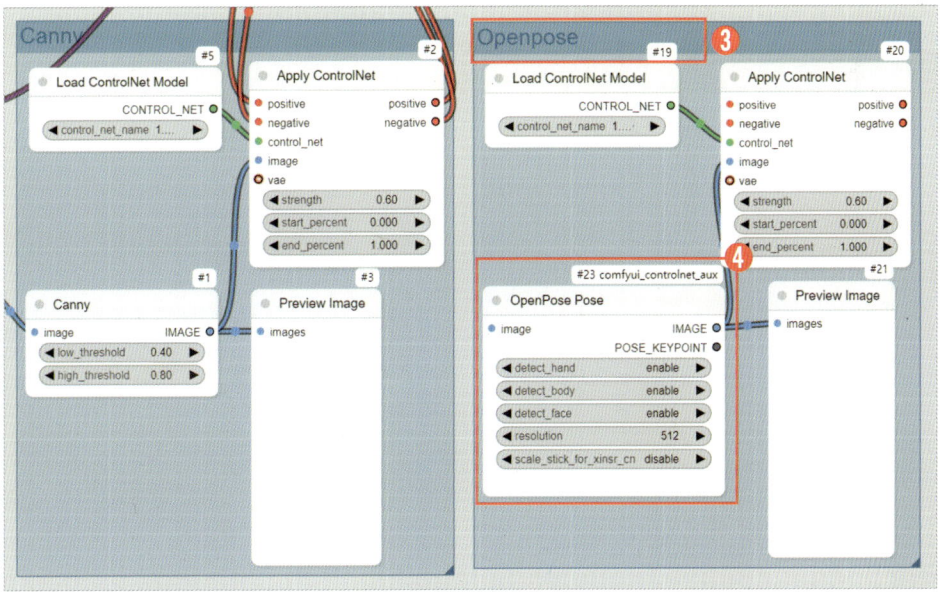

❺ OpenPose 그룹 안에 포함된 Load ControlNet Model 노드를 선택한 후 적용된 모델을 openpose 이름이 포함된 모델로 변경합니다. 이 과정은 OpenPose 노드가 올바르게 동작하기 위한 필수적인 단계입니다.

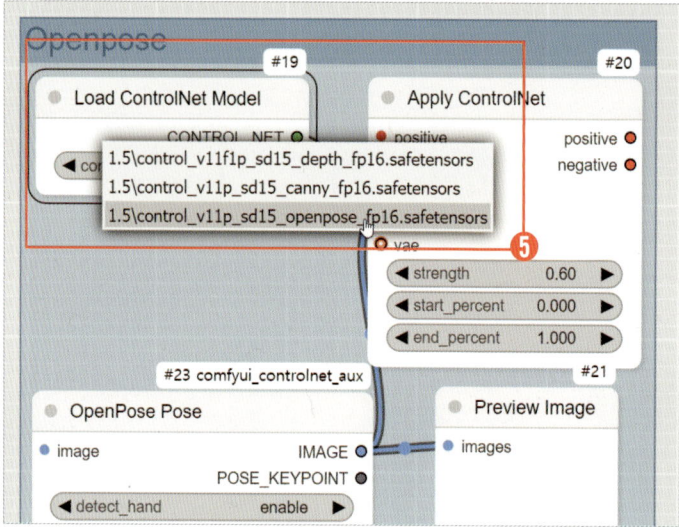

❻ 이제 OpenPose 그룹 안에 있는 Apply ControlNet 노드에서 프롬프트 슬롯만 연결하면 설정이 완료됩니다. 이 값은 Canny 그룹의 구성에서 힌트를 얻어 설정하면 됩니다. ❼ Canny 그룹 내 Apply ControlNet 노드의 프롬프트 아웃풋 슬롯을 확인해 보면 KSampler 노드와 연결되어 있습니다. 이와 동일한 방식으로 OpenPose 그룹에서도 프롬프트 슬롯을 KSampler 노드와 연결하면 OpenPose 노드의 구성이 완성됩니다.

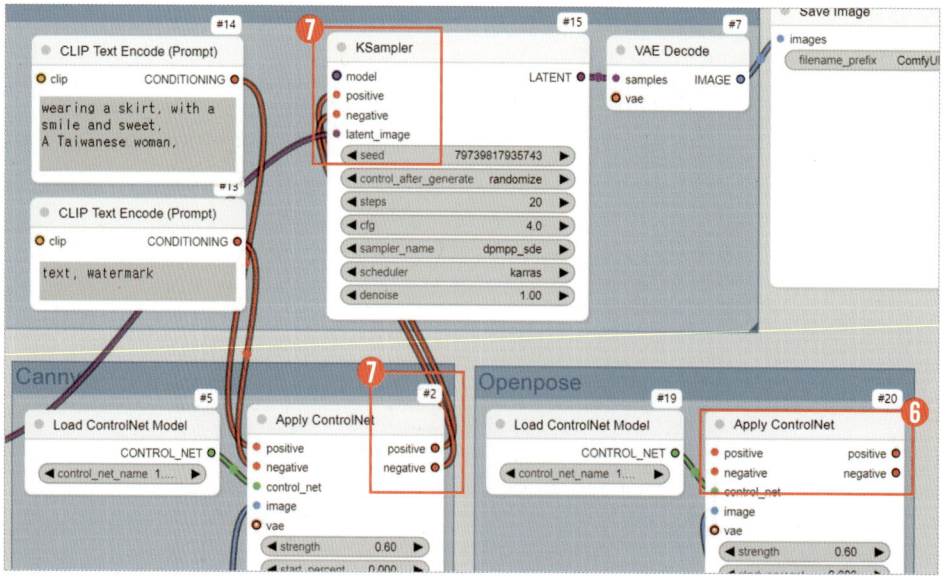

❽ Canny 그룹의 Apply ControlNet 노드에서 출력되는 프롬프트 정보를 OpenPose 그룹의 Apply ControlNet 노드로 연결합니다. 이렇게 설정하면 Canny를 사용 안 하고 지나치는 'Bypass' 상태로 전환하더라도 OpenPose가 CLIP 노드에서 전달된 프롬프트 정보를 정상적으로 받을 수 있습니다. ❾ OpenPose 그룹의 Apply ControlNet 노드에서 프롬프트 정보를 KSampler 노드로 연결합니다.

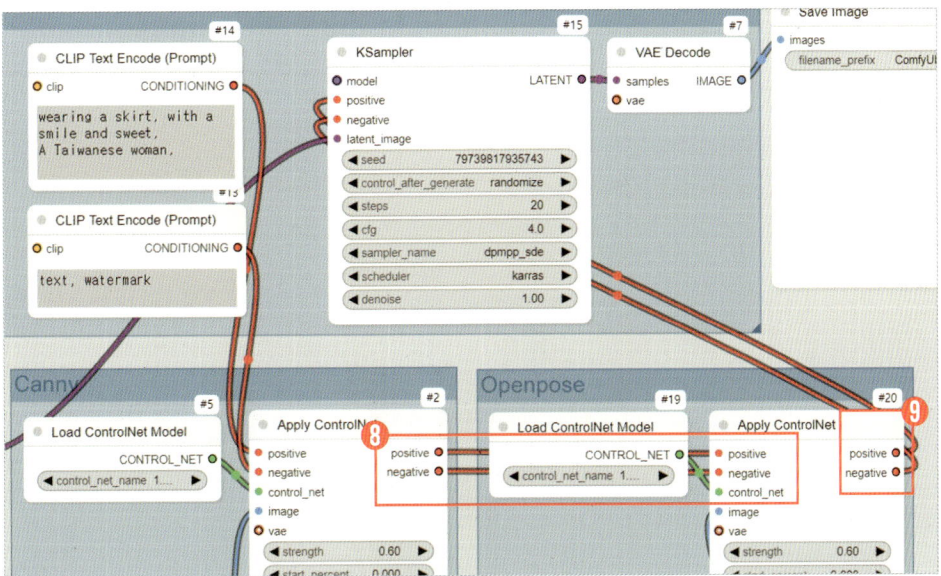

마지막으로 OpenPose Pose 노드의 'image' 인풋 슬롯을 연결합니다. 이미지 정보는 Load Image 노드의 'IMAGE' 아웃풋 슬롯에서 받아오도록 설정합니다.

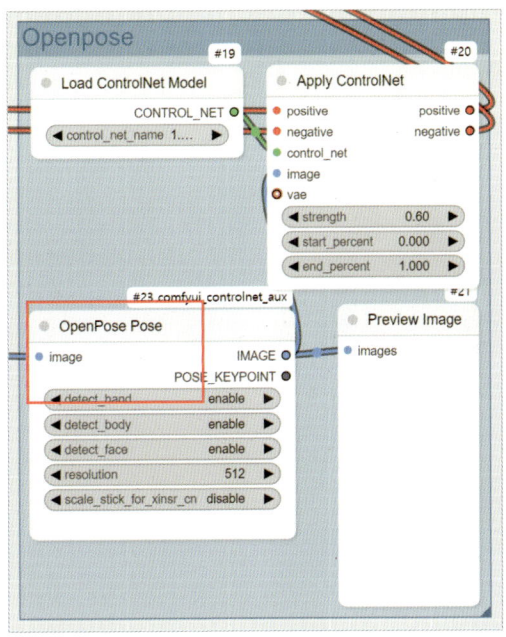

05 이제 OpenPose를 실행해 보겠습니다. 먼저 OpenPose 그룹 안에 있는 Preview Image 노드를 개별적으로 실행하여 설정이 제대로 작동하는지 확인합니다. 실행 결과 원본 이미지에서 얼굴 표정 및 팔과 다리의 형태가 모두 정확히 인식되었습니다. 이로써 OpenPose 노드가 기대한 대로 동작하며 세부적인 자세 데이터가 성공적으로 추출되었음을 확인할 수 있습니다.

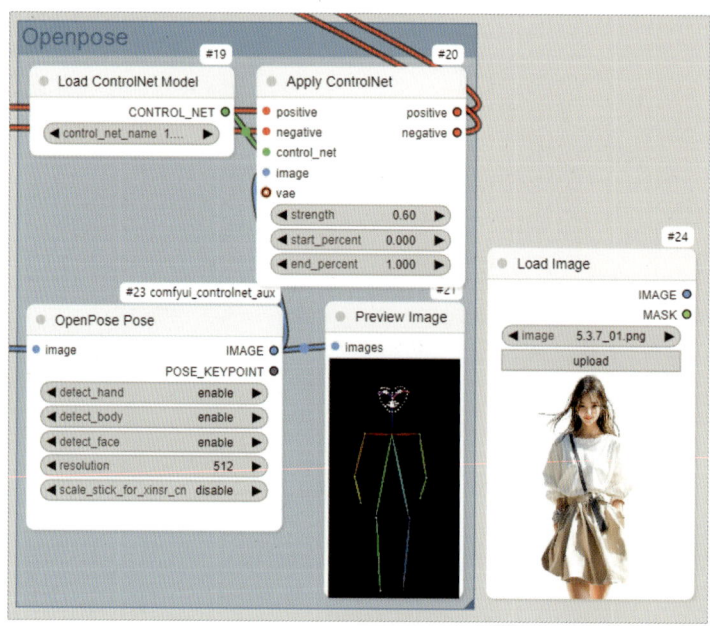

왼쪽 이미지는 Canny 노드만 적용했을 때의 결과이고 오른쪽 이미지는 OpenPose 노드까지 적용한 결과입니다. 아직 개선할 점이 많이 보이지만 포즈와 관련된 부분은 확실히 윤곽이 잡혔습니다. 이제 면적과 깊이감 표현을 보완하기 위해 Depth 노드를 추가로 적용해 보겠습니다.

06 Depth 그룹을 생성하는 방법은 앞에서 설명한 OpenPose 그룹 생성 방식과 동일합니다. 따라서 이번에는 주요 과정만 간략히 안내하겠습니다. 복사한 그룹의 이름을 'Depth'로 변경합니다. ❷ Load ControlNet Model 노드에 depth 이름이 포함된 모델을 적용합니다. 이 과정은 Depth 노드가 올바르게 동작하기 위해 필수적입니다. ❸ Depth Anything 노드를 새로 추가합니다. 이 노드는 기존에 Canny 노드와 OpenPose Pose 노드가 위치했던 자리에 배치합니다.

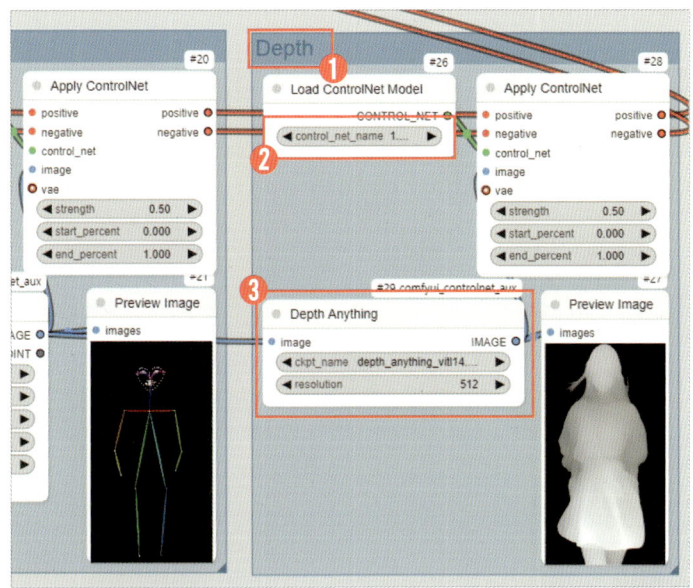

Depth 노드를 적용하여 이미지를 생성해 봅시다. 결과를 확인해 보면 Depth 노드가 추가됨으로써 원본 이미지의 면적과 깊이감이 더 잘 표현되고 형태가 더욱 정확하게 묘사되는 것을 알 수 있습니다.

다음 이미지처럼 형태가 왜곡되거나 테두리 라인이 지나치게 진해져 이질감이 심하게 느껴지는 경우가 흔히 나타날 수 있습니다. 만약 ControlNet의 Canny, OpenPose, Depth 세 가지 노드를 모두 사용했음에도 결과가 기대와 다르다면 Canny 그룹에서 Apply ControlNet 노드의 strength 값을 낮춰보세요. 흰색 테두리의 영향력이 줄어들면서 원래 형태에서 약간 벗어날 수는 있지만 ComfyUI가 더 창의적으로 이미지를 생성하여 자연스럽고 균형 잡힌 결과를 만들어낼 수 있습니다.

이와 같은 방법은 OpenPose와 Depth 노드에도 동일하게 적용할 수 있습니다. 각 노드의 strength 값을 조정하면 특정 노드의 영향력을 미세하게 조절할 수 있어 결과물의 자연스러움을 한층 더 높일 수 있습니다. 필요한 경우 여러 값을 테스트하여 가장 적합한 설정을 찾는 것이 좋습니다.

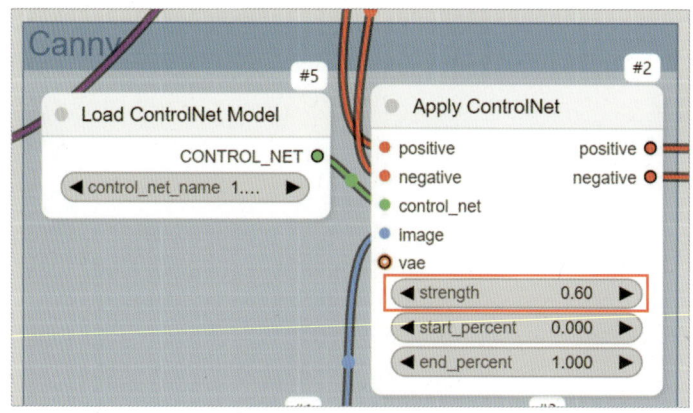

또한 KSampler 노드에서 cfg 값을 낮춰보세요. 일반적으로 '8.0' 정도의 값을 사용하는데 이 값을 낮추면 프롬프트의 영향력이 줄어듭니다. 이렇게 하면 요청한 이미지와 완전히 일치하지 않을 수 있지만 ComfyUI가 더 자연스럽고 창의적인 결과를 생성할 가능성이 높아집니다.

이제 Canny, OpenPose, Depth 노드를 모두 활용한 작업 흐름이 완성되었습니다. ComfyUI에서 원본 이미지를 참조하여 새로운 이미지를 생성할 때 어떤 정보가 필요한지 감을 잡았을 것입니다.

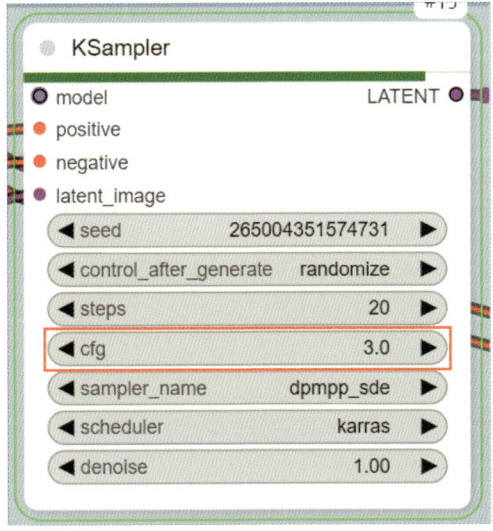

5.3.8 IP-Adapter

IP-Adapter는 이미지 프로세싱을 확장하는 매우 유용한 도구입니다. ControlNet과는 다른 방식으로 작동합니다. ControlNet이 형태를 유지하는 데 초점을 맞춘다면 IP-Adapter는 참조 이미지의 스타일을 반영하는 데 중점을 둡니다.

이 도구를 사용하면 블렌더로 제작한 작품을 다양한 스타일로 변환할 수 있습니다. 동일한 모델링에 특정 예술가의 화풍이나 색조를 입히거나, 러프한 결과물을 세련된 작품으로 다듬을 수 있습니다.

01 ComfyUI Manager Menu에서 필요한 커스텀 노드와 모델을 설치하겠습니다. 먼저 커스텀 노드를 설치하기 위해 Custom Nodes Manager 메뉴를 열고 'ipadapter'를 검색합니다. 검색 결과에서 'ComfyUI_IPAdapter_plus' 커스텀 노드를 선택하여 설치합니다.

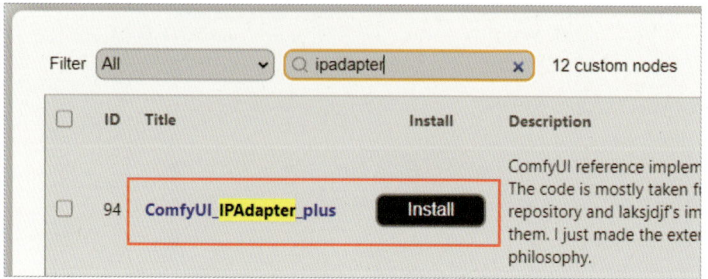

다음으로 모델을 설치하기 위해 Model Manager 메뉴로 이동합니다. 필터 'Type' 항목에서 'IP-Adapter'를 선택합니다. ❶ 오른쪽 Description 칼럼에서 'ComfyUI IPAdapter plus'로 표기된 모델을 확인합니다. 여기에는 총 일곱 개의 모델이 표시됩니다. ❷ 이 중에서 DEPRECATED 이름이 포함된 모델을 제외한 여섯 개의 모델을 모두 선택하여 설치합니다.

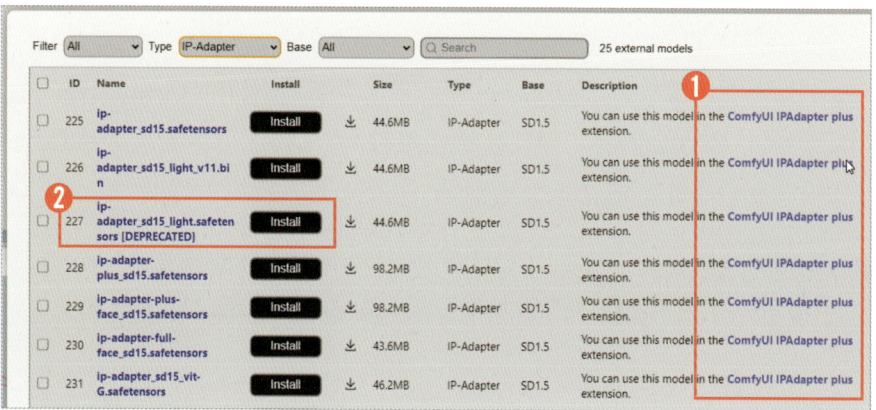

다음으로 'Type' 항목에서 'clip_vision'을 선택합니다. 표시된 모델 중 Name 칼럼에 IP-Adapter가 포함된 모델을 찾습니다. 그중 Base 칼럼에 'ViT-H'와 'ViT-G'가 표시된 두 개의 모델을 선택하여 설치합니다.

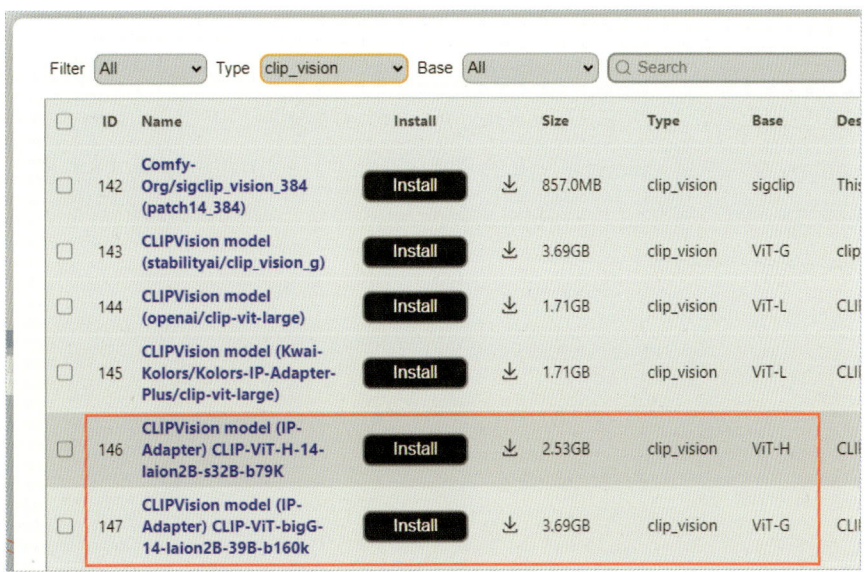

02 IP-Adapter 커스텀 노드를 작업창에 배치해 보겠습니다. IP-Adapter 노드는 Load Checkpoint 노드와 KSampler 노드 사이에 배치됩니다. 이 노드에서 사용되는 슬롯 타입은 'MODEL'입니다.

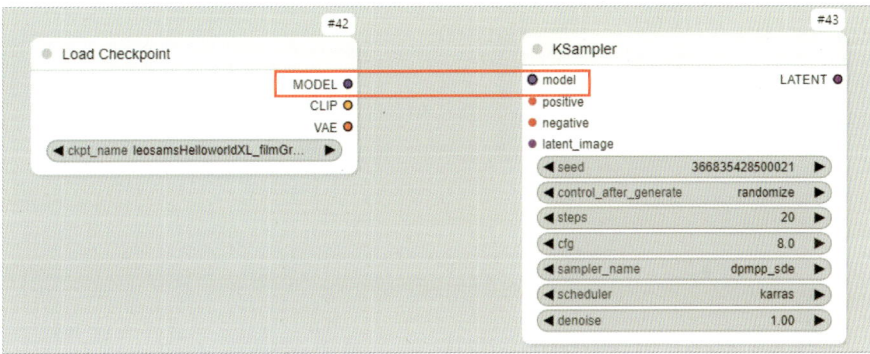

IPAdapter Unified Loader 노드와 IPAdapter Advanced 노드를 다음과 같이 연결합니다. 이 연결은 'Model' 정보를 전달하는 방식으로 이루어집니다.

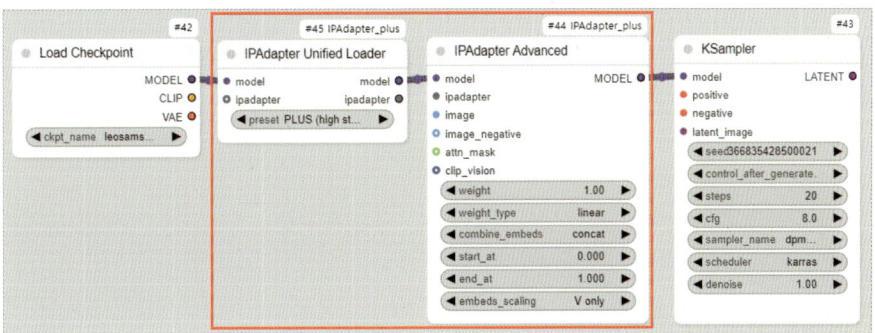

❶ Load Image 노드를 추가하여 IPAdapter Advanced 노드의 'image' 인풋 슬롯에 연결합니다. 이 노드에는 참조하려는 이미지를 삽입합니다. IP-Adapter는 앞에서 다룬 Image to Image 기법보다 훨씬 정밀하고 정확하게 스타일을 적용할 수 있습니다. ❷ IPAdapter Unified Loader 노드의 'ipadapter' 아웃풋 슬롯을 IPAdapter Advanced 노드의 'ipadapter' 인풋 슬롯에 연결합니다. ❸ 마지막으로 관련 노드를 모두 선택하여 IP-Adapter라는 그룹으로 묶습니다. 이렇게 하면 IP-Adapter 노드 배치가 완성됩니다. 매우 간단하고 직관적인 구조로 설정이 완료되었습니다.

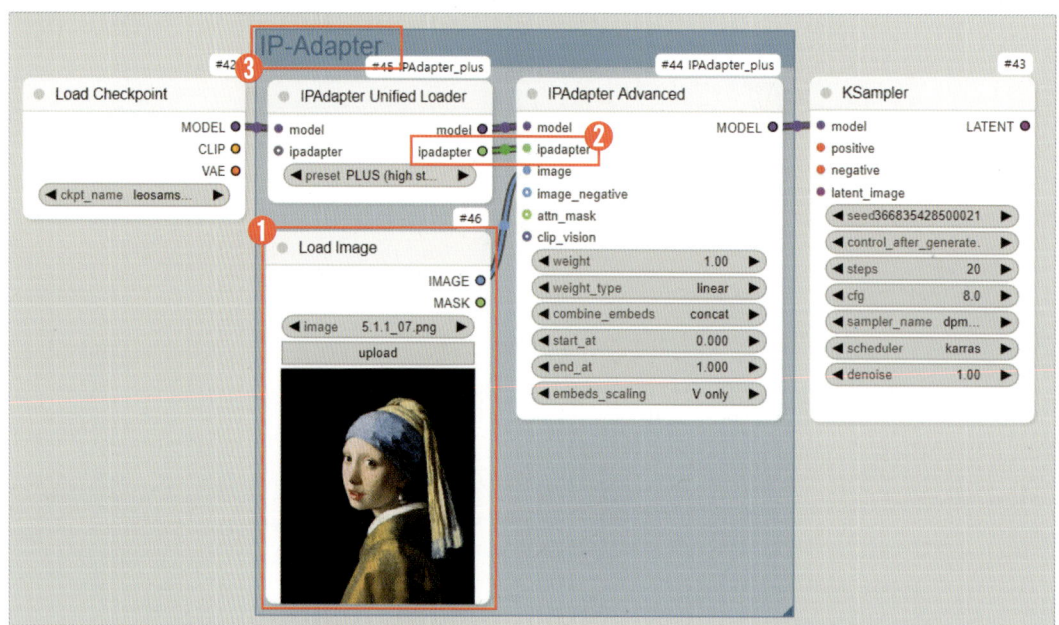

03 IP-Adapter 노드를 사용하는 방법은 어렵지 않습니다. ❶ 스타일로 적용하고 싶은 이미지를 Load Image 노드를 통해 업로드합니다. ❷ 사용될 IPAdapter 모델을 선택합니다. 제공된 여섯 가지 모델은 각각 다른 방식으로 스타일을 적용하며 이름 뒤에 'high strength'처럼 적용 강도가 설명되어 있습니다. 일반적으로는 위쪽 네 가지 모델 중에서 선택하는 것이 적합합니다. ❸ IP-Adapter의 스타일 적용 강도를 한 번 더 조절합니다. 이를 통해 스타일과 원본 이미지 간의 균형을 사용자 의도에 맞게 맞출 수 있습니다.

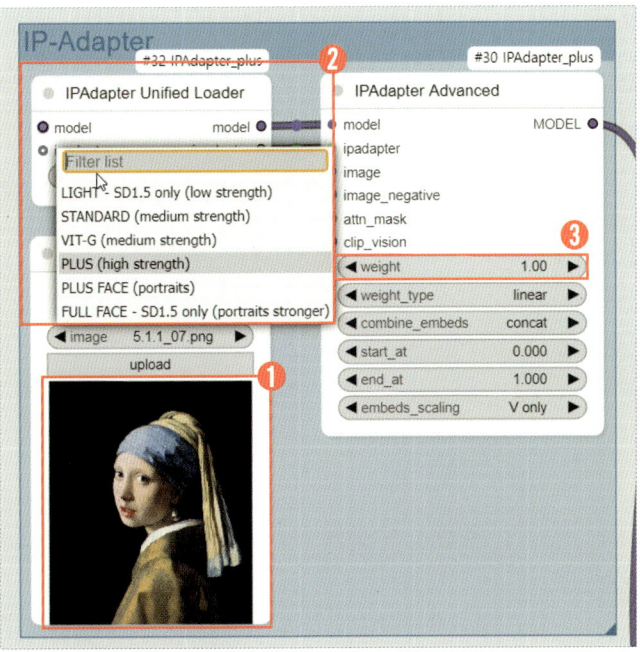

❹ IP-Adapter 그룹의 위치는 기본 워크플로 그룹 위쪽에 배치하는 것이 좋습니다. ❺ IPAdapter Unified Loader의 'model' 인풋 슬롯은 Anything Everywhere3 노드를 활용하여 원격으로 데이터를 전달하도록 설정합니다. 이렇게 하면 워크플로가 깔끔해지고 작업 흐름을 체계적으로 관리할 수 있습니다.

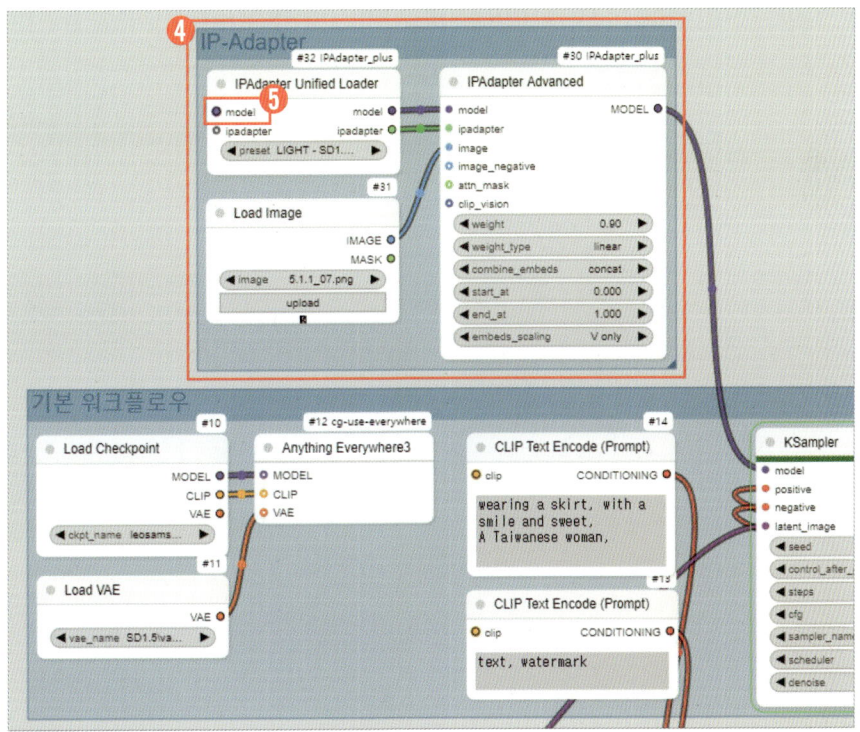

04 IP-Adapter를 사용하여 앞에서 설계한 ControlNet 워크플로에 연결해 한 번에 실행해 보았습니다. 다음은 전체적인 워크플로의 형태입니다. 세부 내용은 보이지 않지만 위에서부터 IP-Adapter 기본 워크플로, ControlNet 그룹으로 구성하였습니다.

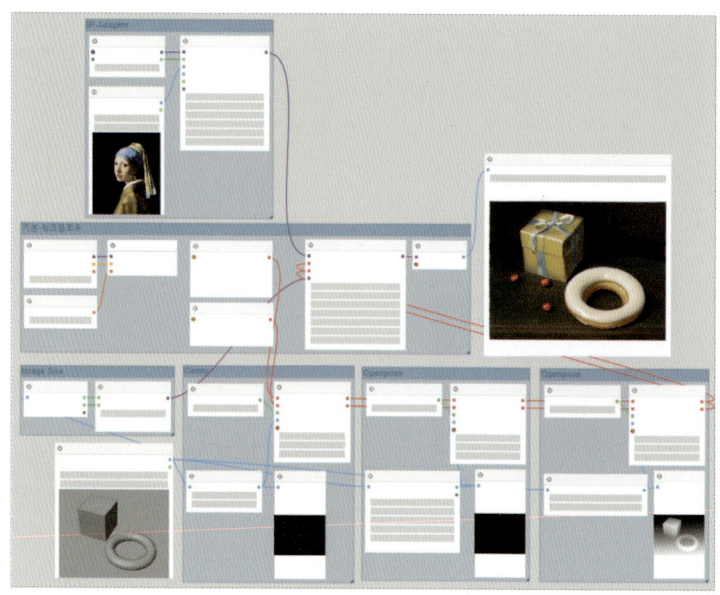

❶ ControlNet 그룹에 입력한 참조 이미지는 블렌더에서 아주 간단하게 만든 회색 도형 이미지입니다. ❷ IP-Adapter 그룹에 입력한 참조 이미지는 요하네스 페르메이르 의 명작 '진주 귀고리를 한 소녀'를 사용하였습니다. ❸ 결과적으로 간단한 블렌더 모델링을 기반으로 멋진 이미지를 생성할 수 있었습니다. 참조 이미지의 스타일이 효과적으로 반영되어 기대 이상의 결과를 얻을 수 있었습니다. 이처럼 ControlNet과 IP-Adapter를 활용하면 블렌더에서 제작한 모델링 결과를 ComfyUI를 통해 스타일과 디테일 보강을 할 수 있습니다.

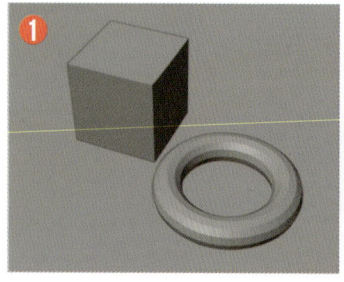

5.4 블렌더 활용 방법

블렌더는 단순한 모델링 도구를 넘어서는 창의적인 작업을 위한 도구입니다. 여기에서는 3D 모델링에 사용할 심리스 텍스처를 만드는 방법과 블렌더에서 모델링한 결과를 ComfyUI에서 효율적으로 활용하는 방법을 다룹니다.

5.4.1 이미지 생성(텍스처)

타일처럼 반복되는 이미지인 심리스 텍스처를 만드는 방법을 살펴보겠습니다. 심리스 텍스처는 배경, 패턴, 표면 질감 등 다양한 작업에서 필수적인 요소로 활용됩니다. 3.4.2 이미지 생성(텍스처)에서도 유사한 작업을 시도했지만 이번에는 ComfyUI를 사용해 더 높은 완성도의 텍스처를 제작할 것입니다.

ComfyUI는 텍스처 제작 과정을 매우 간단하게 만들어 줍니다. GPT는 연속성을 가진 결과물을 얻을 때 운에 좌우되는 경우가 많았습니다. 미드저니는 더 나은 연속성을 제공했지만 완벽하지는 않았습니다. 반면 ComfyUI는 구분하기 어려울 정도로 완벽한 심리스 텍스처를 생성하며 뛰어난 연속성을 보장합니다. ComfyUI에서 심리스 텍스처를 만드는 작업은 생각보다 단순하고 직관적입니다. 이번 레슨을 통해 그 과정을 단계별로 확인하고 직접 실습해 보겠습니다.

01 먼저 이번 작업에 필요한 커스텀 노드를 설치하겠습니다. ComfyUI Manager Menu의 Custom Nodes Manager에서 'seamless'를 검색합니다. 검색 결과에서 'Seamless tiling Node for ComfyUI'를 선택하여 설치합니다. 이번 작업에서는 추가로 다른 모델을 설치할 필요가 없습니다. ComfyUI

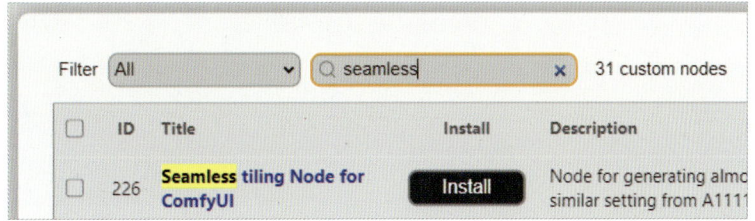

02 커스텀 노드를 배치해 보겠습니다. ComfyUI

❶ Seamless Tile 노드를 생성합니다. 이 노드는 'Model' 정보를 사용하며 Load Checkpoint 노드의 'MODEL' 아웃풋 슬롯에서 정보를 받습니다. 이후 KSampler 노드의 'model' 인풋 슬롯으로 정보를 전달하도록 연결합니다. ❷ Anything Everywhere3 노드를 활용하면 Load Checkpoint 노드의 아웃풋 슬롯을 효과적으로 전송할 수 있습니다. ❸ Empty Latent Image 노드를 사용해 width와 height의 값을 조절하여 텍스처의 크기를 설정합니다. 일반적으로 텍스처는 정사각형 비율을 사용하는 것이 적합합니다.

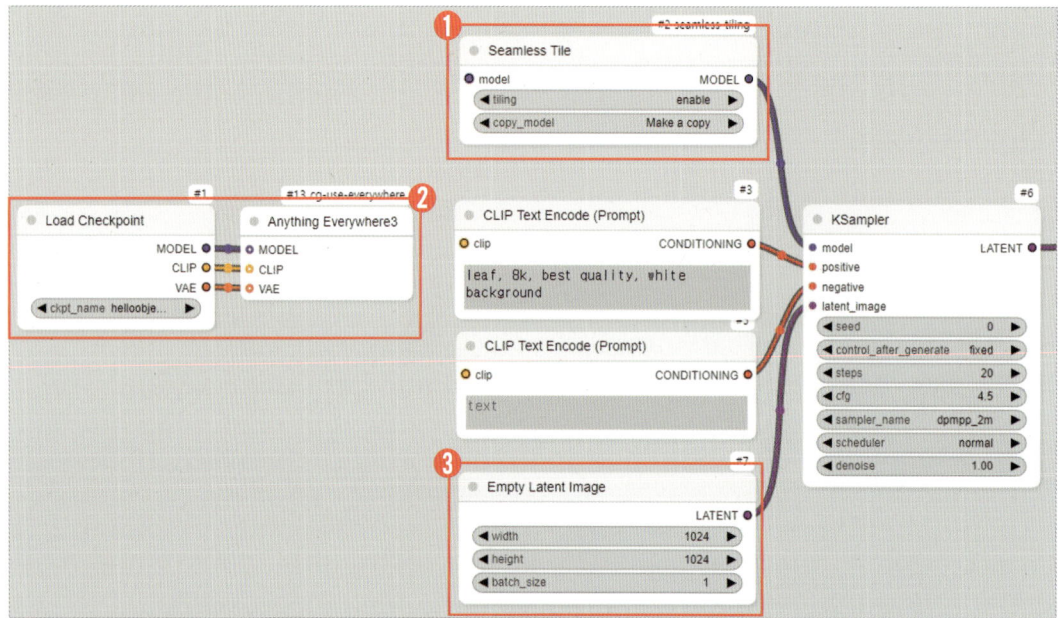

❹ 기본 워크플로에 사용되던 VAE Decode 노드를 Circular VAE Decode(tile) 노드로 변경합니다. ❺ Save Image 노드를 Preview Image 노드로 바꿉니다. 마음에 드는 텍스처가 나올 때까지 <큐> 버튼을 클릭하여 Preview 상태에서 결과를 확인합니다. 원하는 이미지가 나오면 마우스 우클릭으로 이미지를 저장하는 것이 좋습니다.

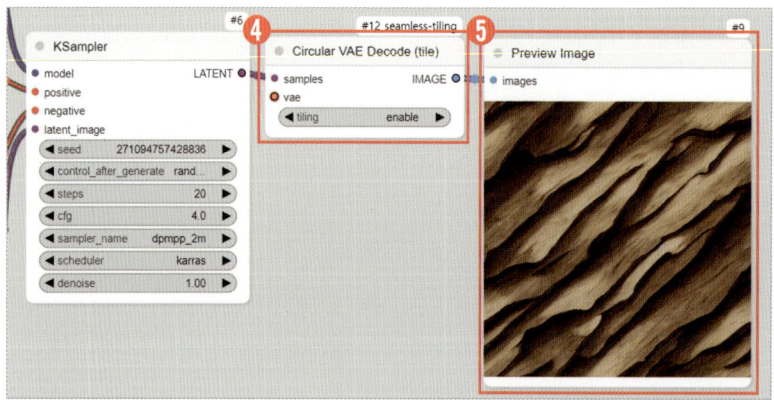

커스텀 노드를 사용하면 빠르고 간편하게 텍스처를 무료로 생성할 수 있습니다. 사용자가 선택한 모델 재료에 따라 텍스처의 퀄리티도 조절할 수 있어 다양한 작업에 유용합니다.

ComfyUI로 만든 심리스 텍스처를 블렌더에 적용해 보겠습니다. 생성한 텍스처는 반복되는 패턴으로 배열해도 경계가 전혀 눈에 띄지 않을 정도로 매끄럽게 만들어졌습니다.

03 ComfyUI의 심리스 텍스처는 이미 생성한 이미지에서도 위치를 조정하여 새롭게 활용할 수 있다는 점이 큰 장점입니다. 원하는 위치로 조정하면서도 텍스처의 품질과 자연스러움을 유지할 수 있습니다.

C ComfyUI

❶ Offset Image 노드를 추가합니다. 이 노드는 Circular VAE Decode(tile) 노드에서 생성한 이미지를 입력받아 조정합니다. ❷ x_percent 값을 입력해 이미지를 X축 방향으로 이동시킵니다. 입력값은 퍼센트 단위입니다. 예를 들어 '50'을 입력하면 이미지가 오른쪽으로 50% 이동합니다. '100'을 입력하면 원래 위치로 돌아가 이동하지 않은 것처럼 보입니다. y_percent 값은 Y축 방향으로 이미지를 이동시키며 사용 방법은 x_percent와 동일합니다.

❸ KSampler 노드의 'control_after_generate'를 'fixed'로 설정하는 것이 중요합니다. 생성한 이미지에서 Offset Image 노드로 위치만 수정하고 싶은 경우가 많이 생깁니다. 그런데 'fixed'로 설정하지 않으면 매번 새로운 이미지가 생성되어 Offset Image 노드의 기능을 제대로 활용할 수 없습니다. 따라서 이미지 생성은 멈추고 이후 연결된 Offset Image 노드만 실행되도록 fixed로 설정하는 것이 가장 효과적입니다. fixed 상태에서 새로운 이미지를 생성하거나 수정하고 싶을 때 seed 값을 임의로 변경하거나 프롬프트 내용을 수정하면 새로운 이미지가 생성됩니다. 이를 통해 원하는 이미지를 더욱 자유롭게 조정할 수 있습니다.

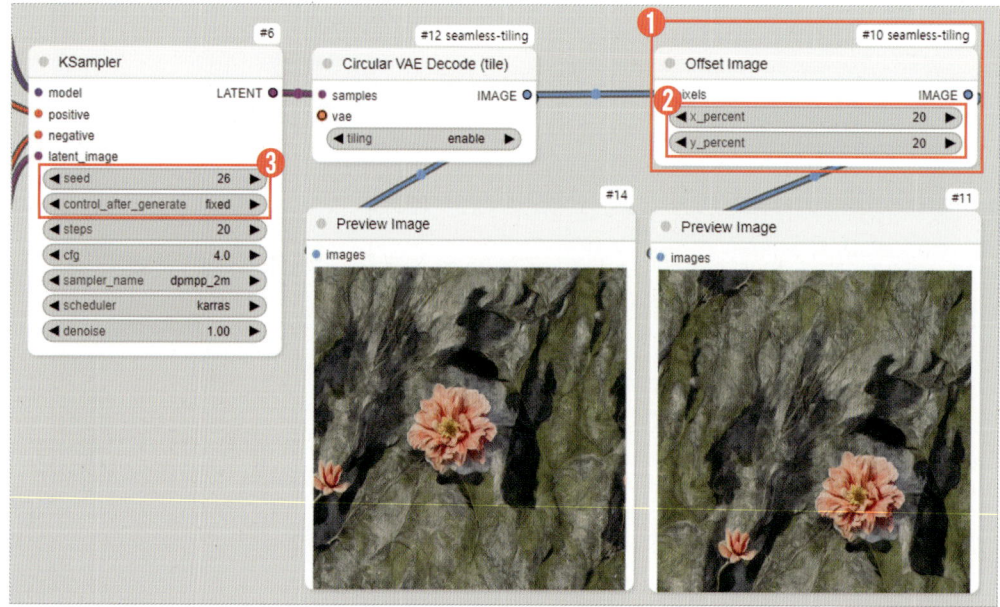

Offset Image 노드를 더 효율적으로 사용하려면 전체 워크플로를 실행하지 않고도 간단히 조정할 수 있습니다. [Queue Selected Output Nodes(rgthree)] 기능을 활용하면 Offset Image 노드만 선택적으로 실행할 수 있습니다. 이 기능은 Preview Image 노드에서 마우스 우클릭을 해서 팝업 메뉴에서 찾을 수 있습니다. 이 방법을 사용하면 워크플로를 반복 실행할 필요 없이 이미지 위치를 자유롭게 조정할 수 있습니다. 이로써 작업 흐름을 더 편리하고 유연하게 만들 수 있습니다.

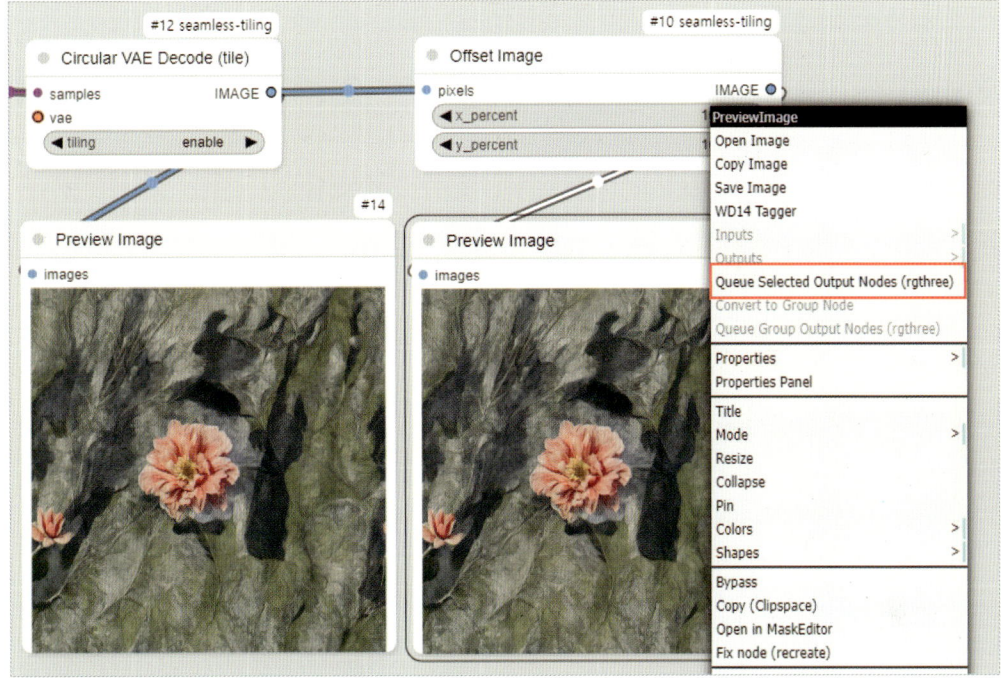

5.4.2 블렌더에서 Canny 추출

앞에서 ControlNet의 다양한 기능을 학습했습니다. 특히 Canny와 Depth는 2D 이미지에서 외형 테두리와 깊이감을 추출하는 데 매우 유용한 도구였습니다. AI 기술을 통해 이미지를 분석하고 필요한 정보를 얻어낼 수 있었던 점은 매우 인상적이었습니다. 그러나 AI의 확률적 오차로 인해 원하는 결과가 정확히 나오지 않을 때도 있었습니다.

이런 한계를 극복하기 위해 블렌더에서 직접 테두리와 깊이 정보를 추출한다면 어떨까요? 블렌더를 활용하면 모델링한 형상을 정확히 ControlNet으로 전달할 수 있고, 이를 통해 AI의 오차 없이 정교하고 의도에 부합하는 이미지를 생성할 수 있습니다.

블렌더에서는 3D 모델의 테두리에 라인을 추가하여 2D 애니메이션과 같은 효과를 낼 수 있습니다. 기본적으로 이 기능은 라인을 검은색으로 하지만 ControlNet의 Canny 기능은 흰색 테두리를 필요로 합니다. 이때, 블렌더에서 라인의 색상을 반전시키는 방식으로 Canny에 적합한 이미지를 손쉽게 생성할 수 있습니다.

01 블렌더에서 실습할 모델링을 간단하게 준비했습니다. 이번 과정에서는 텍스트를 활용한 모델링을 다룹니다. 미드저니와 같은 플랫폼에서는 텍스트 표현이 완벽하지 않은 경우가 종종 있습니다. 이를 보완하고 직접적인 활용 사례를 보여주기 위해 블렌더에서 텍스트를 모델링하여 예시를 준비했습니다.

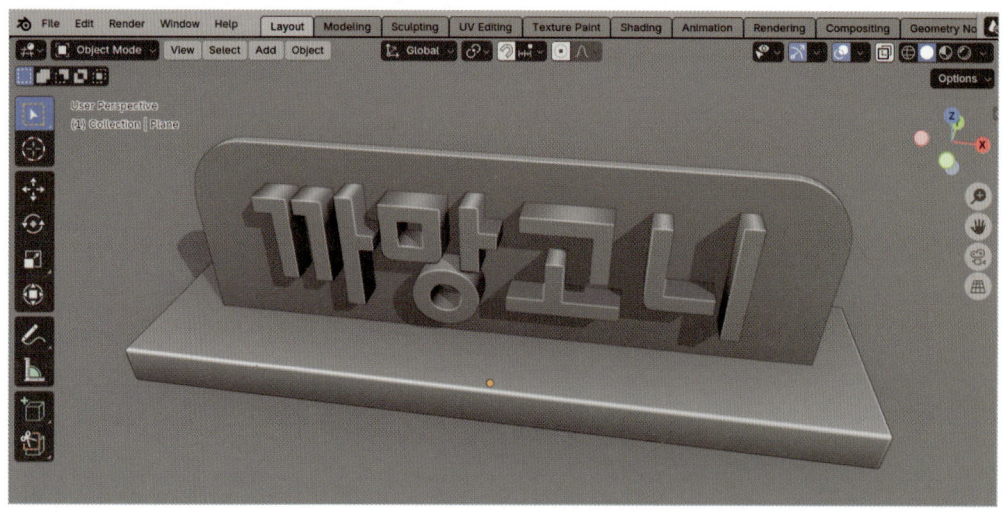

3D 모델을 촬영하기 위해 Camera 오브젝트를 생성합니다. <Shift> + <A> 키를 눌러 Camera를 선택해 추가합니다. ❶ 생성한 카메라를 선택한 후 카메라 뷰로 전환합니다. 렌더링 화면에서 원하는 각도와 거리를 조정하여 구도를 설정합니다. ❷ 구도가 완벽하게 설정되면 카메라를 고정하여 실수를 방지합니다. 오른쪽 사이드바에서 [Item] 탭의 [Transform] 메뉴로 이동합니다. 여기에서 Location, Rotation, Scale 값 옆에 있는 <자물쇠> 아이콘을 클릭하여 모든 값을 잠급니다. 이렇게 하면 카메라가 움직이지 않도록 고정되어 설정이 유지됩니다.

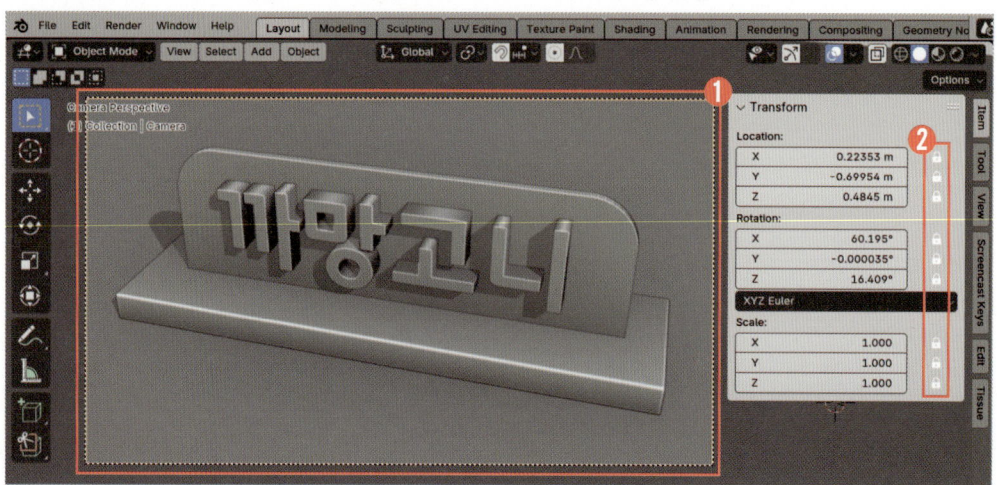

02 이제 Canny 노드처럼 검은색 배경에 흰색 테두리만 남도록 설정해야 합니다. 이를 위해 블렌더의 Freestyle 기능을 사용해 테두리를 생성합니다. ❶ [Render Properties] 탭으로 이동합니다. ❷ 아래로 스크롤하여 'Freestyle' 항목을 찾아 체크박스를 선택하여 기능을 활성화합니다. ❸ Freestyle에서 'Line Thickness'의 값을 조정하여 테두리의 굵기를 설정할 수 있습니다. 테두리가 너무 굵을 경우 ComfyUI에서 테두리 영역을 넓게 인식해 생성한 이미지가 부자연스러울 수 있습니다. 따라서 상황에 따라 적절히 가늘게 설정하는 것을 권장합니다.

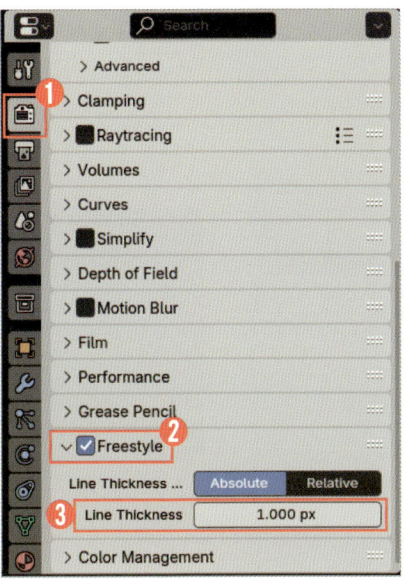

<F12> 키를 눌러 카메라에 잡힌 화면을 렌더링합니다. 다음과 같이 테두리가 잘 생성된 것을 확인할 수 있습니다. 그러나 현재 테두리 색상이 흰색이 아니며 배경도 검은색이 아니라는 문제가 있습니다. 이를 해결하기 위해 설정을 수정해야 합니다. Render 창을 닫고 다음 단계를 진행합니다.

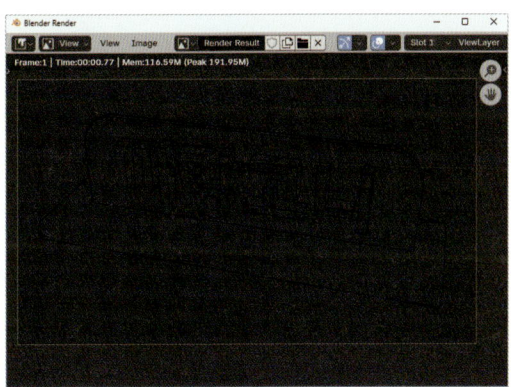

❹ [View Layer Properties] 탭으로 이동합니다. ❺ 아래로 스크롤하여 'Freestyle Color' 항목을 찾습니다. 'Base Color'의 컬러바를 클릭하고 색상을 흰색으로 변경합니다. 이제 다시 <F12> 키를 눌러 렌더링을 진행하면 테두리가 흰색으로 바뀐 것을 확인할 수 있습니다. 배경과 테두리의 대비가 명확해져 Canny 노드에서 사용할 수 있는 이미지를 준비할 수 있습니다.

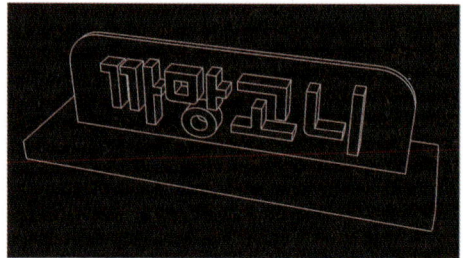

03 블렌더를 ComfyUI와 융합하는 데 핵심이 되는 Compositing 기능을 배워보겠습니다. 이 기능을 사용하면 배경을 검은색으로 설정할 수 있습니다. ❶ 화면 상단의 [Compositing] 워크스페이스 탭으로 이동합니다. ❷ 화면 상단에 있는 [Use Nodes]를 활성화합니다. ❸ Use Nodes가 활성화되면 화면에 다음과 같은 기본 노드들이 나타납니다. 이곳에서 ComfyUI처럼 노드를 추가하고 연결하여 원하는 이미지를 만들 수 있습니다. 블렌더를 단순히 모델링 도구로만 사용했던 사용자라면 블렌더의 Compositing 기능이 제공하는 작업 가능성에 놀랄 것입니다.

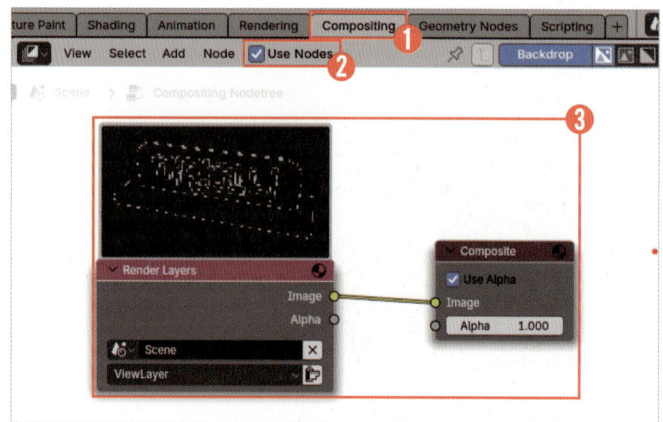

❹ 화면에 렌더링 결과를 표시하기 위해 뷰어(Viewer) 노드를 추가합니다. <Shift> + <A> 키를 누른 후 키보드로 원하는 단어를 입력하면 검색창이 나타납니다. 여기서 'viewer'를 입력한 후 Viewer 노드를 선택하여 생성합니다. ❺ Render Layers 노드의 'Image' 아웃풋 슬롯을 Viewer 노드의 'Image' 인풋 슬롯으로 연결합니다. ❻ Viewer 노드가 'Image'에 연결되면 화면에 렌더링된 이미지가 표시됩니다. 화면에 보이는 이미지를 조정하려면 단축키를 사용해야 합니다. <V> 키를 눌러 이미지를 축소하고 <Alt> + <V> 키를 눌러 확대할 수 있습니다. <Alt> 키를 누른 상태에서 휠 클릭 드래그를 하면 이미지를 이동할 수 있습니다.

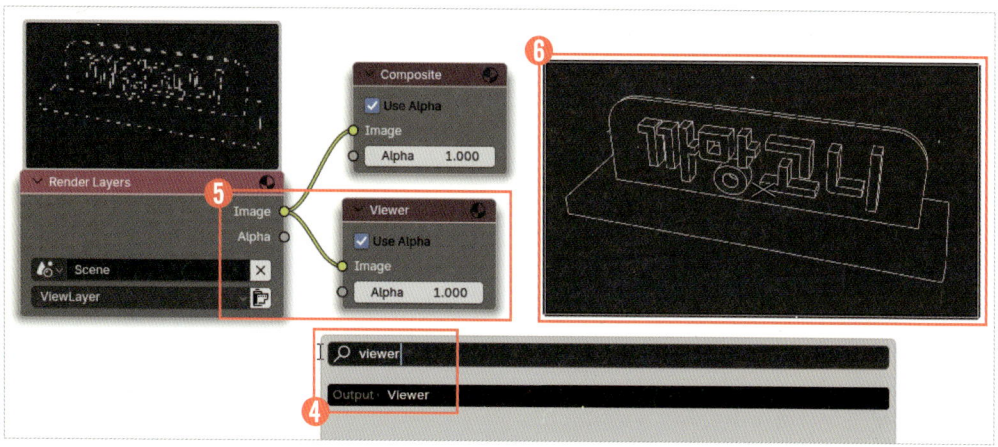

04 이제 Freestyle 기능으로 생성한 테두리를 Compositing 워크스페이스에서 출력되도록 설정해 보겠습니다. ❶ [View Layer Properties] 탭으로 이동합니다. ❷ 'Freestyle' 항목의 [As Render Pass]를 선택하여 활성화합니다.

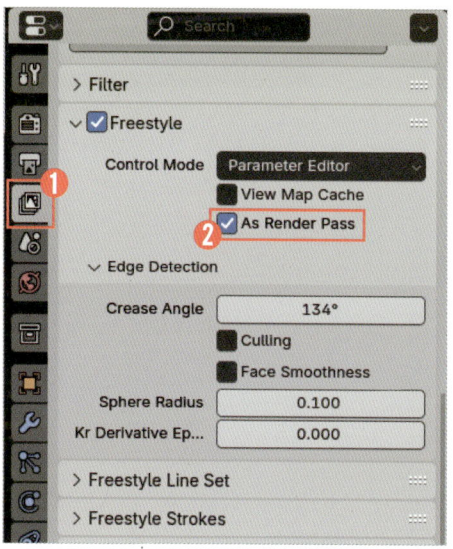

❸ As Render Pass 기능을 활성화하면 Render Layers 노드에 'Freestyle' 아웃풋 슬롯이 추가됩니다.

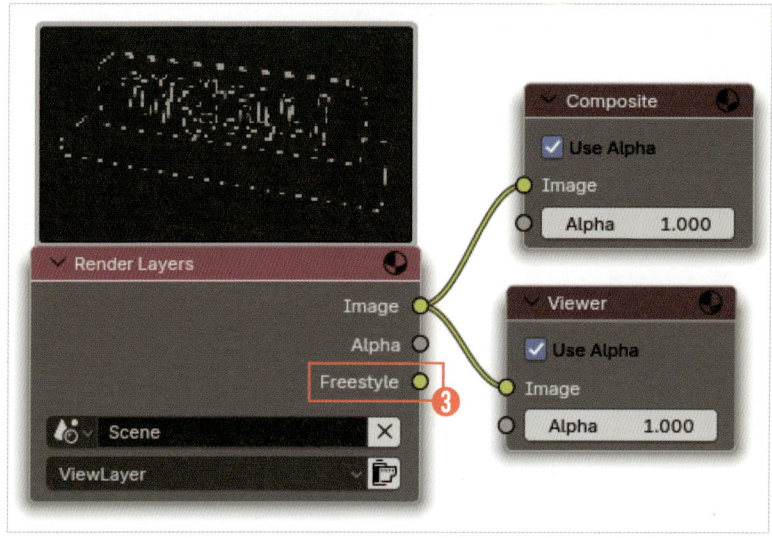

'Freestyle' 아웃풋 슬롯에 Viewer 노드를 연결하면 흰색 테두리만 포함된 결과를 확인할 수 있습니다. 하지만 이 경우 배경이 투명하게 출력되는 문제가 있습니다.

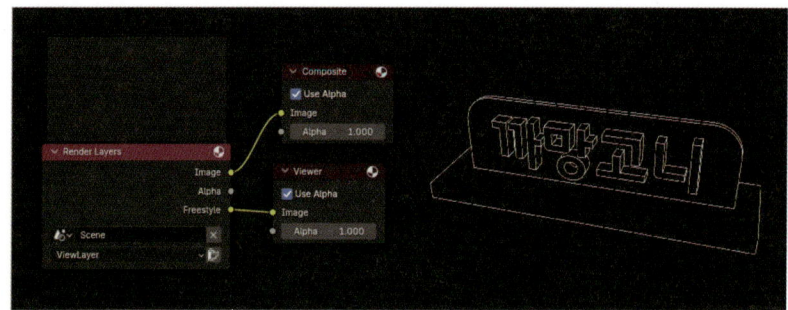

❹ 투명한 배경 문제는 Alpha Over 노드를 추가해 해결할 수 있습니다. Render Layers 노드의 'Freestyle' 아웃풋 슬롯을 Alpha Over 노드의 두 번째 'Image' 인풋 슬롯에 연결합니다. ❺ Alpha Over 노드의 첫 번째 'Image' 색상을 검은색으로 변경합니다. 이 작업으로 첫 번째 검은색 배경 위에 두 번째 흰색 테두리가 겹치며 하나의 이미지로 출력됩니다. Viewer 노드를 Alpha Over 노드의 'Image' 아웃풋 슬롯에 연결하면 결과를 바로 확인할 수 있습니다. 만약 이미지가 표시되지 않는다면 <F12> 키를 눌러 렌더링을 다시 실행하면 문제가 해결됩니다.

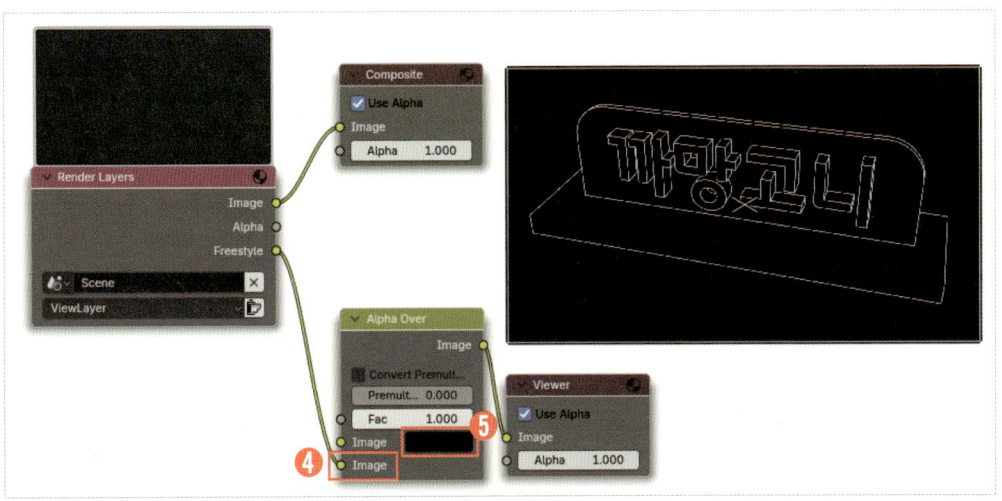

5.4.3 블렌더에서 Depth 추출

이번 레슨에서는 블렌더를 활용해 Depth를 추출하는 방법을 소개합니다. 블렌더의 기본 기능만 사용하던 사용자라면 이번에 다룰 기능이 새롭게 느껴질 수 있습니다. 블렌더는 단순한 3D 모델링 도구를 넘어 깊이 정보를 추출하는 고급 기능도 지원합니다. 이를 활용하면 창작의 범위와 가능성을 더욱 확장할 수 있습니다.

01 블렌더에서 깊이감을 추출하기 위해 Mist 기능을 사용합니다. 이 기능은 안개처럼 보이는 방식으로 깊이감을 표현합니다. ❶ [View Layer Properties] 탭으로 이동합니다. ❷ 'Passes'의 'Data' 항목에서 [Mist]를 선택해 활성화합니다.

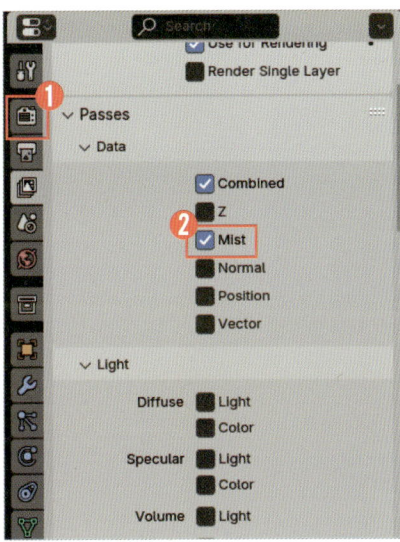

❸ 이제 Render Layers 노드에 'Mist' 아웃풋 슬롯이 추가되었습니다. ❹ Viewer 노드를 Render Layers 노드의 'Mist' 아웃풋 슬롯에 연결하여 Depth 이미지를 화면에 표시합니다. ❺ 그러나 화면에 표시된 Depth 이미지는 거리감이 명확하지 않아 보일 수 있습니다. 또한 가까운 곳은 어둡고 먼 곳은 흰색으로 표현됩니다. 이는 ControlNet에서 요구하는 형식과 반대입니다. ControlNet에서는 가까운 곳이 흰색으로 보이고 먼 곳이 어둡게 표시되어야 합니다. 이를 해결하기 위해 추가적인 설정을 진행하겠습니다.

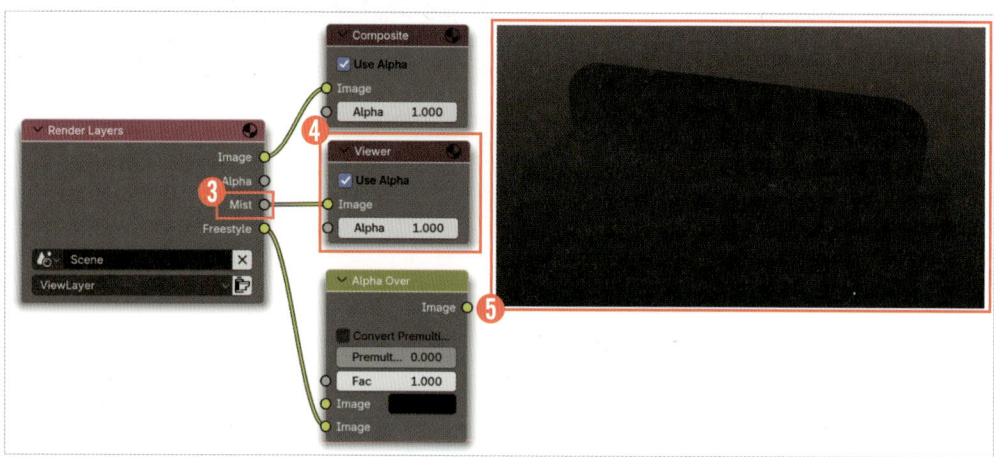

02 Viewer 노드 앞에 Invert Color 노드를 추가하여 검은색과 흰색이 반전되도록 설정합니다. 이 작업을 통해 가까운 곳이 흰색으로, 먼 곳이 검은색으로 표현됩니다. 설명 과정에서 혼란을 줄이기 위해 Render Layers 노드의 'Image' 슬롯과 'Freestyle' 슬롯은 제거해 놓고 진행하겠습니다.

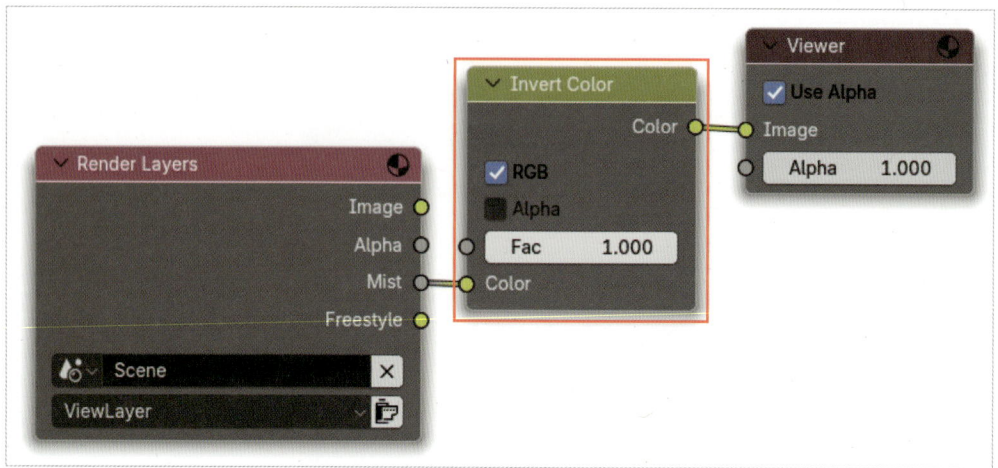

03 Invert Color 노드 다음에 RGB Curves 노드를 추가합니다. 이 노드는 이미지의 밝기와 대비를 조정하여 거리감을 더욱 뚜렷하게 구분할 수 있도록 설정합니다.

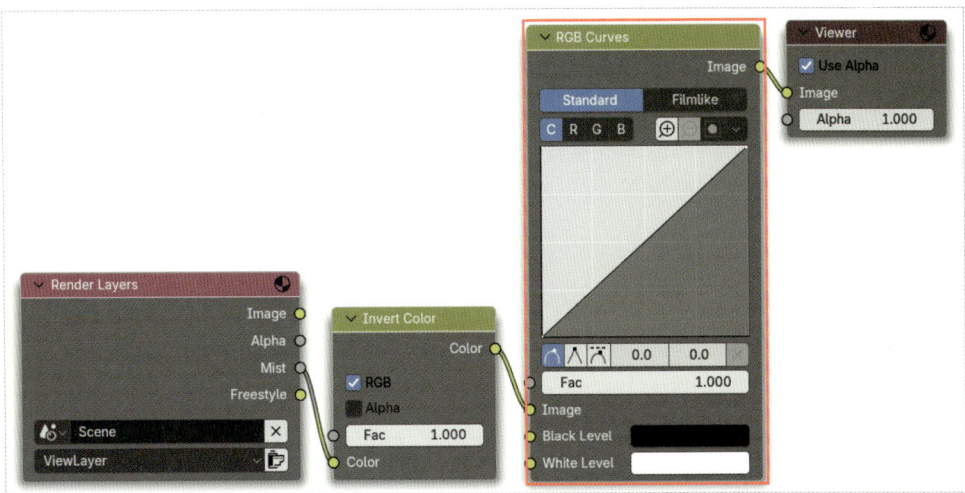

❶ <Filmlike> 버튼을 클릭하여 상태를 전환합니다. RGB Curves 노드는 이름 그대로 Red, Green, Blue 색상을 개별적으로 조절할 수 있는 기능을 제공합니다. 기본적으로 색상을 조절하는 상태는 Standard입니다. 그러나 이번 작업에서는 밝고 어두운 명도만 조절해야 하므로 Filmlike 상태로 전환하였습니다. ❷ 커브 곡선에서 마우스 왼쪽 클릭하면 핸들(handle) 포인트를 추가할 수 있습니다. 다음과 같이 두 개의 포인트를 추가한 후 핸들의 위치를 오른쪽으로 이동시켜 곡선을 조정합니다. 카메라와 3D 모델링 상태에 따라 곡선의 모양은 다를 수 있으니 예시와 다르게 보일 수 있습니다. 작업 결과에서 거리감이 더 뚜렷하게 보이도록 커브 곡선을 조정하여 최적의 상태를 찾으세요.

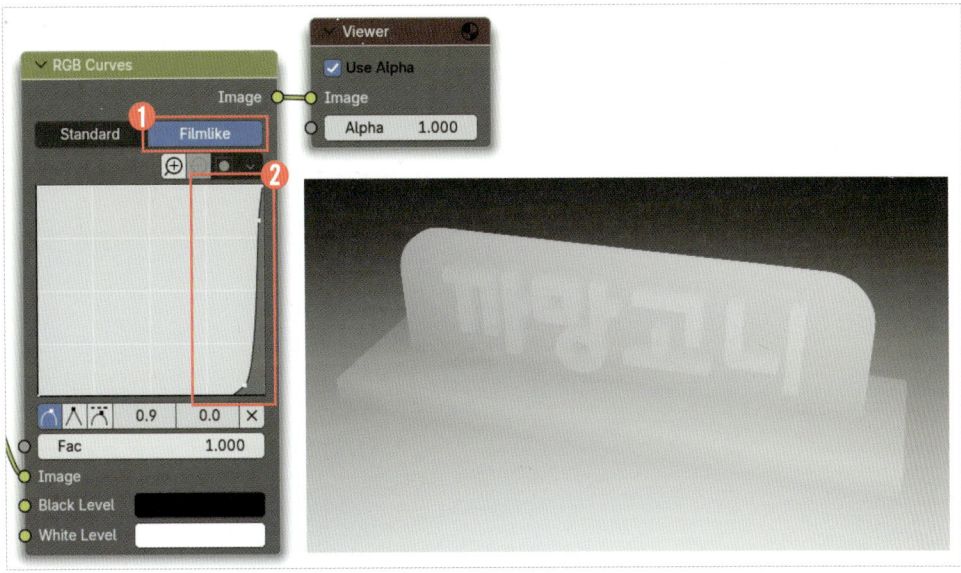

만약 RGB Curves 노드만으로 가까운 거리와 먼 거리를 충분히 구분하기 어렵다면 다음 옵션을 조정해 보세요. 이 설정은 Mist 기능에서 깊이감을 정의하는 기준을 설정하는 데 사용됩니다. ❸ [World Properties] 탭으로 이동합니다. ❹ 'Mist Pass' 메뉴에서 Start와 Depth의 값을 조정합니다.

- **Start**: 깊이감을 어디서부터 시작할지 결정합니다. 기본값 '0m'는 카메라 오브젝트가 있는 위치에서 바로 시작한다는 것을 의미합니다. 카메라와 오브젝트 간 거리가 멀다면 이 값을 높여 오브젝트 가까이로 이동시키는 것이 좋습니다.

- **Depth**: Start에서 설정한 지점부터 어느 거리까지 깊이 범위로 지정할지를 결정합니다. 값이 클수록 더 먼 거리가 검은색에서 흰색으로 변하며 깊이감이 표현됩니다. 지정한 거리 범위를 넘어가는 영역은 모두 흰색으로 처리됩니다. 단 Invert Color 노드를 활성화한 상태에서는 색상이 반전되어 흰색과 검은색이 반대로 표시됩니다. 또한 이 값을 수정한 후에는 반드시 <F12> 키를 눌러 다시 렌더링을 실행해야 변경 사항이 적용됩니다.

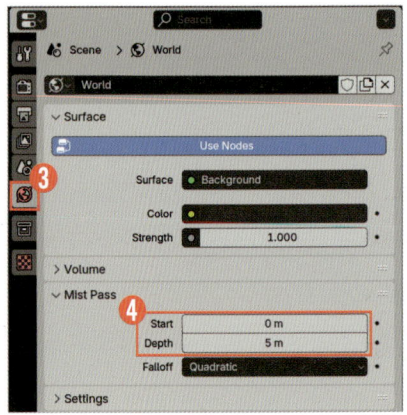

04 현재까지 세팅한 Compositing의 노드 구성은 다음과 같습니다. Freestyle 기능을 활용해 ControlNet 의 Canny 이미지를 구현하였고 Mist 기능을 사용해 Depth 이미지를 생성했습니다. 다음 단계에서는 알파 채널 이미지를 추출하여 투명 영역을 활용하는 방법을 배워보겠습니다.

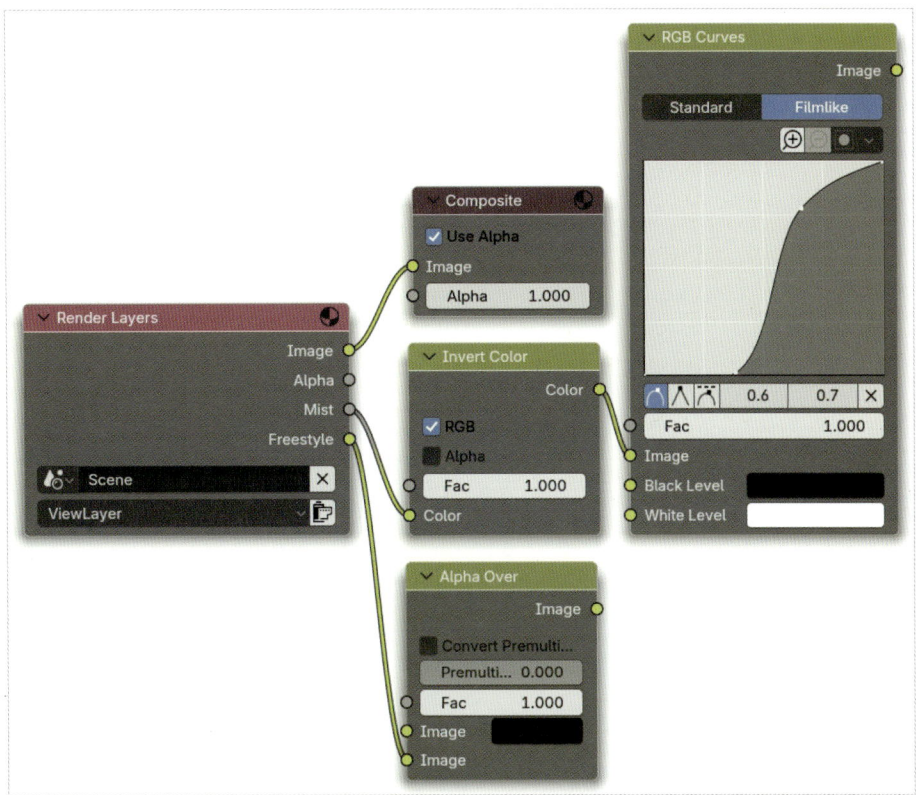

5.4.4 블렌더에서 Alpha 추출

블렌더에서 알파 채널 이미지를 추출하는 방법을 배워보겠습니다. 알파 이미지는 오브젝트가 있는 부분은 흰색으로, 배경은 검은색으로 처리됩니다. 이 방식은 ComfyUI에서 마스크로 활용할 수 있습니다. 마스크를 사용하면 흰색으로 표시된 영역에 변형을 적용할 수 있습니다. 원하는 부분에만 선택적으로 이미지를 생성하는 데 매우 유용합니다.

01 'Alpha' 아웃풋 슬롯은 쉽게 찾을 수 있습니다. ❶ Render Layers 노드에서 'Alpha' 아웃풋 슬롯을 확인합니다. ❷ Render Layers 노드의 'Alpha' 아웃풋 슬롯을 Viewer 노드에 연결합니다.

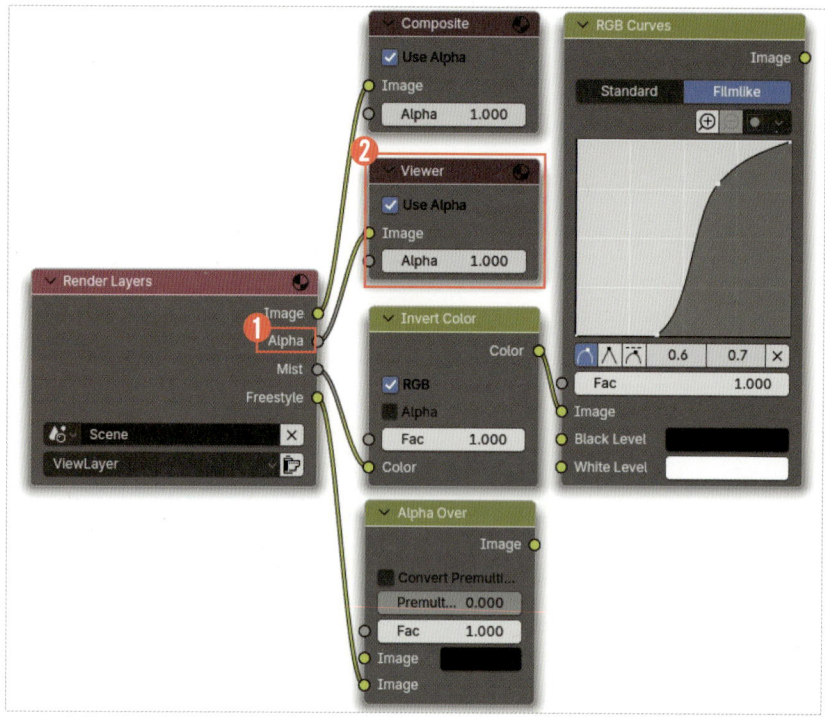

02 렌더링을 다시 적용하기 위해 <F12> 키를 누릅니다. 화면에는 하얀색 바탕만 나타나고 아무런 형체가 보이지 않을 수 있습니다. 이제 이러한 현상의 원인을 살펴보겠습니다.

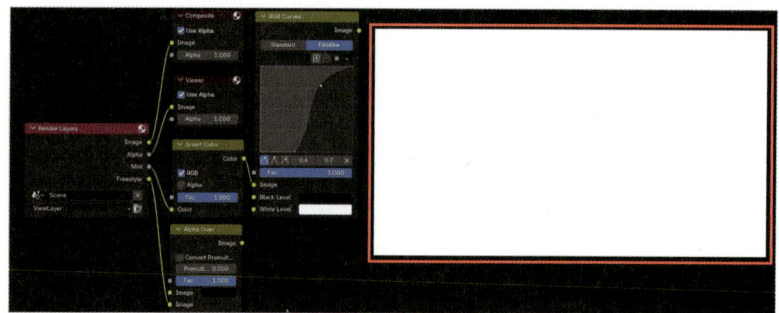

모델링 상태를 확인하기 위해 블렌더 화면 상단의 [Layout] 워크스페이스 탭으로 이동합니다.

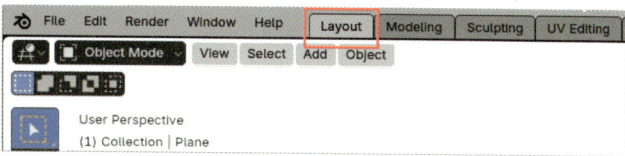

❶ 현재 모델링 작업에서는 렌더링을 위해 바닥에 Plane 메시를 배치해 두었습니다. 이로 인해 카메라 화면에서는 오브젝트가 없는 빈 공간이 없습니다. 따라서 렌더링한 화면에서는 Plane 메시까지 하얗게 인식하여 모두 하얗게 나타나는 것입니다. ❷ 만약 Plane 메시를 삭제한다면 어떻게 될까요? 오브젝트가 없는 빈 공간은 검은색으로 표시됩니다. 이를 활용하면 오브젝트의 형체만 흰색으로 표현하고 배경은 검은색으로 처리할 수 있습니다. 이렇게 생성한 알파 채널 이미지는 ComfyUI에서 마스크로 활용이 가능합니다.

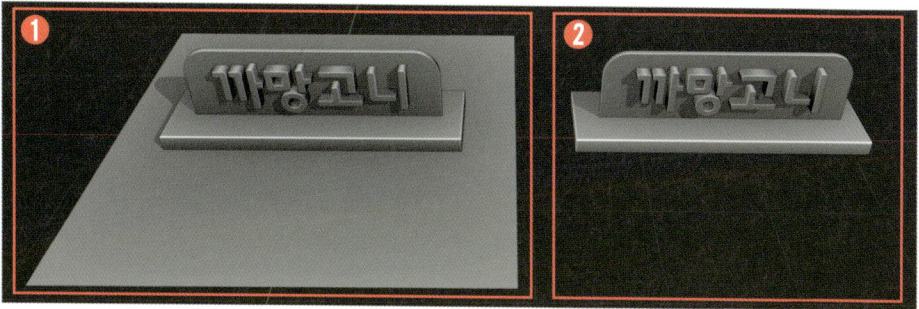

그리고 렌더링 시 배경을 투명하게 만들기 위해 관련 설정을 활성화해야 합니다. 기본값으로는 이 설정이 비활성화되어 있습니다. ❸ [Render Properties] 탭으로 이동합니다. ❹ 아래로 스크롤하여 'Film' 메뉴를 찾습니다. 여기에서 [Transparent]를 선택하여 활성화합니다.

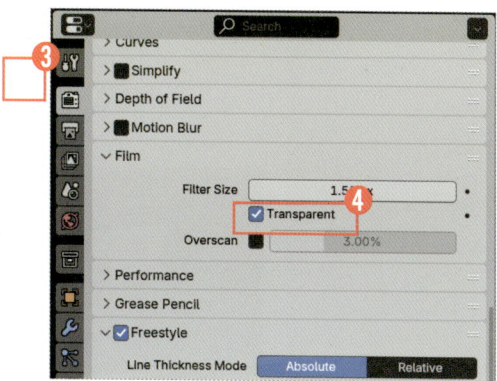

03 [Compositing] 워크스페이스 탭으로 이동합니다. 이제 다시 <F12> 키를 눌러 렌더링을 실행하면 오브젝트 형체가 있는 부분은 하얀색으로 나타납니다. 빈 공간은 검은색으로 표현됩니다.

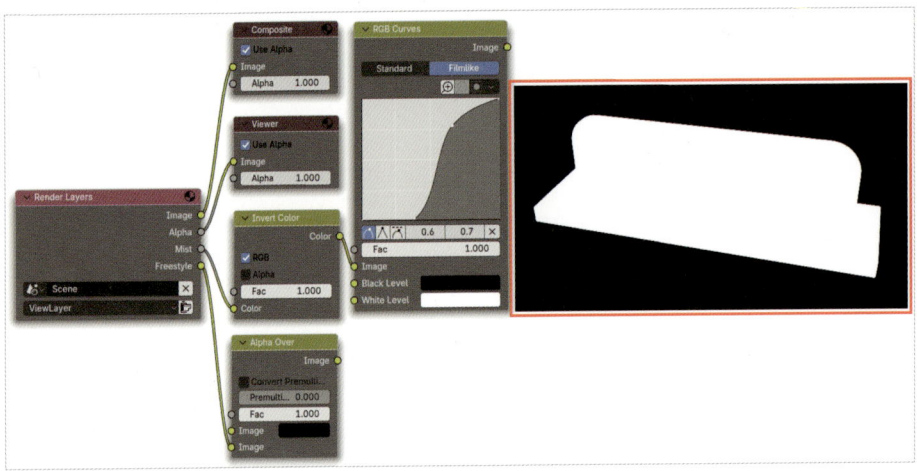

04 다른 오브젝트를 모두 숨기고 텍스트 부분만 하얗게 만들고 싶다면 블렌더의 Mask 기능을 사용하면 됩니다. ❶ 숨기고 싶은 오브젝트를 선택한 후 [Object Properties] 탭으로 이동합니다. ❷ 아래로 스크롤하여 'Visibility' 메뉴를 찾습니다. 여기에서 'Mask' 항목의 [Holdout]을 선택해 활성화합니다. 이 설정을 활성화하면 해당 오브젝트는 알파 채널 이미지를 생성할 때 렌더링에 포함되지 않습니다. 이를 통해 원하는 오브젝트만 하얗게 표시하고 나머지는 숨길 수 있습니다.

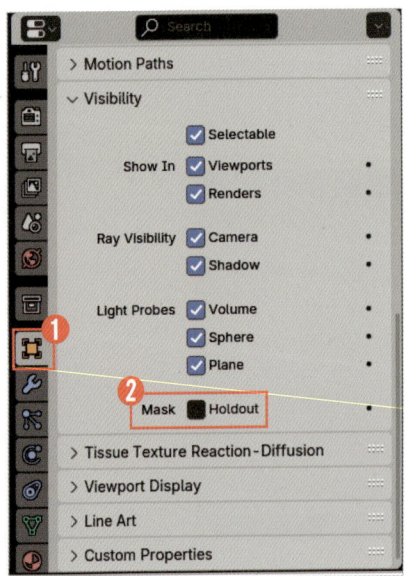

이 방법은 AI 이미지 생성 작업의 정밀도를 높이는 데 매우 중요한 요소입니다. AI 이미지는 확률적으로 좋은 결과와 부족한 결과가 섞여 나올 수 있습니다. 따라서 부분적으로 잘 나온 이미지를 선택하고 부족한 부분을 점진적으로 수정하는 방식이 효율적입니다. 다음 이미지도 '까망고니' 텍스트 부분만 Mask를 적용하여 선택적으로 수정한 예시입니다.

5.4.5 이미지 저장

블렌더의 Compositing 워크스페이스 탭에서 Canny, Depth, Alpha 이미지를 생성했다면 이 이미지들을 렌더링과 동시에 자동으로 저장할 수 있습니다. 이번 레슨에서는 별도의 수동 작업 없이 Compositing 탭에서 생성한 이미지를 자동으로 저장하는 방법을 소개합니다.

이 기능은 작업 결과를 빠르고 효율적으로 관리할 수 있도록 도와줍니다. 설정만 완료하면 추가 작업 없이도 필요한 데이터를 자동으로 보관할 수 있습니다. 작업 흐름을 간소화하는 데 매우 유용한 방법입니다.

01 파일을 저장하는 데 필요한 노드는 File Output 노드입니다. <Shift> + <A> 키를 누르고 'file'까지만 검색해도 쉽게 찾을 수 있습니다. ❶ File Output 노드를 RGB Curves 노드의 'Image' 아웃풋 슬롯에 연결합니다. 이 작업으로 Mist 기능으로 생성한 Depth 이미지가 자동으로 저장됩니다. ❷ Viewer 노드는 단순히 결과를 확인하는 용도로 사용됩니다. 설정이 완료되면 노드 구성에서 제거해도 무방합니다. 필요할 때 다시 연결하여 확인 용도로 사용할 수 있습니다.

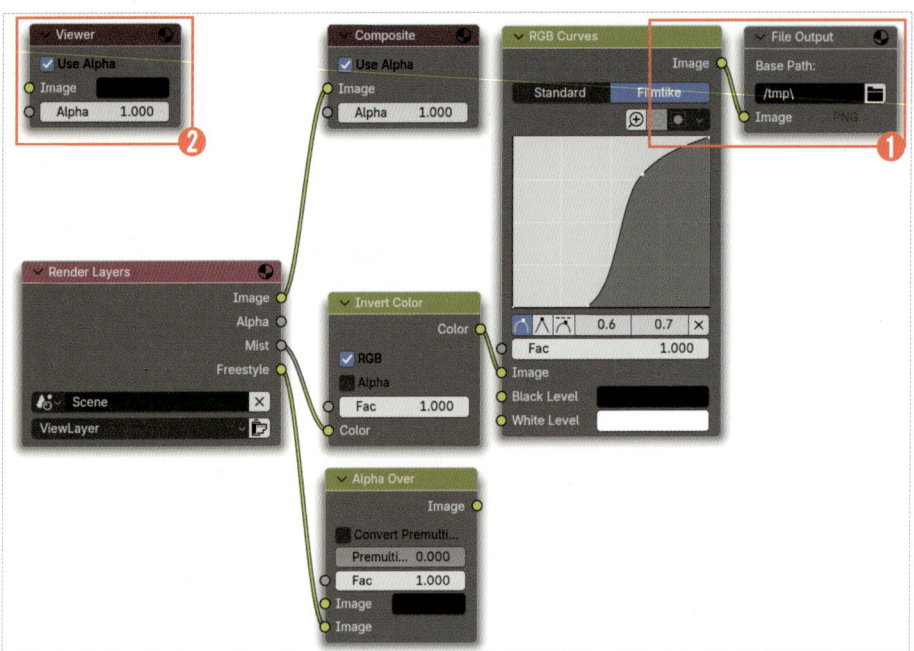

Render Layers 노드의 'Alpha' 아웃풋 슬롯과 Alpha Over 노드의 'Image' 아웃풋 슬롯에도 File Output 노드를 연결합니다.

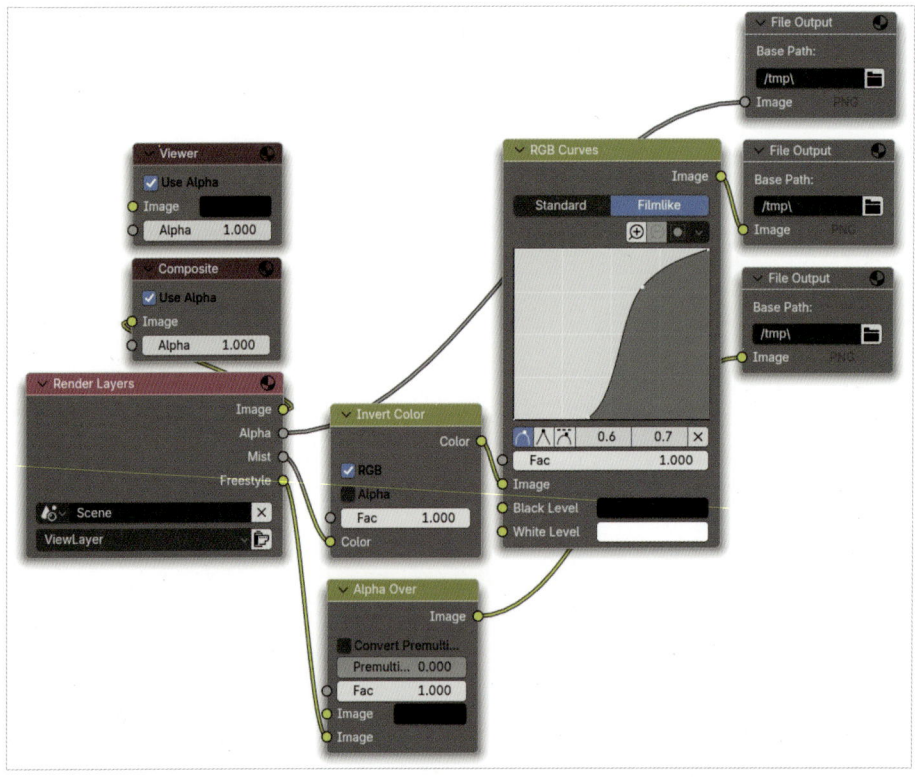

02 파일이 아무 곳에나 저장되지 않도록 경로와 이름을 설정해야 합니다. 설정은 <N> 키를 눌러 오른쪽에 나타나는 사이드바 메뉴에서 가능합니다. ❶ [Node] 탭을 선택합니다. ❷ 'Base Path' 항목에 저장할 경로를 입력합니다. 오른쪽에 있는 <폴더> 아이콘을 클릭하면 경로를 쉽게 설정할 수 있습니다. ❸ 'File Subpath' 항목에 저장할 파일 이름을 입력합니다. 현재 생성한 File Output 노드가 세 개라면 각 노드의 이름을 기능에 맞게 Mask, Depth, Canny로 설정합니다. 이렇게 하면 ComfyUI에서 파일을 불러올 때 더욱 편리합니다.

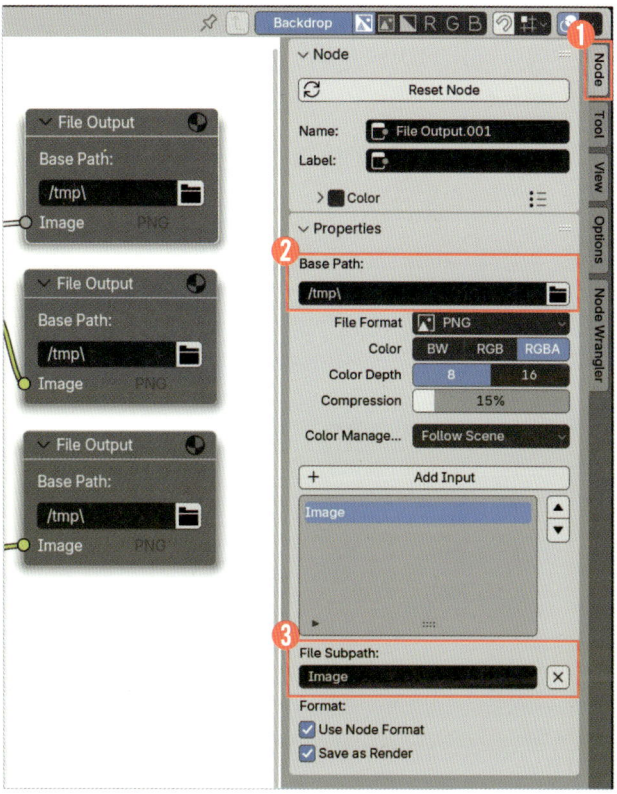

03 이제 모든 설정이 완료되었습니다. <F12> 키를 눌러 렌더링을 실행하면 설정한 경로와 이름으로 파일이 저장됩니다. 렌더링을 완료한 후 해당 폴더로 이동하면 다음 이미지처럼 Canny0001, Depth0001, Mask0001로 이름을 지정한 세 가지 파일이 저장된 것을 확인할 수 있습니다.

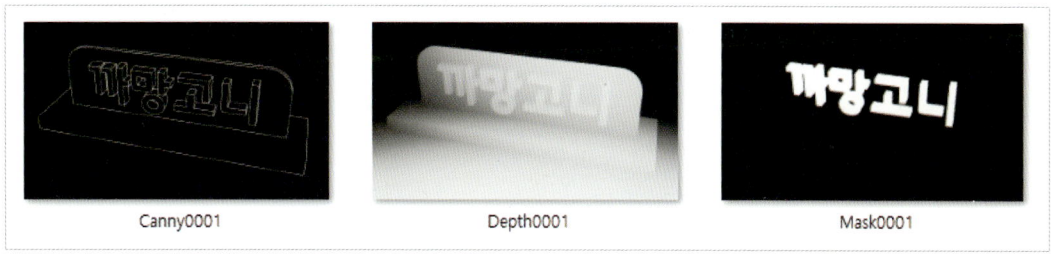

5.4.6 Blender to ComfyUI

이번 레슨에서는 블렌더에서 생성한 이미지를 ComfyUI에 적용하여 원하는 결과를 만들어 내는 과정을 다룹니다. Canny, Depth, Mask 이미지를 활용하고 ControlNet 노드의 설정을 조정하며 정교한 결과물을 완성하는 방법을 배웁니다.

이 레슨은 블렌더와 ComfyUI를 결합하여 창작의 가능성을 확장하는 핵심적인 내용입니다. 블렌더에서 시작한 작업이 ComfyUI에서 어떻게 새롭고 흥미로운 이미지로 변환되는지 직접 경험할 수 있습니다.

01 이번 레슨의 순서와 준비물을 먼저 소개하겠습니다. 블렌더에서 작업을 시작한 후 ComfyUI로 데이터를 전달해 이미지를 생성하는 워크플로를 진행합니다. ❶ 블렌더에서 3D 모델링 작업을 진행합니다. ❷ 블렌더의 Compositing 기능을 활용해 Canny, Depth, Mask 이미지를 생성합니다. ❸ ComfyUI에서 블렌더에서 생성한 Canny와 Depth 이미지를 활용하여 텍스처링을 완성한 이미지로 만듭니다. ❹ ComfyUI에서 Mask 이미지를 사용해 이미지의 특정 부분을 변경하여 최종 작업을 마무리합니다.

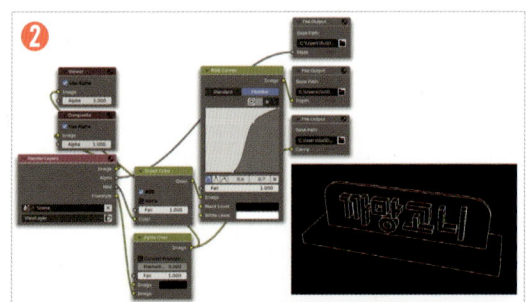
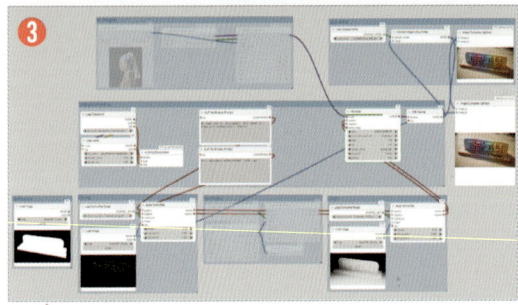

02 준비물로 앞에서 설명한 방법을 참고하여 블렌더에서 모델링 작업을 완료하고 Compositing으로 Canny, Depth, Mask 이미지를 생성합니다. 또한 ComfyUI에서 ControlNet 세팅까지 미리 완료합니다. 이

번 레슨은 이 준비 과정을 마친 상태에서 시작합니다. 블렌더에서 만든 이미지를 ComfyUI에서 효과적으로 활용하는 최적의 워크플로는 다음과 같습니다.

❶ **IP-Adapter 그룹**: 참조 이미지를 사용해 원하는 스타일을 적용하는 구성입니다. 이를 통해 이미지의 스타일링을 정교하게 제어할 수 있습니다.

❷ **Upscaling 그룹**: 이미지의 해상도를 2배 또는 4배로 향상하는 구성을 포함합니다. 최종 결과물의 품질을 높이기 위해 배치합니다.

❸ **Default Workflow 그룹**: ComfyUI에서 이미지를 생성하기 위한 기본 구성입니다. 원하는 Checkpoint, LoRA, VAE 모델을 적용하여 다양한 결과를 생성할 수 있습니다.

❹ **Image Comparer(rgthree) 노드**: 원본 이미지와 생성한 이미지를 비교할 수 있는 노드입니다. 원본 이미지뿐 아니라 Canny와 Depth 이미지로 비교 대상을 설정하여 더욱 다양한 시각적 분석을 제공합니다.

❺ **Image Size 그룹 및 Reference 그룹**: 블렌더에서 만든 Mask 이미지를 업로드하여 이미지의 크기를 분석하거나 마스킹 작업을 진행합니다. 이 그룹은 이미지 크기나 마스크 이미지를 Default Workflow 그룹의 KSampler로 전달하는 역할을 합니다.

❻ **ControlNet 커스텀 노드**: Canny와 Depth 그룹을 배치하여 블렌더에서 생성한 데이터를 활용합니다. 캐릭터를 포함하는 작업일 경우 OpenPose 그룹을 추가로 배치하면 더욱 유용합니다.

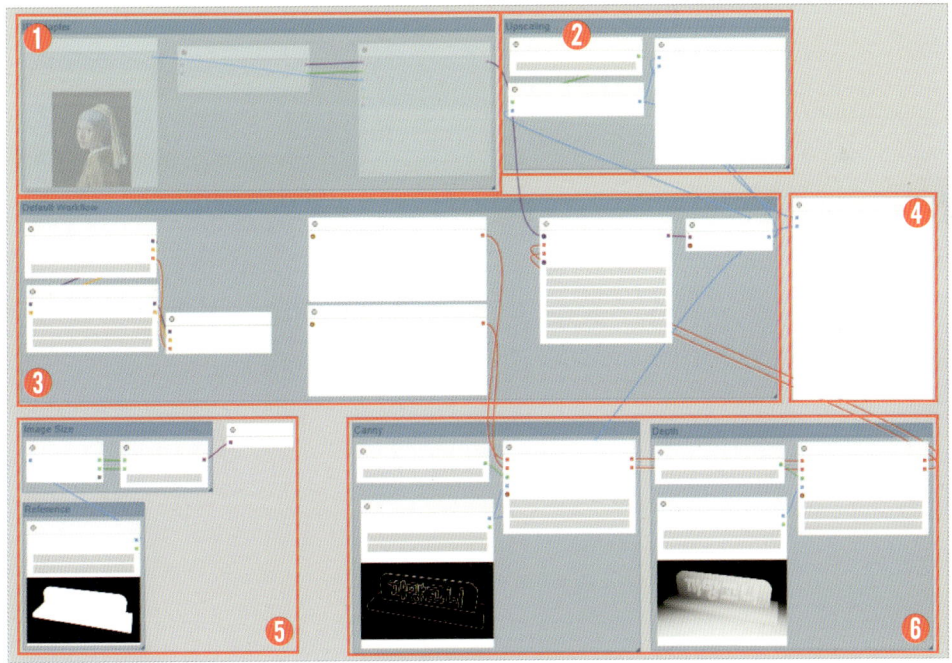

03 먼저 Reference 그룹 작업부터 시작합니다. ComfyUI

❶ Load Image 노드에 Mask 이미지를 업로드합니다. ❷ Image Size 그룹을 사용하여 업로드한 이미지의 크기를 분석합니다. 분석한 정보는 Anything Everywhere 노드를 통해 원격으로 KSampler로 전달됩니다. ❸ 이전에 배운 내용대로라면 Load Image 노드의 정보를 오른쪽의 Canny 노드로 보내야 합니다. 하지만 이번 실습에서는 Canny 노드로 정보를 보내지 않습니다. 그 이유는 다음에 나오는 Canny 노드 설명에서 자세히 다룰 예정입니다.

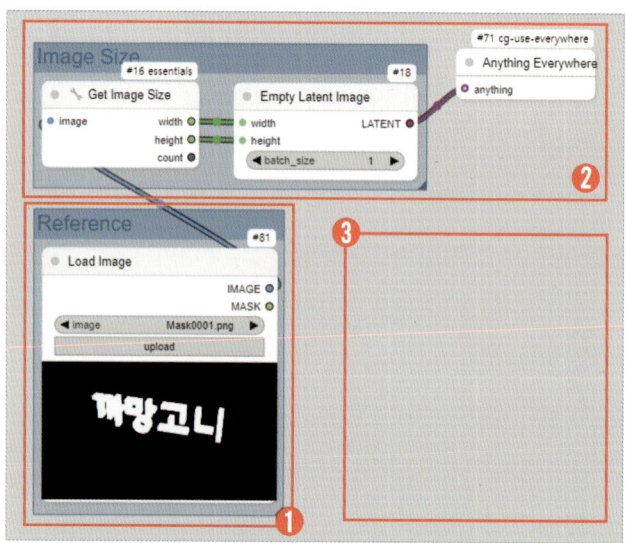

04 이번에는 ControlNet 커스텀 노드 그룹을 작업합니다. ComfyUI

❶ 일반적으로 Canny 노드는 Load Image 노드에서 제공하는 'IMAGE' 정보를 입력받습니다. ❷ 입력한 이미지를 흰색 테두리로 변환하는 것이 Canny 노드의 역할입니다. ❸ 그러나 AI가 테두리를 정확히 추출하기 어려운 경우도 종종 발생합니다. 이럴 때 블렌더에서 생성한 흰색 테두리 이미지를 활용하면 문제를 해결할 수 있습니다. 3D 모델링으로 직접 제작한 이미지이기 때문에 정확도가 보장됩니다.

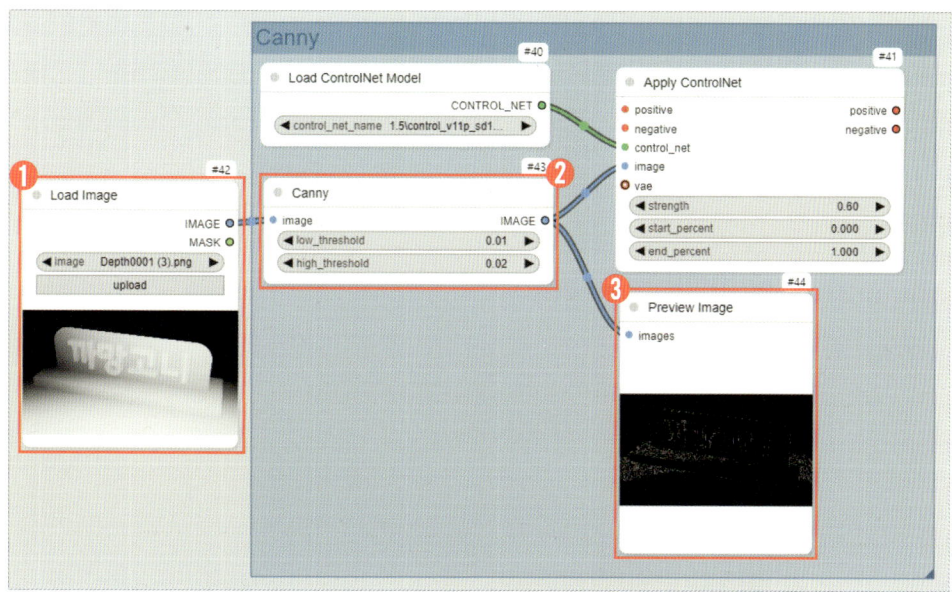

Canny 노드를 삭제하고 대신 Load Image 노드를 추가합니다. ❹ Load Image 노드에 블렌더에서 제작한 Canny 이미지를 업로드합니다. ❺ Load Image 노드의 'IMAGE' 아웃풋 슬롯을 Apply ControlNet 노드의 'image' 인풋 슬롯으로 연결합니다. 블렌더에서 시작한 작업이 마침내 ComfyUI와 연결되는 순간입니다. 창작의 두 플랫폼이 만나는 이 지점은 작업 흐름이 완성도로 향하는 중요한 전환점입니다. 이제 블렌더에서 준비된 데이터가 ComfyUI에서 새로운 이미지로 재탄생하게 됩니다.

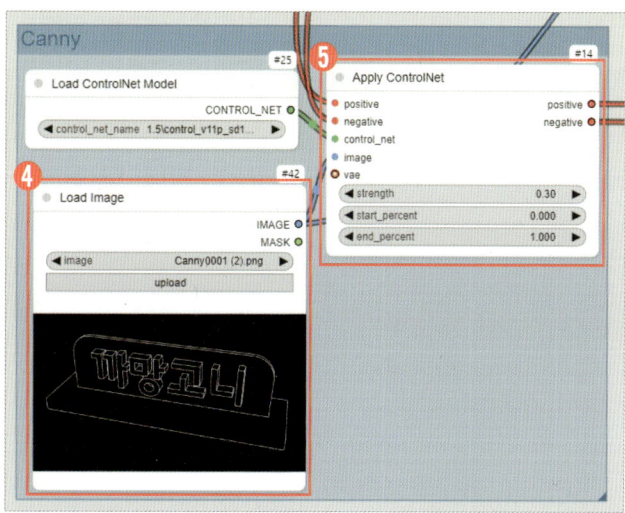

Depth 그룹도 Canny 그룹과 동일하게 작업합니다. Depth Anything 노드를 삭제하고 Load Image 노드를 추가합니다. 그다음 블렌더에서 작업한 Depth 이미지를 Load Image 노드에 업로드합니다. 마지막으로 Load Image 노드의 'IMAGE' 아웃풋 슬롯을 Apply ControlNet 노드의 'image' 인풋 슬롯으로 연결합니다. 이 과정을 통해 블렌더에서 준비한 Depth 데이터를 활용해 ComfyUI에서 깊이감을 정교하게 표현할 수 있습니다.

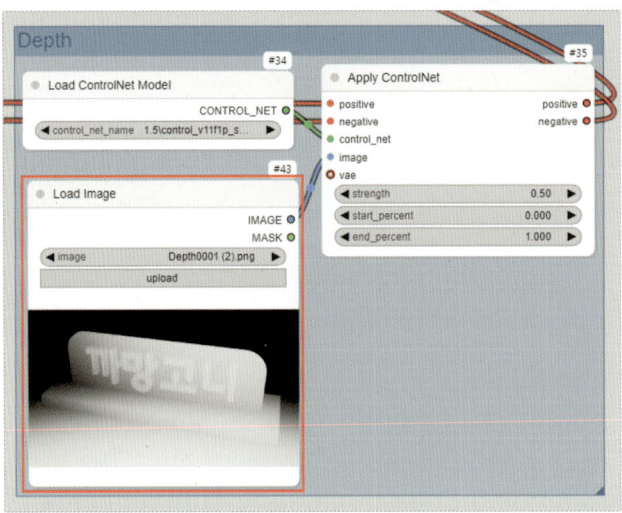

05 Default Workflow 그룹에서는 원하는 모델을 적용합니다. 이번 예시의 콘셉트는 알록달록한 블록 느낌의 텍스트와 미래 지향적인 인테리어를 배경으로 설정하겠습니다. ComfyUI

❶ Load Checkpoint 노드에 다양한 오브젝트 정보를 학습한 arthemyObjects_v10.safetensors 모델을 적용합니다. ❷ Load LoRA 노드에 미래 지향적인 스타일이 학습된 XSArchi_127.safetensors 모델을 설정합니다. ❸ Anything Everywhere3 노드를 사용해 'MODEL', 'CLIP', 'VAE' 슬롯 정보를 원격으로 전송합니다.

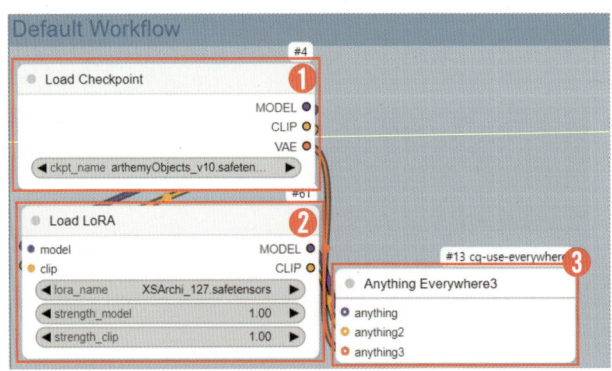

❹ 긍정 프롬프트와 부정 프롬프트는 챗GPT를 활용해 간단하게 생성할 수 있습니다. 이를 통해 원하는 이미지를 더 정확히 표현할 수 있습니다. ❺ KSampler 노드의 'sampler_name'은 많이 사용되는 'dpmpp_sde'로 설정하였습니다. 'scheduler'는 'karras'로 선택해 작업의 안정성과 품질을 높였습니다.

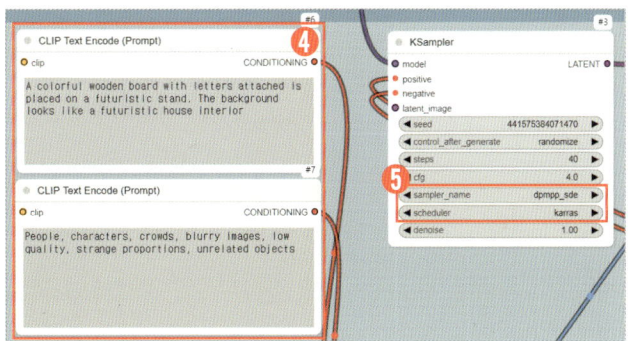

06 이제 IP-Adapter를 사용하여 참고할 스타일을 지정합니다. 스타일을 지정하면 이미지를 생성할 때 더욱 정교한 스타일링이 가능합니다. 만약 스타일을 참고하지 않고 이미지를 생성할 계획이라면 이 단계는 생략해도 무방합니다. 필요에 따라 선택적으로 활용할 수 있는 단계입니다. ComfyUI

❶ Load Image 노드에 스타일을 적용하고 싶은 이미지를 업로드합니다. ❷ IPAdapter Unified Loader 노드에서 사용할 모델을 선택합니다. 처음에는 'STANDARD(medium strength)' 옵션을 선택하여 전체적인 분위기를 확인한 후에 결정하는 것이 좋습니다. 만약 이미지 스타일이 너무 강하게 적용된다면 LOW 단계로 낮춰서 더 부드러운 스타일링을 시도할 수도 있습니다.

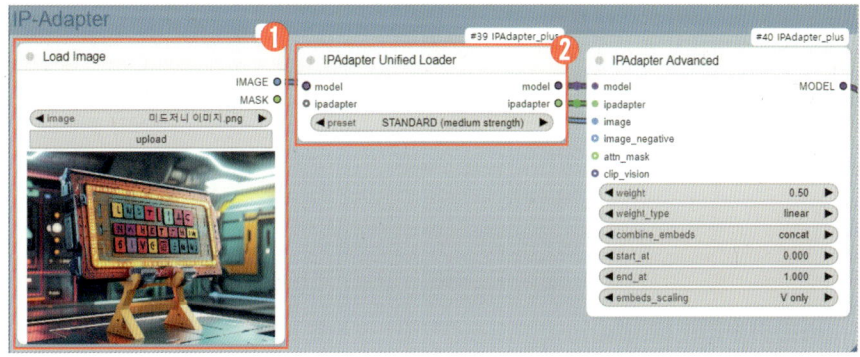

07 스타일을 참고할 이미지는 인터넷에서 다운로드할 수 있습니다. 그러나 다른 이미지를 사용할 때는 항상 저작권과 라이선스를 신경 써야 합니다. 이러한 문제를 피하려면 앞에서 배운 미드저니 플랫폼을 활용하는 것이 좋은 방법입니다. 챗GPT에서 생성한 프롬프트를 미드저니에 입력하여 스타일 이미지를 생성합니다. 생성한 이미지 중에서 가장 마음에 드는 스타일의 이미지를 선택하여 다운로드합니다. 이후 선택한 이미지를 ComfyUI의 IP-Adapter 그룹에 업로드하여 작업에 활용합니다. 챗GPT 미드저니

08 이제 모든 세팅이 완료되었습니다. <큐> 버튼을 클릭하여 이미지 생성을 시작합니다. ComfyUI

생성한 이미지는 바로 저장하여 작업을 마칠 수도 있습니다. 하지만 Upscaling 그룹을 활용해 해상도를 높이면 더욱 높은 퀄리티의 결과물을 얻을 수 있습니다. 해상도를 2배 또는 4배로 향상하는 과정은 최종 작업의 완성도를 높이는 데 매우 효과적입니다.

그리고 업스케일한 이미지를 한 번 더 Image Comparer(rgthree) 노드를 사용해 Canny 이미지와 비교해 볼 수 있습니다. 이 비교 과정을 통해 흰색 테두리를 기반으로 이미지가 어떻게 생성되었는지 직접 확인할 수 있습니다. 원본 테두리 이미지와 최종 결과물을 비교하면 생성 과정의 세부적인 차이를 이해하는 데 큰 도움이 됩니다.

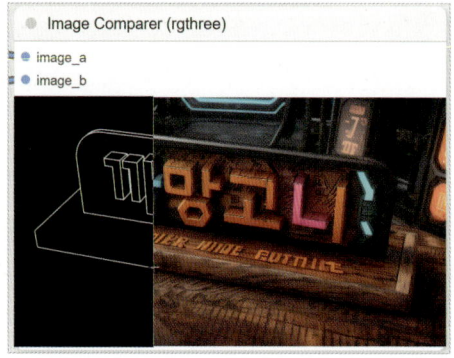

이와 같은 방법을 반복하여 원하는 이미지가 나올 때까지 생성 작업을 계속할 수 있습니다. 이미지가 생성될 때마다 자동으로 저장하고 싶다면 Upscaling 그룹에서 나오는 이미지를 Save Image 노드에 연결하면 됩니다. 이렇게 설정하면 작업 과정을 중단하지 않고도 모든 결과물을 저장할 수 있어 관리가 더욱 편리해집니다.

09 이번에는 완성한 이미지에서 Mask 이미지를 활용하여 원하는 부분만 다시 생성해 보겠습니다. 다음 예시 이미지는 텍스트가 주변 오브젝트와 구분이 잘 되지 않습니다. 이를 해결하기 위해 텍스트 부분만 선택적으로 수정합니다. `ComfyUI`

물론 앞에서 배운 인페인팅 방법을 사용해 부분적으로 이미지를 수정할 수도 있습니다. 그러나 마우스를 사용해 하나하나 마스킹 영역을 선택하는 작업은 번거로울 뿐만 아니라 정확도도 떨어질 수 있습니다.

❶ 먼저 마스크를 사용하려면 Load Image 노드를 추가하고 블렌더에서 생성한 Mask 이미지를 업로드합니다. ❷ 마스크가 올바르게 출력되는지 확인하려면 Mask Preview 노드를 연결합니다. 이때 'Mask' 슬롯을 서로 연결하여 마스크 정보를 전달합니다. 확인해 보니 Mask Preview 노드에는 입력한 마스크 정보가 제대로 보이지 않습니다.

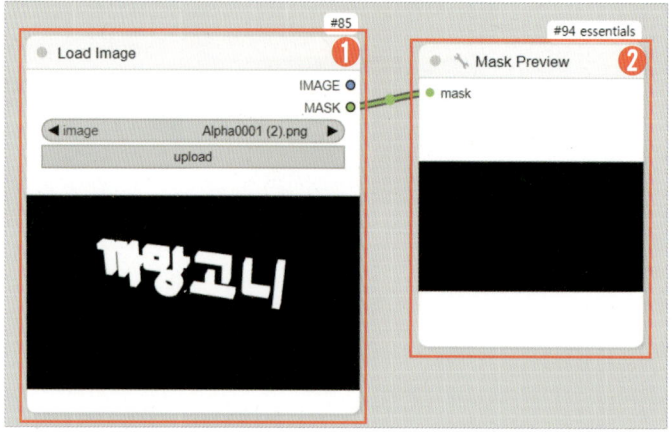

Convert Image to Mask 노드를 Load Image 노드와 Mask Preview 노드 사이에 추가합니다. Convert Image to Mask 노드는 Load Image 노드에서 출력한 'IMAGE' 정보를 'MASK' 정보로 변환하는 역할을 합니다. 이렇게 변환한 데이터를 Mask Preview 노드로 전달하면 됩니다. 이제 Mask Preview 노드에서 정상적으로 마스크 결과가 표시됩니다.

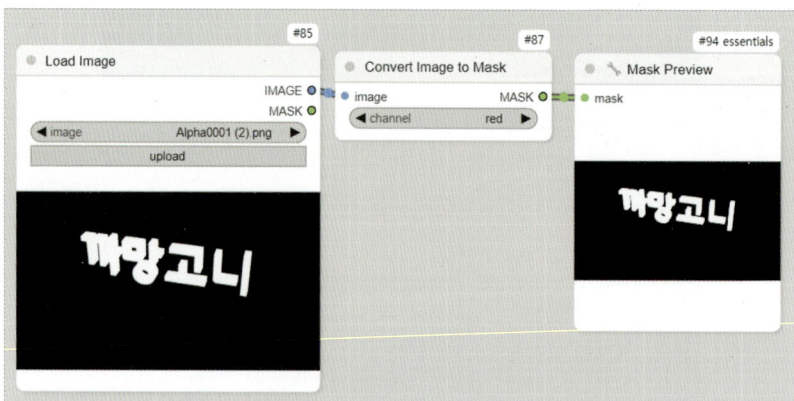

이제 인페인트 기능에서 배웠던 것처럼 세팅을 진행하면 됩니다. ❸ VAE Encode(for Inpainting) 노드를 추가합니다. ❹ Reference 그룹에 있는 원본 이미지의 'IMAGE' 아웃풋 슬롯을 VAE Encode(for Inpainting) 노드의 'pixels' 인풋 슬롯에 연결합니다. ❺ Convert Image to Mask 노드의 'MASK' 아웃풋 슬롯을 VAE Encode(for Inpainting) 노드의 'mask' 인풋 슬롯에 연결합니다.

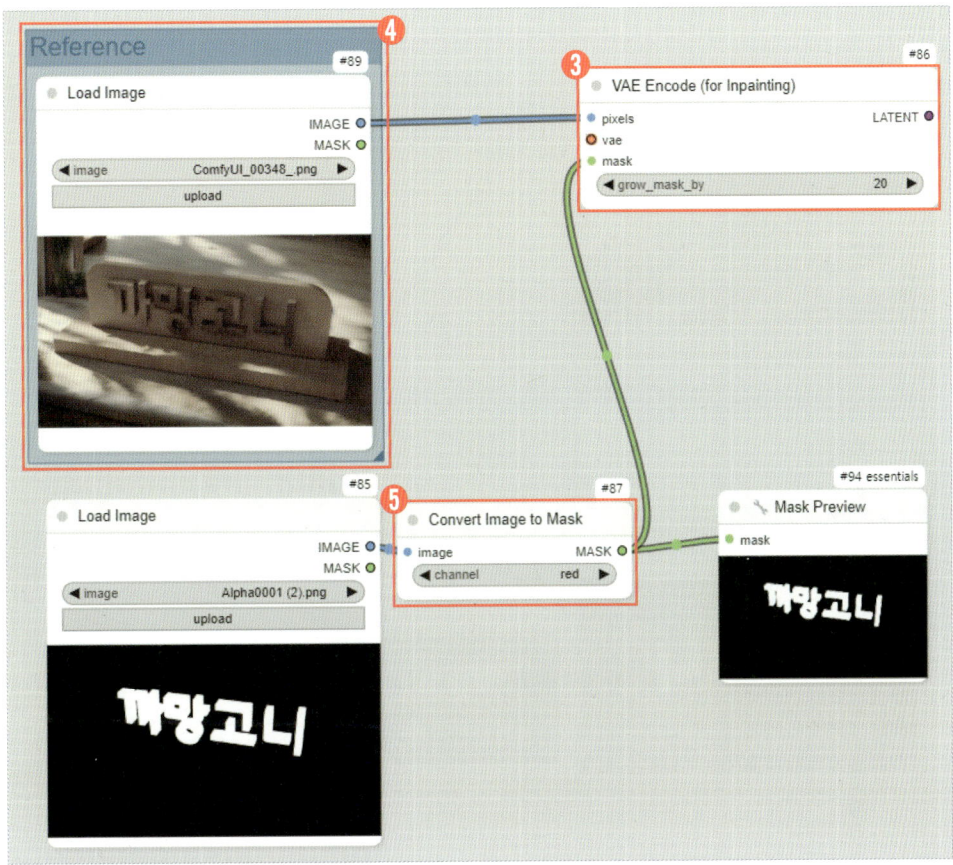

❻ 마스크에 관련된 노드를 모아서 Mask 그룹으로 정리합니다. ❼ VAE Encode(for Inpainting) 노드는 이미지와 마스크를 하나로 결합합니다. 결합한 정보는 Anything Everywhere 노드를 통해 원격으로 KSampler 노드의 latent_image 인풋 슬롯으로 전달됩니다.

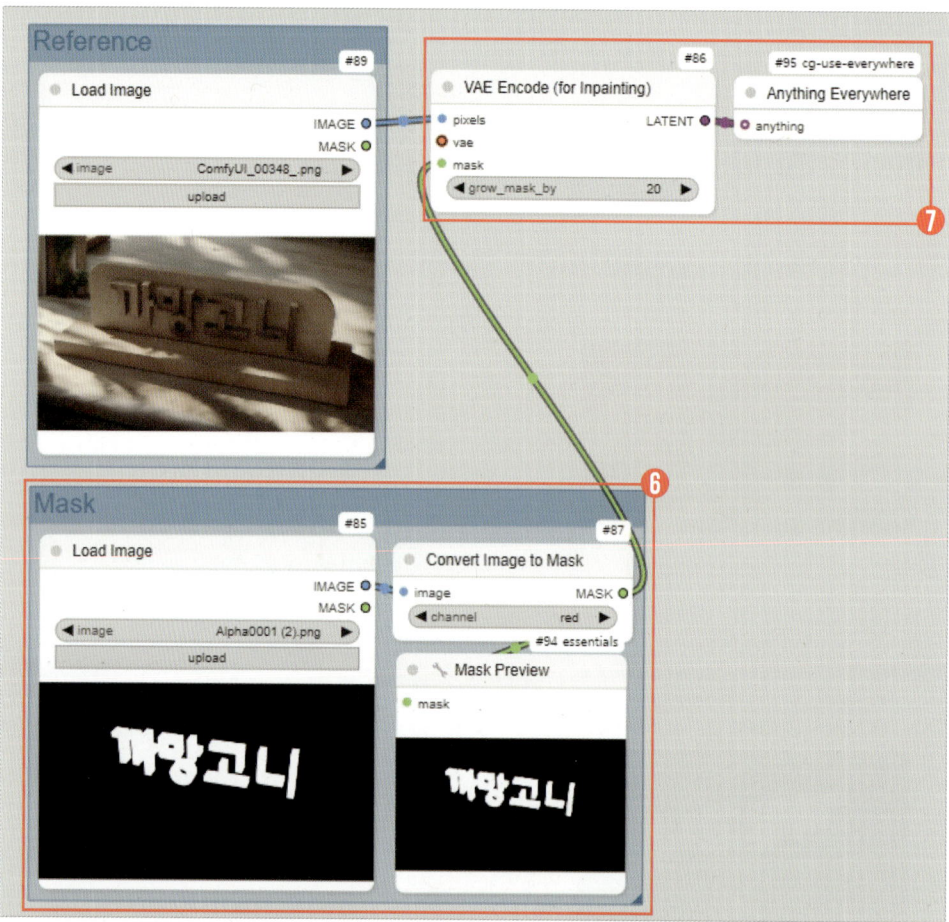

<큐> 버튼을 클릭하여 이미지 생성을 진행합니다. 생성한 이미지는 Image Comparer(rgthree) 노드를 사용해 변경 전과 후를 비교합니다. 마스크를 적용한 텍스트 영역만 정확하게 변경된 것을 확인할 수 있습니다.

Chapter 6

블렌더 실습 with ComfyUI

6.1 모던 하우스
6.2 실내 인테리어(코지&유러피안)
6.3 실내 인테리어(블랙&화이트)

6.1 모던 하우스

이제 배운 기술을 종합적으로 활용하는 실습 단계에 들어갑니다. 앞에서 익힌 챗GPT, 미드저니, 블렌더, ComfyUI의 기술을 통합해서 완성도 높은 작품을 만들어 보겠습니다. 이번 챕터에서는 세 가지 실습을 진행합니다.

① **모던한 하우스**

- 블렌더에서 건물의 기본 구조를 모델링합니다.

- 미드저니와 ComfyUI를 활용해 스타일과 디테일을 더해 최종 이미지를 완성합니다.

② **실내 인테리어(코지&유러피안 스타일)**

- 블렌더에서 실내 공간을 모델링합니다.

- 미드저니를 활용해 따뜻한 색감과 자연스러운 스타일의 이미지를 생성합니다.

- ComfyUI에서 블렌더의 모델링과 미드저니의 스타일을 융합하여 완성도를 높입니다.

③ 실내 인테리어(블랙&화이트 스타일)
- 동일한 블렌더 모델링 작업을 진행하되 미드저니와 ComfyUI에서 블랙&화이트 톤의 세련된 스타일을 연출합니다.
- 명암 대비를 강조하며 모던한 분위기를 조성합니다.

이 실습은 챗GPT를 활용한 기획 단계부터 시작하여 미드저니에서 스타일을 생성하고 블렌더에서 모델링한 후 ComfyUI에서 최종 결과물을 완성하는 워크플로 방식으로 진행됩니다. 특히 블렌더에서 직접 모델링한 이미지를 활용하면 형태를 일관되게 유지할 수 있다는 장점이 있습니다. 이를 확인하기 위해 모델링한 화면을 조금씩 회전하며 결과물이 일관성 있게 생성되는지 테스트하는 과정도 포함됩니다.

첫 번째 실습에서는 모던한 건물을 디자인합니다. 건물 기획은 챗GPT를 활용하여 시작합니다. 챗GPT를 통해 건물의 스타일, 주요 특징, 색감, 재질 등을 정리한 후 미드저니에서 이를 바탕으로 콘셉트 이미지를 생성합니다. 이후 블렌더에서 원하는 건물의 형태를 모델링하여 기본 구조를 완성합니다. 마지막으로 ComfyUI에서 미드저니에서 생성한 스타일을 입히고 디테일을 추가하여 최종 이미지를 완성하는 방식으로 진행됩니다.

텍스처 생성

01 이미지 생성의 첫 단계는 기획입니다. 기획을 통해 작업의 방향성을 명확히 설정할 수 있으며 챗GPT를 활용하면 이를 빠르고 효과적으로 정리할 수 있습니다. 이 과정에서는 콘셉트를 구체화하는 것뿐만 아니라 미드저니와 ComfyUI에서 활용할 프롬프트도 함께 준비하게 됩니다. 이를 통해 각 단계가 유기적으로 연결되며 체계적인 워크플로를 구축할 수 있습니다.

이제 챗GPT를 활용하여 기획을 시작해 보겠습니다. 챗GPT가 요약한 콘셉트가 생각과 다르다면 다시 요청하여 수정할 수 있습니다. 만약 요약한 콘셉트가 원하는 방향과 일치한다면 다음 단계로 진행합니다.

🅢 챗GPT

모던 하우스를 3D 그래픽으로 만들려고 해.

유리 외벽과 수영장이 있는 콘셉트로 해줘.

1. 간단한 콘셉트 요약

2. 미드저니로 이미지 생성 가능한 프롬프트 작성(영어로)

3. ComfyUI에서 사용할 수 있는 Positive, Negative 프롬프트 작성

1. 간단한 콘셉트 요약

모던 하우스는 유리 외벽과 수영장이 있는 세련된 디자인을 중심으로 합니다. 넓은 개방감을 강조하며, 유리 벽을 통해 자연광이 실내로 들어와 밝고 환한 분위기를 연출합니다. 건물은 심플한 직선 구조를 기반으로 하며, 고급스러운 느낌을 강조하기 위해 콘크리트, 스틸, 우드 소재가 조화를 이루도록 설계됩니다.

야외에는 인피니티 스타일의 수영장이 배치되며, 주변에는 미니멀한 가구와 조경이 배치됩니다. 모던한 라이프스타일을 반영하는 깔끔하고 고급스러운 건축 디자인을 목표로 합니다.

2. 미드저니 이미지 생성 프롬프트

Modern luxury house with floor-to-ceiling glass walls, infinity swimming pool, minimalist architecture, open-concept design, concrete and steel structure, warm wooden accents, natural light flooding the interior, ultra-high resolution, cinematic lighting, photorealistic

3. ComfyUI 프롬프트(Positive & Negative)

Positive Prompt:

Modern luxury house with glass walls, infinity swimming pool, minimalist architecture, open concept design, high-end materials such as concrete, steel, and wood, sleek and elegant exterior, contemporary lighting, warm ambient glow, ultra-detailed, photorealistic, high resolution

Negative Prompt:

Cartoonish, low detail, blurry, overexposed, unrealistic lighting, crowded scene, excessive reflections, distorted proportions, overexaggerated details, oversaturated colors

02 챗GPT에서 생성한 프롬프트를 미드저니에 입력하여 콘셉트 이미지를 생성합니다. 실습에서는 이미지 비율을 1:1의 정사각형으로 진행합니다. 미드저니

생성한 이미지 중에서 건물의 배치, 하늘의 표현, 수영장의 분위기가 가장 잘 어우러진 이미지를 선택했습니다. 이제 해당 콘셉트를 블렌더에서 제작한 모델링에 적용하여 원하는 스타일과 구도를 반영해 보겠습니다.

기초 모델링

01 이제 블렌더에서 모델링을 시작합니다. 건물의 복잡한 요소는 제외하고 기본 구조를 간단하게 제작합니다. 먼저 바닥이 될 Plane 메시를 생성하여 기본적인 지면을 만듭니다. 그런 다음 Camera 오브젝트를 추가합니다.

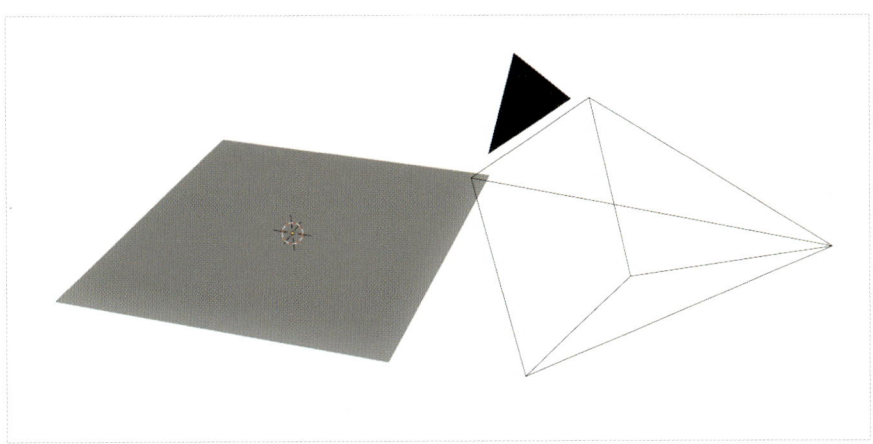

02 ❶ Cube 메시를 추가한 후 건물의 비율에 맞게 크기를 조정하여 배치합니다. ❷ 수영장이 들어갈 영역을 만들기 위해 <Ctrl> + <R> 키를 눌러 Loop Cut 기능을 사용하여 메시를 나눕니다. 적절한 위치에 컷을 추가하여 수영장의 형태를 잡아줍니다.

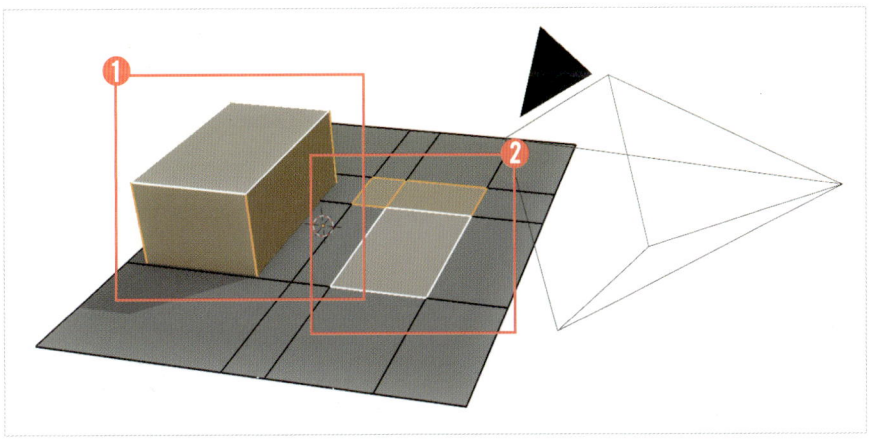

03 Camera View로 전환한 후 카메라 각도를 조정하여 최적의 구도를 설정합니다. 건물 메시와 수영장 메시의 위치 및 크기를 미세하게 조정하여 화면에 자연스럽게 배치되도록 조율합니다.

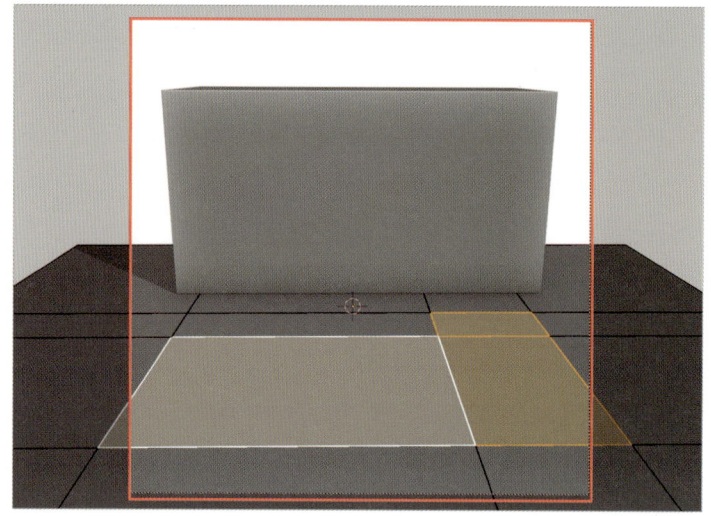

04 수영장을 원하는 모양으로 변형합니다. 반드시 미드저니의 참조 이미지와 동일하게 만들 필요는 없으며 디자인에 맞게 자유롭게 조정할 수 있습니다. 수영장 앞쪽에는 선베드(sunbed) 두 개를 추가하여 공간을 더욱 완성도 있게 구성했습니다. 선베드는 Cube 메시를 <E> 키로 돌출시켜 간단하게 형태를 만들 수 있습니다.

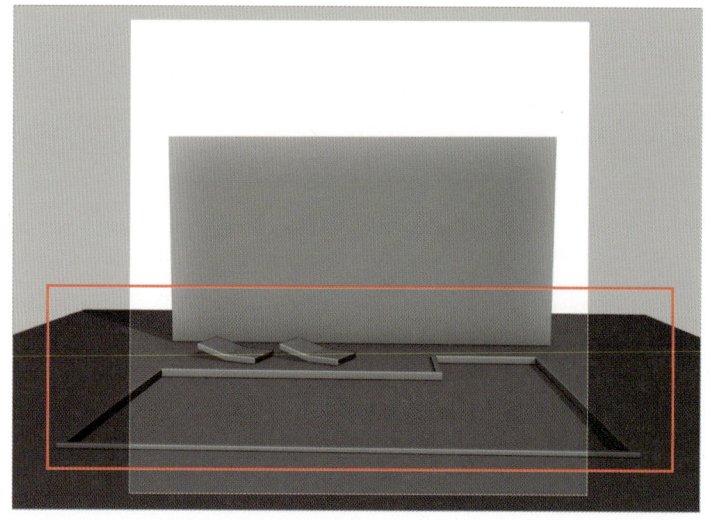

05 모던하우스의 형태를 변경하겠습니다. 모던한 건물은 블록이 쌓인 듯한 구조가 많기 때문에 Extrude Manifold 기능을 사용하면 쉽게 제작할 수 있습니다. ❸ 먼저 Loop Cut 기능을 사용하여 Cube 메시를 나눕니다. 만들고자 하는 형상을 상상하며 적절한 위치에 컷을 추가합니다. ❹ 안쪽으로 밀어 넣을 면을 선택한

후 <Alt> + <E> 키를 눌러 [Extrude] 팝업 메뉴를 엽니다. 여기서 [Extrude Manifold] 기능을 선택한 후 마우스를 움직이면 면이 자연스럽게 안쪽으로 밀려 들어갑니다. 원하는 깊이까지 밀어 넣은 후 마우스를 클릭하여 적용합니다. 이와 같은 방식으로 여러 면을 조정하며 모던하우스의 구조를 점진적으로 조형해 나갑니다. 이 과정을 반복하면 입체적이고 세련된 건축 디자인을 완성할 수 있습니다.

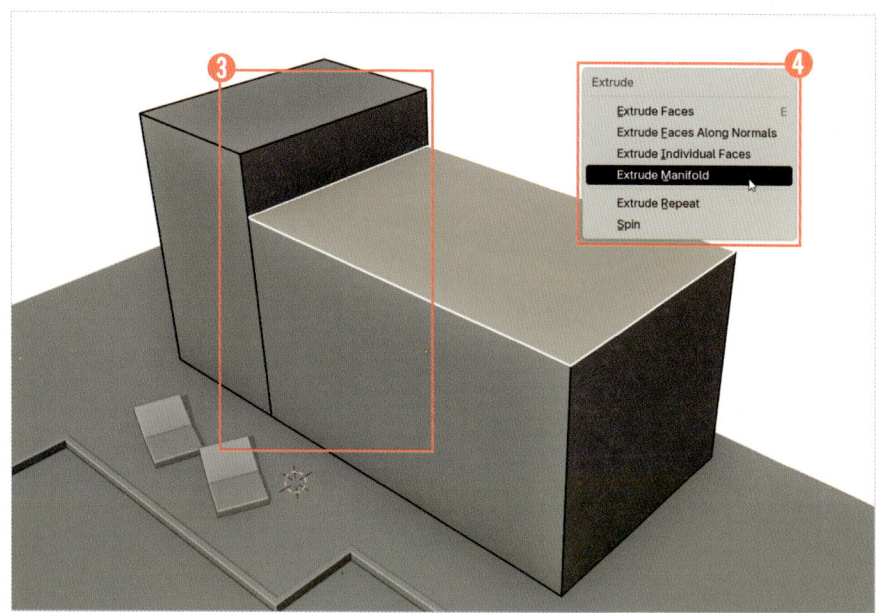

06 Loop Cut과 Extrude Manifold 기능을 활용하여 모던하우스의 기본 외형을 완성했습니다. 창문이나 창틀과 같은 세부 디테일은 ComfyUI에서 자동으로 생성할 계획이므로 블렌더에서는 기본적인 형태만 유지하도록 구성했습니다. 이를 통해 모델링 작업을 간소화하면서도 AI를 활용해 더욱 정교한 디테일을 적용할 수 있습니다.

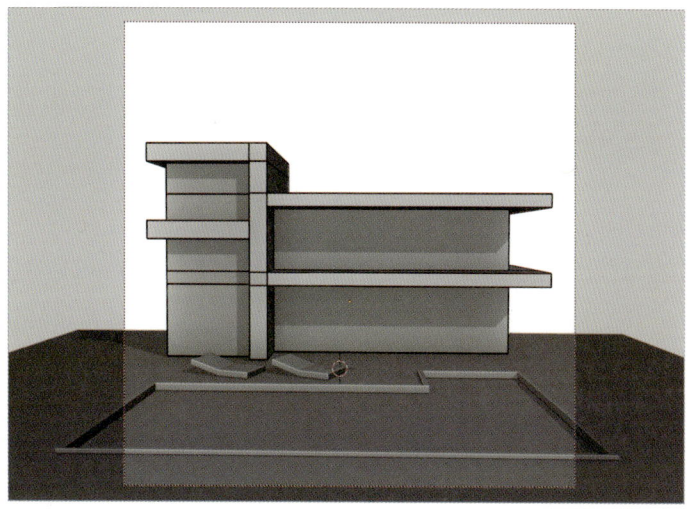

ComfyUI로 완성하기

01 모델링을 완료한 후 블렌더의 Compositing 기능을 활용하여 Canny, Depth, Alpha 이미지를 생성합니다.

02 앞에서 배운 ComfyUI의 ControlNet 워크플로를 활용하여 최종 이미지를 생성합니다. 이번 작업에서는 챗GPT, 미드저니, 블렌더에서 제작한 데이터를 모두 적용하여 더욱 정밀한 결과물을 완성합니다.

ComfyUI

❶ 이미지 크기 설정을 위해 Reference 그룹에 Mask 이미지를 업로드합니다. ❷ 흰색 테두리 정보를 입력하기 위해 Canny 그룹에 Canny 이미지를 업로드합니다. ❸ 깊이 정보를 입력할 수 있도록 Depth 그룹에 Depth 이미지를 업로드합니다. ❹ 챗GPT에서 생성한 ComfyUI 전용 프롬프트를 입력합니다. Positive 프롬

프트와 Negative 프롬프트를 모두 설정하여 원하는 스타일과 세부적인 요소를 조정합니다. ❺ 미드저니에서 생성한 콘셉트 이미지를 업로드합니다. 이 이미지는 스타일 참조용으로 사용되며 ComfyUI가 이를 바탕으로 새로운 이미지를 생성합니다.

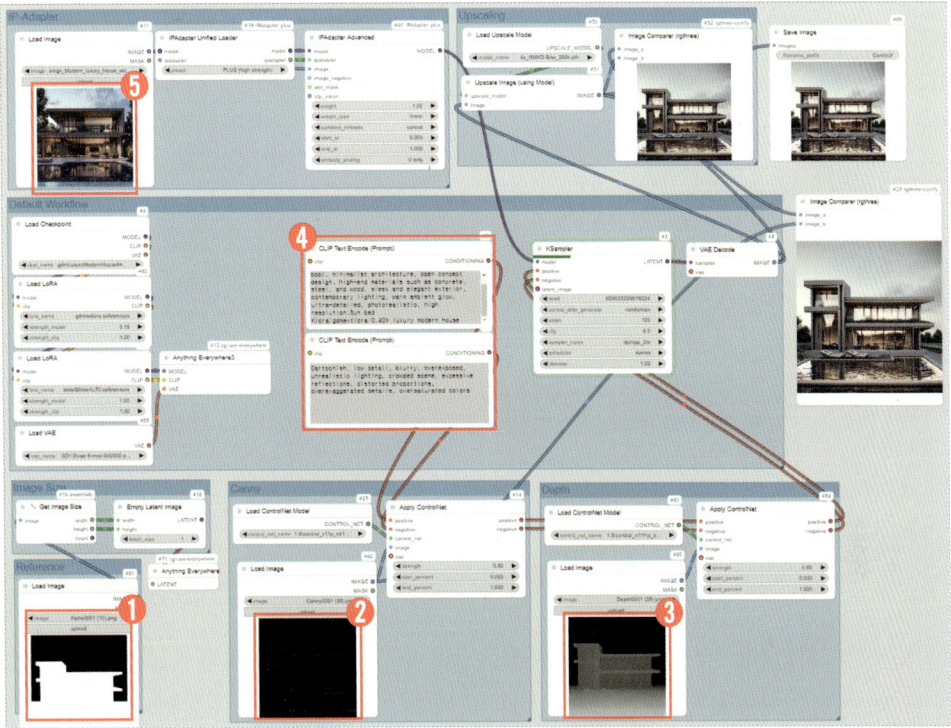

이번 실습에 사용한 ComfyUI 모델 정보는 다음과 같습니다. 건물 이미지 생성에 특화된 모델을 사용하여 모던한 건축 스타일을 더욱 세밀하게 표현할 수 있도록 구성하였습니다.

- **Checkpoint**: gdmLuxuryModernHouseAnd_v10.ckpt
- **LoRA(1)**: gdmextlora.safetensors
- **LoRA(2)**: detailSliderALT2.safetensors
- **VAE**: vae-ft-mse-840000-ema-pruned.safetensors

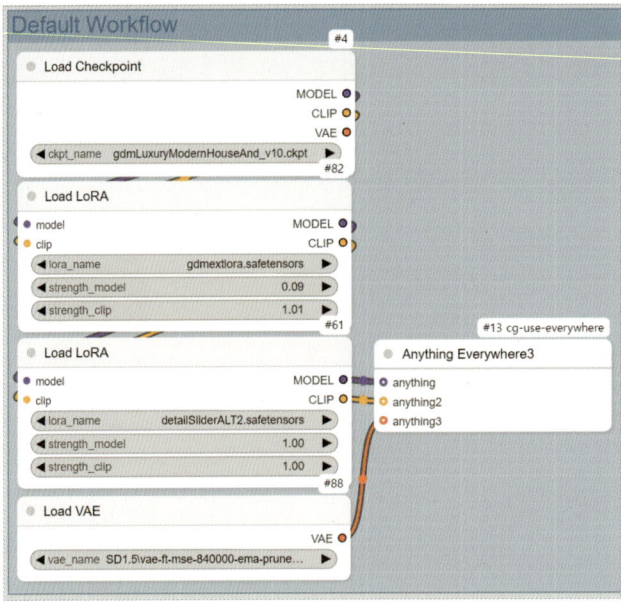

03 이제 모든 데이터가 적용되었으므로 ComfyUI에서 최종 이미지를 생성합니다. 블렌더에서 작업한 3D 모델링과 미드저니의 콘셉트 이미지가 조화롭게 반영되어 최종 결과물이 완성되었습니다. ComfyUI

이 방식은 간단한 모델링만으로도 고품질의 결과물을 얻을 수 있다는 점에서 매우 효율적인 방법이라 생각됩니다. 블렌더에서 형태를 정리하고 ComfyUI에서 스타일과 디테일을 추가하는 과정이 AI 기반 이미지 생성과 3D 모델링의 장점을 극대화해 줍니다.

04 ComfyUI의 성능을 확인하기 위해 블렌더에서 제작한 건물을 단순하게 90도 회전하여 두 개로 복사한 후 실험을 진행했습니다. 예상대로 AI는 형태의 일관성을 유지하면서도 자연스럽게 스타일을 적용하며 훌륭한 결과물을 생성했습니다. 이번 테스트를 통해 블렌더에서 직접 모델링한 데이터를 활용하면 AI가 구조를 더욱 정확하게 인식하고 원하는 스타일을 반영한다는 강점을 다시 한번 확인할 수 있었습니다.

ComfyUI

6.2 실내 인테리어(코지&유러피안)

두 번째 실습에서는 실내 인테리어 디자인을 제작합니다. 따뜻하고 조화로운 공간을 표현하기 위해 가구 배치, 조명, 텍스처 등을 고려하여 작업을 진행합니다. 이번 실습에는 카메라 각도를 회전하며 ComfyUI에서 생성한 이미지가 일관되게 표현되는지 테스트하는 과정도 포함됩니다. 블렌더에서 직접 모델링한 데이터를 활용하면 형태를 유지하면서도 다양한 각도에서 일관된 결과물을 얻을 수 있습니다.

텍스처 생성

01 이미지 생성 작업의 첫 단계는 기획입니다. 기획은 작업 방향을 명확히 설정하는 중요한 과정이며 챗GPT를 활용하면 빠르고 정확하게 진행할 수 있습니다. 또한 콘셉트 정리뿐만 아니라 미드저니와 ComfyUI에서 사용할 프롬프트도 동시에 생성할 수 있습니다. 이를 위해 챗GPT에 다음과 같이 질문을 합니다.

실내 인테리어를 3D 그래픽으로 만들려고 해.

의자와 테이블이 있고 코지 & 유러피안 스타일의 공간을 원해.

1. 간단한 콘셉트 요약
2. 미드저니로 이미지 생성 가능한 프롬프트 작성(영어로)
3. ComfyUI에서 사용할 수 있는 Positive, Negative 프롬프트 작성

1. 간단한 콘셉트안 요약

콘셉트: 따뜻하고 편안한 실내 인테리어.

요소: 우드 소재의 테이블과 의자, 부드러운 조명(따뜻한 색 온도), 자연적인 느낌을 주는 식물 몇 개.

스타일: 스칸디나비아 또는 미니멀리즘 스타일로 심플하지만 아늑한 분위기를 강조.

색조: 따뜻한 베이지, 브라운, 크림색 조합으로 부드러운 분위기 연출.

2. 미드저니 이미지 생성 프롬프트

Prompt(영어): "Cozy and warm indoor space with a wooden table and chairs, minimalist Scandinavian style, soft warm lighting, a few indoor plants for a natural touch, neutral tones of beige, cream, and brown, clean and elegant design, inviting atmosphere, highly detailed, ultra-realistic, soft shadows, 4K resolution"

3. ComfyUI 프롬프트(Positive & Negative)

Positive Prompt:

"Cozy indoor interior, wooden table and chairs, minimalist Scandinavian design, warm ambient lighting, indoor plants, neutral tones of beige, cream, and brown, inviting and comfortable atmosphere, high realism, detailed textures, soft shadows, balanced composition, clean lines"

Negative Prompt:

"Overexposed lighting, cluttered design, bright or neon colors, low resolution, harsh shadows, unrealistic proportions, exaggerated or cartoonish style, overly dark tones, overly modern futuristic elements"

02 챗GPT에서 생성한 프롬프트를 미드저니에 입력하여 이미지를 생성합니다. 실습에서는 세로로 긴 이미지를 활용하여 집중적인 구도를 만들었습니다. 🔺 미드저니

생성한 여러 가지 이미지 중에서 구성과 배치가 조화로운 이미지를 선택합니다. 실습에서는 의자, 테이블, 창문, 벽이 균형 있게 배치된 이미지를 선정했습니다. 이 이미지를 참고하여 블렌더에서 간략한 모델링을 진행하겠습니다. 전체적인 레이아웃을 유지하면서도 세부 요소는 단순화하여 빠르고 효과적으로 작업할 예정입니다.

기초 모델링(배경)

01 이제 블렌더에서 작업을 시작합니다. 미드저니에서 생성한 이미지에서 배경을 담당하는 벽과 창문부터 모델링합니다. 만약 본인이 선택한 이미지에 다른 구조물이 포함되어 있다면 해당 요소를 우선적으로 제작합니다. Plane 메시를 생성한 후 두 면을 선택하여 돌출시킵니다.

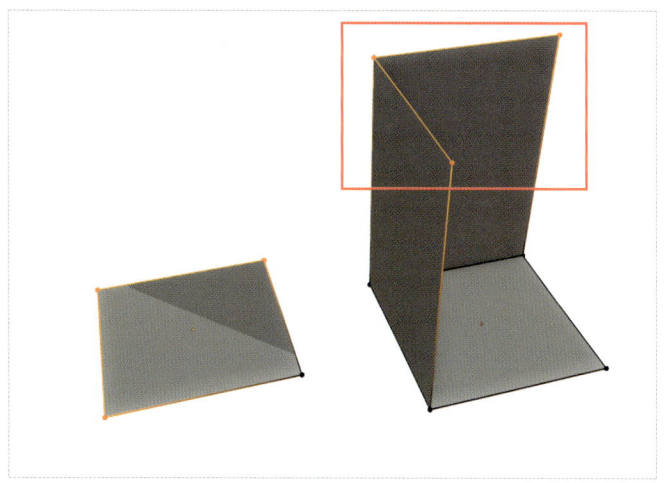

02 ❶ Loop Cut 기능을 사용하여 새로운 에지(edge)를 추가합니다. <Ctrl> + <R> 단축키를 눌러 원하는 위치에 에지(edge)를 생성하고 창문을 배치할 영역을 확보합니다. ❷ 창문이 들어갈 면(area)을 선택하고 <E> 키를 눌러 바깥쪽으로 밀어냅니다. 이 과정은 창문이 들어갈 벽 두께를 표현하는 역할을 합니다. ❸ 창문이 들어갈 면(area)을 선택한 상태에서 <P> 키를 눌러 Separate 메뉴를 띄웁니다. 여기서 [Selection]을 선택하여 면을 분리합니다. 이렇게 하면 창문이 들어갈 부분이 독립적인 오브젝트로 나뉘어 이후 수정이 더욱 편리해집니다. <Tab> 키를 눌러 Object Mode로 전환하면 분리한 창문을 개별 오브젝트로 선택할 수 있습니다.

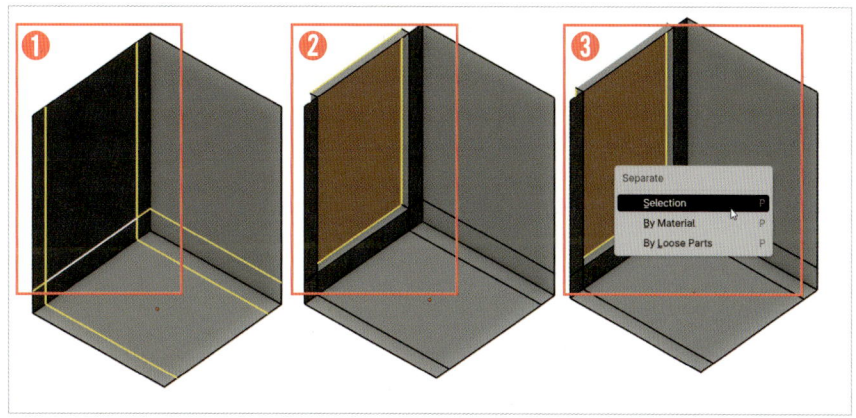

03 콘셉트 이미지에 맞게 창문을 나눕니다. Loop Cut 기능을 사용하여 창문을 적절한 비율로 분할합니다. <Ctrl> + <R> 단축키를 누른 후 마우스 휠을 굴려 한 번에 나누는 에지(edge) 개수를 조절합니다. 이렇게 나눈 에지(edge)는 등간격으로 배치되며 구조적으로 안정적인 창문 프레임을 형성할 수 있습니다.

04 ❶ 창틀과 유리를 구분하기 위해 유리가 들어갈 면을 모두 선택합니다. ❷ Inset Face 기능을 사용하여 선택한 면의 안쪽에 새로운 면을 생성합니다. <I> 키를 누르면 Inset Face 기능이 활성화됩니다. 연속으로 한 번 더 <I> 키를 눌러야 각 면이 개별적으로 안쪽으로 생성됩니다.

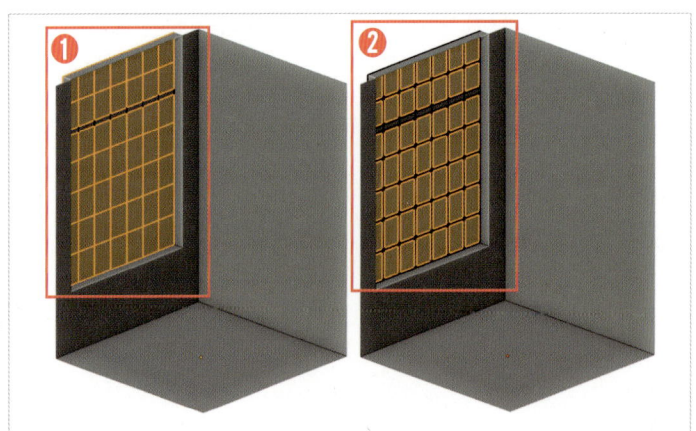

05 개별적으로 안쪽에 생성한 면을 다시 한번 <E> 키를 눌러 바깥쪽으로 밀어냅니다. 이렇게 하면 창틀과 유리가 명확하게 구분됩니다. 오른쪽 모델링처럼 창틀이 두꺼워지고 유리 부분이 들어간 형태가 만들어집니다. 형상이 확실하게 나뉘어야 Canny 이미지를 생성할 때 흰색 테두리로 정확하게 표현할 수 있습니다.

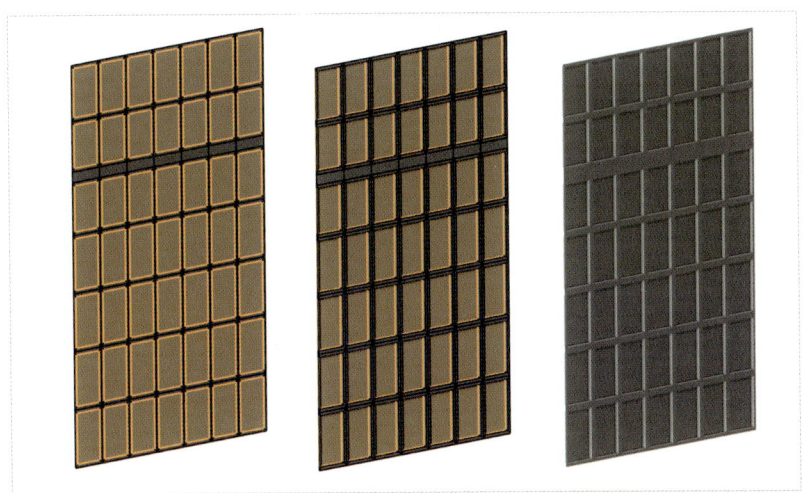

06 이제 카메라 오브젝트를 생성하고 전반적인 구도를 설정합니다. ❶ Camera 오브젝트를 생성한 후 Camera View로 전환하여 원하는 위치와 각도로 조정합니다. ❷ Camera View의 비율을 세로형으로 변경할 수 있습니다. 이를 위해 [Output Properties] 탭으로 이동합니다.

❸ 'Format' 메뉴에서 'Resolution' 항목을 조절하여 가로와 세로 비율을 설정합니다. 일반적으로 많이 사용하는 '1080×1920' 값을 적용하였습니다. ❹ 출력되는 해상도를 낮추어 빠른 작업을 진행할 수 있습니다. 'Resolution' 항목 아래에 있는 비율 설정을 '50%'로 조정하면 '1080×1920' 해상도가 절반인 '540×960'으로 줄어듭니다. 이렇게 해상도를 낮추는 이유는 ComfyUI에서 빠르게 이미지를 생성하기 위함입니다. 원본 해상도가 높을수록 생성 시간이 오래 걸릴 수 있습니다. 따라서 낮은 해상도로 먼저 생성한 후 업스케일링을 활용해 해상도를 높이는 방식이 더 효율적입니다.

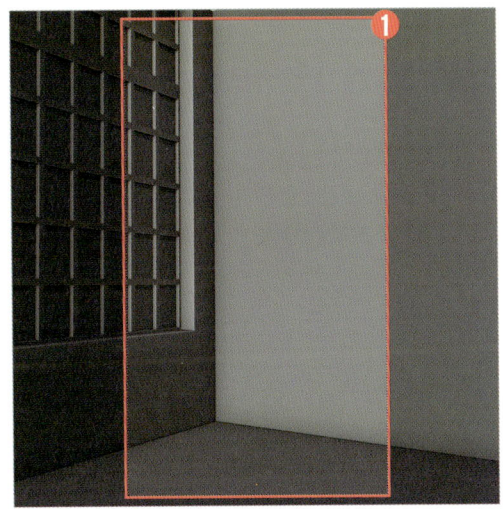
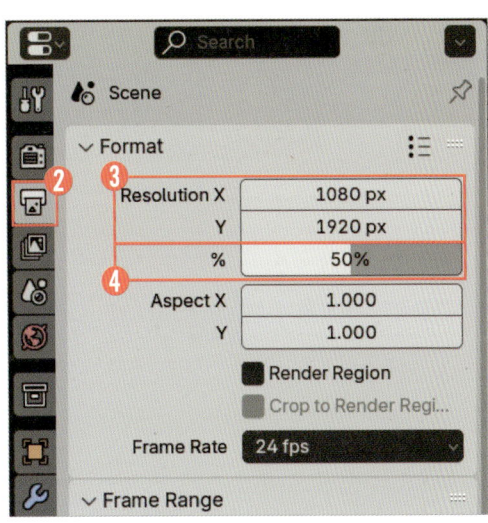

기초 모델링(의자)

01 의자를 간략화하여 모델링합니다. 먼저 의자 좌판을 제작하겠습니다. ❶ Cube 메시를 생성한 후 높이를 낮춰 두께를 조정합니다. ❷ 각진 부분의 에지(edge)를 선택한 후 <Ctrl> + <B> 단축키를 눌러 Bevel 기능을 적용합니다. 이를 통해 모서리를 둥글게 만들 수 있습니다. Bevel 기능을 사용할 때 마우스 휠을 올리면 곡선의 세그먼트가 추가되며 더욱 부드러운 형태로 조정할 수 있습니다. 이 과정을 통해 기본적인 의자 좌판을 완성하고 이후 다리와 등받이 모델링을 진행합니다.

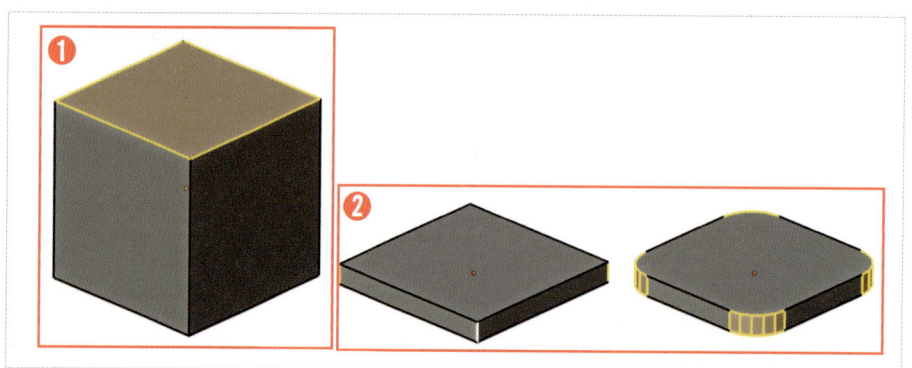

02 유연한 의자 다리를 간략하게 제작합니다. ❶ 의자 좌판에서 모서리 부분에 있는 버텍스를 선택한 후 <E> 키를 눌러 아래 방향으로 돌출시킵니다. 이때 <Z> 키를 이어서 누르면 정확하게 Z축을 따라 이동합니다. ❷ 돌출한 에지(edge)를 선택한 후 <P> 키를 눌러 Separate 메뉴에서 [Selection]을 선택하여 분리합니다. <Tab> 키를 눌러 Object Mode로 전환하면 분리한 에지(edge)를 개별 오브젝트로 선택할 수 있습니다.

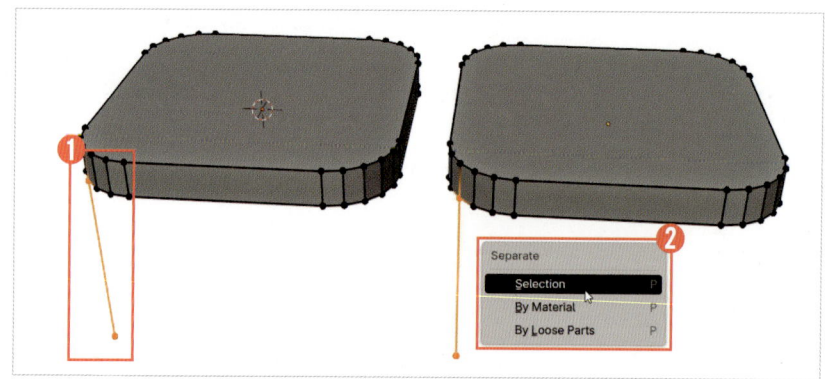

03 ❶ 분리한 버텍스를 선택하고 Skin Modifier를 추가합니다. 이 모디파이어는 버텍스에 부피를 추가하여 실린더 형태의 다리를 손쉽게 생성할 수 있습니다. ❷ 3D 뷰포트 에어리어 우측 상단에 있는 <Toggle X-ray> 기능 버튼을 클릭하여 활성화합니다. 이를 통해 Skin Modifier를 적용한 상태에서도 내부 구조를 확

인할 수 있습니다. 이렇게 하면 부피 안쪽에 있는 버텍스를 쉽게 조정할 수 있어 다리의 형태를 더 정교하게 다듬을 수 있습니다.

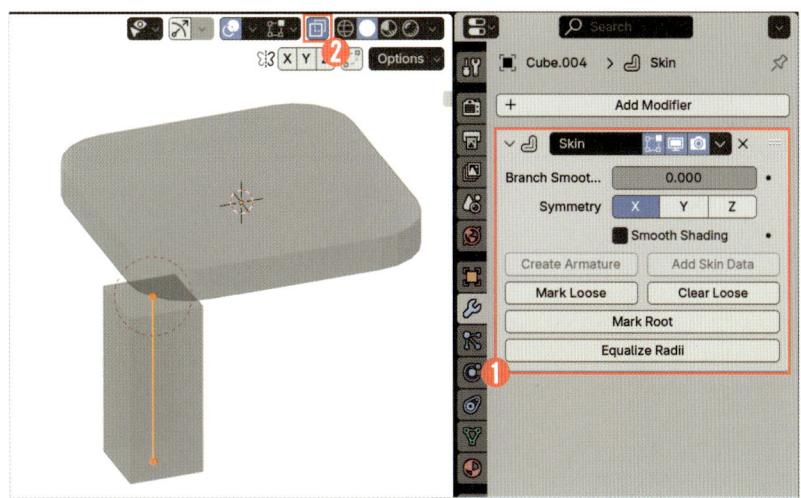

04 ① Skin Modifier로 생성한 실린더의 지름은 <Ctrl> + <A> 단축키를 사용하여 조절할 수 있습니다. 선택한 버텍스별로 개별적인 크기 조정이 가능하므로 다리의 굵기를 원하는 형태로 조정할 수 있습니다. ② 지름을 변경하는 기능은 3D 뷰포트 에어리어 상단 메뉴에서도 사용할 수 있습니다. [Mesh] → [Transform] → [Skin Resize]를 선택하면 동일한 기능을 수행할 수 있습니다.

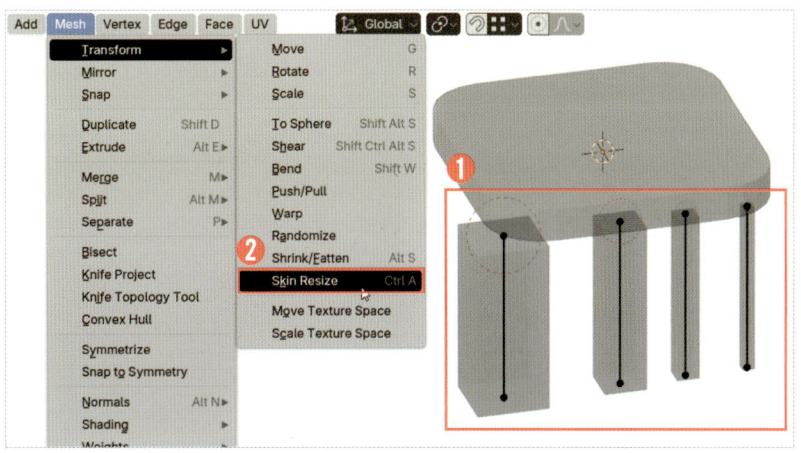

05 Skin Resize를 조절하여 다리의 두께를 원하는 형태로 조정합니다. 버텍스를 선택한 후 <E> 키를 눌러 돌출시켜 다리와 등받이의 형상을 만듭니다. 이때 좌판과 자연스럽게 연결되도록 조정합니다. 버텍스 개수를 최소화하여 먼저 큰 형상을 잡고 이후 필요한 부분에 버텍스를 추가하는 방식이 더 효율적입니다. 두 개의 버텍스를 선택한 후 마우스 우클릭을 하면 팝업 메뉴가 나타납니다. 여기서 [Subdivide]를 선택하면

두 버텍스 사이에 새로운 버텍스가 추가됩니다. 이 기능을 활용하면 세부적인 디테일을 더 쉽게 조정할 수 있으며 나중에 더욱 정교한 형태로 다듬을 수 있습니다.

06 Mirror Modifier를 추가하여 반대쪽에 대칭이 되는 다리를 생성합니다. ❶ Mirror Modifier가 Skin Modifier보다 먼저 적용되도록 순서를 조정합니다. 위치 변경 아이콘을 마우스로 드래그하여 Mirror Modifier를 Skin Modifier 위로 이동시킵니다. 버텍스를 대칭으로 만든 후에 두께를 적용해야 대칭점이 만나는 부분에서 겹치는 오류를 방지할 수 있습니다. ❷ Mirror Modifier의 [Clipping]을 활성화합니다. 이렇게 하면 대칭점이 만나는 부분에서 버텍스가 자동으로 하나로 병합됩니다. 이를 통해 대칭 구조가 정확하게 유지되며 깔끔한 형상을 만들 수 있습니다.

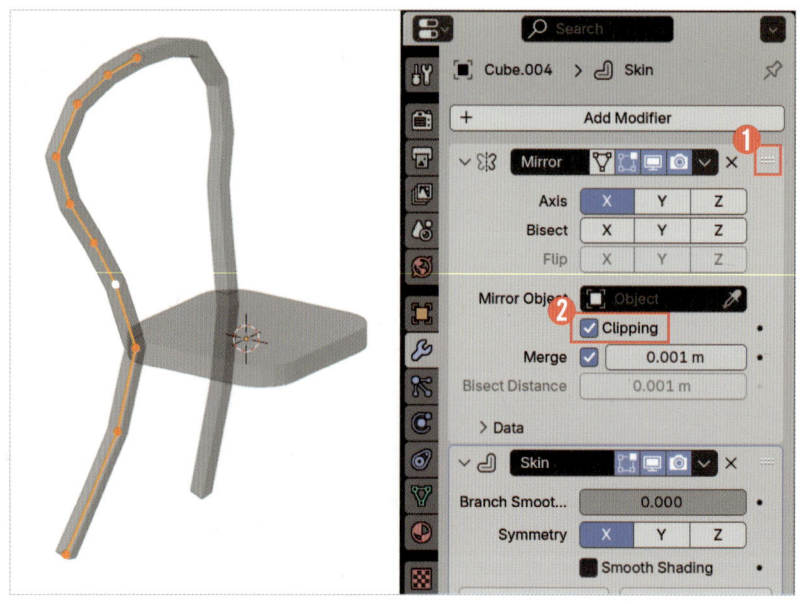

07 다리에 디테일을 추가하여 더욱 자연스럽게 만듭니다. ❶ Subdivision Surface Modifier를 추가하여 다리의 형상이 부드러워지도록 설정합니다. 이를 통해 각진 형태를 줄이고 곡선 형태를 더욱 매끄럽게 표현할 수 있습니다. ❷ Skin Modifier에서 [Smooth Shading]을 선택하여 활성화합니다. 이렇게 하면 표면이 더욱 부드럽게 보이며 자연스러운 형태를 강조할 수 있습니다.

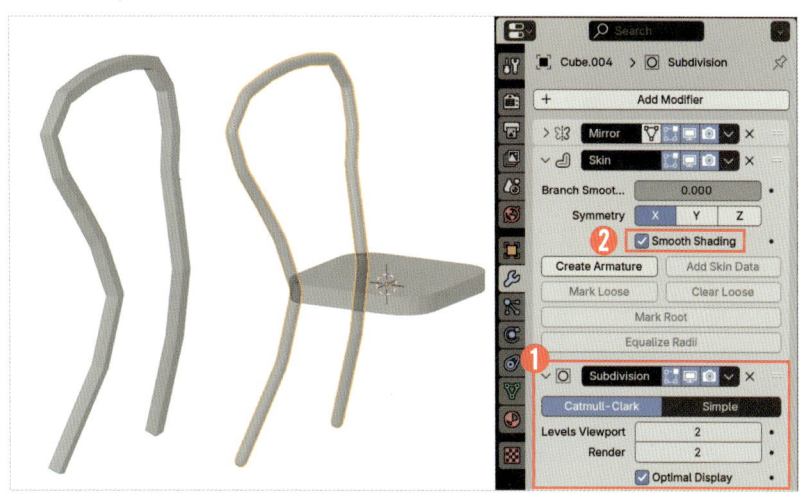

08 ❶ 앞쪽 다리를 간편하게 만들기 위해 뒤쪽 다리를 복사하여 생성합니다. 하지만 복사한 버텍스에는 Skin Modifier의 부피가 적용되지 않은 상태입니다. ❷ 이를 해결하려면 Skin Modifier 메뉴에서 Mark Root 기능을 사용해야 합니다. 이 기능은 뿌리(root)에서 가지가 뻗어나가는 구조를 정의하는 역할을 합니다. 복사한 앞쪽 다리의 아래쪽 버텍스를 선택한 후 Skin Modifier 메뉴에서 <Mark Root> 버튼을 클릭합니다. 이렇게 하면 복사한 다리에도 부피가 정상적으로 적용되며 기존 다리와 동일한 방식으로 렌더링됩니다.

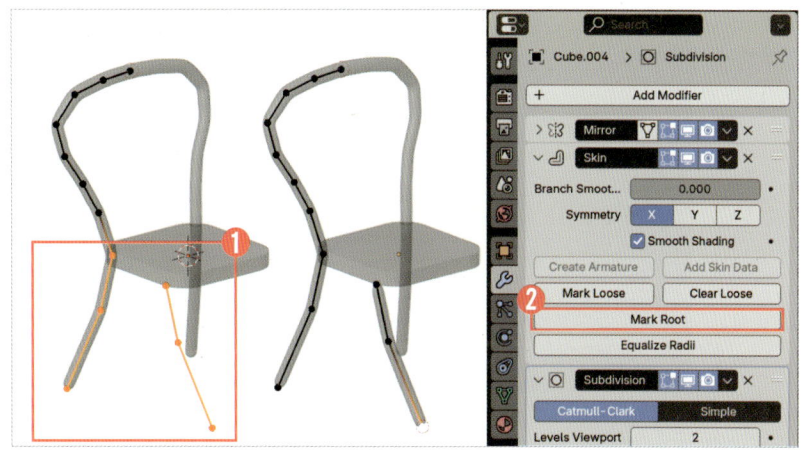

09 의자 다리 네 개를 모두 제작한 후 등받이와 다리를 연결하는 구간에도 디테일을 추가했습니다. 이와 같이 Skin Modifier 기능을 활용하면 간략한 형태의 의자를 쉽고 빠르게 만들 수 있습니다.

10 세팅했던 Camera View에 의자를 배치하여 구도를 조정합니다. 의자가 화면에 자연스럽게 배치되도록 위치와 각도를 조정합니다. 전체적인 프레임 안에서 균형이 맞는지 확인하며 필요하면 약간의 회전이나 이동을 추가합니다.

기초 모델링(소품)

01 책상은 Cylinder 메시를 사용하여 간편하게 제작할 수 있습니다. Cylinder 메시를 생성한 후 상판의 크기와 두께를 조정하여 원하는 형태로 만듭니다. 참조 이미지에 따라 다리 개수를 조정할 수 있습니다. 기본적으로 단일 기둥으로 만들 수도 있으며 필요에 따라 Cylinder 메시를 추가하여 네 개의 다리를 배치할 수도 있습니다.

02 전체 구성에 책상과 의자를 추가한 후 비율을 세밀하게 조정합니다. 각 오브젝트가 자연스럽게 배치될 수 있도록 크기와 위치를 조정합니다. 의자와 책상이 조화롭게 어우러지는지 확인하며 필요하면 스케일을 조절하여 균형을 맞춥니다.

03 미드저니에서 생성한 이미지에서 추가하고 싶은 작은 소품들을 제작하여 배치합니다. 형태는 간략화해도 무방하며 전체적인 분위기를 살릴 수 있도록 배치하는 것이 중요합니다. 컵, 책, 화분, 조명 등의 소품을 간단한 메시로 만들고 장면의 조화를 고려하여 배치합니다.

ComfyUI로 완성하기

01 블렌더의 Compositing을 사용하여 Canny, Depth, Mask 이미지를 생성합니다. 방법은 앞에서 배운 과정과 동일합니다. Freestyle 기능을 활용하여 Canny 이미지를 만들고 Mist 패스를 설정하여 Depth 이미지를 추출합니다. 또한 배경을 투명하게 처리한 후 Alpha 정보를 활용하여 Mask 이미지를 생성합니다.

02 앞에서 배운 ComfyUI의 ControlNet 워크플로를 불러옵니다. 여기에 챗GPT, 미드저니, 블렌더에서 만든 데이터를 모두 적용하여 최종 이미지를 생성합니다. ComfyUI

❶ 이미지 크기를 설정할 수 있도록 Reference 그룹에 Mask 이미지를 업로드합니다. ❷ 흰색 테두리 정보를 입력할 수 있도록 Canny 그룹에 Canny 이미지를 업로드합니다. ❸ 깊이 정보를 입력할 수 있도록 Depth 그룹에 Depth 이미지를 업로드합니다.

❹ 챗GPT에서 생성한 ComfyUI 전용 프롬프트를 입력합니다. Positive와 Negative 프롬프트를 모두 설정하여 원하는 스타일을 세밀하게 조정합니다. ❺ 미드저니에서 생성한 이미지를 업로드합니다. 이 이미지는 스타일 참조용으로 사용되며, ComfyUI가 이를 기반으로 새로운 이미지를 생성합니다. 모든 데이터가 적용되면 ComfyUI에서 최종 이미지를 생성하고 수정하는 과정을 진행합니다.

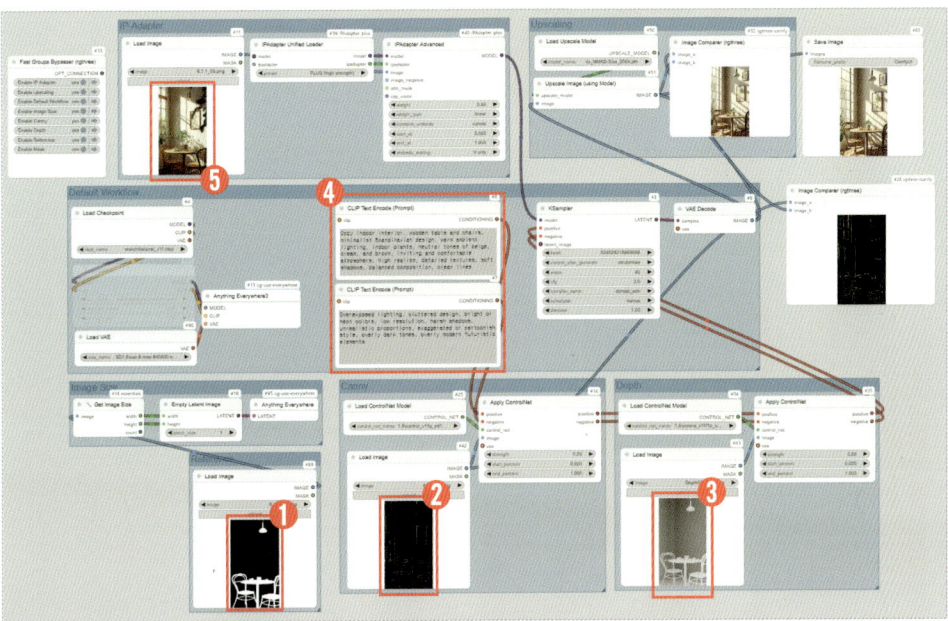

03 블렌더로 간략하게 만든 모델링에 미드저니 스타일을 적용한 텍스처가 모두 입혀졌습니다. 이처럼 블렌더 모델링과 AI를 결합하면 원하는 스타일을 쉽고 빠르게 적용할 수 있습니다. 챗GPT로 프롬프트를 작성하고 미드저니에서 스타일을 참고한 후 ComfyUI에서 ControlNet과 IP-Adapter를 활용하여 텍스처를 자동으로 생성하는 방식은 매우 효율적인 작업 프로세스를 제공합니다. ComfyUI

04 블렌더를 활용한 AI 이미지 생성에는 또 다른 장점이 있습니다. 카메라 각도를 변경하더라도 모델의 형태와 배치를 일관되게 유지할 수 있습니다. AI 기반 이미지 생성에서는 동일한 구도를 반복적으로 재현하기 어려운 경우가 많지만 블렌더를 활용하면 3D 모델을 기반으로 일정한 구성을 유지할 수 있습니다.

이를 실험하기 위해 블렌더에서 카메라 각도를 변경한 후 다시 렌더링하여 ComfyUI로 이미지를 생성해 보겠습니다. 이를 통해 다양한 시점에서도 동일한 스타일을 유지하며 자연스러운 결과물을 얻을 수 있습니다. ComfyUI

6.3 실내 인테리어(블랙&화이트)

세 번째 실습에서는 블랙&화이트 스타일의 실내 인테리어를 제작합니다. 기술적인 방식은 두 번째 실습과 동일하지만 이번에는 창의적인 스타일과 디테일한 퀄리티에 더욱 집중합니다. 블랙&화이트 스타일은 미니멀리즘과 고급스러운 분위기를 강조하며 특히 대리석 바닥을 활용한 인테리어가 많이 적용됩니다. 이번 실습에서도 이러한 스타일을 반영하여 제작해 보겠습니다.

텍스처 생성

01 첫 단계로 챗GPT를 활용해 블랙&화이트 스타일이 잘 나타나는 실내 인테리어 프롬프트를 만듭니다. 스타일을 구체적으로 정의하고 원하는 요소를 포함하여 프롬프트를 구성합니다. 프롬프트는 미드저니와 ComfyUI에서 동시에 사용이 가능합니다. 챗GPT에 아래와 같이 질문을 합니다. 챗GPT

실내 인테리어를 3D 그래픽으로 만들려고 해.

창 밖에 식물이 보이는 블랙 & 화이트 스타일을 원해.

1. 간단한 콘셉트 요약
2. 미드저니로 이미지 생성 가능한 프롬프트 작성(영어로)
3. ComfyUI에서 사용할 수 있는 Positive, Negative 프롬프트 작성

1. 간단한 콘셉트안 요약

모던 미니멀리즘: 깔끔한 라인과 단순한 기하학적 패턴을 통해 현대적인 분위기를 연출합니다.

블랙 & 화이트 팔레트: 인테리어 전반에 걸쳐 극적인 명암 대비를 활용하여 세련됨과 고급스러움을 강조합니다.

자연과의 조화: 큰 창문을 통해 외부의 풍부한 식물과 녹음을 감상할 수 있어 인테리어에 신선한 자연의 요소를 더합니다.

2. 미드저니 이미지 생성 프롬프트

Prompt(영어): "Ultra-modern 3D interior design with a striking black and white palette, featuring minimalist aesthetics with clean lines and geometric patterns. A large window reveals a view of lush outdoor greenery and vibrant plants, creating a refreshing contrast with the monochrome interior. Rendered in a photorealistic style with dramatic lighting and precise architectural details."

3. ComfyUI 프롬프트(Positive & Negative)

Positive Prompt:

ultra-modern, 3D interior, black and white, minimalist design, clean lines, geometric patterns, large window, outdoor greenery, vibrant plants, photorealistic, dramatic lighting, precise architectural details, refreshing contrast

Negative Prompt:

blurry, pixelated, low quality, oversaturated, noisy, chaotic, cluttered, cartoonish, distorted, unbalanced composition, unrealistic proportions, grainy, dull colors

02 챗GPT에서 생성한 프롬프트를 미드저니에 입력하여 이미지를 생성합니다. 이번에는 공간감이 잘 나타나는 가로 형태의 이미지를 만들겠습니다. 가로와 세로 비율을 2:1로 설정하여 넓은 구도를 강조합니다.

🚢 미드저니

생성한 여러 이미지 중에서 실습에서 간단하게 따라 할 수 있는 이미지를 선정합니다. 작업 과정에서 구현하기 쉬우면서도 균형 잡힌 구성을 가진 이미지를 참고하여 블렌더에서 모델링을 진행하겠습니다.

기초 모델링(배경)

01 블렌더에서 작업을 시작합니다. 생성한 이미지에 있는 오브젝트를 똑같이 구현할 필요는 없습니다. 전체적인 구도와 스타일을 참고하면서 원하는 대로 제작합니다. 이미지의 주요 요소를 분석하여 공간의 배치와 비율을 설정하고 핵심적인 형태를 먼저 모델링합니다. 세부 요소는 필요에 따라 단순화하거나 변형하여 작업의 효율성을 높입니다.

❶ Camera와 Plane 메시를 생성합니다. Camera View 상태로 전환합니다. ❷ Plane 메시를 실내 바닥 위치에 배치합니다. 필요에 따라 길이를 조정하여 공간의 구도를 조절합니다.

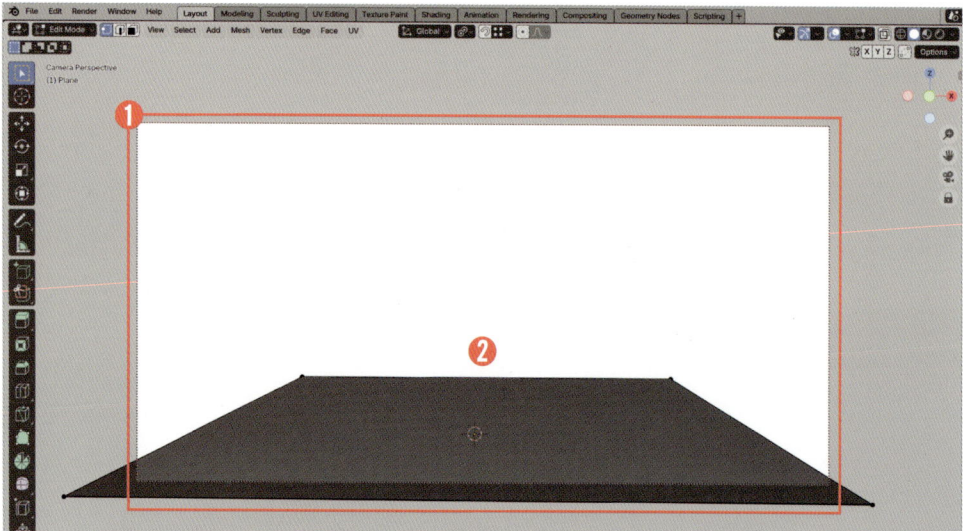

02 천장, 벽, 유리창 위치에 Plane 메시를 추가로 생성합니다. 각각의 면이 딱 맞닿도록 Extrude 기능을 사용해 돌출시켜 작업할 수도 있습니다. 하지만 면을 개별 Plane으로 분리하면 각각의 형태를 따로 모델링하기 더 쉽습니다. 필요에 따라 작업 방식에 맞춰 선택하면 됩니다.

다음 이미지에서는 면이 분리된 상태를 강조하기 위해 일부러 겹치지 않도록 연출하였습니다. 실제 작업에서는 면을 자연스럽게 맞춰 배치하면 됩니다.

03 가장 특징이 잘 보이는 큰 창문부터 작업했습니다. 참고하는 이미지에서 눈에 띄는 특징이 다른 물체라면 창문 대신 그 요소부터 작업해도 무방합니다. 중요한 것은 전체적인 구도를 고려하면서 작업하는 것입니다. 창문을 만드는 방식은 앞에서 소개한 방법과 동일하게 진행합니다.

04 천장이나 벽의 구조가 특이하다면 참고하여 적용하는 것이 좋습니다. 독특한 형태나 디테일은 공간의 분위기를 결정하는 중요한 요소가 될 수 있습니다. ❶ 천장이 파여 있는 구조를 적용하였습니다. 파인 공간에 조명을 숨기고 반사되는 빛을 활용하는 방식입니다. 이러한 조명 기법은 은은한 분위기를 연출하는데 효과적이며 미드저니도 이러한 방식을 학습하여 멋진 참조 이미지를 생성할 수 있습니다. ❷ 벽에 두께감을 주고 창문을 사이에 두는 구조로 작업하였습니다. 벽과 창문이 단순하게 나란히 배치되면 다소 밋밋해 보일 수 있습니다. 벽에 입체적인 요소를 추가하면 공간에 깊이감을 더하고 더욱 완성도 높은 디자인을 구현할 수 있습니다.

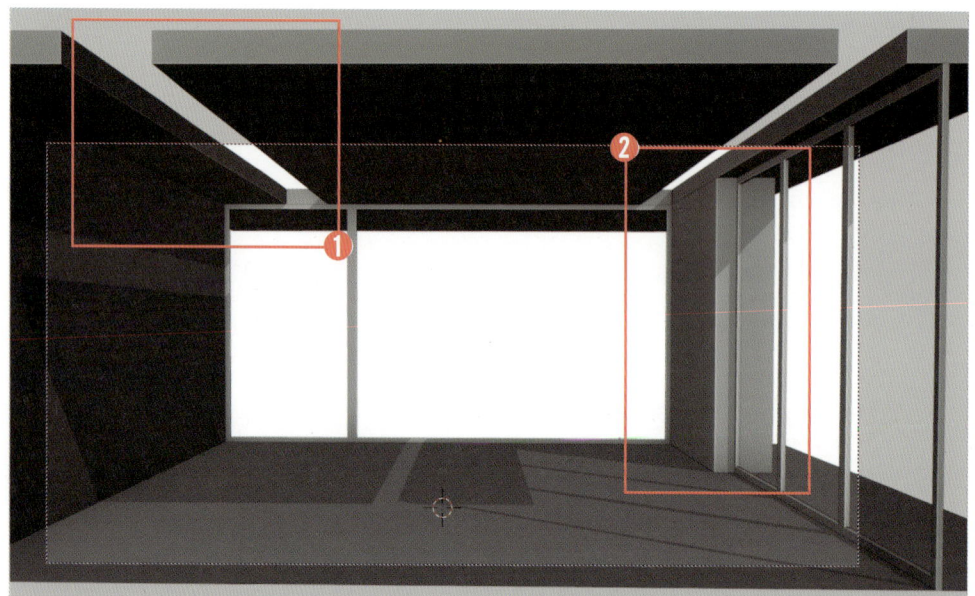

기초 모델링(소품)

01 장식이 들어가는 반대쪽 벽을 작업하였습니다. Loop Cut과 Extrude 기능을 사용하면 쉽게 입체감을 만들 수 있습니다. 벽에 깊이를 더하거나 패턴을 적용할 때 유용한 방법입니다. 또한 Cube 메시를 활용하여 모니터 형상을 잡아주었습니다. 기본적인 형태를 만든 후 필요에 따라 크기와 비율을 조정하여 자연스럽게 배치합니다.

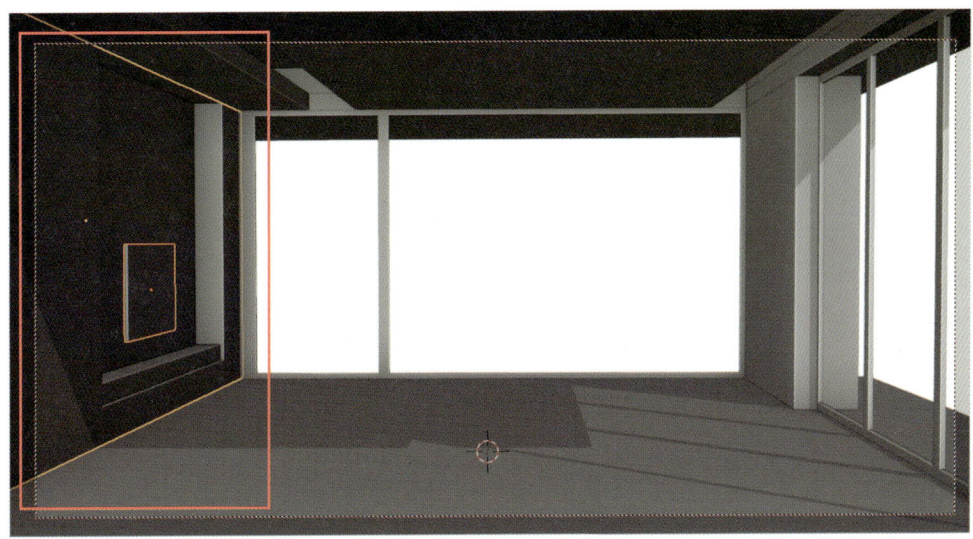

02 중앙에 소파를 배치하였습니다. 소파는 오직 Cube 메시만 사용하여 제작하였습니다. 단순히 크기를 변형하여 쌓아 올린 형태이며 기본적인 구조를 빠르게 구현할 수 있습니다. 또한 Cube 메시를 납작하게 변형하여 가장 아래에 카펫을 추가하였습니다. 이렇게 하면 바닥과 가구 사이에 자연스러운 구분이 생겨 공간에 더욱 안정감을 줄 수 있습니다.

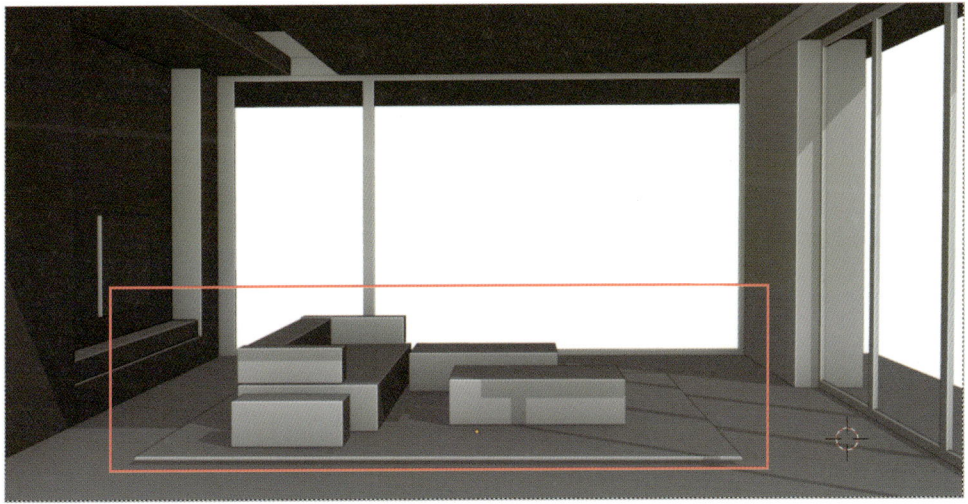

03 ❶ Cube 메시를 사용하여 천장에 조명 요소를 생성하였습니다. 단순한 형태이지만 조명의 크기와 위치를 조정하여 공간의 분위기를 조절할 수 있습니다. ❷ Cylinder 메시를 사용하여 화분 요소를 생성하였습니다. ComfyUI에서 텍스처를 생성할 때 이 요소가 화분으로 인식될 가능성이 높습니다. 이는 창가 주변에 있는 원통형 형태를 화분으로 학습했을 확률이 높기 때문입니다.

비슷한 형태의 스툴을 생성할 가능성도 존재합니다. 원하는 결과를 얻지 못한 경우 이미지를 여러 번 생성하거나 인페인팅 기능을 활용하여 부분적으로 수정하면 자연스럽게 화분으로 변경할 수 있습니다.

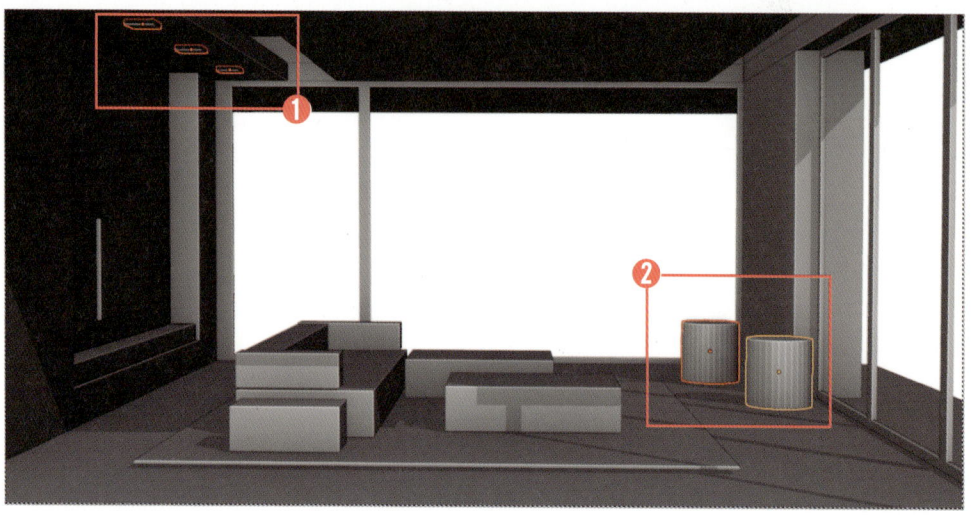

ComfyUI로 완성하기

01 모델링 작업이 모두 완료되면 화면 상단의 [Compositing] 워크스페이스 탭으로 이동하여 이미지를 출력합니다. 노드 구성은 앞에서 배운 방식과 동일하게 설정하며 Canny, Depth, Alpha 이미지를 출력합니다. 이를 활용하면 ComfyUI에서 추가적인 스타일링이나 디테일 보정을 효과적으로 진행할 수 있습니다.

02 ComfyUI에서 마무리 작업을 진행합니다. 블렌더에서 생성한 Canny, Depth, Alpha 이미지를 모두 적용하여 형태와 구조를 유지하면서도 원하는 스타일을 반영할 수 있도록 설정합니다. IP-Adapter 그룹에는 미드저니에서 생성한 스타일 이미지를 적용합니다. 이를 통해 블렌더에서 제작한 기본 모델링에 미드저니의 감각적인 스타일을 더하여 더욱 완성도 높은 결과물을 얻을 수 있습니다. ComfyUI

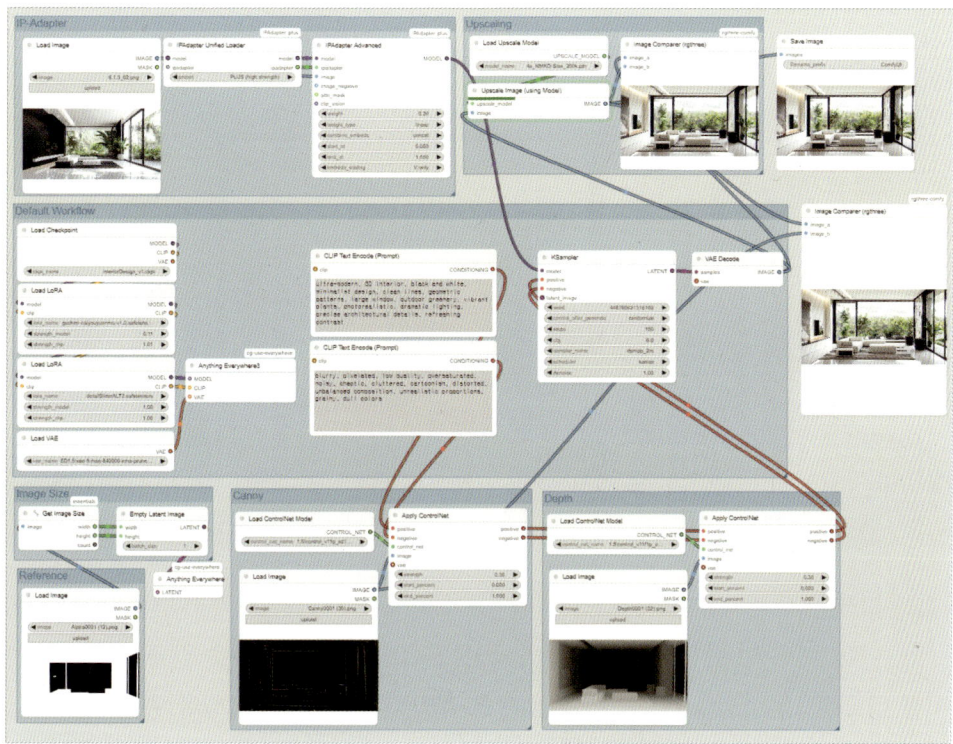

03 KSampler, ControlNet, IP-Adapter 설정을 조절하여 원하는 이미지를 생성합니다. 각 설정을 세밀하게 조정하면 블렌더에서 만든 기본 모델을 유지하면서도 미드저니 스타일이 자연스럽게 적용됩니다. 또한 프롬프트 창에 원하는 내용을 추가로 입력하여 디테일을 더욱 강화할 수 있습니다. 조명, 질감, 색감 등을 구체적으로 지정하면 더욱 정교한 결과물을 얻을 수 있습니다. 필요한 경우 여러 번 조합을 시도하여 최적의 이미지를 완성합니다. ComfyUI

이와 같은 방법을 사용하면 원하는 배치와 구성으로 실제 사진에 가까운 렌더링 결과를 생성할 수 있습니다. 여러 번 반복하여 생성해 보면 자연스럽게 익숙해질 수 있습니다. 여기에서는 스테이블 디퓨전 1.5 버전을 사용하였지만 최근 개발된 Flux 같은 모델을 활용하면 현실적인 이미지를 생성할 수 있습니다. AI 모델은 계속 발전하고 있으므로 앞으로도 관심을 가지고 스테이블 디퓨전을 꾸준히 연구해 보시길 바랍니다.

더 알아보기

1. 공식 문서 및 유용한 툴과 리소스
2. 블렌더 주요 단축키
3. 각종 프롬프트 리스트

1 공식 문서 및 유용한 툴과 리소스

이 책에서 다룬 챗GPT, 미드저니, ComfyUI를 더욱 깊이 있게 활용하려면 공식 문서와 학습 자료를 참고하는 것이 중요합니다. 최신 AI 이미지 생성 기술은 빠르게 발전하고 있으므로 커뮤니티와 포럼을 통해 최신 트렌드를 지속적으로 학습하는 것도 좋은 방법입니다. 각 도구의 공식 문서, 실용적인 학습 자료, 유용한 커뮤니티 및 포럼을 정리합니다. 또한, AI 이미지 생성 보조 도구, 블렌더 플러그인, AI 모델 다운로드 사이트, 무료 텍스처 및 3D 모델 리소스를 포함하여 작업 효율성을 높일 수 있는 필수 자료를 제공합니다.

1.1 공식 문서

01 챗GPT 관련 자료

오픈AI 공식 문서: 챗GPT API 및 활용법을 설명한 공식 가이드[1]

챗GPT 프롬프트 엔지니어링 가이드: 효과적인 프롬프트 작성법과 응용 사례 정리[2]

02 미드저니 관련 자료

미드저니 공식 웹사이트: 최신 모델 업데이트 및 사용 가이드 제공[3]

미드저니 가이드북: 프롬프트 작성법, 파라미터 설명, 고급 스타일링 가이드 포함[4]

03 ComfyUI 관련 자료

ComfyUI 깃허브: 최신 기능, 플러그인 업데이트, 기본 사용법 제공[5]

ComfyUI 위키: 워크플로 설정 방법과 노드 활용법 정리[6]

---

1. platform.openai.com/docs
2. promptingguide.ai
3. midjourney.com
4. docs.midjourney.com
5. github.com/comfyanonymous/ComfyUI
6. github.com/comfyanonymous/ComfyUI/wiki

1.2 학습 자료 및 튜토리얼

01 챗GPT 학습 자료

The Art of Prompt Engineering: IBM의 Cognitive Class에서 제공하는 무료 온라인 가이드[7]

챗GPT 활용 강의: 유데미, 유튜브 강의 등

02 미드저니 스타일링 관련 자료

미드저니 프롬프트 스타일 가이드북: 특정 화풍, 색감 조정법 제공[8]

(예: 시네마틱 스타일, 판타지 스타일 등)

03 블렌더 & ComfyUI 튜토리얼

「Blender Guru」 유튜브 채널: 블렌더 모델링 기초부터 고급 렌더링까지[9]

ComfyUI 강좌 모음: 최신 기능 및 활용법 공유[10]

1.3 관련 커뮤니티 및 포럼

01 챗GPT & AI 연구 커뮤니티

오픈AI 공식 디스코드: 챗GPT 및 오픈AI 관련 최신 기술 토론과 업데이트 공유[11]

Reddit - r/ChatGPT: 챗GPT 사용법, 프롬프트 아이디어, 문제 해결 방법 공유[12]

02 미드저니 & AI 아트 커뮤니티

미드저니 공식 디스코드: 최신 모델 업데이트, 스타일 연구, 고급 프롬프트 테스트 논의[13]

Reddit - r/MidJourney: 프롬프트 실험, 생성한 이미지, 사용자 팁 공유[14]

---

7. cognitiveclass.ai/courses/the-art-of-prompt-engineering?utm_source=chatgpt.com#about-course
8. docs.midjourney.com/hc/en-us/articles/32835253061645-Art-of-Prompting
9. youtube.com/@blenderguru
10. reddit.com/r/StableDiffusion
11. discord.com/invite/openai
12. reddit.com/r/ChatGPT
13. discord.gg/midjourney
14. reddit.com/r/midjourney

03 ComfyUI & 스테이블 디퓨전 커뮤니티

ComfyUI 공식 포럼: ComfyUI 노드 설정, 플러그인 추가, 최신 기능 활용법 공유[15]

Reddit - r/StableDiffusion: AI 이미지 생성에 대한 전반적인 논의, 모델 비교, 문제 해결 팁 공유[16]

1.4 AI 이미지 생성 관련 툴

스테이블 디퓨전 및 AI 이미지 생성 워크플로에서 활용할 수 있는 유용한 툴을 정리하였습니다.

스테이블 디퓨전 모델 다운로드: Hugging Face에서 최신 AI 모델을 다운로드하고 테스트할 수 있음[17]

프롬프트 검색 및 공유: PromptHero를 활용하여 인기 있는 AI 프롬프트를 검색하고 활용 가능[18]

AI 이미지 업스케일링 툴: Topaz Gigapixel AI를 사용하여 해상도를 높이고 디테일을 보정할 수 있음[19]

1.5 블렌더 관련 플러그인 및 리소스

모델링과 렌더링 작업을 효과적으로 수행할 수 있는 플러그인과 무료 리소스를 정리하였습니다.

모델링 플러그인: Hard Ops 및 Boxcutter로 빠르게 하드서피스 모델링 가능[20]

무료 3D 모델 및 텍스처: BlenderKit에서 다양한 무료 3D 자산 다운로드 가능[21]

조명 설정 플러그인: Physical Starlight and Atmosphere를 활용하여 사실적인 자연광 조명 연출 가능[22]

1.6 ComfyUI 및 스테이블 디퓨전 관련 리소스

더욱 정교한 AI 이미지를 생성할 수 있도록 필수적인 모델과 리소스를 정리하였습니다.

ComfyUI & AI 모델 다운로드: Civitai에서 다양한 Checkpoint 및 LoRA 모델 제공[23]

무료 AI 아트 스타일 데이터베이스: Artbreeder를 활용하여 스타일 변형 및 창작 가능[24]

AI 기반 스타일 변환 툴: Deep Dream Generator를 사용하여 다양한 AI 스타일 적용 가능[25]

---

15. github.com/comfyanonymous/ComfyUI/discussions
16. reddit.com/r/StableDiffusion
17. huggingface.co
18. prompthero.com
19. topazlabs.com/gigapixel-ai
20. blendermarket.com/products/hard-ops-boxcutter-ultimate-bundle
21. blenderkit.com
22. blendermarket.com/products/physical-starlight-and-atmosphere
23. civitai.com
24. artbreeder.com
25. Deep Dream Generator: deepdreamgenerator.com

2 블렌더 주요 단축키

블렌더는 다양한 기능을 효율적으로 활용할 수 있도록 단축키를 제공합니다. 다음은 자주 사용하는 단축키를 정리한 목록입니다.

구분	단축키	설명
기본 조작	마우스 왼쪽 클릭	선택
	<Shift> + 마우스 왼쪽 클릭	다중 선택
	마우스 오른쪽 클릭	콘텍스트 메뉴
	<ESC>	취소
	<Ctrl> + <C>	복사
	<Ctrl> + <V>	붙여넣기
	<Ctrl> + <Z>	실행 취소(Undo)
	<Ctrl> + <O>	파일 열기
	<Ctrl> + <S>	저장하기
	<Shift> + <Ctrl> + <Z>	다시 실행(Redo)
	<A>	전체 선택
	<Alt + <A>	전체 선택 해제
	<Ctrl + <I>	선택 반전
	<Shift> + <A>	오브젝트 추가
	<Shift> + <D>	오브젝트 복사
	<Delete>	오브젝트 삭제
	<X>	오브젝트 삭제
	<H>	오브젝트 숨기기
	<Alt> + <H>	숨긴 오브젝트 보이기
	<T>	툴바
	<N>	사이드바
	<Q>	Quick Favorites

구분	단축키	설명
기능 단축키(공통 항목)	<Shift> + 마우스 오른쪽 클릭	3D Cursor 이동
	<Shift> + <Tab>	스냅 활성화
	<Shift> + <S>	스냅 파이 메뉴
	<Ctrl> + <A>	Apply 팝업 메뉴
	<Ctrl> + <L>	Link 팝업 메뉴
	<Ctrl> + <.>	Origin 위치 변경
	<G>	오브젝트 이동
	<R>	오브젝트 회전
	<S>	오브젝트 스케일 변경
	<G> or <R> or <S> + <X> or <Y> or <Z>	축 기준으로 이동, 회전, 스케일 변경
	<G> or <R> or <S> + <Shift> + <X> or <Y> or <Z>	해당 축을 제외한 나머지 평면 기준 실행
	<Alt> + <G>	오브젝트 위치 초기화(Clear Location)
	<Alt> + <R>	오브젝트 회전 초기화(Clear Rotation)
	<Alt> + <S>	오브젝트 스케일 초기화(Clear Scale)
	<O>	Proportional Editing 활성화
	<F2>	이름 변경
	<F3>	메뉴 검색
	<F9>	Adjust last operation 패널 활성화
	<F12>	렌더링
기능 단축키(Edit Mode)	<1>	Select Mode를 Vertex로 전환
	<2>	Select Mode를 Edge로 전환
	<3>	Select Mode를 Face로 전환
	<G>	요소 이동
	<F>	Edge/Face 채우기
	<M>	Merge
	<P>	Separation
	<E>	Extrude Region 툴

구분	단축키	설명
	\<I\>	Inset Faces 툴
	\<K\>	Knife 툴
	\<V\>	떼어내기(Rip)
	\<Ctrl\> + 요소 선택	최단 거리 요소 선택
	\<Alt\> + 요소 선택	한 줄 모두 선택
	\<Ctrl\> + \<Alt\> + 요소 선택	Edge Ring 선택
	\<Ctrl\> + \<R\>	Loop Cut 툴
	\<Ctrl\> + \<B\>	Bevel Edges
	\<Shift\> + \<Ctrl\> + \<B\>	Bevel Vertices
3D 뷰포트 화면 조작	휠 클릭&드래그	화면 돌리기
	\<Shift\> + 휠 클릭&드래그	화면 이동
	휠 업	화면 확대
	휠 다운	화면 축소
	\<Z\>	셰이딩 파이 메뉴
	\<Shift\> + \<Z\>	Wireframe + Toggle X-Ray
	\<Alt\> + \<Z\>	Toggle X-Ray
	\<Ctrl\> + \<Spacebar\>	화면 크게 하기(Toggle Maximize Area)
	\<Ctrl\> + \<Alt\> + \<Spacebar\>	전체 화면(Toggle Full screen Area)
	\<Tab\>	Object - Edit 전환
	\<Ctrl\> + \<Tab\>	모드 파이 메뉴
	\<`\>	뷰 파이 메뉴
	\</\>	Local View
	\<Home\>	화면 안에 모든 오브젝트 보이기
	\<Ctrl\> + \<Alt\> + \<Q\>	4분할 화면 보기

3 각종 프롬프트 리스트

AI 이미지 생성에서 프롬프트는 원하는 결과물을 얻기 위한 핵심 요소입니다. 효과적인 프롬프트를 작성하면 AI가 생성할 이미지의 방향과 스타일을 더욱 명확하게 설정할 수 있습니다. 다음의 기본적인 프롬프트 구조부터 다양한 카테고리별 예시를 활용하면 정교하고 원하는 스타일에 맞는 AI 이미지를 생성할 수 있습니다.

3.1 기본 프롬프트 구조

[주제] + [스타일] + [조명] + [색감] + [배경] + [추가 디테일]

- 주제: 생성하고자 하는 대상(예: 인물, 풍경, 건축물)

- 스타일: 적용하고 싶은 미술 스타일(예: 한국 전통화, 리얼리즘, 모던 스타일)

- 조명: 빛의 방향과 강도(예: 자연광, 은은한 조명, 전통 한옥의 따뜻한 조명)

- 색감: 색상의 분위기(예: 전통 오방색, 차분한 톤, 따뜻한 색조)

- 배경: 배경의 형태 및 분위기(예: 서울의 고층 빌딩, 조용한 한옥 마을, 전통 시장)

- 추가 디테일: 세부적인 요소(예: 창호 문양, 비 오는 거리, 한강 야경)

예시 프롬프트:

"A traditional Korean hanok village, surrounded by lush bamboo forests, with a small clear stream flowing through, warm lighting from lanterns, peaceful and tranquil atmosphere, ultra-detailed, photorealistic"

챗GPT 한글 번역:

"전통적인 한국 한옥 마을, 무성한 대나무 숲에 둘러싸여 있으며, 맑고 작은 개울이 흐른다, 등불에서 나오는 따뜻한 조명, 고요하고 평온한 분위기, 초고해상도, 포토리얼리스틱"

3.2 카테고리별 프롬프트 예시

01 풍경(Landscape)

- Traditional hanok village at sunset(전통 한옥 마을의 석양)

"A traditional hanok village with tiled roofs, glowing lanterns, soft golden sunset casting warm light, peaceful rural setting, ultra-HD, photorealistic"

"기와 지붕이 있는 전통 한옥 마을, 빛나는 등불, 부드러운 황금빛 석양이 따뜻한 빛을 비추는 모습, 평온한 시골 풍경, 초고해상도, 포토리얼리스틱"

- Seoul city skyline at night(서울 야경)

"Seoul city skyline illuminated with neon lights, reflections on the Han River, modern skyscrapers combined with traditional architecture, cinematic lighting, high detail"

"네온사인으로 빛나는 서울의 스카이라인, 한강에 반사되는 빛, 현대적 고층 빌딩과 전통 건축물이 조화를 이루는 모습, 영화 같은 조명, 고해상도 세부 묘사"

02 인물(Portraits)

- Elegant Korean woman in hanbok(한복을 입은 우아한 한국 여성)

"A graceful Korean woman wearing a vibrant silk hanbok, standing in a palace courtyard, soft ambient lighting, traditional elegance, ultra-detailed"

"화려한 실크 한복을 입은 우아한 한국 여성, 궁궐 마당에 서 있는 모습, 부드러운 분위기의 조명, 전통적인 우아함, 초고해상도"

- Modern Korean businessman in urban setting(도시 배경의 현대적인 한국 비즈니스맨)

"A sharp-looking Korean businessman in a tailored suit, standing in front of a glass skyscraper, confident pose, cinematic lighting, high resolution"

"세련된 정장을 입고 유리 고층 빌딩 앞에 서 있는 한국 비즈니스맨, 자신감 있는 포즈, 영화 같은 조명, 고해상도"

03 건축 & 실내 디자인(Architecture & Interior)

- Modern hanok with glass walls(유리 외벽이 있는 모던 한옥)

"A modern interpretation of a traditional Korean hanok, featuring large glass walls, warm wooden interior, seamless blend of old and new architecture, soft natural lighting, ultra-HD"

"전통 한국 한옥을 현대적으로 해석한 건축물, 넓은 유리 벽을 갖춘 디자인, 따뜻한 나무 인테리어, 전통과 현대 건축이 조화롭게 어우러진 모습, 부드러운 자연광, 초고해상도"

- Luxurious Korean palace interior(화려한 한국 궁전 실내)

"A grand Korean palace hall with intricate wooden carvings, glowing lanterns, elegant silk curtains, royal and majestic atmosphere, photorealistic"

"정교한 나무 조각으로 장식한 웅장한 한국 궁전 홀, 빛나는 등불, 우아한 실크 커튼, 왕실의 웅장하고 장엄한 분위기, 포토리얼리스틱"

3.3 고급 프롬프트 작성 팁

다음 프롬프트 리스트를 활용하면 한국적인 분위기를 더욱 세밀하게 조정할 수 있으며 AI 생성 이미지를 정교하게 다룰 수 있습니다. 원하는 결과물을 얻기 위해 다양한 조합을 시도해 보세요.

- 구체적인 묘사 사용

변경 전: "A beautiful hanok"

변경 후: "A traditional Korean hanok with blue tiled roofs, delicate wooden lattice windows, glowing lanterns at night, ultra-detailed"

- 스타일 및 분위기 지정

변경 전: "A Korean landscape"

변경 후: "A misty Korean mountain landscape in autumn, vibrant fall foliage, soft diffused morning light, highly detailed"

- 원하지 않는 요소에 '—no' 프롬프트 사용

"A peaceful traditional Korean garden at sunrise, vibrant colors, realistic details --no modern buildings, no artificial lighting"

맺음말

이제 긴 여정을 마무리하겠습니다. 챗GPT, 미드저니, ComfyUI와 블렌더를 함께 익혀가며 AI와 3D 모델링을 결합하는 창작의 새로운 가능성을 경험했습니다. 처음에는 낯설고 복잡하게 느껴졌을지 모르지만 여기까지 도착한 여러분은 그 과정을 온전히 해냈습니다.

블렌더는 물리학 법칙을 가상 세계로 옮겨오는 무대이고 AI는 그 복잡한 작업을 간결하게 만들어 주는 안내자입니다. 이 책을 통해 우리는 이 무대 위에서 안내자를 따라 더욱 창의적인 결과물을 만들어 내었습니다.

처음 AI와 3D 모델링을 접했을 때는 이 모든 과정이 어려워 보였을 수도 있습니다. 하지만 '시작이 반이다'라는 말처럼 새로운 도전을 향해 첫발을 내디딘 것만으로도 이미 큰 성장을 이루었습니다. 여러분은 직접 챗GPT로 콘셉트를 정하고, 미드저니에서 스타일을 만들고, 블렌더에서 모델링을 완성한 후 ComfyUI에서 최종 이미지를 제작하는 과정을 거쳐왔습니다.

이제 여러분만의 방식으로 이 기술을 발전시키는 것만 남았습니다. 새로운 프로젝트를 계획하고, 배우고 싶은 스타일을 정하고, 원하는 결과물을 향해 한 걸음씩 나아가 보세요. AI를 활용한 창작의 가능성은 무궁무진하며 앞으로 더욱 발전할 것입니다.

책을 읽고 실습을 따라오느라 정말 고생 많으셨습니다. 이 과정이 여러분의 창작 여정에서 중요한 디딤돌이 되기를 바랍니다. 공부한 내용이 여러분의 상상을 현실로 만들어줄 날을 기대하며 다시 만나게 되기를 기다리고 있겠습니다.

감사합니다.

까망고니의 블렌더 레벨업 아카이브 with AI

챗GPT로 기획하고 미드저니, 스테이블 디퓨전, ComfyUI 활용하기

발행일	2025년 10월 2일
지은이	김수환(까망고니)
펴낸이	김범준
기획·책임편집	최규리
교정교열	양은하
편집디자인	나은경
표지디자인	김준희
발행처	(주)비제이퍼블릭
출판신고	2009년 05월 01일 제300-2009-38호
주　소	서울시 중구 청계천로 100 시그니쳐타워 서관 9층 945, 946호
주문/문의	02-739-0739　　**팩스**　02-6442-0739
홈페이지	http://bjpublic.co.kr　　**이메일**　bjpublic@bjpublic.co.kr

가　격 34,000원
ISBN 979-11-6592-335-8 (93000)
한국어판 ⓒ 2025 (주)비제이퍼블릭

이 책은 저작권법에 따라 보호받는 저작물이므로 무단 전재와 무단 복제를 금지하며,
내용의 전부 또는 일부를 이용하려면 반드시 저작권자와 (주)비제이퍼블릭의 서면 동의를 받아야 합니다.

 이 책을 저작권자의 허락 없이 **무단 복제 및 전재(복사, 스캔, PDF 파일 공유)하는 행위**는 모두 저작권법 위반입니다. 저작권법 제136조에 따라 **5년** 이하의 징역 또는 **5천만 원** 이하의 벌금을 부과할 수 있습니다. 무단 게재나 불법 스캔본 등을 발견하면 출판사나 한국저작권보호원에 신고해 주십시오(불법 복제 신고 https://copy112.kcopa.or.kr).

잘못된 책은 구입하신 서점에서 교환해드립니다.